Sam Bankman-Fried

Michael Lewis

MICHAEL LEWIS

SAM BANKMAN-FRIED

Die Geschichte eines amerikanischen Albtraums

PLASSEN
VERLAG

Die Originalausgabe erschien unter dem Titel
Going Infinite: The Rise and Fall of a New Tycoon
ISBN 978-1-32410581-7

Dieses Werk wurde vermittelt durch die Literarische Agentur
Thomas Schlück GmbH, 30161 Hannover.

2. Auflage 2025

Übersetzung: Sabine Runge
Gestaltung Cover: Johanna Wack
Gestaltung, Satz und Herstellung: Timo Boethelt
Coverfoto: Lam Yik/Bloomberg via Getty Images
Vorlektorat: Sabine Runge
Korrektorat: Claus Rosenkranz
Druck: CPI books GmbH, Leck, Germany

ISBN 978-3-86470-990-6

Bibliografische Information der Deutschen Nationalbibliothek:
Die Deutsche Nationalbibliothek verzeichnet diese Publikation in der Deutschen Nationalbibliografie; detaillierte bibliografische Daten sind im Internet über <http://dnb.d-nb.de> abrufbar.

BÖRSEN MEDIEN
AKTIENGESELLSCHAFT

Postfach 1449 • 95305 Kulmbach
Tel: +49 9221 9051-0 • Fax: +49 9221 9051-4444
E-Mail: info@plassen-buchverlage.de
www.plassen.de
www.facebook.com/plassenverlag
www.instagram.com/plassen_buchverlage

In Erinnerung an Dixie Lee Lewis
Du bleibst in mir

[In der Wirklichkeit ist] das Unendliche nirgends zu finden [...], was für Erfahrungen und Beobachtungen und welcherlei Wissenschaft wir auch heranziehen. Sollte nun das Denken über die Dinge so unähnlich den Geschehnissen mit den Dingen sein und so andersartig vor sich gehen, so abseitig von aller Wirklichkeit?

David Hilbert, deutscher Mathematiker (1862-1943)

Inhalt

PROLOG

Ich hörte Ende 2021 zum ersten Mal von Sam Bankman-Fried, und zwar von einem Freund, der seltsamerweise wollte, dass ich ihm helfe herauszufinden, wer dieser Typ war. Mein Freund war im Begriff, ein Geschäft mit Sam abzuschließen, das ihre Schicksale durch den Tausch von Anteilen an den Unternehmen des jeweils anderen im Wert von Hunderten von Millionen Dollar miteinander verbinden würde. Er war beunruhigt. Er glaubte, FTX zu verstehen, die Kryptobörse, die Sam aufgebaut hatte, aber er hatte kein besonders gutes Gefühl bei Sam selbst. Er hatte sich über Sam erkundigt und festgestellt, dass andere Leute, selbst solche, die Millionen von Dollar in Sams Unternehmen investiert hatten, noch weniger über ihn wussten als er. Mein Freund war der Meinung, dass die allgemeine Unwissenheit mit Sams persönlicher Situation zu erklären sei. FTX gab es erst seit zweieinhalb Jahren. Sam war erst 29 Jahre alt, ein wenig kauzig und hatte die letzten drei Jahre größtenteils außerhalb der USA verbracht. Das alles könnte erklären, warum ihn niemand wirklich zu kennen schien. Mein Freund fragte mich, ob ich mich mit Sam treffen und ihm dann berichten könnte, was ich über ihn herausgefunden hatte.

Ein paar Wochen später stand Sam vor meiner Haustür in Berkeley, Kalifornien. Er war mit einem Uber-Taxi gekommen und trug Cargoshorts, ein T-Shirt, schlabbrige weiße Socken und schäbige New-Balance-Sneaker – was, wie ich bald erfuhr, im Grunde die einzige Kleidung war, die er besaß. Wir gingen spazieren – das einzige Mal in den nächsten zwei Jahren, dass ich diese Person, die immer wie für eine Wanderung gekleidet war, tatsächlich spazieren gehen sah. Während unseres Spaziergangs stachelte ich ihn mit Fragen an, aber nach einer Weile hörte ich fast nur noch zu. Die Dinge, die er mir erzählte – und die sich alle als wahr herausstellten –, waren unglaublich. Zunächst einmal die Geldbeträge in seinem Leben. Nicht nur die zweistelligen Milliardenbeträge, die er in den letzten zwei Jahren angehäuft hatte, sondern auch die Hunderte von Millionen, die ihm von führenden Risikokapitalgebern aus dem Silicon Valley anvertraut worden waren, die (wie mir einer später erzählte) glaubten, Sam hätte eine echte Chance, der erste Billionär der Welt zu werden. Die Umsätze von FTX wuchsen in erstaunlichem Tempo: von 20 Millionen Dollar im Jahr 2019 auf 100 Millionen Dollar im Jahr 2020 und auf eine Milliarde Dollar im Jahr 2021. Auf unserem Spaziergang fragte ich ihn, wie viel es ihm wert wäre, FTX zu verkaufen und etwas anderes zu tun, als Geld zu verdienen. Er dachte über die Frage nach. „150 Milliarden Dollar“, sagte er schließlich – obwohl er hinzufügte, dass er „unendlich viele Dollar“ gebrauchen könnte.

Alles an ihm war merkwürdig, angefangen bei den Motiven – oder zumindest dem, was er für seine Motive hielt. Auf unserem Spaziergang sprach er nicht alles offen aus, vielleicht weil er merkte, wie unglaubwürdig es für einen völlig Fremden klingen würde. Er brauchte die unendlich vielen Dollar, weil er die größten existenziellen Risiken für das Leben auf der Erde angehen wollte: Atomkrieg, Pandemien, die weitaus tödlicher sind als Covid, künstliche Intelligenz, die sich gegen die Menschheit wendet und uns auslöscht, und so weiter. Zu der Liste der Probleme, die Sam zu lösen hoffte, hatte er kürzlich den Angriff auf die amerikanische Demokratie hinzugefügt, der, wenn er erfolgreich wäre, die Lösung aller anderen großen Probleme weitaus unwahrscheinlicher machen würde. 150 Milliarden Dollar waren ungefähr der Betrag, den man brauchte, um wenigstens eines der großen Probleme in den Griff zu bekommen.

Es gab auch eine Reihe kleinerer Probleme, die mit Geld gelöst werden könnten und bei denen Sam darüber nachdachte, ob er es nicht auch dafür einsetzen sollte. Die Bahamas, zum Beispiel. Einige Monate, bevor ich ihn traf, hatte Sam – offenbar als Reaktion auf das harte Vorgehen der chinesischen Regierung gegen Kryptowährungen – sein gesamtes Unternehmen von Hongkong auf die Bahamas verlegt. Das Gute an den Bahamas war aus Sams Sicht, dass sie im Gegensatz zu den USA Vorschriften zur Legitimierung einer Kryptoterminbörse erlassen hatten. Das Schlechte war, dass Covid die Wirtschaft des Landes in die Knie gezwungen hatte. Dem Land fehlte die Infrastruktur, um das globale Finanzimperium, das Sam plante, zu unterstützen, und es war nun zu pleite, um sie aufzubauen. Zu diesem Zeitpunkt versuchte er gerade, etwa 40 Angestellte, von denen viele in oder um China herum aufgewachsen waren, davon zu überzeugen, auf eine mehr als 14.000 Kilometer entfernte Insel zu ziehen, auf der es keine Schule gab, auf die sie ihre Kinder hätten schicken wollen. Sam erklärte, er versuche zu entscheiden, ob er die Staatsschulden der Bahamas in Höhe von neun Milliarden Dollar einfach selbst abbezahlen solle, damit das Land beispielsweise seine Straßen instand setzen und Schulen bauen könne. Er hatte sich kürzlich mit dem neuen Premierminister getroffen, um diese und andere Ideen zu besprechen. Später erfuhr ich von einem Assistenten des Premierministers, dass Sam nach den Parlamentswahlen auf den Bahamas im September 2021 die erste Person gewesen war, die der Premierminister treffen wollte.

Das alles hätte noch absurder geklungen, wenn Sam nicht schon getan hätte, was er getan hatte – oder wenn er nicht so ungewöhnlich gewesen wäre. Er war nicht so vom Geld in den Bann gezogen, wie es oft der Fall ist. Er war nicht prahlerisch. Er hatte eine Meinung, aber er schien nicht zu erwarten, dass sein Zuhörer sie teilte, und er tat so, als würde er mir zuhören, auch wenn das, was ich sagte, ihn offensichtlich nicht interessierte. Er schien nicht einmal von seiner eigenen fantastischen Geschichte besonders angetan zu sein. Seine Eltern waren Juraprofessoren in Stanford, die im Grunde kein Interesse an Geld hatten und fassungslos darüber waren, was aus ihrem Sohn geworden war – das war so ziemlich alles, was ich an diesem Tag und in den folgenden Monaten aus ihm herausbekam. Andererseits war er in Bezug auf andere Themen als sich selbst erfrischend unaufgeregt: Er schien bereit zu sein, jede Frage zu beantworten, die mir zur Kryptobranche oder zu seinem Unternehmen einfiel. Sein Ehrgeiz war grandios, aber er war es nicht.

Am Ende dieses Spaziergangs war ich total begeistert. Ich rief meinen Freund an und sagte so etwas wie: *Nur zu! Tausche Anteile mit Sam Bankman-Fried! Tu, was immer er tun will! Was kann da schon schiefgehen?* Erst später wurde mir klar, dass ich nicht einmal ansatzweise auf seine ursprüngliche Frage eingegangen war: Wer war dieser Typ?

TEIL 1

1

JAWOHL!

Die meisten Leute, die für Sam Bankman-Fried arbeiteten, landeten in Jobs, für die sie offensichtlich nicht qualifiziert waren, und Natalie Tien war da keine Ausnahme. Sie war in Taiwan als Kind von Eltern aus der Mittelschicht aufgewachsen, deren einzige Hoffnung für sie darin bestand, dass sie einen reichen Ehemann finden würde. Sie war klein und liebenswürdig und hätte niemals eine Rebellion anzetteln können. Noch immer hielt sie sich reflexartig die Hand vor den Mund, wenn sie lachte. Und doch war sie entschlossen gewesen, ihren Eltern zu beweisen, dass sie sie unterschätzt hatten. Nach dem College hatte sie sich nicht auf die Suche nach einem Ehemann gemacht, sondern nach Arbeit. Ihr eigener Ehrgeiz trieb sie so sehr um, dass sie vor jedem Vorstellungsgespräch genau aufschrieb und auswendig lernte, was sie über sich sagen wollte. Den ersten richtigen Job, auf den sie sich beworben hatte, hatte sie bei einem Unternehmen für Englischunterricht bekommen, und er hatte sie zu Tode gelangweilt. Aber dann, 2018, im Alter von 28 Jahren, entdeckte sie die Kryptobranche.

Im Vorjahr war der Bitcoin-Preis um fast das Zwanzigfache gestiegen, von 1.000 auf 19.000 Dollar, und das tägliche Handelsvolumen war um einen schwer zu beziffernden Betrag in die Höhe geschnellt.

(Am ehesten lässt sich das Geschehen bei der Kryptobörse Coinbase nachvollziehen, wo das Handelsvolumen 2017 dreißigmal größer war als 2016.) In ganz Asien schossen jeden Monat neue Kryptowährungsbörsen aus dem Boden, um das wachsende Glücksspielpublikum zu bedienen. Sie alle hatten dicke Brieftaschen und eine unersättliche Nachfrage nach jungen Frauen. „Anforderungen sind: hübsch, große Brüste, schon mal Live-Streaming gemacht, 2000 oder später geboren, gut im Small Talk", hieß es in der Stellenanzeige für eine Vertriebskraft bei der am schnellsten wachsenden neuen Börse. Im Jahr 2018 versuchten viele junge asiatische Frauen, diese Anforderungen zu erfüllen. Natalie wählte einen anderen Ansatz. Sie verbrachte einen Monat damit, alles zu lesen, was sie über Kryptowährungen und Blockchains finden konnte. „Alle nannten es Betrug", sagte sie und das machte ihr Sorgen. Als sie erst einmal drin war, fiel ihr auf, wie wenig die Leute, die im Kryptobereich arbeiteten, erklären konnten, was ein Bitcoin ist. Die Unternehmen selbst wussten nicht immer, was sie taten oder warum. Sie stellten viele Leute ein, weil sie es sich leisten konnten, und große Mitarbeiterzahlen signalisierten Wichtigkeit. Was Natalie bei der Stange hielt und das Gefühl, dass ihr Talent verschwendet wurde, ignorieren ließ, war ihre Überzeugung, dass Kryptowährungen das nächste große Ding sein könnten. „Ich betrachtete es als ein Glücksspiel, bei dem ich nichts zu verlieren hatte", erzählte sie.

Im Juni 2020 arbeitete sie bereits für ihre zweite asiatische Kryptobörse, als sie von der offenen Stelle bei FTX erfuhr. Wie die anderen Börsen stellte FTX sie schnell ein – nach einem einzigen Vorstellungsgespräch – und sie wurde der 49. Mitarbeiter des Unternehmens. FTX unterschied sich von den anderen Börsen vor allem dadurch, dass der Boss, Sam Bankman-Fried, anders war. Jeder Mann, den Natalie Tien in der Kryptobranche kennengelernt hatte, war hauptsächlich an Geld und Frauen interessiert und Sam interessierte sich für keines von beiden – obwohl sie eine Weile brauchte, um herauszufinden, woran er hauptsächlich interessiert war. *Hier ist alles fünfmal so viel,* dachte sie.

Fünfmal mehr Arbeit, fünfmal mehr Wachstum, fünfmal mehr Geld, fünfmal mehr Verantwortung. Niemand hatte gesagt, dass man die ganze Zeit arbeiten müsse oder dass es keinen Platz für ein Leben außerhalb der Arbeit gebe, aber jeder bei FTX, der versuchte, ein normales Leben zu führen, blieb nicht dort. Natalie blieb und wurde innerhalb weniger Monate nach ihrem Umzug in die FTX-Büros in Hongkong zur Leiterin der Öffentlichkeitsarbeit des Unternehmens ernannt. Das Merkwürdige daran – abgesehen davon, dass sie keine wirkliche Erfahrung in der Öffentlichkeitsarbeit hatte – war, dass es bei FTX keine Öffentlichkeitsarbeit gab. „Als ich anfing, glaubte Sam nicht an PR", berichtete Natalie. „Er hielt das alles für Schwachsinn."

Zu Beginn versuchte Natalie, Sam davon zu überzeugen, dass er mit Journalisten sprechen sollte, während sie gleichzeitig versuchte, die Journalisten davon zu überzeugen, dass sie mit Sam sprechen sollten. „Im Juli 2020 war kein Journalist an Sam interessiert", sagte sie. „Kein einziger." Die Kryptomanie erinnerte an Rotterdam um 1637, als eine einzige Tulpenzwiebel für etwa den dreifachen Preis eines Rembrandts gehandelt wurde. Und jeden Tag wurde mehr auf FTX gehandelt. Und Natalie drängte die Journalisten und Sam weiter.

Am Morgen des 11. Mai 2021 hatte Sam Bankman-Fried seinen ersten Fernsehauftritt. Er saß an seinem Handelstisch und sprach über seinen Computerbildschirm mit zwei Reporterinnen von *Bloomberg TV*. Dicke schwarze Locken standen von seinem Kopf in alle Richtungen ab. Die Leute, die versuchten, Sams Haar zu beschreiben, gaben irgendwann auf und nannten es „Afro", aber es war kein Afro. Es war einfach nur ein Durcheinander und wie alles an Sams Aussehen fühlte es sich weniger wie eine Entscheidung an als vielmehr wie eine Entscheidung, keine Entscheidung zu treffen. Er trug, was er immer trug: ein zerknittertes T-Shirt und Cargoshorts. Sein nacktes Knie wippte mit ungefähr vier Schlägen pro Sekunde auf und ab, während seine Augen nach links und rechts huschten und nur zufällig mit den Blicken seiner Gesprächspartner zusammentrafen. Sein allgemeines

Verhalten war das eines Kindes, das vorgibt, interessiert zu sein, wenn seine Eltern es ins Wohnzimmer zerren, um es ihren Freunden zu präsentieren. Er hatte sich nicht vorbereitet, aber die Fragen waren so einfach, dass es keine Rolle spielte. *Crypto Wunderkind* stand auf der *Bloomberg*-Bauchbinde, während die Zahlen auf der linken Seite des Bildschirms zeigten, dass der Bitcoin-Kurs allein im letzten Jahr um mehr als 500 Prozent gestiegen war.

Diese erste Fernsehsendung verfolgte Natalie von ihrem eigenen Schreibtisch aus, aber später, bei folgenden Interviews, ging sie hinter Sam, nur um sich zu vergewissern, dass seine Augen sich deswegen so oft bewegten, weil er ein Videospiel spielte. Und das live im Fernsehen! Oft spielte Sam im Live-Fernsehen nicht nur ein Videospiel, sondern beantwortete auch Nachrichten, bearbeitete Dokumente und twitterte. Der Interviewer stellte ihm eine Frage und Sam sagte: „Ahhhh, interessante Frage!" – obwohl er keine der Fragen interessant fand. Und Natalie wusste, dass er nur Zeit schinden wollte, um aus dem Spiel aus- und wieder in das Gespräch einzusteigen. Natalie wusste nicht, wie sich ein Mensch im Live-Fernsehen verhalten sollte, aber sie vermutete: Nicht so! Doch selbst als sie Sams ersten Fernsehauftritt verfolgte, hatte sie die Ahnung, dass es gut ausgehen könnte. Sam war im Fernsehen seltsam, aber er war auch im wirklichen Leben seltsam. Im wirklichen Leben hielten die Menschen, die ihm begegneten, ihn oft für den interessantesten Menschen, den sie je getroffen hatten. Sie entschied sich gegen ein Medientraining – oder alles, was Sam weniger wie Sam erscheinen lassen könnte.

Nicht lange nach diesem ersten *Bloomberg*-Interview trat das *Forbes*-Magazin auf den Plan. Damals, im Jahr 2017, als *Forbes* begann, über Kryptovermögen zu berichten, war Sams Name noch nicht einmal auf der Liste der Leute, deren Vermögen ermittelt werden sollte. Aber im Jahr 2017 hätte Sam auch nicht sagen können, was ein Bitcoin ist, und auf jeden Fall war sein Vermögen bei ungefähr null Dollar. „Er kam irgendwie aus dem Nichts", erklärte Steve Ehrlich, der Reporter, den

Forbes damit beauftragt hatte, das Nettovermögen dieses 29-jährigen Niemands zu ermitteln. „Es hat mich schockiert. Es war nicht so, dass er Bitcoin gekauft hatte und der von null auf 20.000 gestiegen war." Es stellte sich heraus, dass Sam Bankman-Fried innerhalb von drei Jahren ein Unternehmen geschaffen hatte, das so wertvoll war, dass sein Anteil daran ihn zum reichsten Menschen der Welt unter 30 Jahren gemacht hatte. „Als ich mir die Zahlen zum ersten Mal ansah, dachte ich: Kann das wirklich wahr sein – kann dieser Typ wirklich 20 Milliarden Dollar schwer sein?", sagte Chase Peterson-Withorn, der das *Forbes*-Analystenteam leitete. „Das war ziemlich beispiellos. Mit Ausnahme von Mark Zuckerberg war niemand so schnell so reich geworden und Bankman-Fried war sehr nah dran."

Auf diese Frage folgte sogleich die nächste: *Wie viel mehr als 20 Milliarden Dollar könnte dieser Mann schwer sein?* Neben der Kryptobörse FTX besaß und kontrollierte Sam auch eine Krypto-Quant-Handelsfirma namens Alameda Research. Im Jahr zuvor, 2020, hatte Alameda mit nur einer Handvoll Angestellter eine Milliarde Dollar an Trading-Gewinnen erwirtschaftet und in einem verblüffenden Tempo Anteile an anderen Unternehmen und Krypto-Token angehäuft. Je näher man Alameda Research kam, desto weniger schien es ein Hedgefonds zu sein und desto mehr glich es einer Drachenhöhle, vollgestopft mit zufällig zusammengerafften Schätzen. Die *Forbes*-Vermögensanalysten hatten immer versucht, die Dinge einfach zu halten: Die Assets einer Person war nur das wert, was andere Leute bereit waren, dafür zu zahlen. Dieser Ansatz hatte während der Dotcom-Blase funktioniert, als sich alle einig waren, dass Pets.com zwar lächerlich war, aber dennoch 400 Millionen Dollar wert war, weil die Investoren bereit waren, es zu diesem Wert zu kaufen. Aber bei diesen neuen Kryptovermögenswerten kam man mit dem *Forbes*-Ansatz für Reichtum nicht sehr weit. Was sollte man zum Beispiel mit den Solana-Token machen, die Sam innerhalb von Alameda Research besaß? Kaum jemand wusste, was Solana war – eine neue Kryptowährung, die mit Bitcoin konkurrieren sollte –, geschweige denn, wie man sie bewerten sollte. Einerseits bedeutete der aktuelle Marktpreis, dass Sams Solana-Bestand vielleicht zwölf Milliarden Dollar wert war; andererseits besaß Sam etwa zehn Prozent aller Solana weltweit. Es war schwer zu sagen, was jemand dafür zahlen würde, wenn Sam versuchen würde, alles zu verkaufen. *Forbes* ignorierte Sams Solana-Besitz weitgehend, ebenso wie den Rest des Inhalts seiner Drachenhöhle.

Während Sam mit den *Forbes*-Reportern hin und her diskutierte, machte er – wie auch Natalie – sich vor allem Sorgen, dass sie eine Zahl veröffentlichen würden, die ihn dazu zwingen würde, mehr zu erklären, als er erklären wollte. Er hatte den *Forbes*-Leuten erklärt, was sie wussten oder glaubten zu wissen. „Es gab zwei Gründe, warum ich mit ihnen gesprochen habe", sagte er. „Erstens, weil es sowieso da dringestanden hätte. Und zweitens haben sie dadurch mehr Vertrauen in uns." Dennoch war er besorgt, dass, wenn er den *Forbes*-Leuten alles erzählte, sie wiederum allen erzählen könnten, dass er so reich war, wie er sich selbst einschätzte. „Ich habe ihnen nicht einfach die Zahl geschickt: Das ist mein Vermögen", sagte er. „Das wäre nach hinten losgegangen. Die Zahl war zu groß. Wenn durch *Forbes* herauskommt, dass ich 100 Milliarden Dollar schwer bin, wird das komisch wirken und alles durcheinanderbringen." Er hatte ihnen zum Beispiel nicht die Liste der etwa 100 Unternehmen geschickt, die er in den letzten zwei Jahren erworben hatte. Seine Geschichte mochte fantastisch sein, aber sie musste auch glaubwürdig sein.

Es stellte sich heraus, dass Sam keinen Grund zur Sorge hatte. Im November 2021 gab *Forbes* sein Nettovermögen mit 22,5 Milliarden Dollar an, eine Stufe unter Rupert Murdoch und eine Stufe über Laurene Powell Jobs. 22,5 Milliarden Dollar waren ungefähr das, was man bekam, wenn man den weltweit führenden Risikokapitalfirmen einfach zustimmte, dass das Kryptobörsengeschäft von FTX allein 40 Milliarden Dollar wert war. Sam besaß 60 Prozent von FTX: 60 Prozent von 40 Milliarden Dollar waren 24 Milliarden Dollar. Dennoch war er in den 40 Jahren, seit *Forbes* begann, das Geld reicher Leute zu beobachten, ein Ausreißer. „Er war der reichste Selfmademan, der jemals in die *Forbes*-Liste aufgenommen wurde“, so Peterson-Withorn. „Und wir hätten leicht eine viel höhere Zahl rechtfertigen können. Wir haben versucht, konservativ zu sein.“ Sams Zahl war so glaubwürdig, dass die Führungskräfte von *Forbes* ihn bald fragten, ob er nicht auch ihr Unternehmen kaufen wolle.

Als Sam von der Resonanz auf die *Forbes*-Milliardärsliste und das darauffolgende *Forbes*-Titelbild erfuhr, verflüchtigten sich alle seine Zweifel am Wert der Öffentlichkeitsarbeit. Natalies Aufgabe wurde sowohl einfacher als auch komplizierter. Einfacher, weil jetzt im Grunde jeder mit Sam reden wollte, und Sam war bereit, mit jedem zu reden – solange er dabei ein Videospiel spielen konnte. Sam wurde von einem komplett privaten Menschen zu einer Medienhure. Er plauderte ebenso gern eine Stunde lang völlig unbedarft mit dem Reporter der *Westwego Crypto Daily* wie mit der *New York Times*. Natalie stellte Listen für Sam zusammen mit Notizen zu den etwa 100 Journalisten, die in sein Blickfeld geraten könnten, und mit Ratschlägen, wie man mit ihnen umgehen sollte. Zum Beispiel: „Diese Person ist einfach ein Arschloch, also sei sehr vorsichtig bei ihr.“ Oder: „Dem Typen von der *Financial Times* kannst du nicht aus dem Weg gehen, aber sei sehr vorsichtig, wenn du mit jemandem von der *Financial Times* zu tun hast, denn die *Financial Times* ist sehr kryptofeindlich.“

Leiterin der Öffentlichkeitsarbeit eines boomenden multinationalen Unternehmens zu sein war gar nicht so schwer. „Man tut und lernt einfach gleichzeitig“, erklärte Natalie strahlend. Der schwierige Teil ihrer Arbeit war Sam. Die Nachfrage nach seiner Zeit ging bald so weit, dass Natalie eine zweite Rolle übernahm, nämlich die der persönlichen Terminplanerin von Sam. Es war schon immer Natalie, die der Reporter der *Financial Times* anrufen sollte, wenn er einen Termin mit Sam vereinbaren wollte; jetzt war es Natalie, die auch Sams Vater anrufen musste, wenn er hoffte, eine Viertelstunde mit seinem Sohn zu verbringen. Ende 2021 wusste Natalie, und nur Natalie, wo Sam sich gerade aufhielt, wohin er als Nächstes gehen würde und wie man ihn dazu bringen konnte, das zu tun, was er tun musste. Eigentlich hatte sie nicht viel mit ihrem Chef gemeinsam, aber um ihren Job zu machen, musste sie in seinem Kopf sein. „Du musst lernen, wie du mit ihm zurechtkommst", erläuterte sie. „Und es ist irgendwie mysteriös, wie man mit ihm zurechtkommt."

Nach einem Jahr in ihrem Job war Natalie besser als jeder andere in der Lage vorherzusagen, was Sam tun würde und warum. Und doch blieb Sam selbst für Natalie ein Rätsel. Zunächst einmal konnte sie nie sicher sein, wo er sich aufhielt. „Erwarte nicht, dass er dir sagt, wo er wann sein wird", sagte Natalie. „Das wird er dir nie sagen. Du musst schlau und schnell sein, um es selbst herauszufinden." Und Sam könnte jederzeit überall sein. Sie würde ihm ein Zimmer für zwei Nächte im „Four Seasons" in Washington buchen und Sam würde vielleicht sogar einchecken, aber das Zimmer nie betreten. Er hatte mehr Schlafprobleme als jeder andere, den sie kannte. Um 2 Uhr morgens fand sie ihn vielleicht an seinem Schreibtisch, wo er mit einem Journalisten am anderen Ende der Welt sprach, oder er lief durch eine verlassene Straße und twitterte, was das Zeug hielt, oder er war wirklich überall, nur nicht in seinem Bett. Aber um 2 Uhr nachmittags, wenn er eigentlich live im Fernsehen sein sollte, schlief er vielleicht auf dem Sitzsack neben seinem Schreibtisch. „Bei ihm gibt es keine festen Zeiten", berichtete Natalie. Es gab Nächte, in denen Natalie um 3 Uhr ins Bett gegangen war, den Wecker auf 7 Uhr gestellt hatte, aufgewacht war, um zu sehen, was für einen PR-Shitstorm Sam in der Zwischenzeit ausgelöst hatte, einen zweiten Wecker auf 8 Uhr gestellt hatte, wieder nachgeschaut hatte, dann einen weiteren Wecker gestellt hatte und bis 9:30 Uhr weitergeschlafen hatte.

Sams Einstellung zu seinen Verpflichtungen war ein noch größeres Problem. Natalie plante jede Minute von Sams Tagen – nicht nur die

Fernsehauftritte, sondern auch die Treffen mit anderen Unternehmenschefs, neugierigen Prominenten und Machthabern kleiner Länder. Sie trug nichts in Sams Terminkalender ein, dem er nicht zugestimmt hatte. Meistens war es Sam, der ein Treffen oder einen öffentlichen Auftritt vorgeschlagen hatte. Und doch behandelte Sam alles, was in seinem Terminkalender stand, als freiwillig. Der Zeitplan war weniger ein Plan als eine Theorie. Wenn die Leute Sam um seine Zeit baten, gingen sie davon aus, dass sie eine Ja- oder Nein-Frage stellten, und die Geräusche, die Sam machte, klangen immer mehr nach „Ja" als nach „Nein". Sie wussten nicht, dass sich in Sams Kopf eine Skala befand, an deren einem Ende die Null und am anderen Ende die Hundert stand. Alles, was er getan hatte, als er „Ja" sagte, war, der vorgeschlagenen Verwendung seiner Zeit eine Wahrscheinlichkeit ungleich null zuzuordnen. Auf der Skala ging es wild hin und her, während er den Erwartungswert jeder Verpflichtung wieder und wieder berechnete, bis zu dem Moment, in dem er ihr nachkam oder nicht. „Er wird dir nie sagen, was er tun wird", erklärte Natalie. „Man muss immer darauf gefasst sein, dass sich das jede Sekunde ändern kann." Jede Entscheidung, die Sam traf, beinhaltete eine Erwartungswertberechnung. Die Zahlen in Sams Kopf änderten sich ständig. Eines Nachts zum Beispiel hatte er Natalie eine Nachricht geschickt, die lautete: „Es besteht eine 60-prozentige Chance, dass ich morgen nach Texas reise." „Was heißt das, eine 60-prozentige Chance?", fragte Natalie. „Ich kann nicht 60 Prozent eines Flugzeugs und 60 Prozent eines Autos oder 60 Prozent eines Hotelzimmers in Texas buchen."

Natürlich sagte sie das nicht direkt zu Sam. Stattdessen versuchte sie, die sich verändernden Wahrscheinlichkeiten vorherzusehen, bevor Sam seine Berechnungen anstellte. Sie lernte, den Harvard-Professor bei Laune zu halten, indem sie zum Beispiel sagte: „Ja, Sam hat mir gesagt, dass er nächsten Freitag um 2 Uhr vor einem Raum voller wichtiger Harvard-Leute sprechen wird. Das steht in seinem Terminkalender." Doch schon während sie diese Worte aussprach, dachte sie sich die Ausrede aus, die sie wahrscheinlich nächsten Donnerstagabend demselben Harvard-Menschen vorbringen würde, um zu erklären, warum Sam nirgendwo in Massachusetts sein würde. *Sam hat Covid. Der Premierminister musste Sam sehen. Sam sitzt in Kasachstan fest.*

Das Komische an diesen Situationen war, dass Sam sie nie wirklich verursachen wollte, was sie in gewisser Weise noch beleidigender machte. Er wollte nicht unhöflich sein. Er wollte kein Chaos in das Leben anderer Menschen bringen. Er bewegte sich nur auf die einzige Weise durch die Welt, die er kannte. Die Kosten, die das für andere mit sich brachte, zog er einfach nie in Betracht. Bei ihm war es nichts Persönliches. Wenn er einen versetzte, geschah das nie aus einer Laune heraus oder aus Gedankenlosigkeit. Es lag daran, dass er in seinem Kopf eine Rechnung aufgemacht hatte, die bewies, dass man die Zeit nicht wert war. „Du wirst dich immer bei verschiedenen Leuten entschuldigen müssen, und das jeden Tag", sagte Natalie.

Natalie liebte ihre Arbeit. Sam war nicht ein einziges Mal grausam oder ausfallend oder gar aufdringlich gewesen. Ganz im Gegenteil: Sie fühlte sich durch ihn vor dem Missbrauch durch andere geschützt. Gelegentlich überraschte er sie mit ein wenig Freundlichkeit – zum Beispiel, nachdem er sich privat mit Präsident Clinton getroffen und ihn gefragt hatte, was die USA tun würden, wenn China in Taiwan einmarschierte. Was auch immer Clinton Sam erzählt hatte, es veranlasste ihn, Natalie danach aufzusuchen und ihr vorzuschlagen, ihre Eltern aus Taiwan herauszuholen. Sam war sogar selten anderer Meinung als sie. Er schien immer offen für ihre Ideen zu sein – und manchmal, wie bei *Bloomberg TV*, tat er sogar, was sie vorgeschlagen hatte. „Jawohl", sagte er dann immer. „Jawohl" war Sams Lieblingswort und je weniger er tatsächlich zugehört hatte, was man gerade gesagt hatte, desto mehr zog er es in die Länge. *Jawoooooohl.* „Meistens ist er nicht direkt", erklärte Natalie. „Er sagt ‚Ja' oder ‚Das ist interessant', aber er meint es nicht wirklich ernst. Man muss also herausfinden, wann er Konflikten nur aus dem Weg geht und wann er es ernst meint."

Am Beginn des Jahres 2022 war Sams Situation völlig außer Kontrolle geraten. Jede wichtige Person auf der Welt schien ihn kennenlernen zu wollen. Er hatte zu allen ja gesagt. Jeder andere in Sams Situation hätte sich ein riesiges Netzwerk von Planern, Beratern und Torwächtern aufgebaut. Sam jedoch hatte nur Natalie, die nicht mehr nur Sams PR-Chefin und private Terminplanerin war, sondern gelegentlich auch als seine Leibwächterin fungierte. Sie war ein Zirkusjongleur mit tausend Bällen in der Luft. Keiner dieser Bälle war für sich genommen besonders wichtig, aber Natalie spürte, dass jeder einzelne Ball, wenn er fallen gelassen würde, eine lawinenartige Krise auslösen konnte. Und am Morgen des 14. Februar bereitete ihr einer dieser Bälle besondere Sorgen.

Drei Tage zuvor hatte Sam auf den Bahamas ein Privatflugzeug in Richtung Los Angeles bestiegen mit nichts als seinem Laptop und Unterwäsche zum Wechseln. Seitdem hatte er mit Shaquille O'Neal gebruncht, mit den Kardashians zu Abend gegessen und mit dem Besitzer der Los Angeles Rams den Super Bowl besucht. Er hatte mit Hillary Clinton und Orlando Bloom geplaudert. Er war auf vier Partys gewesen und hatte sich mit Unternehmern getroffen, die ihm ihre Unternehmen verkaufen wollten, und auch mit dem CEO von Goldman Sachs, der Sam unbedingt besser kennenlernen wollte. Natalie war sich nicht ganz sicher, wo und ob überhaupt Sam in den letzten drei Nächten geschlafen hatte, aber sie wusste, dass er in das Zimmer eingecheckt hatte, das sie für ihn im Beverly Hilton gebucht hatte, denn sie hatte ihn dabei beobachtet.

Jetzt, am 14. Februar, sah das Hotelzimmer aus, als wäre er nie angekommen. Die Laken waren noch frisch, die Kissen unverbeult, die Mülleimer leer, das Bad blitzblank. Das einzige Anzeichen menschlicher Anwesenheit in diesem Zimmer war Sam selbst. Er saß am Schreibtisch in demselben zerknitterten T-Shirt und den ausgebeulten Cargoshorts, die er auf dem Flug getragen hatte. Wie immer machte er mehrere Dinge gleichzeitig: Er checkte sein Handy, schmierte sich Balsam auf die ständig ausgetrockneten Lippen, öffnete und schloss Fenster auf seinem Laptop – und das alles, während sein Knie mit vier Schlägen pro Sekunde auf und ab wippte. Die ihm zugewiesene Aufgabe – an die ihn Natalie am Vorabend und auch heute Morgen erinnert hatte – war, pünktlich zu seinem Zoom-Meeting zu erscheinen. Er war bereits zu spät dran. Eine weitere sehr wichtige Person, die ihn unbedingt treffen wollte, wartete in seinem Laptop auf ihn.

„Hey, hier ist Sam!", sagte Sam, seinem Laptop zugewandt, als sich das Zoom-Fenster öffnete.

Auf seinem Bildschirm erschien Anna Wintour, die Chefredakteurin der Zeitschrift *Vogue*. Sie trug ein enges gelbes Kleid, sorgfältiges Make-up und einen Bob, der so kurz geschnitten war, dass sich die Fransen um ihr Gesicht herumbogen wie die Klingen zweier Sensen. „Ich bin so froh, Sie endlich kennenzulernen", sagte sie.

„Hey, ich freue mich auch, Sie kennenzulernen!", erwiderte Sam.

Sam wusste nicht wirklich, wer Anna Wintour war. Natalie und andere hatten ihn gebrieft, aber er hatte nicht zugehört. Er wusste, dass Anna Wintour eine Zeitschrift herausgab. Er wusste vielleicht, dass Meryl Streep sie in „Der Teufel trägt Prada" gespielt hatte und dass sie die tückische Welt der Damenmode beherrschte, seit – na ja, schon bevor Sam geboren wurde. Sie sah umwerfend aus, aber ihre Kunst war, wie alle Kunst, an Sam verschwendet. Wenn man Sam bat, das Aussehen einer Person zu beschreiben – selbst einer Person, mit der er geschlafen hatte –, erklärte er: „Ich weiß nicht wirklich, wie ich das beantworten soll. Ich bin nicht gut darin zu beurteilen, wie Menschen aussehen."

Als Anna Wintour zu sprechen begann, klickte er auf eine Schaltfläche und sie verschwand von seinem Bildschirm. An ihrer Stelle erschien sein Lieblingsvideospiel, „Storybook Brawl". Er hatte nur ein paar Sekunden Zeit, um seinen Charakter auszuwählen. Er wählte den Hoard Dragon. Der Drache war vermutlich Sams Lieblingsheld im Spiel.

„Jawohl" sagte Sam zu allem, was Anna Wintour sagte. Er konnte sie immer noch über die Kopfhörer hören. Solange sie nicht auf seine Augen achtete, hatte sie keinen Grund zu der Annahme, dass er nicht bei der Sache war. Sam wollte nicht unhöflich erscheinen. Es war nur so, dass er dieses andere Spiel zur selben Zeit spielen musste wie das Spiel, das er im wirklichen Leben spielte. Seine neue soziale Rolle als der weltweit interessanteste neue Kindermilliardär brachte es mit sich, alle möglichen dummen Dinge tun zu müssen. Er brauchte etwas anderes als das, worüber er eigentlich nachdenken sollte, um seinen Geist zu beschäftigen. Und je wichtiger er in den Augen der Welt wurde, desto wichtiger wurden ihm seltsamerweise auch diese Spiele.

„Storybook Brawl" hatte alles, was Sam an einem Spiel liebte. Es ließ ihn gegen lebende Gegner antreten. Es verlangte von ihm, schnell viele Entscheidungen zu treffen. Spiele ohne Zeitmessung langweilten Sam. Es spornte ihn an, die Sekunden runterticken zu lassen, während er seine Truppe von Fantasiefiguren zusammenstellte – Zwerge, Hexen, Monster, Prinzessinnen und so weiter. Jede Figur war mit zwei Zahlen versehen: wie viel Schaden sie anderen Figuren zufügen konnte und wie viel Schaden sie selbst überleben konnte. Jede Figur hatte auch komplexere Eigenschaften – zum Beispiel die Fähigkeit, beliebige Zauber anzuwenden, auf besondere Weise mit bestimmten Schätzen, die sie unterwegs einsammelte, zu interagieren oder Kameraden auf irgendeine messbare Weise zu stärken. Das Spiel war zu kompliziert, um die optimalen Spielzüge mit Sicherheit zu kennen. Es erforderte Geschicklichkeit, aber auch Glück. Es verlangte von ihm, Wahrscheinlichkeiten abzuschätzen, aber auch zu raten. Das war wichtig, denn Sam mochte keine Spiele wie Schach, bei denen die Spieler alles unter Kontrolle haben und der beste Zug theoretisch perfekt berechenbar ist. Schach hätte ihm besser gefallen, wenn Roboterstimmen, die mit dem Brett verdrahtet wären, in zufälligen Abständen Regeländerungen gebrüllt hätten. *Ritter sind jetzt Türme! Alle Läufer müssen das Brett verlassen! Bauern können jetzt fliegen!* Wie auch immer – solange die neue Regel alle Spieler dazu zwang, ihre bisherige Strategie zu verwerfen und eine andere, bessere zu improvisieren. Die Spiele, die Sam liebte, erlaubten nur eine teilweise Kenntnis jeder Situation. So war es auch beim Handel mit Kryptowährungen.

„Jawooohl“, antwortete Sam auf alles, was Wintour gerade gesagt hatte. Seine Zwergentruppe, zu der er noch eine oder zwei Prinzessinnen hinzugefügt hatte, verteidigte den Hoard Dragon. Gleichzeitig griff sie ihren neuen Feind an, den Helden des Gegners, einen fetten weißen Pinguin namens Wonder Waddle. Ein Zwerg namens Crafty griff ein traurig aussehendes Weichei namens Lonely Prince an. Die Sleeping Princess besiegte den Labyrinth Minotaur. Eine schlafende Jungfrau erwachte, um einen Zauber zu sprechen, der eine sterbende Figur in drei willkürlich erzeugte lebende Figuren verwandelte. Es geschah so viel auf einmal! Es wäre für ihn unmöglich gewesen, dem Geschehen zu folgen, selbst wenn er nichts anderes getan hätte.

„Jawoooooohl.“ Die Geräusche, die die Frau machte, waren immer noch sehr förmlich. Sie hatten keinen wirklichen Inhalt. Aber jedes von Sams Jawohls war wärmer, lebhafter als das letzte. Und sie fühlte sich eindeutig zu ihm hingezogen. So ging es jedem in diesen Tagen. Wenn man 22,5 Milliarden Dollar hatte, wollten die Leute wirklich, wirklich dein Freund sein. Sie würden dir alles verzeihen. Ihr Verlangen befreite Sam davon, ihnen Aufmerksamkeit schenken zu müssen, was gut war, denn er hatte nur ein begrenztes Maß an Aufmerksamkeit zu vergeben. Ein weiterer Kampf stand bevor. Während die Sekunden heruntertickten, wählte er hastig eine neue Armee aus Killerbäumen und Zwergen aus. Gleichzeitig holte er ein Dokument hervor: die Notizen, die Natalie für dieses Treffen erstellt hatte. Sam sah sie sich nun zum ersten Mal an. Anna Wintour war definitiv die Herausgeberin der *Vogue*.

„Das ist interessant“, sagte er, als der Kampf begann. Wieder war er in Sekundenschnelle vorbei. Der Hoard Dragon war bereits in Schwierigkeiten. Seine Lebenspunkte schwanden als die der anderen. Viele der Helden waren gleich zu Beginn stark; der Hoard Dragon war einer der wenigen, die ihre besonderen Kräfte erst später in ihrem Leben erlangten. Um den Hoard Dragon zu spielen, musste man Schätze kaufen, die sich für ihn mehr auszahlten als für jeden anderen Helden – aber das geschah erst viel später, etwa nach acht Schlachten. In der Zwischenzeit zog man Ressourcen von der aktuellen Schlacht ab. Sam brauchte diese frühen Schlachten nicht zu gewinnen. Er musste den Hoard Dragon nur lange genug am Leben erhalten, um in den Genuss der zukünftigen gigantischen Gewinne aus den Schätzen zu kommen, die er anhäufte. Anna Wintour machte ihm das schwer. Sie beanspruchte so viel Aufmerksamkeit! Und jetzt kam sie zum eigentlichen Grund ihres Anrufs: die Met Gala. Organisiert von der *Vogue*. Aber anstatt es ihm einfach zu erklären und ihn in Ruhe zu lassen, fragte sie Sam, was er darüber wisse.

Sam rutschte auf seinem Stuhl hin und her. Aus seiner zerknitterten Cargoshorts fischte er sein Lippenbalsam. Er drehte den Stift hin und her. Wertvolle Sekunden tickten dahin. Schließlich klickte er auf eine Schaltfläche. Der Hoard Dragon verschwand und Anna Wintour tauchte wieder auf. Seltsamerweise wollte er sie nur sehen, wenn er sprach.

„Ich weiß bei Weitem nicht so viel über Ihre Branche wie Sie“, gab er zögerlich zu. „Ich kenne einige Informationen, die öffentlich bekannt sind, aber ich weiß nicht viel über das, was hinter den Kulissen passiert.“ *Einige* Informationen. Streng genommen stimmte das: Sam kannte einige Informationen. Er wusste, dass die Met Gala eine Party war. Mit Prominenten als Gästen. Aber darüber hinaus wusste er nicht viel. Er hätte Ihnen zum Beispiel nicht sagen können, ob die „Met“ die Metropolitan Opera oder das Metropolitan Museum oder die Metropolitan Police war.

Anna Wintour war offensichtlich an diese Situation gewöhnt. Zu Sams großer Erleichterung begann sie, die Sache zu erklären. In dem Moment, als sie den Mund öffnete, tauschte Sam ihr Gesicht gegen eine Seite von Wikipedia aus:

> Die **Met Gala**, offizielle Bezeichnung **Costume Institute Gala** oder **Costume Institute Benefit** und auch unter der Bezeichnung **Met Ball** bekannt, ist eine jährliche Spendengala zugunsten des Costume Institute des Metropolitan Museum of Art in New York City. Sie markiert die Eröffnung der alljährlich stattfindenden Modeausstellung des Costume Institute. Die Veranstaltung steht jedes Jahr unter dem Motto der jeweiligen Ausstellung des Costume Institute und die Ausstellung gibt den Stil für die formelle Kleidung des Abends vor, da von den Gästen erwartet wird, dass sie ihre Garderobe passend zum Thema der Ausstellung auswählen.

„Interessant! Das ist super interessant." Aber noch während er sein Interesse bekundete, klickte Sam auf eine Schaltfläche und die Wikipedia-Seite verschwand. An ihrer Stelle erschien ein riesiger goldener Tomahawk. Der Hoard Dragon hing am seidenen Faden. Ein weiterer Kampf stand bevor gegen eine Figur namens Peter Pants. Peter Pants war das Gegenstück zum Hoard Dragon. Peter Pants war eine Figur, bei der es darauf ankam, sie zu besiegen, und deren Kräfte mit der Zeit schwanden. Ihr Ziel war es, einen schnell zu töten. Peter Pants konnte den Hoard Dragon in einem einzigen Kampf ausschalten. Sam hatte nur ein paar Sekunden Zeit, um seine Kampftruppe um sich zu scharen. Er musste sich konzentrieren. Anna Wintour machte das unmöglich.

„Jawooohl", tönte Sam.

Anna Wintour erklärte nun, sie wolle mehr darüber erfahren, was FTX in Sachen Philanthropie vorzuweisen habe. Gezwungenermaßen ließ Sam ihr Gesicht auf seinen Computerbildschirm zurückkehren. „Wir haben mit einigen Partnern Sponsoringverträge abgeschlossen", führte er aus. „Aber es war eher ein Zufall, worauf wir uns zuerst gestürzt haben. Wir versuchen wirklich, genau zu prüfen, welche Partnerschaften am meisten bewirken würden. Deshalb haben wir uns mit Tom und Gisele zusammengetan." *Partnerschaften.* Es entsprach absolut der Wahrheit, erfasste aber nicht den Geist der Beziehung. Sam hatte zugestimmt, dem Football-Star Tom Brady 55 Millionen Dollar und seiner damaligen Frau, dem Supermodel Gisele Bündchen, weitere 19,8 Millionen Dollar für jeweils 20 Stunden ihrer Zeit in den nächsten drei Jahren zu zahlen. Sam zahlte den Leuten mehr Geld pro Minute, als sie jemals in ihrem ganzen Leben für irgendetwas bekommen hatten. Er hatte dem Schauspieler Larry David zehn Millionen Dollar für einen 60-sekündigen Werbespot gezahlt – zusätzlich zu den 25 Millionen Dollar, die die Produktion und die Ausstrahlung des Spots während des Super Bowls gekostet hatten, den Sam erst am Vortag besucht hatte. Es war ein großartiger Werbespot.

Der Hoard Dragon lag im Sterben.

Sam war sich zwar nicht ganz sicher, was die Met Gala war oder welche Rolle er dabei spielen würde, aber er ahnte, worauf Anna Wintour aus war. Sie wollte nicht nur sein Geld, sie wollte ihn. Anwesend, auf dem roten Teppich der Met Gala, an ihrer Seite, um für Aufsehen zu sorgen. Sam verstand auch, was er im Gegenzug für sein Opfer bekommen könnte: Frauen. Oder besser gesagt, den Zugang zu den weiblichen Kryptospekulanten. FTX hatte riesige Summen ausgegeben, um die Köpfe der Männer zu erobern. Nach Sams Ansicht nahm die Mode in der weiblichen Vorstellungswelt in etwa denselben Platz ein wie der Sport in der männlichen. Er hatte einige Marketing-Leute um eine Liste von Dingen gebeten, die er in der Modebranche tun könnte, um Frauen zu begeistern. Die Met Gala stand auf der Liste. Und hier war er nun, in einem Zoom-Meeting mit Anna Wintour höchstpersönlich, die anscheinend andeutete, dass Sam für den ganzen Rummel aufkommen sollte.

„Ja, absolut“, sagte Sam, aber er war mit seinen Gedanken ganz woanders. Der Hoard Dragon war tot. Anna Wintour hatte ihn getötet. Was sollte er tun? Er machte einen halbherzigen Versuch, ein weiteres Spiel zu beginnen und einen anderen Helden zu wählen, aber dann änderte er seine Meinung und beendete das Spiel. Oft konnte er sich in zwei Welten gleichzeitig aufhalten und in beiden gewinnen. In diesem Fall hatte er eindeutig keine Chance, in einer Welt zu gewinnen, wenn er nicht in der anderen Welt weniger aufpasste. Und diese Frau hatte sich irgendwie einen Zauber angeeignet, der seine Fähigkeit zum Multitasking beeinträchtigte. Denn jetzt fragte sie ihn nicht nur nach seinem Geld und seiner Zeit. Sie wollte alles über seine politischen Aktivitäten wissen.

„Meine Mutter arbeitet in Vollzeit an der Effektivität politischer Wahlkampfspenden und mein Bruder bewegt sich in Washington unter politischen Entscheidungsträgern", antwortete Sam und holte Anna Wintours Gesicht auf seinen Laptop zurück. „Wir tun eine ganze Menge, um zu lernen, wie schwer wir es machen können, eine Wahl zu stehlen. Es ist traurig, dass das das Umfeld ist, in dem wir kämpfen müssen, aber so ist es."

Erstaunlich lange waren Sams Ausgaben für amerikanische Wahlen unter dem Radar geblieben. 2020 hatte er 5,2 Millionen Dollar für die Präsidentschaftskampagne von Joe Biden gespendet, ohne dass ihn jemand gefragt oder ihm gar gedankt hätte. Er war Bidens zweit- oder drittgrößter Spender und doch hatte sich niemand aus dem Kampagnenteam die Mühe gemacht, ihn anzurufen. Seitdem hatte Sam weitere Dutzende Millionen Dollar an 100 verschiedene Kandidaten und politische Aktionskomitees (PACs) gespendet, und zwar auf eine Art und Weise, die es schwierig machte, seine Identität zu ermitteln. Es war ein weiteres Spiel – *Einflussnahme auf die amerikanische Politik* –, das er durch Übung erlernte, und es machte ziemlich viel Spaß, vor allem, wenn man die tolle Eigenschaft der Unsichtbarkeit besaß. Aber dann hat er es „versaut", wie er es ausdrückte. In einem Interview ließ er durchblicken, dass er darüber nachdachte, eine Milliarde Dollar in die nächste Präsidentschaftswahl zu stecken. Diese Bemerkung hatte die Bestie geweckt. Und jetzt erklärte Anna Wintour ihre Liebe zu dem Demokraten Pete Buttigieg. Sie fragte, wo genau Sam in den nächsten Wochen sein werde. Um mehr über Pete Buttigieg zu reden.

„Ich würde mich freuen, ihn kennenzulernen“, sagte Sam. „Er ist jemand, den ich gern als Präsident sehen würde.“ Wenn er dachte, das würde Anna Wintour zufriedenstellen, hatte er sich getäuscht. Sie wollte einen Ort in der realen Welt festlegen, an dem Sam sein könnte, und eine Zeit, zu der er dort sein könnte.

„Ich bin 60 Prozent der Zeit auf den Bahamas“, sagte Sam und wich der Frage gekonnt aus. „Manchmal bin ich auch in Washington. Wohl oder übel besteht mein Job jetzt zu 30 Prozent darin, den Aufsichtsbehörden zu schildern, wie die Regulierung der Kryptobranche in den USA aussehen sollte.“ Sein nacktes linkes Bein klemmte jetzt unter seinem Hintern auf dem Schreibtischstuhl des Hotels; seine rechte Ferse, die in einer weißen Sportsocke steckte, hüpfte auf dem Hotelteppich auf und ab. Er sah weniger aus wie ein Krypto-Tycoon als wie ein Erstklässler, der pinkeln musste. *Aber jetzt sprach Anna Wintour wieder, Gott sei Dank.* Befreit scrollte er durch seinen Twitter-Feed. Zwei Abende zuvor war Sam der Sängerin Katy Perry vorgestellt worden. Katy Perry hatte alles über Kryptowährungen wissen wollen. Jetzt postete sie auf Instagram: „Ich höre mit der Musik auf und werde Praktikantin bei @ftx_official ok 👋.“

Der Tonfall von Anna Wintour änderte sich. Sie hatte bekommen, was sie wollte, und beendete nun freundlich das Gespräch. Um sie loszuwerden, brauchte Sam nur seine übliche Zustimmung zu allem, was sie sagte, zu äußern.

Jawohl.

Fantastisch!

Das macht sehr viel Sinn.

Ja, das würde ich gern tun!

Auf Wiedersehen!

Sam klickte auf eine Schaltfläche und Anna Wintour war für immer verschwunden. Mit dem verständlichen Eindruck, dass Sam Bankman-Fried, der offenherzigste Milliardär, der je auf Erden wandelte, zugestimmt hatte, ihr besonderer Gast bei der Met Gala zu sein. Dass Sam vielleicht sogar für die ganze Sause bezahlen würde. Sam seinerseits hatte nicht wirklich darüber nachgedacht. Er hatte noch nicht einmal angefangen, seine Met-Gala-Rechnung aufzustellen. „Ich müsste mir gut überlegen, ob ich da hingehen will", sagte er, als er seinen Laptop zusammen mit seiner Ersatzunterwäsche in seinem Rucksack verstaute und zur Tür seines Hotelzimmers in Los Angeles ging, auf dem Weg zurück auf die Bahamas. „Ich wäre dort sicherlich fehl am Platz. Es wird schwierig einzufädeln sein."

In den darauffolgenden Wochen gab Sam den Leuten von Anna Wintour keinen Grund zu glauben, dass er mit etwas anderem als damit beschäftigt war, es einzufädeln. Die Marketing-Leute von FTX sondierten bei Louis Vuitton, ob sie eine für den roten Teppich geeignete Version von Sams T-Shirt und den Cargoshorts entwerfen könnten. Andere FTX-Mitarbeiter, die lieber auf Nummer sicher gehen wollten, bezahlten Tom Ford dafür, ein konventionelleres Outfit zu entwerfen, komplett mit Manschettenknöpfen im Wert von 65.000 Dollar. Hinter den Kulissen drehten sich die Räder und mahlten die Zahnräder, aber Sam selbst beteiligte sich nie wirklich an dem Prozess und verriet nicht einmal, was er dachte. Er betrachtete die gesamte Liste der Mode-Gimmicks, die sich die FTX-Marketingleute ausgedacht hatten, mit Argwohn. „Ich habe keine Ahnung, was von diesen Dingen wichtig ist und was nicht", gab er zu. „Ich weiß gar nicht, ob man das überhaupt wissen kann."

Sein ganzes Leben lang, so weit er sich zurückerinnern konnte, war er verblüfft darüber, wie die Menschen ihr Leben durch ihr Äußeres bestimmen lassen. „Man fängt damit an, dass man die Entscheidung, mit wem man zusammen sein will, aufgrund des Aussehens trifft", sagte er. „Dann trifft man schlechte Entscheidungen in Bezug auf Religion, Essen und alles andere. Dann würfelt man einfach aus, wer man sein wird." Wenn er darüber nachdachte, verkörperte Anna Wintour vieles von dem, was ihm an den Menschen missfiel. „Es gibt nur sehr wenige Unternehmen, gegen die ich starke moralische Bedenken habe, und ihres ist eines davon“, sagte er. „Eigentlich verachte ich Mode. Ich verachte generell die Bedeutung, die körperliche Attraktivität hat, und Mode ist eine Sache, die darauf aufbaut.“

Kurzzeitig legte Sam seine Verachtung für die Modeindustrie ad acta und versuchte ein wenig zu rechnen. *Es gibt vier Milliarden Frauen auf der Welt. Sagen wir mal, davon interessiert sich eine von tausend für die Met Gala. Sagen wir, davon interessiert sich eine von hundert für FTX …* Aber es fühlte sich so an, als würde man versuchen, sich die Haare zu kämmen, wenn ein Kaugummi darin klebte. Er konnte sich nicht einmal vorstellen, aus seinen Cargoshorts zu schlüpfen. Und doch ließ er die Entscheidung monatelang vor sich hin gären. Die Met Gala würde erst am 2. Mai stattfinden. In Sams Kopf hatte er ungefähr bis zum Abend des 1. Mai Zeit, bevor er Natalie sagen musste, was er zu tun gedachte.

Natalie Tien war darauf vorbereitet, dass Anna Wintours Leute enttäuscht sein würden, als sie ihnen mitteilte, dass Sam nicht dabei sein würde. Aber die Empörung der Leute überraschte sie. „Sie riefen an und brüllten, dass Sam nie wieder einen Fuß in die Modebranche setzen würde“, so Natalie. So viel dazu, mehr Frauen in die Kryptowelt zu locken. Natalie verstand nicht, warum die Met Gala so eine große Sache war. Sams kurzfristige Entscheidung, nicht hinzugehen, würde nicht so viel Chaos anrichten wie einige seiner anderen internen Berechnungen. CEOs waren auf die Bahamas geflogen in der irrigen Annahme, Sam wolle ihre Unternehmen kaufen. Das Weltwirtschaftsforum musste sich darum bemühen, eine Bühne zu füllen und Interviewtermine abzusagen, nachdem Sam am Abend vor seiner geplanten großen Rede in Davos beschlossen hatte, nicht zu kommen. Sam hatte es versäumt, nach Dubai zu fliegen, um auf der Party des *Time*-Magazins für die 100 einflussreichsten Menschen der Welt die Keynote zu halten, obwohl *Time* ihn auf die Liste gesetzt und ihm journalistisch geschmeichelt hatte. „In einer Kryptolandschaft, die von Betrug, Hedonismus und Gier geprägt ist, bietet Bankman-Fried eine freundlichere und wirkungsvollere Vision, die durch die aufkommende Technologie gestützt wird“, schrieb *Time* in der Woche, bevor Sam sie versetzte. Das Model Tyra Banks, der Rapper will.i.am und alle anderen weltweit einflussreichen Persönlichkeiten hörten eine eilig vorbereitete Rede – gehalten von einem nicht ganz nüchternen FTX-Mitarbeiter namens Adam Jacobs, der konsterniert war, weil er für Sam einspringen musste. „Ich habe mich gefragt, warum der Leiter Zahlungsverkehr diese Rede hält“, sagte Jacobs. „Warum trinke ich mit will.i.am?“

Aber die Leute vom *Time*-Magazin hatten keinen Aufstand gemacht. Niemand, außer Anna Wintours Leute, tat das: Die allgemeine Regel des Lebens am 2. Mai 2022 war, dass Sam Sam sein durfte. Es kam Natalie nicht in den Sinn, sich auch nur ein klein wenig über Sam zu ärgern. Sie konnte ihm nie böse sein wegen des Schlamassels, den er ihr hinterließ, denn sie wusste, dass er das nie mit Absicht tat. Sie konnte sogar Leuten verzeihen, die anriefen, um sie wegen Sam anzuschreien. Wenn sie selbst Sam nicht völlig verstand, wie sollte es dann jemand anderes tun?

2
DAS WEIHNACHTSMANNPROBLEM

Als ich Sam nach einer Liste von Personen fragte, die schildern könnten, wie er vor seinem 18. Lebensjahr war, holte er tief Luft und sagte: „Das wird eine magere Ausbeute." Er schlug seine Eltern vor, Joe Bankman und Barbara Fried. Er erwähnte, dass er einen jüngeren Bruder hatte, Gabe. Abgesehen davon habe er keine frühen Beziehungen gehabt, die ein Licht auf ihn werfen könnten, und es habe in seiner Kindheit keine Erfahrungen gegeben, die von Bedeutung gewesen seien. „Ich bin ein wenig verwirrt wegen meiner Kindheit", sagte er. „Ich kann einfach nicht herausfinden, was ich damit gemacht habe. Ich schaue mir die Dinge an, die ich getan habe, und es gelingt mir nicht, sie auf 24 Stunden pro Tag zu addieren. Ich habe ein bisschen geträumt. Ich habe ein paar Bücher gelesen. Ich habe ein paar Videospiele gespielt, aber das war erst in der Highschool. Ich hatte ein oder zwei Freunde, mit denen ich ab und zu etwas unternahm." Die Namen dieser Freunde fielen ihm, mit einer Ausnahme, nicht mehr ein. Er war bereit, mir sein Geburtsdatum zu nennen: 5. März 1992. Darüber hinaus hatte er nicht viel zu erzählen und er war nicht der Meinung, dass seine Kindheit irgendetwas über ihn verraten könnte – was mir seltsam vorkam, da sie etwa zwei Drittel seines bisherigen Lebens umfasste.

Er war 13 Jahre lang mit anderen Kindern zur Schule gegangen. Er war an Colleges zugelassen worden, wofür er Empfehlungen von Lehrern hätte bekommen müssen. Seine Eltern waren bekannte Professoren. An den meisten Sonntagen, so erfuhr ich, veranstalteten Joe und Barbara ein Abendessen, an das sich die Gäste bis heute gern erinnern. „Die Gespräche waren berauschend", erinnert sich Tino Cuéllar, ein Juraprofessor aus Stanford, der später Richter am Obersten Gerichtshof von Kalifornien und dann Leiter der Carnegie-Stiftung für internationalen Frieden werden sollte. „15 Prozent drehten sich darum, was in deinem Leben passierte, 15 Prozent waren Politik und der Rest waren Ideen. Wie wir über das dachten, was uns beschäftigte – Kunst, Musik, was auch immer." Sam war bei diesen Abendessen dabei, konnte sich aber an keinen Gast erinnern, mit dem es sich lohnen würde zu sprechen. Auf mein Drängen hin schlug er mir vor, seinen Bruder anzurufen, der jetzt bei Sam angestellt war, um Sams Geld an politische Kandidaten zu verteilen. Gabe, der drei Jahre jünger ist, erklärte mir, dass ich meine Zeit verschwenden würde. „Wir standen uns als Kinder nicht sehr nahe", sagte er, als ich ihn erreichte. „Ich glaube, Sam mochte die Schule nicht so sehr, aber ich weiß es nicht genau. Er blieb für sich. Ich würde mit ihm wie mit einem Mieter in meinem Haus umgehen."

Sams Eltern waren nur ein wenig hilfreicher. Sam war ihr erstes Kind gewesen und so hatten sie länger gebraucht, als es vielleicht nötig gewesen wäre, um herauszufinden, dass es keinen Sinn hatte, ihn nach irgendwelchen Regeln zu erziehen. „Die Kindheit war eine seltsame Sache für Sam", sagte Joe. „Er fühlte sich nie wohl mit Kindern oder damit, ein Kind zu sein." Sie hatten kurz versucht, ihm eine normale Kindheit zu bescheren, bevor sie merkten, dass es keinen Sinn hatte. Der Ausflug in den Vergnügungspark war ein gutes Beispiel dafür. Als Sam noch ein kleines Kind war, hatte seine Mutter ihn pflichtbewusst von einer Attraktion zur nächsten geschleppt, bis sie merkte, dass Sam keinen Spaß daran hatte. Anstatt sich in die Fahrgeschäfte zu stürzen, beobachtete er *sie*. „Hast du Spaß, Mom?", fragte er schließlich und meinte damit: *Ist das wirklich deine Vorstellung von Spaß oder die von anderen?* „Ich merkte, dass er mich entlarvt hatte", berichtete Barbara.

Als Sam acht Jahre alt war, hatte sie die Vorstellung aufgegeben, dass seine Wünsche und Bedürfnisse denen anderer Kinder entsprechen würden. Sie erinnerte sich an den Moment, als das geschah. Sie war seit mehr als einem Jahrzehnt in Stanford und verfasste häufig gelehrte Beiträge für wissenschaftliche Publikationen. „Ich begleitete ihn zur Schule und er fragte mich, was ich gerade mache", erinnert sich Barbara. „Ich erzählte ihm, dass ich an einem Artikel schreibe, und er fragte: ‚Worum geht es denn?' Ich gab ihm eine nichtssagende Antwort, aber er ließ nicht locker und am Ende des Spaziergangs waren wir mitten in einem tiefen Gespräch über den Sachverhalt. Die Argumente, die er vorbrachte, waren besser als die aller anderen Kritiker. In diesem Moment änderte sich mein Erziehungsstil."

Für ihre Freunde, die sonntagabends zum Essen kamen, war Joe immer locker, Barbara eher ernst. Joe war lustig, Barbara scharfsinnig. Gabe war ein aufgewecktes und fröhliches kleines Kind, das alle liebten. Sam war immer präsent, aber er war ruhiger, wachsamer und weniger zugänglich als sein kleiner Bruder. Die Gäste beim Abendessen hatten den Eindruck, dass Joe und vor allem Barbara ein wenig Angst um und vor ihrem älteren Sohn hatten. Und dass sie sich Sorgen machten, wie er sich jemals in die Welt einfügen würde. „Wir machten uns Sorgen, dass Gabes Licht leuchten und Sam seines unter den Scheffel stellen würde", sagte Barbara.

Sam selbst brauchte etwas länger, um die Kluft zwischen ihm und anderen Kindern zu erkennen. Er wusste nicht wirklich, warum er keine Freunde hatte wie andere Kinder. Zwischen seinem achten und zehnten Lebensjahr wurde er von zwei Erkenntnissen überrollt, die zusammengenommen einer Offenbarung gleichkamen. Die erste kam an einem Dezembertag in der dritten Klasse. Weihnachten stand vor der Tür und einige seiner Klassenkameraden brachten das kritische Thema des Weihnachtsmanns zur Sprache.

Die Bankman-Frieds hatten es nicht so mit den üblichen Feiertagen. Sie feierten Chanukka, aber mit so wenig Begeisterung, dass sie es in einem Jahr einfach vergaßen, und als sie merkten, dass es niemanden interessierte, hörten sie auf, irgendetwas zu feiern. „Es war wie: ‚Wir haben Chanukka vergessen. Na gut, wen stört das schon?' Es hat keinen gekümmert", sagte Sam. Geburtstage haben sie auch nicht gefeiert. Sam fühlte sich nicht im Geringsten benachteiligt. „Meine Eltern sagten: ‚Gibt es etwas, das du dir wünschst? Dann sag es. Und du kannst es haben. Sogar im Februar. Es muss ja nicht im Dezember sein. Wenn du es willst, lass uns offen und ehrlich darüber reden, anstatt dass wir raten müssen.'" Wie seine Eltern sah auch Sam keinen Sinn darin, dass jemand versucht, sich vorzustellen, was jemand anderes wollen könnte. Die Gleichgültigkeit der Familie gegenüber Konventionen kam ganz natürlich und unbefangen daher. Es hieß nie: *Seht mal, wie interessant wir sind, wir halten uns nicht an die Rituale, die das Leben so vieler Amerikaner bestimmen.* „Es ist nicht so, dass sie sagten: ‚Geschenke sind doof'", erinnerte sich Sam. „Sie haben nie versucht, uns beim Thema Geschenke irgendeine Überzeugung aufzuzwingen. So ist es nicht gewesen."

Nichts von dem, was die Bankman-Frieds taten, war nur Show; sie waren nicht diese Art von Menschen. Sie dachten wirklich darüber nach, was sie taten, bevor sie es taten. In seinen Zwanzigern erfuhr Sam, dass seine Eltern nie geheiratet hatten. Aus stillem Protest gegen die Tatsache, dass ihre schwulen Freunde nicht heiraten durften, hatten sie sich für eine eingetragene Partnerschaft entschieden. Und sie verloren nie ein Wort darüber, weder ihren Kindern noch sonst jemandem gegenüber, soweit Sam wusste. Später verstand Sam, dass „sie eindeutig von einem anderen Glaubenssystem angetrieben wurden". Als kleines Kind wusste er nur, dass es Dinge gab, die für andere Kinder selbstverständlich waren, für ihn aber nicht. Eines davon war der Weihnachtsmann.

Natürlich wusste Sam über den Weihnachtsmann Bescheid. „Ich hatte schon davon gehört", sagte er. „Aber ich hatte nie intensiv darüber nachgedacht." Er dachte über den Weihnachtsmann ungefähr so, wie er über Zeichentrickfiguren dachte. Auch Bugs Bunny existierte in gewisser Weise, aber Bugs Bunny war nicht *real.* Jetzt, im Alter von acht Jahren, stellte er fest, dass andere Kinder an den Weihnachtsmann glaubten, im Gegensatz zu Bugs Bunny. Das haute ihn um. Er ging an diesem Nachmittag nach Hause, schloss sich in seinem Zimmer ein und dachte darüber nach. „Stell dir vor, dir wäre nie die Idee gekommen, dass es den Weihnachtsmann wirklich gibt", sagte Sam. „Und dann erzählt dir eines Tages jemand, dass 95 Prozent der Menschen in deinem Alter an ihn glauben. Dass dieser Typ am Nordpol wohnt und Elfen beschäftigt. Dass er mit diesen fliegenden Rentieren abhebt. Er fliegt in deinen Schornstein und bringt dir Geschenke. Es sei denn, man war unartig, dann bringt er Kohle. Aber aus irgendeinem Grund kennt niemand jemanden, der schon einmal Kohle bekommen hat. Und er macht das nur einmal im Jahr. Du fragst dich: ‚Was zum Teufel? Wo kommt das denn her?'"

Er fand eine Lösung, die vorübergehend Erleichterung verschaffte: Nur Kinder litten unter diesem Wahnsinn. Ja, Kinder glaubten an den Weihnachtsmann. Erwachsene aber nicht. Es gab eine Grenze für den Wahnsinn. Doch dann, etwa ein Jahr später, sagte Henry, ein Junge aus seiner Klasse, er glaube an Gott.

Sam hatte auch von Gott gehört. „Gott war wie etwas aus dem Fernsehen", sagte er. „Gott kam vor. Aber ich hätte nicht gedacht, dass irgendjemand wirklich an Gott glaubt." Es sagt nicht nur etwas über Sam, sondern auch über seine Erziehung aus, dass er fast zehn Jahre lang in den USA leben konnte, ohne zu wissen, dass andere Menschen an Gott glauben. „Ich habe mich nie gefragt: ‚Warum kommt Gott ins Spiel, wenn niemand an ihn glaubt?'", sagte er. „Ich hatte diesen Prozess noch nie durchlaufen. Ich hatte nicht nachgeforscht: ‚Glauben die Menschen an ihn?'" Jetzt erzählte Henry ihm nicht nur, dass er an Gott glaubte, sondern auch, dass seine Eltern es taten. Und viele andere Erwachsene auch. „Und ich bin ausgeflippt", erinnerte sich Sam. „Dann ist er ausgeflippt. Wir sind beide ausgeflippt. Ich weiß noch, dass ich dachte: *Moment mal, denkst du, ich komme in die Hölle?* Denn das scheint eine große Sache zu sein. Wenn es die Hölle gibt, warum scherst du dich dann um McDonald's? Warum reden wir überhaupt über diesen Scheiß, wenn es eine Hölle gibt? Wenn sie wirklich existiert. Sie ist verdammt erschreckend, die Hölle."

Es war wie beim Weihnachtsmann, nur noch schlimmer. Gott – oder vielmehr die Tatsache, dass jemand an ihn glaubte – brachte Sams Welt ins Wanken. Es stellte seine Sicht auf andere Menschen und auf das, was in ihnen vor sich ging, auf den Kopf. Er versuchte, Erwachsene – vor allem Freunde seiner Eltern, die zum Abendessen kamen – mit dem Thema Gott zu konfrontieren. Es fiel ihm immer leichter, mit Erwachsenen zu reden als mit Kindern, und er war darin immer besser gewesen als andere Kinder – eine Tatsache, die er auf die idiotische Kindlichkeit anderer Kinder zurückführte. Die Freunde seiner Eltern saßen jeden Sonntag mit am Esstisch und standen für Fragen zur Verfügung. „Ich fragte sie: ‚Glaubst du an Gott?' Sie sagten dann etwas von einem Wesen, das die Uhr des Universums in Gang gesetzt hat. Und ich dachte: ‚Hör auf mit dem Scheiß: Das ist eine binäre Frage. Einfach ja oder nein.'" Er verstand den Unwillen selbst wirklich kluger Erwachsener nicht, die richtige Antwort auf diese Frage zu finden. „Ich fand das sonderbar", äußerte er. „Ich habe nie verstanden, warum die Leute sich die Mühe machen, so einen Scheiß zu behaupten."

Aus dem weitverbreiteten Glauben an Gott und den Weihnachtsmann zog Sam eine Schlussfolgerung: Es ist möglich, dass fast jeder in einer Sache ganz offensichtlich falschliegt. „Massenhafte Wahnvorstellungen sind eine Eigenschaft der Welt, wie sich herausgestellt hat", sagte er. Er musste sich damit abfinden, dass er nichts dagegen tun konnte. Es hatte keinen Sinn, sich mit dem Glauben anderer Kinder an den Weihnachtsmann auseinanderzusetzen. Doch er hatte nicht das geringste Bedürfnis, so zu tun, als würde er zustimmen. Er arrangierte sich einfach mit der Tatsache, dass die Welt in einer Sache völlig falschliegen könnte und er völlig recht haben könnte. Es könnte eine Art Gleichgewicht geben, in dem alle auf der Welt im Unrecht bleiben und er im Recht, und keine Seite würde auch nur versuchen, die Meinung der anderen zu ändern. „Es gibt Zeiten, in denen wir uns einfach nur anstarren", bilanzierte Sam.

Eine Interpretation von Sams Kindheit ist, dass er einfach darauf gewartet hat, dass sie zu Ende geht. So dachte er mehr oder weniger darüber: Er hielt den Atem an, bis andere Menschen erwachsen wurden, damit er mit ihnen reden konnte. „Vieles in der Kindheit hat für mich einfach keinen Sinn ergeben", erklärte er. „Wenn man es nicht magisch findet, an den Weihnachtsmann zu glauben, dann ist das einfach nur bescheuert." Obwohl es ihm leichter fiel, mit Erwachsenen zu sprechen als mit Kindern, waren die Verbindungen, die er zu den Erwachsenen herstellte, nicht stärker als die zu anderen Kindern. Er spürte, dass er auf eine tiefe Weise von den anderen Menschen abgeschnitten blieb. Er konnte sie lesen, aber sie konnten ihn nicht lesen. „Es gab einige Dinge, die ich mir selbst beibringen musste", berichtete er. „Eines davon ist die Mimik. Zum Beispiel, dass ich lächeln muss, wenn ich lächeln soll. Lächeln war die größte Sache, die ich seltsamerweise nicht konnte." Andere Leute sagten oder taten Dinge, auf die er mit einer Gefühlsäußerung reagieren sollte. Und anstatt es vorzutäuschen, stellte er die Prämisse infrage. *Was ist überhaupt der Sinn von Gesichtsausdrücken? Wenn du mir etwas sagen willst, sag es einfach. Warum muss ich grinsen, wenn du es tust?*

Schon sehr früh erkannte Sam, dass er sich Fähigkeiten aneignen musste, die für die meisten Menschen selbstverständlich sind. Aber er wusste auch, dass er sich mühelos Fähigkeiten aneignen konnte, für die andere Menschen schwitzten, um sie zu lernen. Als die Lehrerin sagte, dass Sally 13 Äpfel in ihrem Korb hatte und dann doppelt so viele Äpfel pflückte, wie sie bereits hatte, und sie in denselben Korb legte, wusste Sam schneller als die anderen Kinder, wie viele Äpfel Sally in ihrem Korb hatte. Im Kindergarten hatte eine Erzieherin Barbara und Joe vorgeschlagen, ihn aus dem öffentlichen Schulsystem herauszunehmen und an einer Schule für begabte Kinder anzumelden. „Wir dachten, sie sei verrückt", sagte Barbara. In den nächsten sieben Jahren hatten sie keinen Grund zu der Annahme, dass sie einen Fehler gemacht hatten. Während der gesamten Mittelstufe war Sam ein guter, aber kein hervorragender Schüler, der sich vor allem dadurch auszeichnete, dass er kein Interesse an dem zeigte, was sein Lehrer sagte. „Ich war insofern gehorsam, als ich nichts tat, was ich nicht tun sollte", erläuterte Sam. „Aber ich habe nicht unbedingt den Mist gemacht, den ich machen sollte. Ich saß einfach nur da und war wie betäubt."

Erst in der Mittelstufe wurde ihm bewusst, dass er kein glücklicher Mensch war. Depressionen können viele Formen annehmen und seine war von der weniger schweren, schwelenden Sorte. „Ich glaube, wenn Menschen depressiv sind, wissen sie im Allgemeinen, dass sie depressiv sind", sagte er. „Meine Form der Depression war nicht unkontrolliert negativ. Bei mir war es ein Mangel an Positivem." Er hatte eine Bruchlinie in sich, auf der sich Druck aufbaute, und eines Tages, in der siebten Klasse, riss sie auseinander. Seine Mutter kam von der Arbeit zurück und fand Sam allein und verzweifelt vor. „Ich kam nach Hause und er weinte", erinnerte sich Barbara. „Er sagte: ‚Mir ist so langweilig, ich werde sterben.'" Barbara und Joe mobilisierten eine kleine Gruppe von Eltern, um die Schule zu bitten, einen Mathematikkurs für Fortgeschrittene anzubieten. Die Schule ging darauf ein und engagierte einen speziellen Lehrer. „Die Gruppe traf sich um 7 Uhr", erinnerte sich Barbara. „Und zum ersten Mal sprang Sam einfach um halb 7 aus dem Bett. Bis dahin gab es keinen eindeutigen Hinweis darauf, dass er etwas Besonderes war." Damals beschlossen Barbara und Joe, das Geld auszugeben, um ihn auf eine schicke private Highschool zu schicken, Crystal Springs Uplands.

Crystal Springs machte keinen Unterschied. „Ich habe es dort auch gehasst", sagte Sam. „Die ganze Zeit über. Ich mochte den Unterricht nicht. Ich mochte meine Mitschüler nicht. Ich war gelangweilt." Die

Schülerschaft war ein „Who is Who" der Kinder des Silicon Valley. (Der Sohn von Steve Jobs, Reed, war in Sams Klasse.) Nach den üblichen Maßstäben war es eine Streberschule. Sam fehlte trotzdem der Ernst. „Es waren eine Menge mäßig ehrgeiziger, wirklich reicher Kinder", erinnerte er sich. „Das Einzige, was sie wussten, war, dass sie sich keine Sorgen zu machen brauchten. Es gab also nicht viel Antrieb und nicht viel Druck. Jeder ging nach Stanford." Er wollte über Dinge nachdenken, an denen die anderen Kinder kein Interesse hatten und somit auch nicht darüber nachdenken wollten – und er hatte kein Interesse an dem, worüber sie nachdenken wollten. Er machte sich nicht einmal die Mühe, sich anzupassen. Alle anderen trugen einen Rucksack, nur er kam mit einem Rucksacktrolley, dessen Rollen über das Kopfsteinpflaster ratterten, wenn er von Klasse zu Klasse ging. Wenn schwächere Schüler sich vor einer Prüfung besprachen, versuchten sie manchmal, ihn einzubeziehen in der Hoffnung, dass er sie retten könnte. Sam wollte damit nichts zu tun haben. „Er sagte: ‚Tut mir leid, ihr seid auf euch allein gestellt'", erinnerte sich ein Mitschüler. „Ich glaube, er fühlte sich darüber erhaben. In der Klasse vermittelte er den Eindruck, über viele Dinge erhaben zu sein. Er war weder beliebt noch unbeliebt. Er war einfach irgendwie da." Ein anderer Klassenkamerad sagte: „Er war die Zielscheibe von Witzen, die von Leuten gemacht wurden, die so taten, als ob er dazugehörte, aber das tat er nicht." Bei einer Schulfreizeit hatte Sam nicht einmal versucht zu schlafen. Alle dachten, das sei seltsam. „Ich wurde als schlau angesehen, als Streber, nicht als guter oder böser Junge. Ich wurde nicht wirklich als Person angesehen. Klug und harmlos und vielleicht nicht so ganz menschlich." Schlimmer noch, zu einem gewissen Grad teilte er sogar die Einschätzung seiner Mitschüler. „Ich fühlte mich nicht missverstanden. Ich hatte das Gefühl, dass ihre halbgaren Vermutungen in etwa richtig waren."

In der Highschool hatte Sam beschlossen, dass er die Schule einfach nicht mochte, was für jemanden, der seinen Abschluss als Klassenbester machen würde, seltsam war. Er hatte auch beschlossen, dass zumindest ein Teil der Schuld nicht bei ihm, sondern bei der Schule lag. Der Englischunterricht zum Beispiel. Seine Vorbehalte gegen den Englischunterricht reichten bis in die sechste Klasse zurück. Damals hatten die Lehrer aufgehört, sich um einfache Lese- und Schreibfähigkeiten zu kümmern, und sich stattdessen tieferen Fragen zugewandt. „Sobald es im Englischunterricht nicht mehr darum ging, ob man ein Buch lesen kann, sondern darum, einen Aufsatz über ein Buch zu schreiben, verlor ich völlig das Interesse", erinnerte sich Sam. Er fand Literaturkritik bizarr: Wen interessierte es schon, was man über eine Geschichte fühlte oder dachte? Die Geschichte war die Geschichte und es gab keine nachweislich richtige oder falsche Art, sie zu lesen. „Wenn sie gesagt hätten, dass man darüber reden soll, was man mag oder nicht mag, okay, das würde ich tun", sagte er. Das war jedoch nicht das, was sie von ihm verlangten. Sie verlangten von ihm, das Buch zu interpretieren, und beurteilten ihn dann nach seinen Interpretationen.

In der Grundschule hatte er die Harry-Potter-Bücher wieder und wieder gelesen. In der achten Klasse hörte er ganz auf, Bücher zu lesen. „Man fängt an, sie mit einem negativen Gefühl zu verbinden, und mag sie nicht mehr", sagte er. „Ich begann, Bücher mit etwas zu assoziieren, das ich nicht mochte." In der Mittelstufe behielt er seine Gedanken über die Literaturindustrie für sich, aber in der Highschool begannen sie aus ihm herauszubrechen. „Ich habe mich gegen die grundlegende Realität der gesamten Klasse gewehrt", schilderte Sam den Englischunterricht. „Plötzlich wurde mir eröffnet, dass ich falschliege – in einer Sache, in der man unmöglich falschliegen kann. Was mich beleidigte, war, dass man nicht ehrlich zu sich selbst war. Es war Subjektivität, die als Objektivität ausgegeben wurde. Die gesamte Benotung war willkürlich. Ich weiß nicht einmal, wie man benotet. Ich war mit den impliziten Tatsachenbehauptungen hinter den Dingen, für die gute Noten vergeben wurden, nicht einverstanden." Die Mittelstufe hatte er wie betäubt überstanden, aber in der Highschool war er sich seiner Sache so sicher, dass er bereit war, die von seinen Englischlehrern gehegten Überzeugungen infrage zu stellen, und zwar aus Gründen, die für Englischlehrer nicht nachvollziehbar waren. Zum Beispiel ihre Überzeugung, dass Shakespeare ein besonders guter Schriftsteller war.

> Die für Shakespeare typische Wendung der Handlung in „Viel Lärm um nichts" beruht gleichzeitig auf eindimensionalen und unrealistischen Figuren, unlogischen Handlungen und offensichtlichen Enden. Einen anderen umbringen, weil er mit gutem Grund glaubt, dass seine Verlobte ihn betrügt? Beatrice verhält sich auf unrealistische Weise absurd, Benedikt ist absurd, weil er auf sie hört, und das alles soll man mit Humor nehmen.

Nach Sams Meinung könnte man die Argumente gegen Shakespeare mit einfachen Statistiken belegen:

> Ich könnte noch viel mehr über die Schwächen von Shakespeare erzählen ... Aber das sollte eigentlich nicht nötig sein: Die Bayes'schen A-priori-Wahrscheinlichkeiten sind ziemlich vernichtend. Etwa die Hälfte der seit 1600 geborenen Menschen wurde in den letzten 100 Jahren geboren, aber es kommt noch viel schlimmer. Als Shakespeare schrieb, waren fast alle Europäer in der Landwirtschaft beschäftigt und nur sehr wenige Menschen besuchten eine Universität; nur wenige Menschen konnten überhaupt lesen und schreiben – wahrscheinlich nicht mehr als zehn Millionen Menschen. Im Gegensatz dazu gibt es heute in der westlichen Welt mehr als eine Milliarde gebildete Menschen. Wie groß ist die Wahrscheinlichkeit, dass der größte Schriftsteller im Jahr 1564 geboren wurde? Die Bayes'schen a-priori-Wahrscheinlichkeiten sehen nicht sehr günstig aus.[1]

Dass er von seinen Englischlehrern immer noch gute Noten erhielt, minderte seine Skepsis gegenüber ihrem Vorhaben nicht. Warum gaben sie ihm eine Eins? Warum gaben sie jemandem eine Note für etwas, das auf eine Meinung hinauslief? „Ich habe die Lehrer davon überzeugt, dass ich ein guter Schüler war, und deshalb gute Noten bekommen. Das hat sich in gewissem Maße selbst bestätigt." Sie gaben ihm eine Eins, weil sie nicht erklären wollten, warum sie ihm *keine* Eins gaben. Die gesamten Geisteswissenschaften waren für ihn eines: dummes Zeug, dem er vor allem entkommen wollte, das aber irgendwie immer hinter jeder Ecke lauerte. Mit der Wahl seines Colleges wollte Sam sicherstellen, dass er nie wieder einen Aufsatz über Jane Austen schreiben musste.

Aber selbst das MIT, wo er schließlich landete, verlangte von ihm, einen geisteswissenschaftlichen Kurs zu belegen. Er entschied sich für Filmgeschichte, doch auch das nervte ihn. „Der Waffenstillstand, den es früher in meinem Leben gab, war dahin", sagte er. „Ich begann, einen Hauch von ‚Ich muss mir das nicht mehr gefallen lassen' zu verspüren." Schon die erste Frage in der Abschlussprüfung brachte ihn aus der Fassung. *Was ist der Unterschied zwischen Kunst und Unterhaltung?* „Das ist eine schwachsinnige Unterscheidung, die sich Akademiker ausgedacht haben, um die Existenz ihrer Jobs zu rechtfertigen", schrieb Sam und gab die Prüfung zurück.

In der Gegenwart von Kunst empfand er nichts. Er fand Religion absurd. Er hielt sowohl rechte als auch linke politische Meinungen für dumm, weniger eine Folge des Denkens als der „Stammesidentität" ihrer Träger. Er und seine Familie ignorierten die Rituale, die das Leben der meisten Menschen prägten. Er feierte nicht einmal seinen eigenen Geburtstag. Was anderen Freude, Trost und ein Gefühl der Zugehörigkeit vermittelte, ließ Sam kalt. Als die Bankman-Frieds nach Europa reisten, merkte Sam, dass er ohne besonderen Grund einfach nur auf viele alte Gebäude starrte. „Wir haben ein paar Reisen gemacht", erinnerte er sich. „Im Grunde habe ich es gehasst." Nur eines weckte in ihm Begeisterung: Spiele. In der sechsten Klasse hörte Sam von einem Spiel namens „Magic: The Gathering". In den nächsten vier Jahren war dies die einzige Aktivität, die ihn schneller verschlang, als er sie konsumieren konnte.

„Magic" wurde in den frühen 1990er-Jahren von einem jungen Mathematiker namens Richard Garfield entwickelt. Es war das erste einer neuen Art Spiel, das vielleicht für eine neue Art Mensch gedacht war. Garfield startete mit einer ganz spezifischen Frage: Kann man ein strategisches Spiel entwickeln, das es den Spielern erlaubt, mit unterschiedlichen Ausrüstungen anzutreten? Er war sich nicht sicher, ob das überhaupt möglich war. Schließlich konnten auch Pokerspieler nicht mit ihren eigenen, privat zusammengestellten Decks auftauchen oder Schachspieler mit den Figuren spielen, die sie sich vorher ausgesucht hatten. Es war nicht gewollt, dass die Spieler einfach besseres Material und damit den Sieg kaufen konnten.

In dem von Garfield entwickelten Spiel kauften die Spieler tatsächlich ihre eigenen Spielkarten und stellten ihre eigenen Decks für den Wettbewerb zusammen. Auf jeder Karte war eine mythische Figur abgebildet – eine Hexe, ein Dämon und so weiter – und jede Figur hatte ihre eigenen besonderen Eigenschaften und eine quantifizierte Fähigkeit, Schaden zuzufügen und abzuwehren. (Wenn sich „Magic" ähnlich wie „Storybook Brawl" anhört, liegt das daran, dass „Storybook Brawl" eines von vielen Spielen war, die sich an „Magic" orientierten.) Aber man konnte nicht einfach die besten Karten kaufen, weil man nie wusste, welche Karten die besten waren. Das Spiel selbst war instabil. Der Kartenbestand änderte sich kontinuierlich auf eine Art und Weise, die nicht vorhersehbar war: Neue Karten wurden eingeführt und alte Karten wurden verboten. Die Wechselwirkungen zwischen den Karten waren zu kompliziert, um sie vollständig zu verstehen – irgendwann erkannte Garfield, dass selbst er nicht vorhersagen konnte, was in seinem eigenen Spiel passieren würde, und das gefiel ihm. „Ein Spiel ist oberflächlich, wenn man schon bei seiner Entstehung weiß, was die beste Spielweise ist", sagte er. „Es sollte im Spiel ein Szenario geben, in dem es unmöglich ist, eine Gewinnstrategie zu bestimmen."

Das war ein radikaler Gedanke: Das Spiel war letztlich unberechenbar. Wenn man nur viel spielt und die besten Züge auswendig lernt, kommt man nicht sehr weit, da sich die besten Züge von einer Partie zur nächsten ändern können. „Dadurch müssen die Spieler ihre Strategie ständig an Dinge anpassen, die niemand vorhersehen konnte", so Garfield. Diejenigen, die gut in „Magic" waren, waren diejenigen, denen es leichtfiel, ihre Strategien anzupassen. Da die beste Strategie nicht nur schwer zu erkennen, sondern auch nicht vorhersehbar war, konnten die Spieler, die gut in „Magic" waren, auch gut Entscheidungen treffen, obwohl sie sicher waren, dass sie unsicher waren.

Sam war gut in „Magic". Innerhalb des Spiels konnte er leichter mit anderen Menschen interagieren als außerhalb des Spiels. Beim Spielen fand er seinen einzigen echten Freund aus Kindertagen, einen Jungen namens Matt Nass.[2] Matt war so entspannt, wie ein zwölfjähriger Junge nur sein kann. Er hatte nichts von der Hilfsbedürftigkeit der anderen Kinder. „Vor dem Hintergrund von *Ich verstehe Kinder überhaupt nicht* war Hilfsbedürftigkeit ein Problem", sagte Sam. Matt stellte keinerlei soziale oder emotionale Anforderungen an ihn. Er brauchte Sam nicht, um Mimik zu erzeugen oder um ihm Fragen über sich selbst zu stellen oder um irgendetwas anderes zu tun als „Magic" zu spielen.

Durch Matts schiere Bedürfnislosigkeit öffnete sich Sam wie nie zuvor. Sam und Matt kauften ihre Karten gemeinsam und wurden von ihren Eltern zu lokalen Turnieren gegen erwachsene Männer gefahren.[3] Sie nahmen gemeinsam an Juniorenturnieren teil und schafften es am Ende der zehnten Klasse zu den nationalen Meisterschaften in Chicago. Matt sah Sam, wie es vielleicht niemand sonst tat. „Ich denke, es ist einfach, Menschen, die extrem rational sind, als roboterhaft zu betrachten", sagte er, „aber ich glaube nicht, dass das auf Sam zutrifft.

Er war eine wirklich seltene Kombination aus hyper-rational und extrem freundlich." In der Highschool trennten sich ihre Wege, aber sie besuchten Colleges, die nur eine Autostunde voneinander entfernt waren. Im Herbst seines ersten Studienjahres klopfte Sam an die Tür von Matts Wohnheimzimmer. „Ich spielte gerade Videospiele und war zu abgelenkt, um auf mein Handy zu schauen, also hatte ich keine Ahnung, was passiert war", erinnert sich Matt. An diesem Nachmittag war Matts Vater, dem er sehr nahestand, an einem Herzinfarkt gestorben. „Sam überbrachte mir die Nachricht persönlich und fuhr mich dann zu seiner Nerd-Bruderschaft am MIT, wo wir die ganze Nacht Brettspiele und Videospiele spielten, um mich abzulenken, bevor ich am nächsten Tag nach Hause flog."

Ein Leben wird nicht nur durch das definiert, was in ihm geschieht, sondern auch durch das, was nicht geschieht. Das gilt ganz besonders auch für die Anfänge von Sams Leben. Er konnte sehen, dass er anders war als die meisten anderen Kinder. Er bemühte sich nicht, an ihren Spielen teilzunehmen, und sie verstanden die seinen nicht. Er behielt eine, wie er es später nannte, „romantisch-positive" Sicht auf sich. „Ich hielt es nicht für eine schöne Sache, dass ich anders war", sagte er. „Ich dachte, es sei eine coole Sache." Seine einzige Waffe, um sich gegen den Spott seiner Mitschüler zu wehren, war eine leichte Verachtung und ein schwaches Gefühl der eigenen Überlegenheit. „Aber ich hatte nie einen besonderen Grund dafür. Ich dachte nur: *Ich sollte besser so denken, denn was hatte ich sonst zu bieten?*" Er war emotional und intellektuell perfekt positioniert, um aus sich eine Religion zu machen. Wie groß waren die Chancen, dass ein mathematisch begabter Junge mitten im Silicon Valley der frühen 2000er-Jahre *nicht* „The Fountainhead" (dt. „Der Ursprung" oder „Der ewige Quell") von Ayn Rand, einer Vordenkerin des Libertarismus, in die Hand nahm und sein Innenleben darin wiederfand? Das ist jedoch nie passiert.

Sam sah einige Vorzüge in einer bestimmten Art von Libertarismus. Wenn er sich jedoch anhörte, wie echte Libertäre argumentierten, warum sie zum Beispiel keine Steuern zahlen sollten, dachte er: *Ja, natürlich zahlt niemand gern Steuern, aber das ist nicht gerade eine Philosophie.* „Sie verwischten die Grenze zwischen Libertarismus als Philosophie und Egoismus als Philosophie", urteilte er. Seine innere Verdrahtung hat dieses spezielle Signal nicht empfangen. „Der Gedanke, dass andere Menschen nicht so wichtig sind wie ich, erschien mir sehr weit hergeholt", sagte er. „Ich dachte, es wäre bizarr, auch nur darüber nachzudenken." Es ist eine Sache, sich isoliert zu fühlen; es ist eine andere, zu glauben, dass der eigene Ort der Isolation das Zentrum des Universums ist. Oder dass man selbst und das, was einem widerfährt, das Einzige ist, das zählt. „Es fühlte sich unambitioniert an, sich nicht darum zu kümmern, was mit dem Rest der Welt geschieht. Es war zu niedrig gegriffen, nur an das zu denken, was sich auf mich auswirkt."

In ihrer täglichen Arbeit rangen seine Eltern ständig mit dem Spannungsverhältnis zwischen individuellen Freiheiten und dem Gemeinwohl im amerikanischen Recht. Beide bezeichneten sich im Großen und Ganzen als Utilitaristen: Ein Gesetz sollte niemals darauf abzielen, irgendeine abstrakte Vorstellung von Freiheit zu maximieren, sondern vielmehr das größte Wohlergehen für die größte Zahl von Menschen. Sie drängten Sam ihre Ansichten nie auf, aber Sam erfuhr sie natürlich. Und die Ansichten seiner Eltern waren für ihn meistens einleuchtend. Ungefähr zu der Zeit, als er aufhörte, Bücher zu lesen, wandte er sich utilitaristischen Internetforen zu. Er fühlte sich vielleicht nicht mit einzelnen Menschen verbunden, aber das machte es ihm nur leichter, die Interessen der Menschheit als Ganzes zu betrachten. „Dadurch, dass ich nicht so vielen bestimmten Menschen sehr nahestand, war es natürlicher, sich nicht um irgendjemanden zu kümmern, sondern um alle", erläuterte er. „Die Standardverdrahtung, die ich hatte, war: ‚Ja, es gibt niemanden, der nicht wichtig ist. Also sollte ich mich um jeden gleich viel kümmern.'" Eines Tages, im Alter von zwölf Jahren, kam er aus seinem Zimmer und hielt eine leidenschaftliche Rede zur Verteidigung des Utilitarismus. „Ich war fassungslos, als ich merkte, was er da in seinem Zimmer trieb", so Barbara. Sam erklärte später:

> Als ich etwa zwölf Jahre alt war, begann ich, mich für Politik zu interessieren und über soziale Fragen nachzudenken. Die Homo-Ehe war ein Kinderspiel – man muss kein Hardcore-Utilitarist sein, um zu erkennen, dass es dumm ist, Menschen das Leben schwer zu machen, nur weil sie völlig harmlos ein bisschen anders sind als man selbst. Aber das Abtreibungsthema hat mich ein bisschen umgetrieben. Ich war eine Zeit lang ziemlich hin- und hergerissen: Ungewollte Kinder zu haben ist schlimm, aber Mord ist es auch.

Dann stellte Sam die Abtreibung als eine utilitaristische Möglichkeit dar. Nicht, indem er sich mit den Rechten der Mutter oder den Rechten des ungeborenen Kindes beschäftigte, sondern indem er den Nutzen einer der beiden Vorgehensweisen bewertete:

> Es gibt viele gute Gründe, warum Mord in der Regel eine wirklich schlechte Sache ist: Er verursacht großes Leid für die Freunde und die Familie des Ermordeten, er führt dazu, dass die Gesellschaft ein potenziell wertvolles Mitglied verliert, in das sie bereits viel Nahrung, Bildung und Ressourcen investiert hat, und er nimmt einer Person das Leben, in das sie selbst bereits viel investiert hat. Aber nichts von alledem trifft auf die Abtreibung zu. Wenn man sich die tatsächlichen Folgen einer Abtreibung vor Augen führt, gibt es – abgesehen von dem Leid, das den Eltern zugefügt wird (was sie selbst am besten beurteilen können) – kaum Unterschiede zu dem Fall, dass der Fötus gar nicht erst gezeugt worden wäre. Mit anderen Worten: Für einen Utilitaristen sieht eine Abtreibung aus wie eine Geburtenkontrolle. Letztendlich ist Mord nur ein Wort und es kommt nicht darauf an, ob man versucht, das Wort auf eine Situation anzuwenden, sondern auf die

> Fakten der Situation, die einen dazu veranlasst haben, sie überhaupt als Mord zu bezeichnen. Und im Fall der Abtreibung treffen nur wenige der Dinge zu, die Mord so schlimm machen.[4]

Auf diese Weise fand Sam heraus, wer er war: indem er für sich selbst über Dinge nachdachte, ohne sich groß um die Gedanken anderer zu kümmern. Es gab jedoch zwei kurze Phasen, in denen er jemanden um sich hatte, mit dem er über Dinge nachdenken konnte. Das „Magic"-Spielen mit Matt Nass war die eine, das Mathe-Camp die andere. Nach seinem ersten Jahr in der Highschool besuchte er ein Sommercamp für mathematisch begabte Kinder auf dem Campus des Colby College. (Joe fuhr ihn dorthin und verirrte sich – und sah dann ein unbeholfen aussehendes Kind, das unter einem Baum saß und mit einem Zauberwürfel herumspielte. „Da wusste ich, dass wir den richtigen Ort gefunden hatten", sagte Joe.) Für Sam war das Mathe-Camp eine Offenbarung: Hier waren Kinder, mit denen er etwas gemeinsam hatte. Im Mathe-Camp schien es die Leute nicht zu stören, dass er keine Mimik hatte. Im Mathe-Camp führte er Gespräche mit anderen Menschen, die den Gesprächen ähnelten, die er mit sich selbst geführt hatte. Wenn andere Kinder über Politik sprachen, ging es nicht darum, eine dumme Meinung zu äußern. Es ging darum, herauszufinden, wie man Wahlen am besten modelliert und ihre Ergebnisse vorhersagt. Wenn sie über ihr Leben sprachen und darüber, wie sie es leben könnten, ergab das für ihn tatsächlich einen Sinn. Mathe-Camp-Kinder konnten sich eine Überzeugung herbeidenken. „Und wenn man sich nicht zu einer Überzeugung durchdenken kann, wie kann man sich dann zu einer Handlung durchdenken?", fragte Sam.

Im Mathe-Camp fand Sam Menschen, die sich wie er vom Utilitarismus angezogen fühlten. „Zum ersten Mal war ich nicht einer der Klügsten", erinnerte sich Sam. „Jeder der Teilnehmer war interessanter als die interessanteste Person in der Highschool. Sie waren in jeder Hinsicht klüger. Sie waren auch quantitativer ausgerichtet. Aber sie hatten mehr Abstand von der Standardkultur und fühlten weniger Druck oder weniger Fähigkeit, sich anzupassen."

Im Mittelpunkt des sozialen Lebens im Mathe-Camp standen nicht Mathematik, sondern Rätsel und Spiele. Sam wusste, dass er Spiele liebte; nach dem Mathe-Camp liebte er auch Rätsel. Als er nach Hause kam, beschloss er, seine eigenen Rätsel zu erstellen, die andere lösen sollten. Das Mathe-Camp hatte ihn gelehrt, dass es Menschen gab, die nicht ganz anders waren als er selbst. Er benutzte diese Rätsel, um sie aufzuspüren. Er gab eine Suchmeldung auf jeder Nerd-Seite im Internet heraus. An manchen Wochenenden tauchten 100 sozial unbeholfene Menschen jeden Alters aus der gesamten Bay Area auf dem Stanford-Campus auf und fanden Sam mit einem Rätsel vor. Das Lösen des ersten Rätsels führte sie zu einem anderen Ort auf dem Campus, wo sie, falls sie ihn jemals erreichten, ein weiteres, ebenfalls von Sam erstelltes Rätsel fanden. Das Lösen dieses Rätsels führte sie zu einem weiteren Ort auf dem Campus und zu einem weiteren Rätsel und so weiter. So ging es stundenlang weiter, bis irgendein Genie im Grunde genommen Sams Horkrux gefunden hatte. Sams Rätseljagden waren sehr kompliziert. Aber er hat auch einige einfachere Rätsel entwickelt und sie online gestellt. Wie dieses hier:

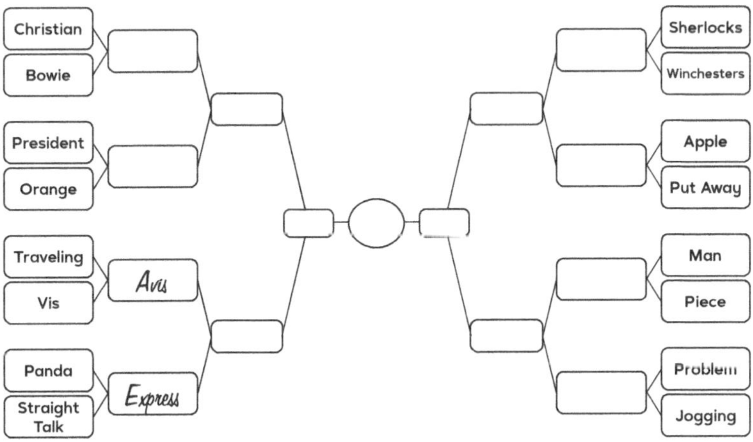

Sams größtes Rätsel blieb er selbst. Vor dem Mathe-Camp hatte er sich eingeredet, dass er schlauer sei als andere Leute. Das Mathe-Camp widerlegte diese Theorie. „Ich habe das Gefühl, dass ich hier besser aufgehoben bin als irgendwo sonst", sagte er. „Aber ich bin unterdurchschnittlich. Ich dachte nicht, dass es irgendetwas an mir gibt, das mich besonders macht, und das hat mich gestört. Nichts, was ich tat, kein Wissen, das ich hatte, hob mich im Mathe-Camp von anderen ab." Für Mathe-Camp-Verhältnisse war er bei Rätseln und Spielen nur mittelmäßig gut. Aber er vermutete auch, dass die Art von Spielen, die sie im Mathe-Camp spielten, zu regelmäßig für seinen Verstand war. „Der Ort, an dem ich am stärksten bin, ist der Ort, an dem man Dinge tun muss, die andere Leute schockierend finden würden", gab er zu. Er hatte immer noch keine Ahnung, wo auf der Welt, wenn überhaupt, er einen solchen Ort finden könnte. Oder ob er überhaupt existierte.

3
META-SPIELE

Nachdem im Leben von Sam Bankman-Fried lange Zeit nicht viel passiert war, kam es im Herbst 2012 zu zwei großen Ereignissen, die so nah beieinander lagen, dass man sich bald nicht mehr daran erinnern würde, dass sie nichts miteinander zu tun hatten. Sam hatte sein erstes Studienjahr am MIT als ein weiterer Physikstudent begonnen, der sein Interesse an der Physik verloren hatte. Kaum einer der Physikstudenten des MIT wurde mehr Physiker. Die meisten arbeiteten für Google oder für Hochfrequenzhandelsfirmen. Jump Trading, Tower Research Capital, Hudson River Trading, Susquehanna International Group, Wolverine Trading, Jane Street Capital: All diese Wall-Street-Firmen, von denen Sam noch nie etwas gehört hatte, kamen in diesem Jahr zur Jobmesse in der MIT-Turnhalle. Und er wurde ein wenig neugierig auf sie.

Noch ein paar Monate zuvor hätte ihn seine Neugier überrascht. Er hatte nie das geringste Interesse an Geld gehabt. Er kannte sich weder aus mit Finanzen noch interessierte er sich dafür. Abgesehen von der festen Überzeugung, dass er seine Handlungen nach ihren utilitaristischen Auswirkungen beurteilen sollte, hatte er keine Ahnung, was er mit seinem Leben anfangen sollte. Er hatte immer nur gedacht, dass er eine Art Professor werden würde, wie seine Eltern.

„Ich hatte stillschweigend angenommen, dass die akademische Welt das Zentrum der Moral sei", erklärte er. „Dort dachte man zumindest darüber nach, wie man am meisten Einfluss auf die Welt nehmen könnte." Zwei Jahre College-Unterricht und ein Praktikum im letzten Sommer, bei dem er Forschern des MIT bei ihren Projekten geholfen hatte, hatten diese Annahme zunichtegemacht. Während der College-Vorlesungen hatte er eine Langeweile erlebt, die so intensiv war, dass es körperlich wehtat. Er war nicht in der Lage, einem vorbereiteten Vortrag zuzuhören. Er fand heraus, worauf der Professor hinauswollte, was immer er sagte, und – zack – war er draußen. Je mehr Sam vom akademischen Leben mitbekam, desto mehr fühlte es sich wie ein langer Vortrag aus der Konserve an, der hauptsächlich für eng umrissene Karrierepläne entwickelt worden war. „Ich fing an, es aus einer anderen Perspektive zu betrachten, und wurde ein wenig desillusioniert", gab er zu. „Es gab kaum Anzeichen dafür, dass sie wirklich etwas taten, um die Welt zu verändern. Oder dass sie überhaupt darüber nachdachten, wie sie am meisten Einfluss auf die Welt nehmen könnten."

Als ihm klar war, dass er keinen Plan für die Zukunft hatte, ging er auf die Jobmesse, wo er all diese Stände der Wall-Street-Firmen vorfand. Er hatte noch nie etwas von ihnen gehört, aber er konnte sofort erkennen, dass sie nicht alle dasselbe machten, denn sie suchten verschiedene Arten von Leuten. Einige suchten „Kernentwickler" oder „Programmierer", während andere „Händler" suchten. Sam hatte kein Talent zum Programmieren – die beiden engsten Freunde, die er am MIT gefunden hatte, waren Programmierer, aber er konnte einen guten Programmierer nicht von einem schlechten unterscheiden. Über den Handel wusste er nur, dass er dafür offensichtlich nicht unqualifiziert war. Er gab seinen Lebenslauf bei jenen Firmen ab, die Händler suchten. Es fühlte sich immer noch wie ein Scherz an. „Jemand erzählte mir, dass viele Physikstudenten an der Wall Street arbeiten, und ich dachte: ‚Vielleicht wäre das was, aber wahrscheinlich eher nicht.'"

Er war überrascht, als drei verschiedene Hochfrequenzhandelsfirmen ihn per E-Mail zu einem Vorstellungsgespräch für ein Sommerpraktikum einluden: Susquehanna, Wolverine und Jane Street Capital. „Es stellte sich heraus, dass es alles real war", sagte er. Worum *es* sich jedoch genau handelte, blieb ein Rätsel, auch nachdem sich die Firmen bei ihm gemeldet hatten. Man konnte nicht einfach „Jane Street Capital" googeln und etwas Hilfreiches darüber erfahren. Im Internet war kaum etwas über Jane Street Capital zu finden.[5] „Ich hatte keine Ahnung, was mich erwarten würde", sagte Sam. „Ich wusste nicht einmal, um welche Arten von Vorstellungsgesprächen es sich handeln würde."

Er hatte drei Telefoninterviews mit Tradern von Jane Street und sie liefen völlig anders als alles andere, von dem er je gehört hatte. Irgendetwas an seinem Lebenslauf musste die Aufmerksamkeit dieser Leute erregt haben, aber sie schienen sich für nichts darin zu interessieren. Sie fragten ihn nicht, was er studierte oder wie er seine Sommerferien verbracht hatte. Sie fragten nicht nach Referenzen, erkundigten sich nicht nach seinen Hobbys und versuchten nicht wirklich, etwas über sein bisheriges Leben zu erfahren. Die Jane-Street-Trader schienen zu glauben, dass keine andere Beurteilung als ihre eigene relevant war, um festzustellen, ob er für das geeignet war, was sie taten. Ihre Fragen waren meist nur Kopfrechenaufgaben. Die ersten waren so trivial, dass Sam annahm, sie wollten nur herausfinden, wie sein Verstand reagierte, wenn er nervös war. „Was ist 12 mal 7?" zum Beispiel. Und: „Wie sicher bist du dir bei deiner Antwort?" Je mehr richtige Antworten Sam lieferte, desto komplizierter wurde das Kopfrechnen. *Wenn man zwei sechsseitige Würfel wirft, wie groß ist die Wahrscheinlichkeit, dass man mindestens eine 3 erhält?* Die Wahrscheinlichkeit, mit einem Würfel eine 3 zu würfeln, lag offensichtlich bei 1 zu 6. Wenn man nicht aufpasst und nicht nachdenkt, könnte man annehmen, dass die Wahrscheinlichkeit, mit zwei Würfeln eine Drei zu würfeln, 1 zu 3 ist. Der Fehler in dieser Antwort wird deutlich, wenn man die Frage umformuliert: Wie hoch ist die Wahrscheinlichkeit, mit zwei Würfeln NICHT eine

3 zu würfeln? Die Chance, mit einem einzelnen Würfel *keine* 3 zu würfeln, lag bei 5 zu 6; um die Chancen mit zwei Würfeln zu ermitteln, musste man 5/6 mit 5/6 multiplizieren. Also: 25/36. Die Chance, mit zwei Würfeln eine 3 zu bekommen, lag somit bei 11 zu 36.

Das persönliche Gespräch Mitte November verlief anders. Jane Street schickte ihm ein Zugticket nach New York City und stellte ihm einen Wagen und einen Fahrer zur Verfügung, der ihn zu einem Katastrophenhilfe-Standort in Totowa, New Jersey, brachte. Der Hurrikan Sandy hatte Jane Street aus den Büros in Lower Manhattan vertrieben. Der Katastrophenhilfe-Standort hatte einen gespenstischen industriellen Charakter – die Schreibtische waren alle gleich, man brauchte einen Schlüssel, um die Toilette zu benutzen –, aber das fiel Sam kaum auf. Was ihn beschäftigte, war das, was Jane Street einen ganzen Tag lang von ihm wollte: Rätsel lösen und Spiele spielen. Diese Spiele waren jedoch mit einem Warnhinweis versehen. Das Auswahlverfahren bei Jane Street war so angelegt, dass die Trader so wenig kostbare Zeit wie möglich mit der Beurteilung der Bewerber verbrachten. In dem Moment, in dem ein Interviewer Sams Spielweise nicht gefiel, würden die Spiele enden und er würde zum Teufel gejagt werden. Der Jane-Street-Trader, der ihm einen Stapel von 100 Pokerchips überreichte, erklärte ihm, dass dies sein Einsatz für den heutigen Tag sei – und dass niemand, der bei den Spielen, die er gleich spielen würde, alle seine Chips verloren hätte, jemals einen Job bei Jane Street bekommen hätte.

Für das erste Spiel wurde Sam in einen Raum mit zwei anderen Bewerbern und einem Jane-Street-Trader eingeteilt. Der Trader teilte ein Pokerspiel aus und forderte dann jeden auf, eine Karte aufzudecken. Dann begann er, all diese seltsamen Varianten des Pokerspiels vorzuschlagen. Zum Beispiel: *Man kann vier Chips einsetzen, um eine seiner Karten gegen eine neue auszutauschen. Möchte das jemand tun?* Nach jeder neuen Karte unterbrach der Händler das Spiel und versuchte, Sam und die beiden anderen Jungs zu Nebenwetten zu verleiten. *Möchte jemand darauf wetten, dass die nächste Karte ein Herz ist? Wie viele Kreuz habt ihr insgesamt auf der Hand?* Das war kein Poker, sondern eine Art Meta-Poker. Oder ein Ritterturnier, aber mit Spielkarten. Sam erkannte sofort, dass der Schlüssel zum Spiel darin bestand, den Erwartungswert bizarrer Situationen schnell einzuschätzen und danach zu handeln. Doch keine der Entscheidungen kam ihm wirklich seltsam vor. „Das Überraschende an ihnen war für mich, dass es nichts Überraschendes gab", resümierte Sam.

Natürlich war es unmöglich zu wissen, wie präzise diese Spiele gute Trader identifizierten, da niemand, der sie schlecht spielte, eine Chance zum Traden erhielt. Dennoch hatte Sam am Ende dieser ersten Runde viel mehr Chips als die beiden anderen Bewerber. Daraufhin trennten ihn seine Gesprächspartner von den beiden anderen Bewerbern, die er nie wieder sah, und ließen ihn fünf weitere Runden von je 45 Minuten spielen. Alle Spiele erwiesen sich als ebenso merkwürdig wie das Kartenspiel. Das Münzwurfspiel zum Beispiel:

> *Hier sind zehn Münzen, die alle unterschiedlich gewichtet sind. Eine ist eine normale, gleichgewichtete Münze und hat somit eine 50-prozentige Chance, auf Kopf (oder Zahl) zu landen. Die anderen neun Münzen sind alle ungleich gewichtet, wenn auch keine zwei auf genau dieselbe Weise. Wir werden dir nicht sagen, wie sie gewichtet sind, sondern nur, dass einige so gewichtet sind, dass sie häufiger auf Kopf landen und einige häufiger auf Zahl. Eine Münze könnte zum Beispiel in 62 Prozent der Fälle auf Kopf landen, während eine andere in 80 Prozent der Fälle auf Zahl landet. Du hast 30 Minuten Zeit, um eine beliebige Münze zu werfen. Du darfst insgesamt 100 Mal werfen. Für jeden Kopf, den du wirfst, gewinnst du einen Pokerchip.*

Der Jane-Street-Trader, der ihn interviewte, beendete die Erklärung des Spiels und fragte dann: *Wie viel bist du bereit zu zahlen, um zu spielen?* Da man einfach die gleichgewichtete Münze nehmen und sie

100 Mal werfen konnte, lag der Erwartungswert bei mindestens 50 Chips. Sam schätzte, dass er bereit sein müsste, etwa 65 Chips für das Spiel zu bezahlen, obwohl man es nicht exakt bestimmen konnte, da man keine Ahnung hatte, wie die Münzen genau gewichtet waren. Es war wohl zumindest keine völlig falsche Antwort auf die Frage des Traders, denn er ließ ihn spielen. Als er anfing, die gewichteten Münzen zu werfen, unterbrach ihn der Trader erneut, um ihm noch mehr verrückte Wetten anzubieten: *Willst du darauf wetten, wie der nächste Wurf ausfallen wird? Willst du auf die wahre Gewichtung der Münze wetten, die du jetzt fünfmal geworfen hast und die viermal Kopf zeigte?* Sam konnte erkennen, dass es keine genau richtige Spielweise gab, nur einige falsche. Wenn man nicht einfach aufgeben wollte, war es sinnlos, die gleichgewichtete 50:50-Münze zu werfen, da man dadurch keine neuen Informationen erhielt. Viele sehr kluge Leute verschwendeten Würfe mit der Suche nach der optimalen Münze, das heißt derjenigen, die am stärksten mit Kopf gewichtet war. Sie warfen jede Münze beispielsweise fünfmal, um die Daten zu sammeln, die sie für vernünftige statistische Berechnungen benötigten. Als Strategie war das nicht völlig dumm. Aber ihr Wunsch nach größerer Sicherheit führte dazu, dass sie eine Menge Würfe mit minderwertigen Münzen verschwendeten. Sams Instinkt war es, eine ungleich gewichtete Münze zu nehmen und sie so lange zu werfen, bis sie Zahl zeigte. Je nachdem, wie oft er sie dafür geworfen hatte, und nach ein paar Überschlagsrechnungen entschied er dann, ob er mit der Münze weitermachen oder zu einer anderen wechseln wollte. Er begann das Spiel mit dem Vorsatz, nicht die optimale Münze finden zu wollen, solange er nur eine ausreichend gute fand. Das Spiel, so spürte er, testete seine Beziehung zu Informationen: wann er sie suchte, wie er sie suchte, wie er seine Überzeugungen als Reaktion darauf aktualisierte.

Jane-Street-Poker war kein normales Poker und Jane-Street-Münzwerfen war kein normales Münzwerfen. Keines der Jane-Street-Spiele war ein richtiges Spiel, eher ein Spiel im Spiel oder ein Spiel über das

Spiel. Das Schwierigste an jedem Spiel war, genau zu erkennen, was es war. „Ein durchschnittlicher Amerikaner würde 20 Minuten brauchen, um herauszufinden, um welches Spiel es sich handelt", sagte Sam. „Ein Harvard-Student könnte das Spiel verstehen und ein Harvard-Mathematikstudent könnte das Spiel und die ihm zugrunde liegende mathematische Struktur verstehen. Es handelt sich um eine Menge quantitativer Informationen, aber nicht um perfekte quantitative Informationen. Es geht darum, Teilwissen und Zusammenhänge zu vermitteln, die nur zum Teil verstanden werden können. Und es herrscht Zeitdruck." Sam glaubte, dass der Zeitdruck ihm entgegenkam. Es war nicht so, dass er unter Druck aufblühte, sondern dass er ihn nicht spürte. Er war nicht besser als sonst, wenn er unter Zeitdruck stand; er war nur nicht schlechter – so wie die meisten Menschen. Andere Menschen fühlten Emotionen, er nicht. Die meisten Menschen, die mit einem komplizierten Problem und einem tickenden Geräusch konfrontiert waren, hatten Schwierigkeiten, schnell zu erkennen, was wichtig war und was nicht, vor allem, wenn es für das Problem keine perfekte Lösung gab. Auf nur wenige der Fragen der Jane-Street-Trader gab es vollkommen korrekte Antworten. Sie testeten ihn auf seine Fähigkeit, Entscheidungen unter Unsicherheit zu treffen und schnell zu handeln – und sich nicht zu sehr mit Fragen zu beschäftigen, auf die er die Antwort nicht kannte und nicht kennen konnte. „Es waren all die intuitiven Entscheidungen, die man in ‚Magic' trifft, nur komprimiert und noch komplizierter", so Sam. „Selbst mit ‚Magic' kommt man nicht ans Ziel."

Die Rätsel, die die Jane-Street-Trader Sam aufgaben, waren ebenso wie die Wettspiele darauf ausgelegt, blinde Flecken in seinem Kopf aufzudecken. Das Baseball-Rätsel war das einfachste Beispiel. *Wie stehen die Chancen, dass ich einen Verwandten habe, der professioneller Baseballspieler ist?* hatte ihn einer der Jane-Street-Trader gefragt.

Sams erster Gedanke war, das Problem zu definieren. Wenn man ein Problem nicht definiert, kann man es nicht lösen. „Das war eine Sache, die er mit der Frage testen wollte", sagte Sam. „Habe ich gemerkt, dass die Frage zweideutig war?“ *Wer zählt als „Verwandter“?* fragte er den Händler. *Was meinte er mit „professionellen Baseballspielern“?* Jeder Mensch ist in gewissem Sinne mit jedem anderen Menschen verwandt. Und es gibt viele Menschen, die nicht in der Major League, den beiden obersten Profiligen, spielen, aber trotzdem dafür bezahlt werden, Baseball zu spielen. „Verwandter“, erklärte der Jane-Street-Trader, sei jeder bis zu einem Cousin zweiten Grades und „professioneller Baseballspieler“ schließe sowohl die Major League als auch die darunter angesiedelten Profiligen der Minor League ein, aber sonst nichts. Sam schätzte, dass es ungefähr 100 Baseballteams gab, die dieser Definition entsprachen, und dass jedes Team ungefähr 30 Spieler hatte. Also: 3.000 aktive Profi-Baseballspieler und vielleicht weitere 7.000 Spieler im Ruhestand. 10.000 Spieler bei einer Bevölkerung von 300 Millionen Amerikanern. Einer von 30.000 Amerikanern hatte also professionell Baseball gespielt oder spielte es derzeit. Sam wusste nicht aus dem Stegreif, wie viele Verwandte der durchschnittliche Amerikaner hatte, aber er hielt 30 für eine vernünftige Schätzung. Die Wahrscheinlichkeit, dass dieser durchschnittliche Amerikaner einen Verwandten hatte, der professioneller Baseballspieler war, lag also etwa bei 1 zu 1.000.

Die Zahlen waren natürlich nicht exakt richtig, sondern nur eine ausreichend gute Annäherung. An dieser Stelle unterbrach Sam seine Berechnungen aber und sagte: *Ich denke, es besteht eine gute Chance, dass du mir diese Frage stellst, weil sie für dich von Bedeutung ist – weil du einen Verwandten hast, der professionell Baseball spielt.*

Hier wurde es knifflig. Der Trader könnte geahnt haben, dass Sam diesen Gedanken haben würde. Der Trader könnte absichtlich eine Frage gestellt haben, für die er keinen besonderen Grund hatte, nur um Sam auszutricksen. Das war nur ein weiterer Aspekt des Rätsels: Man musste herausfinden, wie viele Ebenen man tiefer gehen sollte, bevor man aufhören sollte zu denken. Sam entschied, wie er es fast immer tat, dass mehr als eine Ebene tiefer oberschlau wäre. Es war viel wahrscheinlicher, dass der Kerl einen Grund hatte, die Frage zu stellen, als dass er keinen hatte. Er wusste nicht genau, um wie viel, aber allein die Tatsache, dass der Händler die Frage gestellt hatte, ließ die Wahrscheinlichkeit, dass er einen Verwandten hatte, der professioneller Baseballspieler war, auf mehr als 1 zu 1.000 steigen. „Das war die andere Sache, auf die er getestet hat", erklärte Sam. „War mir klar, dass die Frage, die mir gestellt wurde, Informationen enthielt?"

Am Ende schätzte Sam die Chancen auf 1 zu 50. Und es stellte sich heraus, dass der Jane-Street Trader tatsächlich einen Cousin zweiten Grades hatte, der professioneller Baseballspieler war. Aber all das war nicht des Pudels Kern. Der springende Punkt war, wie Sam es formulierte – oder nicht formulierte. „Es gab keine richtigen Antworten", sagte Sam. „Es gab nur falsche Antworten."

Am Ende des Interview-Tages hatte Sam das Gefühl, etwas über sich selbst gelernt zu haben. „Ich dachte: Das ist ein geeigneter Test für etwas, das mir sehr wichtig ist, auch wenn es mir schwerfällt, es zu formulieren", sagte er. Nichts im normalen Leben – nicht einmal die Spiele und Rätsel, die Sam durch seine Kindheit begleitet hatten – konnte als Ersatz für das dienen, was auch immer „Trader" bei Jane Street taten. „Die Kindheit vermittelt dir keinen Eindruck davon, worin du gut sein wirst", sagte Sam. Die Kindheit hatte ihm die Mathematik beschert, in der er sehr gut, aber nicht großartig war. In der Kindheit hatte er verschiedene strategische Brett- und Kartenspiele gelernt, in denen er ebenfalls sehr gut, aber nicht großartig war. Die Trader von Jane Street hatten seinen Verstand auf Qualitäten getestet, auf die er nie zuvor getestet worden war. Und Sam hatte den Eindruck, dass Gott das Traden oder zumindest die Spiele, die das Traden simulieren sollten, auf verschiedene Arten verändert hatte, um es von Mathematik und Brettspielen zu unterscheiden. Mit jeder dieser Veränderungen waren die Spiele mehr im Einklang mit seinem Verstand. „Am Ende des Tages war klar, dass dies bei Weitem das Beste war, was ich je gemacht hatte", sagte er.

Jane Street bot ihm ein Sommerpraktikum an. Das galt auch für die anderen Hochfrequenzhandelsfirmen, die ihn eingeladen hatten, sich zu bewerben. Ein Unternehmen hatte das Vorstellungsgespräch auf halbem Weg abgebrochen und verkündet, dass Sam bei den seltsamen Spielen und Rätseln so viel besser abgeschnitten hatte als alle anderen Bewerber, dass es keinen Sinn mehr hatte, ihm beim Spielen zuzusehen. Später, im Handelsraum von Jane Street, machte es einer Kollegin immer noch Spaß, sich Spiele und Rätsel für Sam auszudenken, nur um ihm beim Spielen zuzusehen. Die anderen Kollegen hatten keine Ahnung, wovon sie sprach – sie sahen nicht einmal, um welches Spiel es sich handelte. Sam verstand das Spiel nicht nur auf Anhieb, sondern spielte es auch wunderbar.

> *Parfüm in der Post,* schrieb sie einmal an Sam.
> *Sent scent* [Verschickter Duftstoff], antwortete er.
> *Britney Spears arbeitet nicht mehr.*
> *Idle idol.* [Untätiges Idol]
> *Ein Analyst von Goldman Sachs entwickelt ein Cashflow-Modell, das die Zukunft vorhersagt.*
> *Profit prophet.* [Gewinnprophet]

Seltsame neue Spiele schienen bei Sam die entsprechenden Denkprozesse einfach in Gang zu setzen.

Zu Beginn seines dritten Studienjahres widerfuhr Sam etwas ganz Besonderes. Aus heiterem Himmel meldete sich ein 25-jähriger Philosophiedozent von der Oxford University namens Will Crouch[6] bei ihm und bat um ein Treffen. Sam erfuhr nie, wie er auf ihn aufmerksam geworden war – vermutlich durch die Beiträge, die Sam in verschiedenen utilitaristischen Foren verfasst hatte. MacAskill gehörte zu einer kleinen Gruppe in Oxford, die sich die Positionen des australischen Philosophen Peter Singer zu eigen gemacht hatte. Er wollte, dass Sam mit ihm einen Kaffee trinken geht und dann an einem Vortrag teilnimmt, den er in Harvard halten wollte. Zu diesem Zeitpunkt war Sam die wahrscheinlich letzte Person in Cambridge, Massachusetts, die freiwillig einen Vortrag irgendeines Akademikers besuchen würde. Aber die Tatsache, dass dieser Professor ihn aufgesucht hatte (was für Sam auf einen nachweislichen Mangel an Selbstherrlichkeit hindeutete), und die Erwähnung von Peter Singers Namen erregten seine Aufmerksamkeit. Peter Singer war zumindest teilweise für Sams Vorstellungen davon verantwortlich, was er mit seinem Leben anfangen sollte.

Singers Positionen in ihrer heutigen Form gehen auf das Jahr 1971 zurück, als er selbst ein 25-jähriger Philosophiedozent an der Oxford University war. Der Auslöser war eine drohende Hungersnot in Bangladesch. Der Anblick von Menschen, die an Hunger starben und die hätten gerettet werden können, wenn andere, reichere Menschen ihnen Lebensmittel geschickt hätten, bewegte Singer sehr und brachte ihn zum Nachdenken. In einem Essay mit dem Titel „Hunger, Wohlstand und Moral" suchte er nach einer Möglichkeit, das Wesen dieses moralischen Versagens zu veranschaulichen. „Ich habe versucht, ein Beispiel zu finden, bei dem es falsch wäre, nicht zu helfen, obwohl man in keinster Weise für das Problem verantwortlich ist", sagte er. Das Beispiel, das ihm einfiel, war das einer Person, die bei einem Spaziergang ein in einem Teich ertrinkendes Kind entdeckt. Was, fragte Singer, würden *Sie* in dieser Situation tun? *Sie* würden nicht einmal darüber nachdenken. *Sie* würden in den Teich springen und das Kind retten, auch wenn Sie dabei Ihre teuren neuen Schuhe ruinieren müssten. Warum, fragte Singer, waren wir dann so zögerlich, den Gegenwert dieser teuren neuen Schuhe zu spenden, um ein bengalisches Kind vor dem Verhungern zu bewahren? „Die gesamte Art und Weise, wie wir moralische Fragen betrachten – unser moralisches Denkschema –, muss verändert werden und damit auch die Lebensweise, die in unserer Gesellschaft als selbstverständlich angesehen wird", schrieb er in dieser ersten von vielen ähnlichen Salven, die er sein Leben lang abfeuern sollte. Wir müssten weit mehr tun, als unsere neuen Schuhe zu ruinieren. Schließlich gelangte er zu der Ansicht, dass wir anderen so lange geben sollten, was wir haben, bis die Kosten für uns selbst den Nutzen für sie überwiegen. Wir sollten aufhören, Nächstenliebe auf die folgende Weise zu betrachten: Es ist ganz nett, wenn man sie praktiziert, aber es ist auch in Ordnung, wenn man es nicht tut. Nein, wir müssten sie als unsere Pflicht ansehen.

Singer selbst tat genau dies und verschenkte immer mehr von seinen Einkünften. Sein Essay löste natürlich eine Flut von Repliken anderer Philosophen aus. „Die Lehrer gaben ihn den Schülern und erklärten: ‚Eure Aufgabe ist es, herauszufinden, wo das Argument falsch ist'", erinnerte sich Singer. Es gab viele offensichtliche Einwände: In seiner Geschichte ging es um ein einziges Kind; es war unmöglich, sie alle zu retten. Wenn man einmal angefangen hat, alles wegzugeben, was man nicht zum Überleben braucht, wo zieht man dann die Grenze, was genug ist? („Manchmal ist es nicht verkehrt, ein Kind ertrinken zu lassen", lautete der Titel einer Erwiderung.) Ein wesentlicher Kritikpunkt bestand darin, dass Singer es normalen wohlhabenden Menschen zu schwer macht, ein moralisches Leben zu führen. „Einige Autoren haben argumentiert [...], dass wir einen grundlegenden Moralkodex brauchen, der nicht zu weit über die Fähigkeiten des gewöhnlichen Menschen hinausgeht, weil er ansonsten überhaupt nicht eingehalten wird", schrieb Singer in einer seiner eigenen Widerlegungen dieser These in seinem ursprünglichen Aufsatz. „Grob gesagt suggeriert dieses Argument, dass die Menschen, wenn wir ihnen sagen, dass sie keinen Mord begehen und alles, was sie nicht wirklich brauchen, für die Hungerhilfe spenden sollen, weder das eine noch das andere tun werden, während sie, wenn wir ihnen sagen, dass sie keinen Mord begehen sollen und dass es gut ist, für die Hungerhilfe zu spenden, aber auch nicht falsch, dies nicht zu tun, zumindest keinen Mord begehen werden."

Es stellte sich heraus, dass die akademische Debatte in der realen Welt keine große Rolle spielte, da die durchschnittlichen wohlhabenden Menschen Singer einfach ignorierten. Fast 40 Jahre lang tat niemand etwas anderes, als sich vor Unbehagen zu winden, wenn Singers Ideen zur Sprache kamen. In Princeton, der Universität voller wohlhabender Menschen, an der Singer schließlich lehrte, durfte er erst dann einen Kurs in praktischer Ethik einführen, als die Studenten danach verlangten. Doch dann, im Jahr 2009, machte sich eine kleine Gruppe junger Philosophen an der Universität Oxford daran, Singers Ideen in die Praxis umzusetzen. Ein Doktorand und wissenschaftlicher Mitarbeiter namens Toby Ord machte den Anfang, indem er ankündigte, ein Drittel seines Gehalts an Wohltätigkeitsorganisationen zu spenden, die sich in armen Ländern als effektiv erwiesen hatten, und erläuterte dann seine Beweggründe. (Bei geringen Nachteilen für ihn selbst würde sein Geld im Laufe seines Lebens 80.000 afrikanische Kinder vor der Erblindung bewahren.) Will MacAskill schloss sich mit einer Charmeoffensive an, um junge Menschen auf dem College-Campus für die Sache zu gewinnen. „Toby und Will haben gesagt: ‚Nein, wir halten das Argument für stichhaltig'“, so Singer. Die neue soziale Bewegung geht direkt auf Singers 40 Jahre altes Argument zurück. *Effektiver Altruismus* nannten die Oxforder Philosophen ihre Bewegung, nachdem sie erfolglos versucht hatten, einen besseren Namen zu finden.

Das Argument, das MacAskill im Herbst 2012 vor Sam und einer kleinen Gruppe von Harvard-Studenten vorbrachte, lautete in etwa so: „Sie, Student einer Eliteuniversität, werden etwa 80.000 Stunden Ihres Lebens mit Arbeit verbringen. Wenn Sie zu der Sorte Mensch gehören, die in der Welt ‚Gutes tun' will, was ist dann die effektivste Art, diese Stunden zu verbringen?“ Es klang wie eine Frage, auf die es nur qualitative Antworten gab, aber MacAskill formulierte sie in quantitativen Begriffen. Er schlug vor, dass die Studenten die Effektivität ihres Lebens beurteilen sollten, indem sie die Anzahl der Leben zählten, die sie während dieser 80.000 Stunden gerettet hatten. Das Ziel war, diese Zahl zu maximieren.

Dann zeigte er den Studenten eine Folie, auf der die Arten von Berufen aufgelistet waren, die sie ergreifen könnten, wenn sie ihre Berufe dazu nutzen wollten, Leben zu retten. Er hatte diese in vier große Kategorien eingeteilt und bot für jede Beispiele: Direkthelfer (Arzt, NGO-Mitarbeiter), Geldverdiener (Banker, Unternehmensberater), Forscher (medizinische Forschung, Ethiker) und Einflussnehmer (Politiker, Lehrer). Schließlich, so erklärte er den Schülern, müsse man sich entscheiden, welche Art von Karriere man verfolgen wolle. Jede Art bot die Möglichkeit, Leben zu retten, aber die Berechnungen waren für jede ein wenig unterschiedlich, ein bisschen wie bei den Berechnungen für die Wahl des Helden in „Storybook Brawl". Ein Forscher oder ein Einflussnehmer hatte die Chance, eine große Anzahl von Leben zu retten. Der Agrarwissenschaftler Norman Borlaug (Forscher) zum Beispiel hatte krankheitsresistenten Weizen erfunden, der etwa 250 Millionen Menschen vor dem Hungertod bewahrt hat. Forscher und Einflussnehmer waren jedoch eine heikle Berufswahl: Es war schwer vorherzusagen, wer gut darin sein würde, und noch schwieriger, ihre Auswirkungen vorherzusagen. Die Wahrscheinlichkeit, dass ein bestimmter Forscher oder Einflussnehmer eine große Anzahl von Menschenleben rettet, war verschwindend gering.

Die klarere Wahl – auf die sich MacAskill in seinem Vortrag konzentrierte – war die zwischen Direkthelfer und Geldverdiener. Unverblümt formuliert: Soll man Gutes tun oder Geld verdienen und andere Leute dafür bezahlen, Gutes zu tun? War es besser, Arzt oder Banker zu werden? MacAskill rechnete grob aus, wie viele Menschenleben ein Arzt in einem armen Land retten könnte, in dem es am billigsten war, Menschenleben zu retten. Dann stellte er eine Frage: „Was wäre, wenn ich ein *altruistischer Banker* würde, der eine lukrative Karriere verfolgt, um seine Einkünfte zu spenden?" Selbst ein mittelmäßiger Investmentbanker könnte mit einem ausreichenden Lebenseinkommen rechnen, um mehrere Ärzte in Afrika zu bezahlen – und würde damit ein Vielfaches an Leben retten als ein einzelner Arzt.

Dann ging er noch einen Schritt weiter, in Richtung des Investmentbankers. „Um etwas zu verändern, muss man etwas tun, was nicht sowieso geschehen wäre“, sagte er. Wenn Sie kein Arzt würden, würde jemand anderes Ihren Platz einnehmen und die Arbeit würde trotzdem erledigt werden. Wenn Sie kein Banker würden, würde natürlich auch jemand anderes Ihren Platz einnehmen – aber diese Person würde ihr Geld für Häuser und Autos und Privatschulen für ihre Kinder ausgeben und vielleicht ein paar nicht lebensrettende Spenden an die Yale University. Nur sehr wenig von den Einkünften des Ersatzbankers würde den Weg zu Ärzten in Afrika finden. All die Menschen, die man hätte retten können, wenn man Banker geworden wäre und sein Geld verschenkt hätte, würden sterben. Jeder, der die Möglichkeit hatte, an die Wall Street zu gehen und dort riesige Summen zu verdienen, hatte also so etwas wie eine moralische Verpflichtung, dies zu tun – selbst wenn er die Wall Street ein wenig abstoßend fand. „Viele lukrative Berufe sind eigentlich ziemlich harmlos“, sagte MacAskill, was hilfreich war.

Earn to give [Verdienen, um zu geben], nannte MacAskill seine Idee. Seine letzte Folie war eine Einladung: „Wenn die oben angeführten Argumente Sie in irgendeiner Weise überzeugen, kommen Sie bitte hinterher zu mir und sprechen Sie mit mir.“ Noch bevor er fertig war, wusste er, wer zu ihm kommen würde: jemand, der im Mathematik-Studierfähigkeitstest die Höchstpunktzahl erreicht hatte und wusste, dass der Test zu oberflächlich war, um seine volle Begabung zu erfassen. Wie Jane Street Capital war auch die Bewegung für effektiven Altruismus aus einem bestimmten Grund nach Cambridge, Massachusetts, gekommen. Etwa drei von vier Personen, die MacAskill nach einem seiner Vorträge ansprachen, waren junge Männer mit einem mathematischen oder naturwissenschaftlichen Hintergrund. „Die Merkmale derer, die sich von unserer Bewegung angesprochen fühlen, sind die gleichen wie bei einem Physik-Doktorandenprogramm“, erläuterte er. „Zehnmal mehr Autisten als im Durchschnitt. Ein breites Spektrum.“

Ein paar Tage später schrieb MacAskill eine E-Mail an einen anderen frischgebackenen effektiven Altruisten, den er Sam vorstellen wollte.

> Ich habe Sam neulich in Cambridge, Massachusetts, getroffen – er ist ein junger Physiker am MIT. Obwohl er die dämlichste E-Mail-Adresse aller Zeiten hat[7], war ich sehr beeindruckt von ihm. Er wurde von seinen Eltern, zwei Stanford-Professoren, als Utilitarist erzogen, ist ernsthaft, engagiert, setzt sich für das Gute ein und er scheint auch wirklich klug und vernünftig zu sein (das heißt, er nimmt einige der verrückteren Ideen ernst, ist aber nicht fanatisch in Bezug auf sie). Er denkt darüber nach, etwas zu verdienen, um zu spenden, oder in die Politik zu gehen.

Sam folgte den ersten Leuten, die auf diesen neuen Ruf zu den Waffen reagierten, auf dem Fuße. Im Herbst 2012 war ein Student von Peter Singer an der Princeton University der erste College-Student, der nach Singers Kenntnis einen Job an der Wall Street ausdrücklich mit dem Ziel angenommen hatte, Geld zu verdienen, um es zu verschenken. Sein Name war Matt Wage und er war von Jane Street Capital eingestellt worden.

Seltsame neue Spiele schienen bei Sam die entsprechenden Denkprozesse einfach in Gang zu setzen. Bei seltsamen neuen Menschen war dies eher nicht so – und Jane Street Capital brauchte etwas länger, um das herauszufinden. Darauf hatten sie bei den Interviews nicht getestet. Doch am Ende des Sommers 2013, neun Monate nach seiner Einstellung, setzten sich die Führungskräfte von Jane Street mit Sam zusammen, um seine Leistung zu besprechen. Die Stärken, die er bei den Vorstellungsgesprächen gezeigt hatte, waren immer noch eindeutig Stärken. Er war bei allen Tradingspielen besser gewesen als die meisten anderen Praktikanten. Sein Verstand war eindeutig für die modernen Finanzmärkte geeignet – so offensichtlich, dass die Führungskräfte von Jane Street ihn nach nur wenigen Wochen des Sommerpraktikums zur Seite nahmen und ihm eine Vollzeitstelle anboten.

Sams Schwächen waren die Neuigkeit. Niemand von Jane Street hatte Sam auf seine sozialen Fähigkeiten getestet. Keiner seiner Gesprächspartner hatte sich dafür interessiert, wie er mit anderen Menschen umgeht. Die Führungskräfte von Jane Street teilten Sam nun mit, dass nicht wenige Leute in der Firma die Frage stellten, die man schon oft über ihn gestellt hatte: *Wer ist dieser Typ?* Sie hatten so etwas wie ein Vorstrafenregister zusammengestellt. In diesem Sommer waren mehrere Dinge geschehen, die die Führungskräfte von Jane Street veranlassten, sich ihrer Einstellung gegenüber Sam nicht mehr so sicher zu sein. Alle hatten mit sozialen Interaktionen zu tun. Einige Mitarbeiter von Jane Street hatten Sams ständiges Zappeln als lästig empfunden, vor allem die Art, wie er zwanghaft die Spielkarten mischte. Ein leitender Angestellter von Jane Street war ernsthaft beleidigt wegen der Unverblümtheit, mit der Sam die Dummheit einer Frage entlarvte, die der Angestellte einer Gruppe von Praktikanten gestellt hatte. Am beunruhigendsten war vielleicht, dass mehr als ein paar Jane-Street-Mitarbeiter sich an Sams Gleichgültigkeit gegenüber den Gefühlen anderer Menschen störten. Als Beispiel gaben die Führungskräfte an, was Sam einem Mitpraktikanten, nennen wir ihn Asher Mellman, angetan hatte.

Die Praktikanten von Jane Street waren ermutigt worden, miteinander und mit den festen Mitarbeitern zu spielen. Den ganzen Sommer über hatten die Praktikanten untereinander Wetten abgeschlossen, und zwar auf alles, was ihnen einfiel – welche Mannschaft ein Spiel gewinnen würde, wie viele Gummibärchen ein Praktikant in 45 Sekunden essen konnte, welche Praktikanten ein Angebot für eine feste Stelle erhalten würden und so weiter. Damit die Dinge nicht aus dem Ruder liefen, setzte Jane Street eine Verlustgrenze von 100 Dollar pro Tag und Praktikant fest. Das Glücksspiel war ein Lehrmittel. Es lehrte die Praktikanten, Spiele, die die meisten Menschen gar nicht oder nur nach Gefühl spielen würden, in Zahlen zu verwandeln, die analysiert werden konnten. Es zwang sie dazu, quantitativ über qualitative Dinge nachzudenken. Sie mussten über alles gründlich nachdenken – sogar über einen Wettbewerb im Gummibärchenessen. Schließlich suchte Jane Street nach Händlern, die schneller und besser denken konnten als alle anderen auf den globalen Finanzmärkten.

An dem fraglichen Tag war Sam nicht auf der Suche nach Ärger gewesen. Es war Asher Mellman, der ihn ansprach. Was Sam überraschte, denn er konnte Asher nicht ausstehen. Asher war von Harvard zu Jane Street gekommen und Sam hatte ziemlich schnell beschlossen, dass er „falsch, hochnäsig und unscheinbar" war. („Er konnte angeblich einen Job bei Nate Silver haben, dem Gründer der politischen Prognose-Website FiveThirtyEight, und sorgte dafür, dass es jeder wusste.") Sam erkannte, dass seine Gefühle eher seinen eigenen Geschmack entsprangen als Ashers universeller Widerlichkeit. „Es ist nicht so, dass er generell ein unsympathischer Typ ist", gab Sam zu. „Ein Großteil der Welt mag ihn. Aber wenn man Asher nicht mag, dann mag man Asher wirklich nicht." Sam mochte vor allem nicht die Art und Weise, wie Asher versuchte, andere Menschen zu beeindrucken, denn was Asher an sich selbst beeindruckend fand, waren genau die Eigenschaften, die Sam an anderen am meisten missfielen. Asher war anspruchsvoll, wenn es um sein Essen ging, und er machte sich mehr Gedanken über die Kleidung, die er trug, als die meisten Praktikanten von Jane Street. „Er hatte eine Meinung darüber, welcher Pullover ein schöner Pullover war und welcher kein schöner Pullover." Sam wusste, dass viele Menschen, auch er selbst, ihre Lieblingsärgernisse nicht von berechtigter Kritik unterscheiden konnten. „Es hat bei mir etwas ausgelöst, von dem ich weiß, dass ich darauf empfindlich reagiere", erinnerte sich Sam. „Ein Teil von mir denkt: ‚Mein Gott, Sam, warum interessiert es dich, welche Pullover er trägt?'" Einem größeren Teil von ihm war es nicht egal.

Und Asher hatte ihn angesprochen. Im Konferenzraum, eines Morgens. Vor Jane Streets internem Kurs.

Lass uns eine Wette abschließen, hatte Asher gesagt.

Worauf?

Wie viel ein Praktikant heute beim Spielen verlieren wird.

Sams erster Gedanke galt der adversen Selektion. Adverse Selektion war ein beliebtes Thema bei Jane Street. In diesem Zusammenhang bedeutete es, dass die Person, die am eifrigsten mit einem wettet, auch diejenige ist, gegen die man am meisten Angst haben sollte zu wetten. Wenn jemand mit einem wetten – oder handeln – wollte, gab es in der Regel einen Grund: Er wusste etwas, was man selbst nicht wusste. (Zum Beispiel, dass man einen Cousin zweiten Grades hat, der professionell Baseball gespielt hat.) Wenn einem jemand eine Wette anbot, vergewisserte man sich als Erstes, ob einem nicht etwas fehlte, was derjenige wissen könnte. Irgendeine Information. Ein nicht offensichtlicher Blickwinkel auf das Problem. Viele Wetten erwiesen sich im Nachhinein als dumm, weil die Person, die die Wette annahm, nicht darüber nachgedacht hatte, warum die Wette überhaupt angeboten worden war. Jane Street hämmerte einem diese schmerzliche Tatsache jeden Tag ein und diese Spiele waren das Werkzeug dafür.

Ein Trader von Jane Street könnte sich an eine Gruppe von Praktikanten wenden und etwas sagen wie: *Ich habe ein paar Würfel in meiner Tasche. Möchte jemand das Spiel beginnen und sagen, wie viele es sind?* Die spielfreudigen Praktikanten wollten auch die Jane-Street-Trader beeindrucken. Und so konnte es passieren, dass ein weniger kluger Praktikant es tatsächlich tat. Er würde überlegen und (weil er den Jane-Street-Leitfaden gelesen hatte) etwas sagen wie: *Two at five, one up.* (Das heißt, er würde „kaufen" bei zwei Würfeln oder „verkaufen" bei fünf Würfeln.) Ein anderer Praktikant, der an den weniger klugen Praktikanten „verkaufte", würde darauf wetten, dass der Jane-Street-Händler weniger als zwei Würfel in der Tasche hat – und der klügere Praktikant würde für jeden Würfel weniger als die zwei Würfel, die der Händler tatsächlich hat, einen Dollar gewinnen („one up"). Wenn der Händler keine Würfel in der Tasche hatte, schuldete der Praktikant, der das Spiel begonnen hatte, dem klügeren Praktikanten zwei Dollar. Wer bei fünf vom Praktikanten „kaufte", wettete darauf, dass der Händler mehr als fünf Würfel in der Tasche hatte – und würde für jeden Würfel über fünf einen Dollar gewinnen. Wenn man also bei fünf „gekauft" hat und der Händler nur zwei Würfel in der Tasche hatte, schuldet man dem Praktikanten drei Dollar. Hatte der Händler hingegen neun Würfel in der Tasche, schuldete der Praktikant einem vier Dollar.

Der Händler testete nicht die Fähigkeit, intelligente Vermutungen über die größte und kleinste Anzahl von Würfeln anzustellen, die eine herumschlendernde Person in der Tasche hat. Er testete, ob der Praktikant ein Gespür dafür hatte, Fragen auf der Meta-Ebene zu stellen: *Warum fragt mich dieser Händler, wie viele Würfel er in seiner Tasche hat? Welches Risiko könnte er damit verschleiern?* „Two at five, one up" schien vernünftig – wenn man diese Fragen nicht stellte. Schließlich hatte der Händler wahrscheinlich *einige* Würfel in seiner Tasche – warum sollte er sonst fragen? Und wenn er mehr als fünf Würfel in der Tasche hätte, würde man sicher eine Ausbuchtung sehen. *Two at five, one up* war jedoch nicht vernünftig. *Two at five, one up* – mehr brauchte man nicht zu hören, um zu wissen, dass man dem Praktikanten niemals einen festen Job als Trader bei Jane Street anbieten sollte. Das wurde allen klar, nachdem der Praktikant *Two at five, one up* gesagt hatte und der andere, klügere Praktikant bei fünf „gekauft" hatte. Und der Händler zog aus seiner Tasche Beutel, die insgesamt 723 extrem kleine Würfel enthielten.

Ich will nur eines klarstellen, hatte Sam zu Asher Mellman gesagt. *Der Betrag kann nicht über 100 oder unter null liegen, richtig?* (Das heißt, das Maximum, das ein Praktikant an einem Tag verlieren kann, sind 100 Dollar, und das Minimum ist null).

Richtig, sagte Asher.

Willst du wirklich gegen mich wetten? fragte Sam.

Ja.

Warum?

Das würde Spaß machen.

Bist du ein Käufer oder ein Verkäufer?

Kommt auf den Preis an, sagte Asher.

Sam wusste jetzt das meiste, was er wissen musste – dass Asher nicht gründlich genug über diese Wette nachgedacht hatte, die er sich ausgedacht hatte. „Wenn ich ein reiferer Mensch wäre, hätte ich die Wette nicht angenommen", sagte Sam. Stattdessen sagte er: *Ich bin ein Käufer, zu 50.* (Als „Käufer" wettete Sam an diesem Tag auf einen internen Verlust von mehr als 50 Dollar. Wenn der größte Verlierer an diesem Tag nur 40 Dollar verlor, würde Sam Asher zehn Dollar schulden. Wenn der größte Verlierer 60 Dollar verlor, würde Asher Sam zehn Dollar schulden).

65, konterte Asher. Sam akzeptierte sofort, wandte sich dann an die anderen Praktikanten im Raum und rief: *Wer möchte mit mir für 98 Dollar eine Münze werfen?* Der Vortrag hatte noch nicht begonnen, aber der Konferenzraum füllte sich bereits. Ein paar Praktikanten hingen herum und warteten. *Ich zahle jedem, der es macht, einen Dollar!* rief Sam. („Inzwischen sind die Praktikanten alle süchtig nach Glücksspiel und nach Glücksspielen mit positivem Erwartungswert mehr als alles andere auf der Welt.") In der Denkweise von Jane Street bot Sam kostenloses Geld an. Ein Praktikant von Jane Street hatte so etwas wie eine berufliche Verpflichtung, jede Wette mit einem positiven Erwartungswert anzunehmen. Der Münzwurf selbst war eine 50:50-Chance und so betrug der Erwartungswert für die Person, die Sams Wette annahm, einen Dollar: (0,5 × 98 Dollar) - (0,5 × 98 Dollar) + 1 Dollar = 1 Dollar. Der Erwartungswert von Sams Position war sogar noch besser dank seiner Nebenwette mit Asher, die ihm einen Dollar für jeden Dollar über 65 zahlte, den ein Praktikant an diesem Tag verlor. Nach dem Münzwurf hätte entweder Sam oder ein anderer Praktikant 98 Dollar verloren: Gewinnt oder verliert er den Münzwurf, würde Sam 33 Dollar von Asher erhalten (die Differenz zwischen 98 und 65).

Nur Asher hatte einen negativen Erwartungswert. Asher verlor, was immer auch geschah. Und Asher war jetzt offensichtlich zutiefst verlegen.

Sam gewann den ersten Münzwurf. Aber das war nur der Anfang. Um Ashers Schmerz zu maximieren, musste ein Praktikant 100 Dollar verlieren.

Ich zahle einen Dollar an jeden, der mir für 99 Dollar den Stinkefinger zeigt! rief Sam.

Jetzt hatte er eine Maschine, mit der er Wetten abschließen konnte, bei denen beide Parteien einen positiven Erwartungswert hatten. Diese Maschine wurde Asher genannt. Die Praktikanten standen Schlange, um die Wette anzunehmen. „Die Leute sind so besessen von Gratisdollar, wenn man es richtig anpackt“, sagte Sam. Zu diesem Zeitpunkt befand er sich bereits im obsessiven Spielmodus. „Es gab nichts, was mich hätte aufhalten können. Wenn ich den Rest des Praktikums damit verbracht hätte, diese Münze zu werfen, wäre ich zufrieden gewesen.“ Und eine Zeit lang sah es auch so aus, denn er gewann auch den zweiten Münzwurf.

Ich zahle jedem einen Dollar, der mir für 99,50 den Stinkefinger zeigt! rief Sam.

Die anderen Praktikanten fühlten sich eindeutig verpflichtet, die Wetten anzunehmen, aber die Stimmung im Raum kippte als Reaktion auf Ashers Gefühle. Außerdem war der Jane-Street-Trader, der den Vortrag halten sollte, eingetroffen und beobachtete die ganze Sache. Aber Sam gewann auch den dritten Münzwurf, sodass seiner Meinung nach das Spiel noch nicht vorbei war.

Ich zahle jedem einen Dollar, der mir für 99,75 den Stinkefinger zeigt! rief er.

Erst beim vierten Wurf verlor Sam – und zu diesem Zeitpunkt fühlten sich alle außer Sam angesichts Ashers Demütigung unbehaglich. Und doch war Sam ein paar Wochen später ein wenig erstaunt, als seine Vorgesetzten ihren Unmut über sein Verhalten äußerten. „Sie sagten, der zweite Münzwurf war schon einer zu viel“, berichtete Sam. Es überraschte ihn nicht, dass Asher Mellman sich verletzt fühlte. Was ihn überraschte, war, dass seine Chefs bei Jane Street dachten, er hätte die Wirkung ignoriert, die er auf andere Menschen hatte. Er hatte genau gewusst, was er tat. Was er Asher angetan hatte, war nicht mehr als das, was Jane Street seinen Konkurrenten auf den Finanzmärkten jeden Tag antat. „Mir war vollkommen bewusst, dass ich mich Asher gegenüber wie ein Stück Scheiße benommen hatte“, gab er zu. „Die entscheidende Frage war: ‚Sollte ich lieber dafür sorgen, dass sich die Leute um mich herum besser fühlen, oder meinen Standpunkt deutlich machen?‘“ Sam war der Meinung, dass seine Chefs seine sozialen Probleme falsch eingeschätzt hatten. Sie dachten, er müsse lernen, andere Menschen zu lesen. Sam glaubte, dass das Gegenteil der Fall war. „Ich kann Menschen ziemlich gut lesen“, sagte er. „Sie haben mich nur nicht gelesen.“

4
DIE EVOLUTION

Der Handelsraum von Jane Street war ein großer Raum mit vielen seltsamen Geräuschen. Die Soundeffekte sollten die Händler darauf aufmerksam machen, dass es ein Problem oder eine Angelegenheit gab, um die sie sich kümmern sollten. Das schrille Zerspringen von Glas warnte die Händler zum Beispiel, dass ihre Maschinen einen Trade zu einem enorm schlechten Preis abgeschlossen hatten. Das „1-Up"-Geräusch aus „Super Mario Bros.", Homer Simpson, der „D'oh!" sagt, eine Stimme aus dem Strategiespiel StarCraft, die dröhnt: „Du musst zusätzliche Pylonen bauen" – wenn man nicht wusste, was vor sich geht, hörte es sich an wie in einer Spielhalle. In hektischen Momenten ging der Lärm so weit, dass sich eine Bewerberin bei einem Telefoninterview darüber beschwerte, dass ihr Gesprächspartner von Jane Street Videospiele spielte. Daraufhin wies Jane Street seine Händler an, vor allen Telefoninterviews zu erklären, dass sie keine Videospiele spielen würden. „Der Sound macht manche Leute verrückt", sagte Sam. „Ich habe es geliebt. Es ließ einen in den Handel eintauchen."

Es war wie ein Tanz zwischen den Finanzmärkten und den Menschen, die auf ihnen arbeiteten. Die Menschen formten die Märkte, aber dann formten die Märkte wiederum die Menschen. Die Märkte, die Sam Bankman-Fried prägen sollten, waren in den vergangenen zehn Jahren so verändert worden, dass die Geräusche, die sie von sich gaben, größtenteils gedämpft wurden. Die Finanzkrise von 2008 war zwar nicht direkt für das Geschehen verantwortlich, aber sie hatte eine Rolle gespielt. Investmentbanken wie Goldman Sachs und Morgan Stanley, die einst die spektakulärsten Handelsrisiken eingegangen waren, wurden schwerfälliger und stärker reguliert. Sie wurden in die langweilige Wall-Street-Rolle gedrängt, die früher von den großen Geschäftsbanken gespielt wurde. Das Handelsgeschehen hatte sich auf eine neue Klasse privater, geheimnisumwitterter Handelsfirmen verlagert. Im Jahr 2014, als Sam als Händler bei Jane Street Capital anfing, waren die Finanzinstitute, die im Zentrum der Märkte standen und die Preise für globale Vermögenswerte festlegten, nicht mehr die alten Investmentbanken, sondern undurchsichtige Hochfrequenzhandelsfirmen wie Jane Street, von denen im Grunde niemand je etwas gehört hatte. Die Beträge, die von den Betreibern dieser Firmen verdient wurden, waren um ein Vielfaches höher als das, was die Betreiber der großen Investmentbanken je verdient hatten. Im Jahr 2013 zahlte der Gründer von Virtu Financial, Vinnie Viola, eine Viertelmilliarde Dollar für das Eishockeyteam Florida Panthers. Der Gründer von Citadel Securities, Ken Griffin, war laut *Forbes* 5,2 Milliarden Dollar schwer. Jane Street gab seine Gewinne nicht bekannt, nicht einmal gegenüber den eigenen Mitarbeitern, aber Sam konnte die vollständigen Aufzeichnungen seiner Geschäfte einsehen und schätzte, dass die Firma in jedem der vergangenen fünf Jahre wahrscheinlich mindestens ein paar Milliarden Dollar Gewinn für ihre Handvoll Partner gemacht hatte. „2014 musste man sich nur den durchschnittlichen IQ der Mitarbeiter von Morgan Stanley und der Mitarbeiter von Jane Street ansehen, um zu wissen, was los war“, so Sam.

Die neuen Finanzmärkte hatten einige besondere Eigenschaften. Zunächst einmal waren sie zunehmend automatisiert. Menschen handelten nicht mehr direkt mit Menschen. Menschen programmierten Computer, um mit anderen Computern zu handeln. Durch den Wegfall des Menschen konnten Finanzgeschäfte schneller und häufiger als je zuvor abgewickelt werden. Geschwindigkeit wurde zum vielleicht wertvollsten Attribut eines Handelssystems. Die Märkte waren mit einer Art Informationskahlschlag beschäftigt – ein Versuch, die Zeit, die eine Information brauchte, um sich in den Preisen von Finanzanlagen niederzuschlagen, auf null zu reduzieren. „Es ist das komplexeste und effizienteste Spiel der Welt", erklärte Sam. „Es wurde mehr Aufwand in die Optimierung des Spiels gesteckt als in alles andere." Anhand der Beträge, die aus dem Spiel herausgeholt wurden – und der Beträge, die Hochfrequenzhandelsfirmen den US-Börsen für einen schnelleren Zugang zu ihren Daten überwiesen –, konnte man erkennen, dass ein Vorteil von wenigen Millisekunden für denjenigen, der ihn besaß, definitiv Milliarden pro Jahr wert war. Ob die Geschwindigkeit der Volkswirtschaft einen Mehrwert brachte, war eine andere Frage: War es wirklich von Bedeutung, wenn sich die Preise von Vermögenswerten in zwei Millisekunden statt in einer Sekunde an neue Informationen anpassten? Wahrscheinlich nicht, aber die neue Technologie ermöglichte es dem Finanzsektor auf jeden Fall, die Zinsen zu erhöhen, die er der Realwirtschaft in Rechnung stellte.

Sie veränderte auch die Art der Personen, die diese Zinsen erhoben. Noch im Sommer 2014 konnte man an den Körperformen im Handelsraum von Jane Street erkennen, wie sich die Finanzmärkte verändert hatten. Die älteren Händler, alle über 30, waren anders gebaut als die jüngeren. Sie waren größer und stämmiger. Ihre Stimmen waren lauter. Die Leute, die 1999 Jane Street gegründet hatten, waren ein bunt gemischter Haufen weißer Männer aus allen Teilen der Welt. Sie waren zu einer Zeit erwachsen geworden, als der Handel noch von Mensch zu Mensch stattfand, auf dem Börsenparkett oder in Handelsräumen. In einer Menschenmenge mussten ihre Körper gesehen und ihre Stimmen gehört werden. Sie waren auch weniger intellektuell begabt. Sie waren meistens schnell im Kopfrechnen, aber weniger gut im analytischen Denken höherer Ordnung. Auf einer dieser „Evolutions"-Grafiken, die die Entwicklung vom Affen zum Menschen darstellen, repräsentieren sie vielleicht das vorletzte Stadium des Finanzmenschen: Die Haare sind größtenteils verschwunden, sie stehen fast aufrecht, aber sie tragen immer noch einen Knüppel über der Schulter, den sie benutzen, um den egalitäreren jüngeren Händlern ein stärkeres Hierarchiedenken aufzuzwingen.

Die jüngeren Händler waren vollwertige *Homo sapiens*. Sie entstammten dem winzigen Teil der Bevölkerung, bei dem schon früh im Leben eine Begabung für das Denken höherer Ordnung festgestellt wurde. Viele von ihnen hatten in der Highschool ein Mathe-Camp besucht. Fast alle hatten am MIT, in Harvard, Princeton oder Stanford hervorragende Leistungen in Informatik oder Mathematik erbracht. Sie waren sozial weniger kompetent als die älteren Händler, weil sie es sich leisten konnten. Jetzt, da der Handel von Maschine zu Maschine abgewickelt wurde, war es weniger wichtig, wie gut die Händler mit anderen Menschen verhandeln konnten. Was zählte, war ihre Fähigkeit, der Maschine zu helfen, den Menschen auf den Finanzmärkten zu ersetzen – entweder direkt, indem sie Code schrieben, oder indirekt, indem sie Anweisungen gaben, die kodifiziert werden konnten. In ihren Augen war es dumm, den Computer nicht einfach die ganze Denkarbeit machen zu lassen.

Es gab jedoch Grenzen dafür, wie sozial abschreckend ein Händler bei Jane Street sein konnte. Sam hatte sie ausgetestet. Nach seinem Sommerpraktikum hatte er sich vorgenommen, die Kritik seiner Vorgesetzten anzunehmen. Er hatte längst erkannt, dass seine Unfähigkeit, Gefühle zu zeigen, eine Distanz zwischen ihm und anderen schuf. Nur weil er die Emotion nicht fühlte, hieß das nicht, dass er sie nicht vermitteln konnte. Er hatte mit seiner Mimik begonnen. Er übte, seinen Mund und seine Augen zu zwingen, sich so zu bewegen, wie sie es von Natur aus nicht taten. „Es ist wirklich nicht einfach, Dinge vorzutäuschen“, sagte er. „Es war körperlich schmerzhaft. Es fühlte sich unnatürlich an. Und ich war nicht gut darin. Es sah nicht richtig aus.“

Anfangs war er sich nicht sicher, ob seine Bemühungen eine Verbesserung gegenüber dem Status quo darstellen würden, aber er vermutete, dass sie die Dinge nicht verschlechtern konnten. Die Fähigkeit zu lächeln hätte nichts daran geändert, wie er Asher Mellman behandelte, aber sie hätte vielleicht die Art und Weise geändert, wie andere Menschen darüber dachten. Die Fähigkeit, anderen zu signalisieren, was er von dem, was sie gesagt oder getan hatten, hielt, würde zumindest eine Menge Missverständnisse vermeiden. Und tatsächlich, im Handelsraum begannen sich seine Beziehungen zu anderen Menschen endlich zu entspannen. „Erst bei Jane Street wurde ich richtig gut darin", sagte er. „Es wurde einfacher. Meine Muskeln begannen sich zu lockern. Und dadurch mochten mich die Leute mehr. So konnte ich mich besser anpassen."

Jane Street hatte ihn in der damals profitabelsten Abteilung des Unternehmens eingesetzt, der Abteilung für den Handel mit internationalen ETFs. In ETFs werden Vermögenswerte (Aktien, Anleihen, Rohstoffe) gebündelt, die die Anleger ansonsten nur schwer selbst kaufen konnten. Der erste in den USA notierte ETF, der 1993 aufgelegt wurde, war noch immer der größte: ein von der American Stock Exchange und State Street Global Advisors aufgelegter Fonds, der alle Aktien des S&P 500 enthielt. Später sollte es ETFs für alles geben. ETFs, die nur Aktien von kleinen indischen Unternehmen oder großen brasilianischen Unternehmen enthielten. ETFs, die nur Aktien aus dem Fischereisektor enthielten oder nur die Aktien von Marihuana-Unternehmen oder nur die Unternehmen, in die Warren Buffett investiert hatte. Jede Investmentidee, die man sich ausdenken konnte, konnte in Form eines ETF ausgedrückt und an die Anleger verkauft werden – im Jahr 2021 legte jemand einen ETF auf, der in Unternehmen investierte, deren Produkte von amerikanischen Frauen der oberen Mittelschicht geliebt wurden. Ohne jemals externes Kapital anzuzapfen, hatte sich Jane Street von ein paar Tradern mit ein paar Millionen Dollar im Jahr 1999 zu etwa 200 Händlern entwickelt, die im Jahr 2014 mit mehreren

Milliarden Dollar hantierten. Ein wichtiger Grund dafür waren die ETFs, deren globaler Wert von weniger als 100 Milliarden Dollar auf 2,2 Billionen Dollar gestiegen war (bis zu mehr als zehn Billionen Dollar im Jahr 2022). Wenn ETFs den Besitzer wechselten, war Jane Street oft dabei, um sich einen mundgerechten Anteil an der Transaktion zu sichern.

Die Aufgabe der Jane-Street-Trader – eine der größten Profitquellen – bestand darin, die Preise all dieser ETFs mit den darin enthaltenen Vermögenswerten in Einklang zu halten. Der Preis eines Pools von Vermögenswerten sollte theoretisch immer gleich der Summe der Vermögenswerte in diesem Pool sein. Der Handel mit einem ETF war wie der Handel mit einem Schinken-Käse-Sandwich, wie es ein Händler von Jane Street ausdrückte. Wenn man den Preis für eine Scheibe Schinken, eine Scheibe Käse und eine Scheibe Brot kennt, weiß man, wie hoch der Preis des Sandwichs sein sollte: die Summe der Zutaten. Wenn die Kosten für die Zutaten den Preis des Sandwichs übersteigen, kaufen Sie das Sandwich und verkaufen die Zutaten. Wenn der Preis des Sandwichs die Kosten der Zutaten übersteigt, kaufen Sie die Zutaten und verkaufen das Sandwich.

Einen Teil seines Tages verbrachte Sam damit, den Preis vieler Schinken-Käse-Sandwiches mit den Kosten ihrer Zutaten in Einklang zu bringen. Er verbrachte die ersten 90 Minuten eines jeden Handelstages damit, herauszufinden, was in dem Sandwich enthalten war – denn über Nacht hatte sich der genaue Inhalt der ETFs geändert. Das Sandwich-Spiel war zwar der am wenigsten aufregende Teil seiner Arbeit, aber es hatte auch seine guten Seiten. Die Unternehmen, die ETFs auflegten, lagerten im Wesentlichen das Problem der Preisgestaltung ihrer Kreationen an Jane Street und andere Hochfrequenzhandelsfirmen aus. Wenn ein Anleger auftauchte und sagte, er wolle für beispielsweise 100 Millionen Dollar einen ETF mit indischen Aktien kaufen, wurde er an Sam verwiesen, der ihm einen Preis nennen sollte. Um den Preis zu bestimmen, konnte Sam nicht einfach eine

Berechnung auf der Grundlage der aktuellen Kurse der im ETF enthaltenen Aktien durchführen. Letztendlich müsste er die einzelnen Aktien kaufen und seine Nachfrage würde deren Preise um einen schwer zu bestimmenden Betrag in die Höhe treiben. Außerdem würde er indische Finanztransaktionssteuern zahlen müssen – das musste er berücksichtigen.

Die indische Börse öffnete um 9:15 Uhr Mumbai-Zeit beziehungsweise 23:45 Uhr New Yorker Zeit. Solange sie nicht geöffnet war, konnte Sam keine indischen Aktien kaufen und war machtlos gegenüber allen Nachrichten, die den Markt beeinflussen konnten. Er musste die Identität des endgültigen Käufers berücksichtigen, da einige Käufer wahrscheinlich bessere Informationen über indische Aktien hatten als er. Er musste auch die Möglichkeit in Betracht ziehen, dass eine oder mehrere der anderen Hochfrequenzhandelsfirmen, die aufgefordert wurden, die Aktie anzubieten, Frontrunning betreiben und die Preise für indische Aktien in die Höhe treiben würden. Zu allem Überfluss hatte er vielleicht 15 Sekunden Zeit, um einen Preis zu finden – wenn er Glück hatte, gab es eine kleine Vorwarnung und er hatte vielleicht ein paar Stunden Zeit, um nachzudenken. So oder so, andere Händler konkurrierten immer mit um dasselbe Geschäft. Jeder Trade war heiß umkämpft.

Diese ETF-Geschäfte waren also nicht ohne Risiko. In der Regel musste Sam immer entscheiden, welche gewichtete Münze er wirft. Und in der realen Welt gab es nur selten Münzen, die dramatisch zu seinen Gunsten gewichtet waren. Man konnte keine 80:20-Münze werfen; wenn man Glück hatte, warf man eine 60:40-Münze; wahrscheinlicher war, dass man die meiste Zeit des Tages damit verbrachte, eine 53:47-Münze zu werfen. Natürlich würde auch eine Münze, die zu den eigenen Gunsten gewichtet ist, bei vielen Würfen auf der falschen Seite landen, sodass man, selbst wenn man seine Arbeit gut gemacht hatte, Geld verlieren könnte. Die Grundidee von Jane Street bestand darin, sicherzustellen, dass kein einziger Wurf einen großen

Unterschied machte. Die 200 Händler des Unternehmens besaßen alle eine ungewöhnliche Begabung für die Identifizierung gewichteter Münzen. Gemeinsam warfen sie jeden Tag Millionen von Münzen. Das Gesetz der Durchschnittswerte würde sich schließlich durchsetzen. Aber Jane Street hatte immer noch verlustreiche Handelstage, verlustreiche Handelswochen und sogar, wenn auch selten, verlustreiche Handelsmonate.[8] „Das größte Risiko war, dass wir nicht genug Münzen zum Werfen finden würden", sagte Sam.

Wie alle Jane-Street-Trader war auch Sam ständig auf der Suche nach Möglichkeiten, seine Handelsentscheidungen zu automatisieren. Wie der Autor Byrne Hobart es formulierte, befanden sich die Jane-Street-Händler „in einem ständigen Prozess des Findens und Ausdehnens der effizienten Grenze, an der Computer den Menschen im Finanzwesen ersetzen können". Die Aufgabe des Jane-Street-Traders bestand nicht einfach darin, die Finanzmärkte zu optimieren, sondern sich selbst zu optimieren, indem er seine Aufmerksamkeit auf die wertvollste Entscheidung richtete, die er treffen konnte. Wenn man der Maschine beibringt, bestimmte Entscheidungen zu treffen, kann man sich selbst auf die Suche nach neuen gewichteten Münzen machen, die man werfen kann. Um die Maschine zu befähigen, musste man nur die Muster auf den Märkten erkennen, die sich in einem Computercode erfassen ließen. Wenn man dann von Anlegern aufgefordert wurde, für 100 Millionen Dollar den indischen ETF anzubieten, musste man sich nicht mehr damit befassen, welche Finanztransaktionssteuern zu zahlen wären, wie toxisch der Käufer war oder wie stark die Kurse verschiedener indischer Aktien bei Börsenöffnung wahrscheinlich steigen würden. Man konnte einfach auf einen Knopf drücken und die Maschine traf die Entscheidungen und der Handel kam zustande oder auch nicht.

Natürlich musste man trotzdem ein Auge darauf haben. Wenn zum Beispiel nach Börsenschluss in Mumbai eine Atombombe explodiert wäre, wollte man nicht, dass eine vorprogrammierte Maschine Aktien kauft und verkauft. Der Jane-Street-Händler betrachtete die Maschinen als Roboterarme, mit denen man viel mehr tun konnte als mit seinen eigenen nackten Armen, aber man musste immer noch seine eigenen Arme in sie stecken, damit sie funktionierten. Meistens war die Maschine bei Handelsentscheidungen weitaus besser als der Mensch, vor allem, wenn der Mensch nur 15 Sekunden Zeit hatte, darüber nachzudenken. „Ich fühlte mich am wertvollsten, wenn ich Bereiche identifizierte, die noch nicht automatisiert waren, aber automatisiert werden könnten", sagte Sam. „Das war besser als mit Menschen, weil diese so schnell entscheiden mussten."

Jane Street verdiente Geld im Sandwichgeschäft. Jane Street verdiente auch Geld, indem es statistische Muster fand, die von anderen auf den Märkten übersehen wurden. Natürlich suchen Händler bereits nach Mustern, die von den Märkten übersehen wurden, seit überhaupt gehandelt wird. Der Unterschied zwischen dem, was bei Jane Street geschah, und dem, was beispielsweise in den 1980er-Jahren auf einem Börsenparkett an der Wall Street geschah, war eher ein gradueller als ein grundsätzlicher. Daten hatten das Gespür vollständig ersetzt. Die Standardprozedur der Firma bestand darin, dass die Händler die Maschinen aus den Augenwinkeln beobachteten, während sie kleine Forschungsprojekte durchführten. (Der Handel verlangte von Sam ungefähr ein solches Maß an Aufmerksamkeit wie später Videospiele.) Ein Händler am internationalen ETF-Desk könnte beispielsweise mit der folgenden Frage beginnen: Wenn sich der Ölpreis während der US-Handelszeiten bewegt, was passiert dann mit den ETFs, die Aktien von Unternehmen aus großen Öl produzierenden Ländern enthalten, deren Märkte geschlossen sind? Wenn die Ölpreise während der Mittagszeit in New York City nach oben klettern, werden die Aktien von zum Beispiel nigerianischen Unternehmen ihnen wahrscheinlich folgen – aber der nigerianische Aktienmarkt ist geschlossen. ETFs, die nigerianische Aktien enthalten, werden jedoch an den US-Börsen gehandelt. Vielleicht haben diese in den USA notierten ETFs nicht so schnell auf die Bewegungen der Ölpreise reagiert, wie sie es hätten tun sollen? Vielleicht besteht die Chance, den Anstieg der nigerianischen Aktien vorwegzunehmen, der unweigerlich eintreten wird, wenn der nigerianische Aktienmarkt morgen öffnet? Vielleicht hatten andere nicht daran gedacht? Es gab keine Möglichkeit, diese Fragen zu beantworten, ohne eine Studie über die historischen Kursbewegungen durchzuführen. Die Händler von Jane Street verbrachten einen Großteil ihrer Zeit mit diesen Finanzforschungsprojekten.

Es reichte nicht, dass der Händler Geld verdiente. Man musste auch erklären können, warum man Geld verdiente. Ein großartiger Jane-Street-Trader war kein großartiger Trader, wenn er nicht erklären konnte, warum er ein großartiger Trader war – und warum ein großartiger Trade möglich war. Ein ehemaliger Händler drückte es so aus: „Die Frage lautete: Warum bist du großartig und wie können wir dich nachahmen? Und wenn du diese Frage nicht beantworten konntest, zweifelten sie an dir." Diese kleinen Forschungsprojekte mussten nicht unbedingt auf konventionelle Weise beginnen, beispielsweise mit einer Theorie darüber, warum ein Markt ineffizient sein könnte. Oft wurden sie durch ein seltsames Ereignis ausgelöst, das der Händler beim Handel beobachtet hatte. So konnte man beispielsweise feststellen – wie Sam es einmal tat –, dass genau zwölf Stunden, nachdem der Kurs bestimmter südkoreanischer Aktien an der Börse in Seoul gestiegen war, auch der Kurs bestimmter japanischer Aktien an der Börse in Tokio gestiegen war. Ihr erster Gedanke könnte sein, dass dies nur ein Zufall ist. Aber dann passiert es immer wieder. Sie sehen sich einige alte Daten an und stellen fest, dass sich bei diesen Aktien seit mehreren Monaten das Gleiche abspielt. Vielleicht handeln Sie daraufhin und kaufen die japanischen Aktien, sobald die südkoreanischen Aktien steigen. Vielleicht machen Sie sogar Geld damit.

Für das System von Jane Street wäre das jedoch nicht genug gewesen, denn Sie wussten nicht, *warum* die Kurse der japanischen Aktien zwölf Stunden nach den südkoreanischen Aktien stiegen. Also würden

Sie der Sache noch weiter auf den Grund gehen – so wie Sam es getan hatte. Er fand heraus, dass die Kurse sowohl der südkoreanischen als auch der japanischen ETFs von einem einzigen Händler bei einer deutschen Bank beeinflusst wurden. Alle paar Tage hatte der Händler der deutschen Bank eine Reihe von Kaufaufträgen auszuführen, sowohl in Südkorea als auch in Japan. Er tätigte seine Käufe in Südkorea, bevor er Feierabend machte, und übergab die Japan-Aufträge an seine asiatischen Kollegen, die sie nach dem Aufwachen in Tokio ausführten. Der Jane-Street-Trader konnte sich nun über den Anstieg des südkoreanischen ETFs freuen und den japanischen ETF kaufen, bis der Deutsche starb, in Rente ging oder herausfand, wie viel ihn seine Faulheit kostete.

Sam machte viele Trades ausfindig, deren Erfolg auf der Dummheit eines anderen Händlers oder Handelsalgorithmus beruhte (er nannte sie „Asher Trades“). Zwei Wochen lang verhielt sich der wichtigste kanadische Aktienmarktindex jeden Morgen bei der Eröffnung seltsam. Um 9:30 Uhr sprang er mit ungewöhnlicher Heftigkeit nach oben oder fiel nach unten, um dann um 9:31 Uhr wieder auf den vorherigen Stand zurückzukehren. So verhält sich ein Markt normalerweise nicht, wenn er auf Nachrichten reagiert. Da war etwas anderes im Spiel. Sam stellte Nachforschungen an und entdeckte, dass einen Monat zuvor jemand einen riesigen Trade mit Optionen auf den kanadischen Aktienmarktindex in der Größenordnung von mehreren Milliarden Dollar getätigt hatte. Der Händler, der diesen Handel eingegangen war, musste seine Position absichern, wann immer sich der Kurs des kanadischen Index bewegte. Zu diesem Zweck hatte der Händler einen Bot entwickelt, der den kanadischen Index gedankenlos kaufte, wenn er stieg, und ihn verkaufte, wenn er fiel, und so dafür sorgte, dass er entweder stärker stieg oder fiel, als es sonst der Fall gewesen wäre. An Tagen, an denen der kanadische Aktienmarkt mit einem höheren Kurs als am Vortag eröffnete, kaufte der Bot den Index, was den Kurs noch weiter nach oben trieb, sodass der Bot noch mehr kaufen musste. Dasselbe geschah in umgekehrter Richtung, wenn der Index zu einem niedrigeren Preis als am Vortag eröffnete. Zwei Wochen lang verdiente Sam ein kleines Vermögen, indem er den kanadischen Index verkaufte, nachdem der Bot ihn gekauft hatte, und den kanadischen Index kaufte, nachdem der Bot ihn verkauft hatte, bis beim Händler, der den Bot entwickelt hatte, der Groschen fiel und er ihn abschaltete. „Es war im Grunde ein Reverse Engineering des dummen Algos eines anderen", so Sam.

Die ständige Suche nach statistischen Mustern auf den Märkten führte zu allerlei seltsamen Erkenntnissen. Jedes Mal, wenn Brasilien ein WM-Spiel gewann, stürzte der brasilianische Aktienmarkt ab, weil man davon ausging, dass der Sieg die Chancen auf eine Wiederwahl der als korrupt geltenden brasilianischen Präsidentin Dilma Rousseff erhöhen würde. Ein sich schneller einstellendes und besseres Gespür für die Chancen der brasilianischen Fußballmannschaft im nächsten Spiel gab einem eine gewichtete Münze an die Hand, die man am brasilianischen Aktienmarkt werfen konnte. Ende Oktober 2016 – um ein weiteres Beispiel zu nennen – reagierten die weltweiten Aktienmärkte spürbar auf jede Nachricht, die die Chancen von Donald Trump, Präsident zu werden, zu verändern schien. Zu diesem Zeitpunkt schien es, als ob die bevorstehende Wahl die folgenreichste Wahl für die globalen Finanzmärkte der jüngeren Zeit sein könnte. Die Händler am internationalen ETF-Desk von Jane Street tauschten Ideen aus, wie man auf der Grundlage traden könnte. Und jemand wies darauf hin, wie langsam, gemessen an den Standards des Hochfrequenzhandels, die Wahlergebnisse ihren Weg in die Finanzmärkte fanden.

Sam übernahm die Leitung dieses speziellen Forschungsprojekts. Es gab kein standardisiertes nationales System für die Bekanntgabe der Resultate der Stimmabgabe bei einer US-Präsidentschaftswahl. 50 Bundesstaaten entschieden, wie und wann sie ihre Wahldaten veröffentlichten. Einige Staaten kamen langsamer voran als andere. Einige Staaten verfügten über geeignete Websites, um die endgültigen Zahlen zu veröffentlichen, andere nicht. „Die meisten Staaten hatten etwa 17 verschiedene Websites", so Sam. Selbst wenn die Staaten bei der Datenerfassung so effizient wie möglich vorgingen, war es wahrscheinlich, dass die Ergebnisse erst mit Verzögerung die Finanzmärkte erreichten. „Bei Jane Street hatten fast alle den gleichen Gedanken", so Sam. „Dass es überraschend wäre, wenn man das nicht irgendwie ändern könnte."

Das heißt, es wäre überraschend, wenn Jane Street das Ergebnis der Präsidentschaftswahlen nicht vor allen anderen Finanzmarktteilnehmern oder gar der ganzen Welt erfahren könnte. Schließlich erfuhren die Finanzmärkte immer noch auf dieselbe Weise wie die breite Öffentlichkeit, was passiert war: indem sie John King auf *CNN* verfolgten. John King war nicht dafür da, die Renditen für Hochfrequenzhändler zu maximieren. „Sie hatten Werbespots, sodass John King sich nicht über eine zweiminütige Verzögerung aufregen musste", sagte Sam. „Außerdem brauchte er 15 Sekunden, um durch das Studio zu seiner Karte zu gehen." Die Jane-Street-Trader hatten sich so sehr daran gewöhnt, auf den Finanzmärkten schneller an Informationen zu gelangen als andere, dass sie davon ausgingen, dass sie dies auch auf den politischen Märkten tun könnten.

In kürzester Zeit hatten sie ein Modell entwickelt, das den Modellen ähnelte, die von den Nachrichtensendern und der FiveThirtyEight-Website verwendet wurden, um die Informationen, die sie sammelten, schneller als jeder andere zu interpretieren. Sam rekrutierte junge Händler aus anderen Abteilungen, um sie zu Experten für lokale Wahldaten zu machen. Jedem Staat wies er einen Jane-Street-Trader zu, der die schnellste Quelle für Wahldaten ausfindig machen sollte. Ein Händler nahm sich Michigan vor, ein anderer Florida und so weiter. Sam und seine Kollegen von Jane Street gingen davon aus, dass es das Schwierigste war, die Wahldaten schneller als alle anderen zu bekommen. Die clevere Handelsstrategie schien so offensichtlich zu sein, dass sie sich darüber nicht annähernd so viele Gedanken machten. In den Wochen vor der Wahl hatte sich ein Muster gezeigt: Bei guten Nachrichten für Trump brachen die Aktienmärkte überall ein, bei guten

Nachrichten für Hillary Clinton stiegen sie. Gute Nachrichten für Trump hatten sich insbesondere in Schwellenländern wie Mexiko als schlechte Nachrichten erwiesen. Der Tradingplan von Jane Street war nicht besonders kompliziert. Sie würden die Wahlergebnisse vor allen anderen erhalten, diese Daten würden die Wahlchancen in die eine oder andere Richtung verschieben und sie würden als Reaktion darauf sowohl Aktien aus den USA als auch aus Schwellenländern kaufen oder verkaufen.

In der Nacht des 8. November 2016 funktionierte die von Sam entwickelte und überwachte Maschine hervorragend. Die Jane-Street-Trader waren tatsächlich in der Lage, sich gegenüber *CNN* einen Vorsprung zu verschaffen, manchmal um Sekunden, normalerweise um Minuten und gelegentlich um Stunden. Ein Jane-Street-Händler rief „Trump liegt vorn!" und ein anderer Jane-Street-Händler verkaufte Aktien. Fünf Minuten später bestätigte John King diese Tatsache und der Markt bewegte sich.

Im Laufe des Abends schwand die Sorge von Jane Street, dass andere Hochfrequenzhandelsfirmen den gleichen Trade ausführen könnten. „Die Märkte bewegten sich mit der Geschwindigkeit von *CNN*, nicht mit der Geschwindigkeit von Daten", erläuterte Sam. „Wir waren zuversichtlich, dass wir bessere Informationen hatten als der Markt. Wir hatten das Gefühl, dass, wenn überhaupt jemand anderes dies tat, er sehr unbedeutend war." Sieben Mal an diesem Abend trafen Wahlergebnisse ein, bei denen die Quoten um bis zu fünf Prozent in die eine oder andere Richtung schwankten, und sieben Mal war Jane Street der Marktbewegung voraus. Die Ergebnisse aus dem Florida Panhandle („Pfannenstiel"), dem nordwestlichen Zipfel des Bundesstaates, waren am dramatischsten. Nachdem die ersten Stimmen ausgezählt waren, sah es so aus, als ob Clinton Florida und damit wahrscheinlich die Wahl gewonnen hätte. Florida war so wichtig und der Panhandle fiel so deutlich zugunsten von Trump aus, dass im Modell von Jane Street seine Chancen, die Präsidentschaft zu gewinnen, von 5 auf 60 Prozent stiegen. „Wir hatten den Florida Panhandle im Blick, bevor John King ihn im Blick hatte", sagte Sam. „Wir hatten sogar Zeit, auszuflippen und anzunehmen, dass es sich um einen Tippfehler handeln musste, um dann festzustellen, dass es kein Tippfehler war, und zu sagen: *Scheiß drauf, lasst uns verkaufen!*"

Am Ende hatte Jane Street mehrere Milliarden Dollar gegen den S&P 500 und eine weitere Viertelmilliarde gegen die Aktienmärkte anderer Länder, insbesondere Mexikos, gesetzt, deren Wirtschaft durch eine Trump-Präsidentschaft am ehesten Schaden nehmen würde. Gegen 1 Uhr nachts, nach 24 aufregenden Stunden ohne Pause, verließ Sam den Handelstisch, um etwas Schlaf zu bekommen. Die Märkte schienen die Nachricht von Trumps Sieg vollständig verdaut zu haben. Jane Street saß auf dem vielleicht profitabelsten Trade, den es je getätigt hatte. „Es war der berauschendste Tag, den ich je bei Jane Street hatte", sagte Sam.

Drei Stunden später kehrte er zurück, um festzustellen, dass die Märkte ihre Meinung über die wahrscheinlichen Auswirkungen von Donald Trump auf die weltweiten Aktienmärkte geändert hatten. „Es sollte ein Armageddon werden. Und vielleicht war es das auch. Aber es war kein Armageddon für die US-Märkte." Die Märkte in den USA hatten sich tatsächlich erholt und die meisten Wetten von Jane Street waren gegen den US-Aktienmarkt platziert. „Was für Jane Street ein Gewinn von 300 Millionen Dollar gewesen war, war nun ein Verlust von 300 Millionen Dollar", so Sam. „Es wurde vom profitabelsten zum schlechtesten Trade in der Geschichte von Jane Street." Außerdem war Donald Trump jetzt Präsident der USA, eine Tatsache, die weder Sam noch irgendjemandem, den er bei Jane Street kannte, gefiel. „Das Universum war ein grausamer Scherz", sagte er.

Er war erstaunt darüber, was Jane Street als Nächstes tat: nicht viel. Es gab keine große unternehmensweite formelle Obduktion. Niemand wurde bestraft oder auch nur befragt. Einerseits bewunderte Sam die Art und Weise, wie die Firma zwischen Prozess und Ergebnis unterschied. Ein schlechtes Ergebnis an sich deutete nicht darauf hin, dass jemand etwas falsch gemacht hatte, ebenso wenig wie ein gutes Ergebnis darauf hindeutete, dass jemand etwas richtig gemacht hatte. „Jane Street widerstrebte es, Menschen an den Pranger zu stellen", erinnerte sich Sam. „Sie fragten eher: ‚Hat irgendjemand etwas getan, was dem widerspricht, was man ihm gesagt hat?' Wenn die Antwort nein lautete, sagten sie, dass es genauso gut der CEO gewesen sein könnte."

Andererseits war diese undurchsichtige und verschwiegene Tradingfirma vor allen anderen auf der Welt im Besitz der Ergebnisse der vielleicht folgenreichsten Präsidentschaftswahlen jüngerer Zeit und sie hatte ein Vermögen verloren. Im Nachhinein betrachtet hatten sie zu viel Zeit damit verbracht, ihre Informationen zu beschaffen, und nicht genug Zeit, um darüber nachzudenken, wie man sie nutzen könnte. Sie waren einfach davon ausgegangen, dass ein Sieg von Trump eine globale Finanzkatastrophe bedeuten würde. Im Nachhinein war der Trade, den sie hätten eingehen sollen, offensichtlich (im Nachhinein ist es das immer): Sie hätten darauf wetten sollen, dass der Schaden für kleine ausländische Märkte größer ist als der Schaden für die US-Märkte. Sie hätten den S&P 500 kaufen und größere Mengen zum Beispiel des mexikanischen Aktienmarktes verkaufen sollen. „Es war ein extrem gutes Geschäft, das wir vermasselt haben", gab Sam zu. „Ich dachte, die Bilanz sollte lauten: Wir haben es fast geschafft. Alles, was wir uns gut überlegt haben, haben wir ziemlich gut gemacht."

Anstatt herauszufinden, wie sie einen solchen Trade beim nächsten Mal besser gestalten könnten, beschlossen die Jane-Street-Bosse, dass es ein Fehler war, einen solchen Trade überhaupt zu versuchen. „Es hieß: Wir haben kein Gespür für so etwas und wir werden es nicht tun und wir werden alle eine Zeit lang nicht über den Trade auf der Grundlage von Wahlen sprechen, bis es aus unserem Gedächtnis gelöscht ist." Das beunruhigte Sam. Er fragte sich, ob Jane Street tatsächlich so aufgestellt war, dass es seinen Erwartungswert maximieren konnte.

Es war auffällig, wie wenige Leute Jane Street in Richtung anderer Wall-Street-Firmen oder überhaupt für irgendetwas anderes verließen. „Wenn ein erfahrener Mitarbeiter zu einem Konkurrenten ging, wurde geweint und getrunken, weil es so traumatisch war", sagte Sam. Die Firma lockte junge Leute an, die zu keinem anderen Zeitpunkt der Menschheitsgeschichte den Weg an die Wall Street gefunden hätten, und sorgte dafür, dass sie so interessiert, engagiert und gut bezahlt waren, dass sie sich nicht vorstellen konnten, etwas anderes mit ihrem Leben anzufangen, als für Jane Street zu traden. Sie machten aus Mathe-Menschen Geld-Menschen, ohne dass das menschliche Glück offensichtlich darunter litt. Sogar die Mitarbeiter, die nicht so gut in ihrem Job waren, wurden weiterbeschäftigt und bekamen das Gefühl, Teil des Ganzen zu sein. „Jane Street hat nie Leute entlassen", sagte Sam. „Es war billiger, sie fürs Nichtstun zu bezahlen, als sie zu einem Konkurrenten gehen zu lassen."

Die Firma hatte sich alle Mühe gegeben, Sam glücklich zu machen. Sie hatten mit den beiden engsten Freunden, die Sam am MIT kennengelernt hatte, Vorstellungsgespräche geführt und einen von ihnen eingestellt. Sie stellten sogar Sams jüngeren Bruder Gabe ein, der gerade im Handelsraum von Jane Street angefangen hatte. Sie erlaubten Sam, eine zentrale Rolle bei der Ausarbeitung und Durchführung eines Trades zur Präsidentschaftswahl 2016 zu spielen, der das Unternehmen mehr Geld kostete als jeder andere Handel in seiner Geschichte, ohne dass jemand auch nur ein böses Wort zu ihm sagte. In seinen jährlichen Beurteilungen ließen ihn seine Chefs wissen, dass sie ihn an die Spitze seines Jane-Street-Jahrgangs gesetzt hatten. Er war zwar nicht der profitabelste Händler der Firma, aber er war noch jung und machte seine Sache sehr gut. Nach seinem ersten Jahr hatte man ihm 300.000 Dollar gezahlt, nach seinem zweiten Jahr 600.000 Dollar und nach seinem dritten Jahr, als er 25 Jahre alt war, sollte er einen Bonus von einer Million Dollar erhalten. In seinen Beurteilungsgesprächen drängte Sam seine Vorgesetzten, ihm ein Bild von seiner finanziellen Zukunft bei Jane Street zu zeichnen. Das würde natürlich von der Gesamtperformance von Jane Street abhängen, erklärten sie, aber in zehn Jahren würde er, wenn er so gut weitermachte wie bisher, zwischen 15 und 75 Millionen Dollar pro Jahr verdienen. „Die Idee von Jane Street war es, die Leute so glücklich zu machen, dass sie nicht gehen wollten", schilderte ein ehemaliger Händler.

Und doch war Sam nicht glücklich. Sein Unglücklichsein war eine komplexe Sache; er war auf so viele Arten unglücklich, dass es ihm geholfen hätte, neue Worte für das Gefühl zu erfinden, so wie die Inuit angeblich alle möglichen Worte für Eis haben. Ab und zu, meist unter der Dusche, flossen Sams Gedanken über sich selbst und seine Situation zusammen und er schrieb sie auf. Die Art dieser privaten Aufzeichnungen, in denen er sich gegenüber sich selbst präsentierte, unterschied sich stark von der Art, in der er sich gegenüber anderen präsentierte. „Ich fühle kein Vergnügen", schrieb er eines Tages gegen Ende seiner Jane-Street-Karriere. „Ich fühle keine Freude. Irgendwie ist mein Belohnungssystem nie angesprungen. Meine Höhepunkte, meine stolzesten Momente kommen und gehen und ich fühle nichts als das schmerzende Loch in meinem Gehirn, wo eigentlich Glück sein sollte." Er wusste, dass er Jane Street dankbar sein sollte, weil man dort einen Wert in ihm sah, den niemand sonst besaß, aber er wusste auch, dass er es nicht war. „Um wirklich dankbar zu sein, muss man es in seinem Herzen, in seinem Bauch, in seinem Kopf gespürt haben – den Rausch der Freude, der Zugehörigkeit, der Anerkennung", schrieb er. „Und ich fühle diese Dinge nicht. Ich fühle überhaupt nichts oder zumindest nichts Gutes. Ich fühle weder Freude noch Liebe noch Stolz noch Hingabe. Ich fühle die Unbehaglichkeit des Augenblicks, der mich umschließt. Den Druck, angemessen zu reagieren, zu zeigen, dass ich die anderen auch liebe. Und ich tue es nicht, weil ich es nicht kann."

Jane Street war die einzige Institution, mit der Sam jemals zu tun gehabt hatte, die er nicht in irgendeiner Weise missbilligte. Er war den ganzen Tag von Hunderten von Menschen umgeben, die ein gemeinsames Ziel hatten und das beste Brettspiel spielten, das je erfunden wurde. Und doch fühlte er sich von den anderen Menschen abgeschnitten. Er hatte gelernt, Reaktionen auf das zu simulieren, was andere Menschen gerade getan oder gesagt hatten, damit sie ihn besser verstehen konnten. Aber alles, was er wirklich getan hatte, war, eine bessere Maske zu schaffen, eine, die es anderen vielleicht noch schwerer machte, zu erkennen, was wirklich dahinter vor sich ging. „Ich mag meine Kollegen", schrieb er, „aber sie zeigen kein Interesse daran, zu sehen, wer ich wirklich bin, die Gedanken zu hören, die ich zurückhalte. Je ehrlicher ich versuche, unsere Freundschaft zu gestalten, desto mehr verblasst sie. Keiner ist neugierig. Niemand interessiert sich wirklich für das Ich, das ich sehe. Sie interessieren sich für den Sam, den sie sehen, und was er ihnen bedeutet. Und sie scheinen nicht zu verstehen, wer dieser Sam ist – ein Produkt von Gedanken, von denen ich entscheide, dass die Leute sie hören sollten. Mein Twitter-Account aus dem wirklichen Leben."

Er betrachtete sich selbst eher als Denk- denn als Gefühlsmaschine. Er betrachtete sich als einen Menschen, der sich seinen Weg zur Handlung denkt. Damit hatte er nicht ganz unrecht. Zu den großen Veränderungen, die er in seinem Leben vornahm, kam es in der Regel, nachdem eine andere Person ihm ein Argument vorgetragen hatte, das er nicht widerlegen konnte. Einige Tage nach seiner Ankunft am MIT hatte er zum Beispiel einen anderen Studienanfänger kennengelernt, Adam Yedidia – den Freund, den Jane Street schließlich einstellte. Sie begannen ein Gespräch über den Utilitarismus. Sam vertrat die Ansicht, dass dies die einzig sinnvolle Philosophie des Lebens sei und dass der Hauptgrund, warum die Menschen dies nicht erkennen, die Angst davor sei, wohin sie diese Philosophie führen würde. („Was die Leute am meisten am Utilitarismus erschreckt, ist, dass er zur Selbstlosigkeit ermutigt.") Adam hatte sich Sams Ausführungen über seine Überzeugungen angehört, bis er schließlich sagte: *Wenn du wirklich an all das glauben würdest, würdest du kein Fleisch essen. Mit geringem Aufwand für dich selbst reduzierst du eine Menge Leiden.* Sam war es ernst damit, Leiden zu minimieren. Sam mochte aber auch sein Brathähnchen – aber das war kein wirkliches Argument. „Was auch immer er gesagt hatte, war mir im Kopf herumgeschwirrt, aber ich hatte es wegen eines Gedankens verdrängt, den ich nicht haben wollte", sagte Sam. „Der Gedanke war: *Ich verbringe 30 Minuten damit, Hühnchen zu genießen, und das Huhn wird fünf Wochen lang gequält.*" Es blieb ihm nichts anderes übrig, als seine Ernährung umzustellen, und das tat er auch. „Es gibt einfache Vegetarier und es gibt schwierige und er war ein schwieriger", erinnerte sich Adam. „Es ist ungewöhnlich, so etwas wie dieses zu ändern, wenn es schwierig ist."

Ähnlich war es Sam ergangen, als er Will MacAskill kennengelernt hatte. Das Argument des Oxford-Philosophen erschien Sam als einfach richtig. Er hatte schon vor langer Zeit beschlossen, dass ein Mensch sein Leben nach seinen Konsequenzen beurteilen sollte. MacAskill hatte diese Konsequenzen sowohl dramatisch dargestellt als auch quantifizierbar gemacht: Er sollte die Anzahl der Leben, die er rettete, maximieren. Sam hatte sofort eingewilligt. „Es war sehr schnell und sachlich", so Sam. „Was er sagte, erschien mir irgendwie offensichtlich richtig. Er gab mir eine praktische Handlungsweise vor: Es gibt tatsächlich etwas zu tun. Ich kann das tun. Es gibt Leute, die das tun." Auch nach drei Jahren bei Jane Street war er immer noch fest entschlossen, so viele Dollar wie möglich anzuhäufen und sie in die Bereiche zu leiten, die am effizientesten Leben retten. Das meiste Geld, das er im Handelsraum verdiente, spendete er an drei Wohltätigkeitsorganisationen, die von den Oxford-Philosophen als besonders effizient bei der Rettung von Menschenleben eingestuft wurden. (Zwei dieser Wohltätigkeitsorganisationen, 80.000 Hours und Centre for Effective Altruism, hatten die Oxford-Philosophen selbst gegründet. Die dritte war The Humane League.)

Sam hatte sein Leben der Maximierung des Glücks auf der Erde gewidmet, ohne jedoch selbst etwas davon zu spüren. Zwischen dem

Sommer 2014, als er bei Jane Street anfing, und dem Sommer 2017 hatte er keinen Urlaub genommen. Er hatte sogar zehn Tage gearbeitet, an denen die US-Märkte geschlossen waren – das Geschehen an den ausländischen Märkten war besonders rege, wenn die US-Händler nicht aufpassten –, und so hatte er in den Büchern von Jane Street einen Berg von Urlaubstagen angehäuft. Im Handelsraum hatte er sich selbst eine Frage gestellt: Wie groß ist die Wahrscheinlichkeit, dass dieser Job, in den ich zufällig hineingestolpert bin, meinen höchsten Wert aus mir herausholt? Auf den ersten Blick hielt er es für unwahrscheinlich. Er hatte sogar eine Liste mit Dingen erstellt, die er neben dem Trading für Jane Street tun könnte: *in der Politik arbeiten, als Journalist tätig sein, anderen Menschen verkaufen, wie man ein effektiver Altruist wird, ein beliebiges Technologieunternehmen gründen (obwohl er keine Idee für ein solches hatte), sich selbstständig machen.* „Es gab ungefähr zehn dieser Möglichkeiten", erinnerte sich Sam. „Ich habe versucht, den Erwartungswert einer jeden abzuschätzen, und sie waren alle sehr ähnlich. Die Wahl zwischen Jane Street und einer von ihnen war eine knappe Kiste, aber die Wahl zwischen Jane Street und *allen* war es nicht. Ich habe gefragt: *Wie hoch ist die Wahrscheinlichkeit, dass Jane Street die beste Option ist?* Gering. Es war aber ziemlich klar, dass ich es bei Jane Street nicht herausfinden würde. Die einzige Möglichkeit, es herauszufinden, bestand darin, es darauf ankommen zu lassen und ein paar dieser Dinge auszuprobieren."

Im Spätsommer 2017 nahm er schließlich Urlaub. Als er die Freiheit hatte zu experimentieren, dauerte es nicht lange, bis er erkannte, dass eine der Optionen auf seiner Liste nicht wie die anderen war. Im Jahr 2017 hatten sich Kryptowährungen von einem bizarren Steckenpferd, an dem er keinerlei Interesse hatte, zu einem halbwegs ernst zu nehmenden Finanzmarkt entwickelt, der völlig unabhängig von anderen Finanzmärkten war. Allein in diesem Jahr boomte der Gesamtwert aller Kryptowährungen und stieg von 15 Milliarden Dollar auf 760 Milliarden Dollar. Jane Street handelte nicht mit Kryptowährungen.

Und so weit Sam sehen konnte, auch keine der anderen Hochfrequenzhandelsfirmen. Jane Street war so ängstlich, was Kryptowährungen anging, dass es seinen Händlern nicht einmal erlaubte, sie auf ihren persönlichen Konten zu handeln. (Sam hatte nachgefragt.) Dennoch wurden jeden Tag Kryptowährungen im Wert von etwa einer Milliarde Dollar gehandelt, und zwar auf so primitive Weise, dass man meinen könnte, der Hochfrequenzhandel sei nie erfunden worden.

Sam rechnete aus dem Stegreif: Wenn er fünf Prozent des gesamten Marktes erobern könnte (eine bescheidene Zahl, gemessen an den Standards von Jane Street), könnte er täglich eine Million Dollar oder mehr verdienen. Da der Markt nie geschlossen war, bedeutete das Gewinne von 365 Millionen Dollar oder mehr pro Jahr. „Das war meine grobe Schätzung. Das schien verrückt. Also habe ich es einfach um das Zehnfache gekürzt. Ich dachte an 30 Millionen pro Jahr. Aber es war mir peinlich, diese Zahl jemand anderem zu zeigen. Sie würden sagen: ‚Verpiss dich, Sam.'"

Doch *so* peinlich war es ihm gar nicht. Bevor er zu Jane Street zurückkehrte, um seinen Job zu kündigen, sprach er mit seinem Studienfreund, der ihn dazu gebracht hatte, das Fleischessen aufzugeben. „Sam war anders als alle anderen, denn wenn er seine Meinung kundtat, tat er dies mit seinem ganz eigenen Selbstbewusstsein, das oft sehr groß ist", erinnerte sich Adam Yedidia. „Bevor er Jane Street verließ, erklärte er mit einem hohen Maß an Selbstvertrauen: ‚Ich könnte eine Milliarde Dollar verdienen.' Und ich erwiderte: ‚Du wirst keine Milliarde Dollar verdienen.'"

TEIL 2

5
WIE MAN ÜBER BOB DENKT

Caroline Ellison hatte erst ein paar Wochen für Sam gearbeitet, als sie ihre Mutter anrief und ihr schluchzend erzählte, dass sie gerade den größten Fehler ihres Lebens begangen habe. Sie war Sam zum ersten Mal bei Jane Street begegnet, im Sommer vor ihrem Abschlussjahr in Stanford, nachdem er beauftragt worden war, ihrer Gruppe von Praktikanten das Traden beizubringen. „Ich hatte irgendwie Angst vor ihm", sagte sie. Wie Sam war sie das Kind von Akademikern – ihr Vater, Glenn Ellison, war der Leiter der wirtschaftlichen Fakultät des MIT gewesen. Wie Sam war sie jemand, für den Mathematik schon früh eine wichtige Rolle gespielt hatte – von Jane Street hatte sie zum ersten Mal durch die Mathematikwettbewerbe gehört, die das Unternehmen sponserte, um junge Leute wie sie kennenzulernen. Wie Sam hatte sie auf dem College effektiven Altruismus entdeckt und darin eine intellektuell schlüssige Sinnhaftigkeit gefunden. Vielleicht mehr noch als Sam hatte sie sich von der Mathematik zu einem moralischen Konzept leiten lassen. „Ich fühlte mich zu Menschen hingezogen, die auf quantitative, gründliche Weise darüber nachdachten, was zu tun ist", berichtete sie. „Davor hatte ich, glaube ich, nicht so sehr die Bestrebung, in der Welt Gutes zu tun."

Und wie Sam war sie von Jane Street als Trader eingestellt worden. Aber im Gegensatz zu Sam war sie unsicher und anfällig für die Meinung anderer, insbesondere der Männer, mit denen sie liiert war. Im Gegensatz zu Sam wollte sie ein normales Leben führen, mit Gefühlen und Kindern und vielleicht sogar einem SUV, um die Kinder damit herumzufahren. Nach einem Jahr bei Jane Street spürte sie, dass sie in ihrem Job bestenfalls Durchschnitt war und Sams Einstellung zu ihrem Arbeitgeber oder seine Begeisterung für die Arbeit auf jeden Fall nicht teilte. „Ich fühlte mich ein wenig unzufrieden", gab sie zu. „Es fehlte etwas. Ich war mir nicht sicher, ob ich so viel Gutes tue." Gleichzeitig hatte sie eine aufreibende Bindung zu einem anderen Jane-Street-Trader, Eric Mannes, aufgebaut, die gleichzeitig vielversprechend und hoffnungslos war. „Wenn ich auf meine Beziehung zu Eric Mannes zurückblicke, erschaudere ich wirklich", schrieb sie später in einem Versuch, ihre emotionale Reise zu erklären, die sie, da sie für Sams Aufmerksamkeitsspanne schrieb, auf Aufzählungspunkte reduzierte:

- Er erklärte mir, dass er mich wahrscheinlich nie lieben würde.
- Das hat mich wirklich traurig gemacht und ich habe mich wirklich schlecht gefühlt.
- Ich wollte nicht, dass er erfährt, wie schlecht ich mich dabei fühle, weil ich befürchtete, dass er dann mit mir Schluss machen würde.
- Also habe ich meine Gefühle verborgen und versucht, fröhlich und gelassen zu sein.
- Ich habe versucht, nicht über Dinge zu reden oder nachzudenken, die mir ein schlechtes Gefühl gaben.
- Wenn ich zum Beispiel von seinen Verflossenen hörte, fühlte ich mich eifersüchtig und unsicher, also fragte ich nie nach ihnen.

„Bei Eric hatte ich das Gefühl, dass er, wenn er mich wirklich gut kennen würde, nicht mit mir zusammen sein wollte, und deshalb musste ich mich verstellen“, fügte sie hinzu.

Im Herbst 2017 war sie von Jane Street zurück nach Stanford geschickt worden, um die mathematisch begabten Freunde, die sie zurückgelassen hatte, für den Hochfrequenzhandel zu rekrutieren. Nach ihrer Ankunft hatte sie Sam angerufen und ihn um ein Treffen gebeten. Bei einem Kaffee in Berkeley[1] war Sam sehr zugeknöpft, was seine Pläne anging. „Er sagte: ‚Ich arbeite an etwas Geheimem und kann nicht darüber sprechen‘“, erinnerte sich Caroline. „Er war besorgt wegen der Rekrutierungsmaßnahmen von Jane Street. Aber nachdem wir eine Weile geredet hatten, sagte er: ‚Ich denke, ich könnte es dir vielleicht sagen.‘“ Am Ende ihres Gesprächs zog Caroline in Erwägung, dass sie vielleicht bei Jane Street kündigen und bei der Kryptohandelsfirma einsteigen sollte, die Sam heimlich aufbaute. Die Arbeit kam ihr bekannt vor: Sie würde für Sams neuen Quantfonds dieselbe Art von Research im Kryptobereich betreiben, die sie für Jane Street im Aktienbereich betrieben hatte. Sie stellte Fragen wie: Schwankt der Bitcoin-Preis signifikant mit der Tageszeit? Oder: Wie bewegt sich der Bitcoin-Preis im Verhältnis zu den Preisen aller anderen Coins? Aber der eigentliche Zweck der Arbeit wäre ein ganz anderer, denn sie würde nur mit anderen effektiven Altruisten zusammenarbeiten. Jane Street war, wie Sam es ausdrückte, „nur ein Ort, an dem Leute jeden Tag zur Arbeit kommen, um ein paar Spiele zu spielen und den Betrag auf ihrem Bankkonto zu erhöhen, denn was zum Teufel sollten sie sonst mit ihrem Leben anfangen?“ Alameda Research, wie er die neue Firma nannte, sollte anders sein: ein Flaggschiff, um eine große Anzahl von Leben zu retten.

Caroline erklärte Sam, dass sie darüber nachdenken müsste. Darüber nachdenken bedeutete, zu Jane Street zurückzukehren und Eric Mannes ein letztes Mal zu fragen, ob er sie liebte. Wie sich herausstellte, liebte Eric Mannes sie nicht – was, obwohl es in gewisser Weise traurig war, Caroline die Freiheit schenkte, um Jane Street zu verlassen und bei Alameda Research einzusteigen.

Die Kündigung bei Jane Street war nicht so schmerzlos, wie Caroline dachte. Trader im ersten Jahr, denen Jane Street gerade 200.000 Dollar gezahlt hatte, kündigten nicht einfach – schon gar nicht, um für ein unkonventionelles Kryptohandelsunternehmen zu arbeiten. Caroline spürte zu Recht, dass ihr Weggang Jane Street auf eine alarmierende neue Bedrohung aufmerksam machte. Jane Street und die anderen Hochfrequenzhandelsfirmen hatten in denselben Teichen nach Tradern gefischt wie Will MacAskill und die anderen Philosophen aus Oxford nach effektiven Altruisten. Menschen, die in der Lage waren, den Erwartungswert komplizierter Finanzspiele zu berechnen, waren dieselben Menschen, die von dem Glauben angezogen wurden, sie könnten den Erwartungswert ihres gesamten Lebens berechnen. Nach den Maßstäben der Wall Street war Jane Street kein gieriger Ort. Die Chefs stellten ihren Reichtum nicht so zur Schau, wie es die Gründer anderer Hochfrequenzhandelsfirmen gern taten. Sie kauften keine Profi-Sportmannschaften oder überschütteten prestigeträchtige Hochschulen mit Geld, um Gebäude nach sich benennen zu lassen. Sie hatten nichts *dagegen*, ein paar Leben zu retten. Aber Jane Street war immer noch an der Wall Street. Damit die Firma überlebte, mussten sich die Mitarbeiter an ihre jährlichen Boni gewöhnen, an ihre 5-Schlafzimmer-Apartments in Manhattan und ihre bescheidenen, unaufdringlichen Sommerhäuser in den Hamptons.

Der Zustrom von effektiven Altruisten in das Unternehmen war besorgniserregend. Diese Leute waren mit ihrem eigenen Wertesystem ausgestattet. Sie hatten ihre eigene tiefe Loyalität gegenüber etwas anderem als Jane Street. Sie hatten nicht das übliche Verhältnis der Wall-Street-Leute zum Geld; sie kümmerten sich nicht um ihre Boni, wie es bei Wall-Street-Leuten üblich war. Sam Bankman-Fried war in der Lage gewesen, seinen lukrativen Jane-Street-Job für einen verrückten Plan aufzugeben, um zu versuchen, auf eigene Faust noch mehr

Geld zu verdienen, weil er keine materiellen Bindungen hatte. „Es hätte seinen Lebensstil nicht beeinträchtigt, weil er keinen Lebensstil hatte", wie ein ehemaliger Jane-Street-Trader es ausdrückte.

Caroline war die zweite effektive Altruistin, die innerhalb weniger Monate das New Yorker Büro von Jane Street verließ, indem sie ihnen auf dem Weg nach draußen mitteilte, dass sie gehen würde, um ihren Erwartungswert zu maximieren. Dieses Mal waren sie darauf vorbereitet. Ihr Manager, ein Partner von Jane Street, bat sie in sein Büro. „Er war stinksauer", sagte sie. „Und eiskalt." Dann stellte er ihre tiefsten Überzeugungen infrage. Effektiver Altruismus mache keinen Sinn, sagte er und legte dann die vielen sinnlosen Dinge dar, die damit zusammenhingen: Es gäbe keine exakte Möglichkeit, die Folgen des eigenen Handelns in der fernen Zukunft zu messen; wenn es eine solche Messung gäbe, würde sie wahrscheinlich am besten vom Markt durchgeführt; niemand würde einem so viel zahlen, wie Jane Street einem zahlte, ergo sei man bei Jane Street am wertvollsten. Und so weiter. Das war ein Novum: Ein Wall-Street-Handelsunternehmen, dessen Geschäft auf seiner Fähigkeit beruhte, die klügsten mathematischen Köpfe einzustellen, sah sich nun gezwungen, Argumente über die Grenzen der Mathematik im Leben vorzubringen. „Es war ein einstündiges Gespräch mit dem Partner, in dem er versuchte, mich vom Bleiben zu überzeugen, weil der Utilitarismus Schwachstellen habe", erinnert sich Caroline. „Ich dachte: *Das ist keine Sache, die wir in einer Stunde klären können.*"

Sie war überrascht, dass der Partner von Jane Street keine Gefühle zeigte, nachdem seine Argumente nicht so ankamen, wie er es sich vorgestellt hatte. „Als er sah, dass ich meine Meinung über den Utilitarismus nicht mehr ändern würde, waren meine Sachen in einer Kiste", sagte sie. Niemand im Handelsraum bot ihr auch nur eine Umarmung an. Mit ihrer Kiste ging Caroline Ellison hinaus auf die Straßen von Lower Manhattan. Dort angekommen und auf sich allein gestellt, war ihr erster Gedanke: *Gott, ich habe einen großen Fehler gemacht.*

Aber der Gedanke verflog. Im März 2018 zog sie in die Bay Area und nahm sich etwas Zeit für sich selbst, bevor sie ihren neuen Job antrat. In ihrem Blog beschrieb sie ihre Gefühle der Befreiung.

> *ich, nachdem ich eine Woche in der Bay Area gelebt habe: Monogamie ist aussichtslos und liegt im Sterben. Ich könnte mich genauso gut mit einer Reihe von Alpha-Typen vergnügen, solange ich noch jung/heiß genug bin, und meine Eier für später einfrieren*

Ende März trat sie die Stelle an. Die Situation bei Alameda Research war nicht so, wie Sam es sie hatte erwarten lassen. Er hatte etwa 20 effektive Altruisten rekrutiert, die meisten von ihnen in ihren Zwanzigern, alle bis auf einen ohne Erfahrung im Handel auf Finanzmärkten. Die meisten wussten nichts über Kryptowährungen und interessierten sich auch nicht dafür; sie hatten Sam sein Argument, dass es sich um einen wahnsinnig ineffizienten Markt handelte, auf dem sie mit seinem Jane-Street-ähnlichen Handelsansatz Milliarden verdienen könnten, einfach abgekauft. Sie alle lebten nun in Sams Welt und machten keinen Hehl aus ihrer Unzufriedenheit. „Er verlangte und erwartete von allen, dass sie 18 Stunden am Tag arbeiteten und auf so etwas wie ein normales Leben verzichteten, während er zu Besprechungen nicht erschien, wochenlang nicht duschte, überall um sich herum altes Essen stapelte und an seinem Schreibtisch einschlief“, sagte Tara Mac Aulay, eine junge australische Mathematikerin, die theoretisch mit Sam das Unternehmen leitete. „Er hatte keinerlei Führungsqualitäten und war der Meinung, dass die Leute ihn einfach fragen sollten, wenn sie irgendwelche Fragen hatten. Und wenn er mit den Leuten allein war, hat er Videospiele gespielt.“

Die Finanzen des Unternehmens waren schon zu diesem Zeitpunkt chaotisch. Sie hatten ein paar Monate zuvor klein angefangen, mit der halben Million, die nach Abzug der Steuern von Sams Jane-Street-Bonus übrig geblieben war, aber innerhalb weniger Monate hatten sie andere, reichere effektive Altruisten überredet, ihnen 170 Millionen Dollar für den Kryptohandel zu leihen. Sie hatten bereits Millionen davon verloren, obwohl niemand mit Sicherheit sagen konnte, wie viele Millionen. Im Februar hatte ihr Handelssystem eine halbe Million Dollar *pro Tag* verloren. Zusätzlich zu den Tradingverlusten waren einige weitere Millionen einfach verschwunden. Niemand schien zu wissen, wohin das Geld verschwunden war, aber die Mitarbeiter waren in Panik. „Es ist nicht so, dass quasi das gesamte Managementteam gehen wollte", verriet Ben West, eines der fünf Mitglieder. „Das *absolut gesamte* Managementteam wollte gehen." Das Managementteam hielt eine Reihe von zunehmend angespannten Sitzungen mit Sam ab. In der ersten Sitzung fragte Ben Sam, was seine ideale Rolle im Unternehmen sei. „Er sagte, er sei das Nervenzentrum – die Spinne im Zentrum des Netzes", erinnerte sich Ben. „Die Leute kämen mit Ideen zu ihm und er würde entscheiden, ob sie gut seien oder nicht." Sam sah seine Aufgabe darin, sich anzuhören, was andere zu sagen hatten, und doch hatten die Mitglieder des Managementteams und so ziemlich alle anderen in dem neuen Unternehmen das Gefühl, dass er ihnen kein bisschen zuhören würde.

Inmitten des Aufruhrs lebte Sam in seiner ganz eigenen Realität. Seine Einstellung zu dem verschwundenen Geld war: *Ach, es wird schon irgendwo auftauchen. Also lasst uns verdammt noch mal traden!* Sein erster Versuch, ein automatisches Handelssystem zu entwickeln, verlor in einem alarmierenden Tempo Geld, aber er hatte ein anderes, angeblich besseres System entwickelt: Modelbot. Das System war so programmiert, dass es die Kryptobörsen der Welt nach Ineffizienzen durchsuchte, die es auszunutzen galt. Wenn es auch nur für ein paar Sekunden möglich wäre, Bitcoin an einer Börse in Singapur für 7.900 Dollar zu kaufen und an einer Börse in Japan für 7.920 Dollar zu verkaufen, würde Modelbot dies immer wieder tun, Tausende Male pro Sekunde. Doch dieses Beispiel ließ Modelbot einfacher klingen, als es war. Modelbot war so programmiert, dass es etwa 500 verschiedene

Kryptocoins an etwa 30 verschiedenen Kryptobörsen handelte, die meisten davon in Asien und alle im Grunde unreguliert. Die Tulpenblasen-artige Explosion der Kryptowährungen im vergangenen Jahr hatte die Schaffung von Hunderten neuer Coins begünstigt. Modelbot machte keinen Unterschied zwischen den bekannteren Coins mit großen Märkten, wie Bitcoin und Ether, dem Token der Ethereum-Blockchain, und den sogenannten Shitcoins, die kaum gehandelt wurden, wie Sexcoin, PUTinCoin und Hot Potato.[2] Modelbot suchte einfach nach jedem Coin, den es an einem Ort zu einem Preis kaufen und an einem anderen zu einem höheren Preis verkaufen konnte.

Modelbot war der vielleicht größte Streitpunkt zwischen Sam und seinem Managementteam. Sams Idealvorstellung bestand darin, einen Knopf zu drücken und Modelbot 24 Stunden am Tag, sieben Tage die Woche durch die Kryptomärkte wirbeln zu lassen. Allerdings lief das nicht so wie gewünscht – weil so ziemlich jeder andere Mensch bei Alameda Research alles tat, um ihn zu stoppen. „Es lag durchaus im Bereich des Möglichen, dass wir unser gesamtes Geld in einer Stunde verlieren könnten", sagte einer. *170 Millionen Dollar, die andernfalls in effektiven Altruismus fließen würden, könnten sich einfach in Luft auflösen.* Dieser Gedanke erschreckte die anderen vier effektiven Altruisten, die für Alameda Research tätig waren. Eines Abends stritt Tara heftig mit Sam, bis er nachgab und einem ihrer Meinung nach vernünftigen Kompromiss zustimmte: Er konnte Modelbot einschalten, solange er und mindestens eine weitere Person anwesend waren, um es zu beobachten, sollte es aber abschalten, wenn es anfing, Geld zu verlieren. „Ich sagte: ‚Okay, ich gehe nach Hause und lege mich schlafen', und sobald ich weg war, startete Sam Modelbot und schlief ein", erinnerte sich Tara. Von diesem Moment hatte es das gesamte Managementteam aufgegeben, Sam jemals wieder zu vertrauen.

Sofort nachdem sie angefangen hatte, erfuhr Caroline die schmutzigen Details von Sams unzufriedenen Partnern. „Sie sagten mir: ‚Du solltest wissen, dass es hier Probleme gibt'", erinnerte sie sich später.

Am Ende von Carolines zweiter Woche beriefen sie eine Versammlung ein, um zu verkünden, dass sie die reichen effektiven Altruisten, die ihnen die 170 Millionen Dollar geliehen hatten, davon überzeugt hatten, das Geld zurückzufordern – was bedeutete, dass Alameda Research in ein paar Wochen kein Geld mehr zum Traden haben würde. Caroline wusste nicht, wem sie glauben sollte. Sie fühlte sich betrogen, weil Sam sie nicht gewarnt hatte, wie schlecht es um Alameda Research stand, bevor sie ihren Job bei Jane Street kündigte. Und doch kannte sie keine dieser anderen Personen. Sie glaubte, Sam zu kennen, aber sie dachte auch, dass, wenn das gesamte Management davon sprach, aus Protest zu kündigen, und die Investoren ihr Geld zurückforderten, jemand Dinge über Sam wissen musste, die sie nicht wusste. An diesem Punkt rief Caroline ihre Mutter an und weinte.

Das Geschäft war nicht einmal wirklich Sams Idee gewesen, sondern Taras. Tara leitete das Centre for Effective Altruism in Berkeley und Sam war während seiner Zeit bei Jane Street einer ihrer größten Spender geworden. Im Frühjahr und Sommer 2017 telefonierten die beiden ständig miteinander. Einmal offenbarte Sam sein romantisches Interesse an ihr, ein andermal enthüllte Tara, dass sie auf ihrem Privatkonto mit Kryptowährungen handelte. Tara entsprach in keinster Weise der Vorstellung von einer Kryptohändlerin – bevor sie zum Centre for Effective Altruism wechselte, hatte sie für das Rote Kreuz die Nachfrage nach Arzneimitteln verwaltet. Sie hatte keinen Finanzbranchen-Hintergrund und kein nennenswertes Vermögen und verdiente dennoch Zehntausende von Dollar beim Handel mit Kryptowährungen. Je mehr Sam mit Tara sprach, desto mehr verlagerte sich sein Interesse von ihrer romantischen Anziehungskraft auf ihre Tradingfähigkeiten. Tara kaufte nicht nur Bitcoin und sah zu, wie der Kurs stieg. Sie nutzte dieselbe Art von Ineffizienzen auf dem Markt für Kryptowährungen aus, die auf anderen Finanzmärkten nur mit dem Talent, der Geschwindigkeit und dem Fachwissen von Jane Street ausgenutzt werden konnten.

Sam stellte ihr einen Scheck über 50.000 Dollar aus und schickte ihn ihr ohne weitere Bedingungen, damit sie ihre Einsätze erhöhen konnte. Sie hat ihn nie eingelöst. Das Geld bereitete ihr Unbehagen – und zwar nicht, weil es von Sam kam. „Ich dachte immer wieder: ‚Was, wenn ich einfach nur Glück hatte?'", erinnert sich Tara. Sam beruhigte sie schließlich mit ein paar Berechnungen, die zeigten, wie unwahrscheinlich es war, dass ihre Erfolgsquote nur auf Glück beruhte. Taras Trades entsprachen in etwa den Trades, die Jane Street mit allem anderen machte: Wetten auf die relativen Werte verschiedener Kryptocoins. Ihr Erfolg brachte Sam zu seiner heimlich gehegten Überzeugung, dass er eine Milliarde Dollar verdienen könnte, indem er einen Hedgefonds gründete, der mit Kryptowährungen so handelt, wie Jane Street mit allem anderen handelt.

Aber er konnte es nicht allein durchziehen. Der Kryptohandel hat nie geschlossen. Allein um zwei Leute 24 Stunden am Tag, sieben Tage die Woche wach zu halten, müsste er mindestens fünf weitere Trader einstellen. Außerdem brauchte er Programmierer, die die Erkenntnisse der Händler in Codes umwandelten, damit der Handel automatisiert und beschleunigt werden konnte. Tara hatte eine Handvoll Geschäfte pro Woche auf ihrem Laptop getätigt; was Sam vorschwebte, war eine Armee von Bots, die eine Million Geschäfte pro Tag tätigten. Für die langweiligen Aufgaben wie die Suche nach Büroräumen, die Beschaffung von Lebensmitteln für die Händler, das Bezahlen von Rechnungen und wahrscheinlich viele andere Dinge, an die er noch nicht gedacht hatte, würde er ein paar weniger qualifizierte Leute einstellen müssen.

Seine Geheimwaffe war der Zugang zu einem Pool von willigen effektiven Altruisten. Sam wusste so gut wie nichts über Kryptowährungen, aber er wusste, wie leicht es war, sie zu stehlen. Jeder, der eine Kryptohandelsfirma gründete, musste seinen Angestellten zutiefst vertrauen, denn jeder Angestellte konnte auf eine Schaltfläche klicken und die Kryptowährung auf ein persönliches Konto überweisen, ohne dass irgendjemand sonst auch nur die geringste Ahnung hatte, was passiert war. Wall-Street-Firmen waren nicht in der Lage, ein solches Maß an Vertrauen zu erzeugen, effektiver Altruismus hingegen schon.

Bis zu diesem Zeitpunkt in seinem Leben hatte Sam nicht vieles geleitet oder auch nur annähernd Verantwortung für andere Menschen übernommen. In der Highschool hatte er Rätseljagden von seinem Elternhaus aus geleitet. Er hatte ein Jahr als „Commander" einer 25-köpfigen Wohngruppe am MIT fungiert. Jetzt, da er sein eigenes Unternehmen gründete, kam ihm der Gedanke, dass er sich darüber informieren sollte, wie man Menschen führt. Doch jedes Mal, wenn er in Büchern oder Artikeln über Management oder Führung blätterte, war die Reaktion ähnlich wie im Englischunterricht. Der eine Experte sagte X, der andere das Gegenteil von X. „Das ist alles Schwachsinn", befand er.

Andererseits hatte er einen guten Riecher für Talente. Sein Urteil über andere Menschen war immer viel schärfer als ihr Urteil über ihn. Sein erster Anruf, noch bevor er Jane Street verließ, ging an Gary Wang. Sam hatte Gary in einem Mathe-Camp an der Highschool zum ersten Mal getroffen, ihn aber erst am College richtig kennengelernt. Er war in China geboren, aber hauptsächlich in den USA aufgewachsen, hatte ein Jahr nach Sam am MIT begonnen und im selben Streberhaus gewohnt. Selbst dort fiel er auf: Unter den schüchternen, sozial unbeholfenen Introvertierten war Gary immer der Schüchternste, der sozial Unbeholfenste und der Introvertierteste. Er hatte dieses offene, sorglose Gesicht und das Lächeln eines Engels, aber ... keine Worte. Menschen, die monatelang Seite an Seite mit ihm arbeiteten, waren immer wieder davon überzeugt, dass er einfach nicht sprach. Manche empfanden sein Schweigen als unhöflich, aber sie irrten sich. Er konnte nicht anders. Auf die Versuche anderer, ihn anzusprechen, reagierte er bestenfalls mit einem entschuldigenden Lächeln. Ansonsten kehrte er der Welt den Rücken zu und starrte auf seinen Computerbildschirm.

Bei Sam machte er aus irgendeinem Grund eine Ausnahme. Sam hatte erlebt, wie Gary Programmierwettbewerbe am MIT gewann, und gehört, wie Leute, die viel mehr über Programmierung wussten als er, über Garys Programmierkünste sprachen. Sam hatte mit Gary auch Brettspiele gespielt, ohne Ende. Es stellte sich heraus, dass Brettspiele die vielleicht einzige Möglichkeit waren, Gary kennenzulernen. „Ich habe ihn schließlich als das gesehen, was er war, und habe ihn nicht einfach abgelehnt, so wie viele andere“, sagte Sam. „Obwohl er sehr ruhig war, schien er keine große Angst vor der Welt zu haben. Er war sehr klug. Er war gut in Spielen, sodass er an Dingen arbeiten konnte, die nicht so reglementiert waren.“

Nach einer Weile, als sie nur noch zu zweit waren, sprach Gary mit Sam. Was auch immer aus Garys Mund gekommen war, hatte Sam so beeindruckt, dass er versucht hatte, Jane Street dazu zu bringen, ihn einzustellen. Gary hatte die Vorstellungsgespräche jedoch verpatzt, weil er nichts sagte. Nach seinem Abschluss am MIT war er in Boston geblieben und hatte als Programmierer für Google Flights gearbeitet. Während seiner letzten Wochen bei Jane Street war Sam nach Boston gereist, um Gary von seinem Plan zu erzählen, eine Milliarde Dollar mit dem Handel von Kryptowährungen für effektive altruistische Zwecke zu verdienen. (Sam hatte Gary zum effektiven Altruismus bekehrt.) „Er langweilte sich bei Google Flights zu Tode“, erinnerte sich Sam. „Nach ein paar Stunden sagt er, dass er wahrscheinlich dabei ist.“ Sam rief daraufhin Tara an und berichtete ihr, dass er ihren Chief Technology Officer gefunden habe und sie mit Gary sprechen müsse. Tara rief Gary an und … Nun, es war eine seltsame Erfahrung. Es war schwierig, ein Telefongespräch mit jemandem zu führen, der nicht redete. Tara erzählte Sam davon und Sam versprach: *Du verpasst einfach etwas. Warte, bis du ihn persönlich triffst.*

Das geschah im Oktober 2017, als Sam, Tara und Gary in einem Haus in Berkeley zusammenkamen und Sams Jane-Street-Bonus nutzten, um ihre ersten Trades zu tätigen – wobei Sam das Reden übernahm. Zu diesem Zeitpunkt sprach sich dieses seltsame neue Abenteuer des altruistischen Geldverdienens bereits in der wachsenden Gemeinschaft der effektiven Altruisten herum. Alle möglichen Leute, die keine Erfahrung mit dem Handel und kein besonderes Interesse an Geld hatten, begannen sich zu melden und ihre Dienste anzubieten. Zu den ersten gehörte eine weitere Person, die in Sams Welt eine zentrale Rolle spielen sollte: Nishad Singh.

Nishad war 21 Jahre alt und hatte gerade sein Studium an der University of California in Berkeley abgeschlossen. Er war auch der beste Freund von Sams jüngerem Bruder aus der Highschool. Als Klassenkameraden in Crystal Springs Uplands waren Gabe und Nishad gemeinsam zu Veganern und dann im College zu effektiven Altruisten geworden. Nach dem College hatte Nishad den von Will MacAskill propagierten Weg eines effektiven Altruisten eingeschlagen und den bestbezahlten Job angenommen, den er finden konnte, um seinen Verdienst für lebensrettende Zwecke zu spenden. Er hatte ein Anfangsgehalt von 300.000 Dollar pro Jahr bei Facebook, als er nach nur fünf Monaten die Lust an der Arbeit verlor. „Ein paar Sachen waren einfach wirklich schwachsinnig", sagte er. Als ihn die Nachricht erreichte, dass Sam Bankman-Fried Jane Street verlassen hatte, um noch mehr Geld für effektiven Altruismus zu verdienen, war Nishad ganz Ohr. Er rief Sam an und fragte ihn, was er vorhabe. „Ich tauchte in ihrer Wohnung auf", erinnert sich Nishad. „Es waren nur Sam, Gary und Tara da. Sie zeigten mir dieses Ding. Sam sagte: *Schau mir zu, wie ich diese Trades durchziehe.* Er machte ein paar Klicks und sagte: *Ich habe gerade 40.000 Dollar verdient.* Ich dachte nur: „Heilige Scheiße! Das ist *real*?'"

Wie Gary war auch Nishad das Kind von Einwanderern. Seine Eltern waren mit wenig Geld aus Indien ins Silicon Valley gekommen, waren zu Amerikanern der gehobenen Mittelschicht aufgestiegen und hatten nie aufgehört, sich anzustrengen. Es störte Nishad, als er mit seinen Eltern zu Besuch nach Indien zurückkehrte und sie die hungernden Menschen am Straßenrand ignorierten, und er ließ sie das wissen. Noch mehr störte es Nishad, als er erfuhr, wie Tiere behandelt wurden, bevor sie zum Abendessen seiner Familie wurden, und auch das ließ er sie wissen. „Als Kind ist man nicht abgestumpft. Man spürt, wie entsetzlich es ist. Als Kind kann man nicht viel kontrollieren, aber ich konnte das hier kontrollieren." In der Highschool las er Peter Singer und begab sich auf eine moralische Reise, die seine Eltern als etwas lächerlich empfanden. „Die Einstellung meiner Eltern war: *Niemand kümmert sich um diesen Kram; das muss bedeuten, dass es nichts gibt, worum man sich kümmern muss.* Die Wahrheit ist, dass ich aufgehört habe, darüber zu reden, weil sie dann einfach den Esstisch verlassen haben." Besonders verblüfft waren sie von der Hinwendung ihres Sohnes zu effektivem Altruismus im College. „Sie dachten, es sei verrückt, Dinge zu verschenken", sagte Nishad.

Vielleicht sind Gabes Eltern, Joe und Barbara, aus diesem Grund wichtig für Nishad geworden. „Sie waren die ersten Erwachsenen, die mich ernst genommen haben", erinnerte er sich. „Und das hat mich dazu gebracht, mich selbst ernst zu nehmen." Gabes älterer Bruder hingegen hätte genauso gut gar nicht existieren können. Als er in der Highschool war, schien Sam weder mit Gabe noch mit anderen viel zu tun zu haben; er kam nur selten aus seinem Zimmer. „Ich dachte immer, Sam sei ein einsiedlerisches Genie", sagte Nishad. „Es war, als ob er nicht in die Kindheit gehörte."

Als junger Erwachsener, der nun dem zurückgezogen lebenden Genie gegenüberstand, hatte Nishad einige Fragen. Die erste war: *Wie zum Teufel konnte der Kryptomarkt zulassen, dass man einfach so 40.000 Dollar aus dem Markt abschöpft?* Sam erklärte, wie Jane Street Geld verdiente, und fügte hinzu, dass die Kryptomärkte von Kleinhändlern beherrscht wurden, die den Preisunterschieden zwischen den einzelnen Kryptobörsen keine große Beachtung schenkten. Worauf Nishad fragte: *Warum taucht dann nicht Jane Street oder eine andere Hochfrequenzhandelsfirma auf und übernimmt die Kryptomärkte?* Sam erklärte, dass Jane Street – und wahrscheinlich auch andere – in Bezug auf die Kryptowährungen gerade erst aufwachen und noch Monate brauchen würden, um ihre Bedenken zu zerstreuen, dass es sich nicht um eine einzige große kriminelle Unternehmung handelte. *Ich bin ein Ingenieur*, sagte Nishad. *Ich kenne nicht einmal den Unterschied zwischen einer Aktie und einer Anleihe: Wie könnte ich da von Nutzen sein?* „Keine Sorge", beruhigte Sam ihn, „es spielt keine Rolle, dass du noch nie getradet hast. Es ist nur ein weiteres technisches Problem und sobald du dir ein wenig Wissen angeeignet hast, kannst du bei der Programmierung des Handelssystems helfen."

Was sind dann die Risiken? fragte Nishad.

Dass wir explodieren, antwortete Sam.

Sie sind nicht explodiert, zumindest nicht am Anfang. In den ersten Wochen machten sie kein richtiges Geld, aber da hatten sie auch nur ein paar Leute und Sams Bonuszahlung. Ende Dezember hatten sie eine ganze Reihe von Mitarbeitern eingestellt und 25 Millionen Dollar an Kapital aufgebracht. Gary hatte, im Grunde ganz allein, den Code für ein komplettes quantitatives System geschrieben. In diesem Monat erwirtschafteten sie mehrere Millionen Dollar Gewinn. Im Januar 2018 stiegen ihre Gewinne auf eine halbe Million Dollar *pro Tag* bei einer Kapitalbasis von 40 Millionen Dollar – woraufhin ein effektiver Altruist namens Jaan Tallinn, der sein Vermögen mit Skype gemacht hatte, ihnen weitere 130 Millionen Dollar zum Spielen gab.

Der Handel verlief von Anfang an chaotisch. Ein Großteil des Geldes, das sie in den ersten beiden Monaten verdienten, stammte aus nur zwei Trades. Die rasende Nachfrage nach Bitcoin führte zu seltsamen Verzerrungen auf den globalen Kryptomärkten. Im Dezember 2017 trieben Kleinspekulanten in Südkorea die Bitcoin-Preise auf ein Niveau, das 20 Prozent über dem der US-Börsen lag, manchmal sogar noch höher. Jeder, der einen Weg fand, Kryptowährungen in Südkorea zu verkaufen und sie gleichzeitig außerhalb Südkoreas zu kaufen, konnte enorme Gewinne einfahren. Das war allerdings nicht ganz einfach zu bewerkstelligen. Um ein Kryptokonto bei einer südkoreanischen Börse zu eröffnen, musste man zunächst einmal Südkoreaner sein. „Wir fanden einen befreundeten Studenten in Südkorea und handelten in seinem

Namen", erinnerte sich Nishad, der nun erkannte, warum Jane Street vielleicht eine Weile brauchen würde, um auf den Kryptomärkten wirklich effizient zu agieren. Jane Street würde rechtliche Probleme wittern; Jane Street wäre zumindest peinlich berührt, wenn die *New York Time*s darüber berichten würde, dass sie einen südkoreanischen Studenten angeheuert hätten, um ihr Geschäft zu führen. „Es war grenzwertig illegal, aber wer verfolgt dich denn in der Praxis wirklich, wenn du so etwas machst?", sagte Nishad später. „Niemand." Dies war der Beginn von Nishads Finanzausbildung: Es gab Gesetze, die theoretisch das Geld regeln, und dann gab es das, was die Leute tatsächlich mit dem Geld machten. „Dort habe ich gelernt, was das Gesetz ist", erzählte Nishad. „Das Gesetz ist das, was passiert, nicht das, was geschrieben steht."

Vorzugeben, Südkoreaner zu sein, war der einfache Teil. Es war für Südkoreaner illegal, ohne die Erlaubnis der Zentralbank Won im Wert von mehr als 10.000 Dollar zu verkaufen. Selbst wenn man einen südkoreanischen Studenten fand, der das Gesicht für die Trades war, musste man einen Weg finden, Won in Dollar umzutauschen. Andernfalls hatte man am Ende einen Haufen Won in Südkorea (von den Bitcoin, die man an der südkoreanischen Börse verkauft hatte) und einen Haufen Bitcoin, die man an einer US-Kryptobörse gekauft hatte. Man konnte den Trade nicht abschließen. Im Idealfall würde man die Bitcoin in Südkorea für Won verkaufen, dann die Won für Dollar verkaufen, diese Dollar verwenden, um die Bitcoin (mit einem 20-prozentigen Abschlag) in den USA zu kaufen, und die Bitcoin zurück nach Südkorea schicken, sodass man keine Bitcoin und einen 20-prozentigen Gewinn aus dem Trade hätte. Aber die südkoreanische Regierung würde es nicht erlauben, Won zu verkaufen.

Es war nicht Sams erster Gedanke, aber er zog in Erwägung, einen Jumbojet zu kaufen und ihn von Seoul aus, voll mit Südkoreanern, die Koffer mit Won im Wert von jeweils 10.000 Dollar bei sich trugen, zu einer kleinen Insel vor der Küste Japans hin und her zu fliegen. „Das

Problem war, dass es nicht skalierbar war“, gab Sam zu. „Damit es sich lohnte, brauchten wir etwa 10.000 Südkoreaner pro Tag. Und wahrscheinlich hätten wir damit so viel Aufmerksamkeit auf uns gezogen, dass man uns den Laden dichtgemacht hätte. Sobald die Leute von der südkoreanischen Zentralbank gesehen hätten, dass 10.000 Südkoreaner mit Koffern voller Won unterwegs waren, hätten sie gesagt: *Hier müssen wir eingreifen.*“

Trotzdem war er versucht, es zu tun. Es gab Momente, in denen der Bitcoin-Preis in Südkorea 50 Prozent höher war als der Bitcoin-Preis in den USA. Zu diesem Zeitpunkt brauchte man nicht einmal Währungen. Alles, was man brauchte, war, mit dem Won eine große Menge von *irgendetwas* zu kaufen, das man dann außerhalb von Südkorea für eine große Anzahl von Dollar verkaufen konnte. Sam überlegte kurzzeitig, ein Import-Export-Unternehmen für Paracetamol zu gründen: Pillen mit Won in Südkorea kaufen und für Dollar in den USA verkaufen.

Sam und seine Mitstreiter hatten ein Dutzend Ideen dieser Art, bevor sie sich für Ripple entschieden. RippleNet war eine Plattform, die 2012 von einigen Krypto-Unternehmern ins Leben gerufen wurde, um die nützliche Rolle im alltäglichen Finanzleben zu spielen, die eigentlich Bitcoin zugedacht war. Ein großer Teil der theoretischen Anziehungskraft des Ripple-Coins XRP bestand darin, dass er im Gegensatz zu Bitcoin, dessen Halten große Mengen an Energie erfordert, CO_2-neutral war. Der tatsächliche Reiz von Ripple war derselbe wie der von Bitcoin: Der Preis der Coins bewegte sich stark nach oben und unten und so machte es Spaß, darauf zu wetten. Ende 2017 handelten viele Menschen XRP an allen großen Kryptobörsen. Verglichen mit den US-Börsen wurde XRP an südkoreanischen Börsen mit einem noch größeren Aufschlag gehandelt als Bitcoin.

Wenn ein Bitcoin in Südkorea 20 Prozent mehr kostet als in den USA, kostet der Coin von Ripple 25 Prozent mehr. Ripple bot einen Weg an, den Irrsinn der südkoreanischen Kryptomärkte auszunutzen:

XRP in Südkorea verkaufen, mit den erlösten Won Bitcoin kaufen, die Bitcoin in die USA schicken, wo man sie für Dollar verkaufen konnte, und mit den Dollar XRP kaufen, die man dann zurück nach Südkorea schicken konnte. Der Bitcoin kostete in Südkorea immer noch 20 Prozent mehr als in den USA, aber die 25 Prozent Gewinn aus den Token von Ripple haben das mehr als wettgemacht. Die 20 Prozent, die man bei jedem Handel hätte erzielen können, schrumpften auf fünf Prozent, aber die Gewinne waren immer noch unverschämt, selbst nach den Standards von Jane Street. Das einzige Risiko waren die 5 bis 30 Sekunden, die es dauerte, die Geschäfte zu tätigen.

Zumindest schien es so, als Alameda den Trade zum ersten Mal durchführte. Dann, eines Tages im Februar, bemerkte jemand – nicht Sam, der hektisch tradete – die fehlenden Ripple. Ripple im Wert von vier Millionen Dollar waren verschwunden. Fairerweise muss man sagen, dass zu diesem Zeitpunkt nicht klar war, ob die Ripple für immer verschwunden waren. Sam und seine Händler, die das von Gary entwickelte System nutzten, tätigten jeden Tag eine Viertelmillion Trades. Zu jeder Zeit waren so viele Ripple und Bitcoin im Umlauf, dass es zumindest möglich war, dass die fehlenden Ripple einfach nur unterwegs waren. Sam vermutete, dass die Ripple im Wert von vier Millionen Dollar von der Börse in den USA verschickt (und von Alamedas Konto abgebucht) und bei der Börse in Südkorea angekommen waren, die südkoreanische Börse aber nur mit Verzögerung die Gutschrift auf Alamedas Konto vornahm. Die anderen Mitglieder des Managementteams waren nicht überzeugt. Sie bestanden darauf, dass Sam das Trading einstellte, damit sie herausfinden konnten, wo ihre Ripple geblieben waren.

Schließlich stimmte Sam zu. Er stellte den Handel für zwei Wochen ein. Die anderen Mitglieder des Managementteams bestätigten, dass tatsächlich Ripple im Wert von Millionen von Dollar fehlten. Zu diesem Zeitpunkt waren alle außer Sam und vielleicht Gary verärgert. „Wir dachten, wir müssten es den Anlegern und Mitarbeitern sagen, damit sie ihre Optionen überdenken konnten, aber Sam war absolut dagegen", sagte einer der Manager des Unternehmens. Sam beharrte weiterhin darauf, dass die fehlenden Ripple keine große Sache wären. Er glaubte nicht, dass jemand sie gestohlen hatte. Er glaubte auch nicht, dass sie verloren gegangen waren oder dass man sie als verloren verbuchen sollte. Er erklärte seinen Kollegen, dass seiner Einschätzung nach eine 80-prozentige Chance bestehe, dass sie irgendwann wieder auftauchen würden. Sie sollten also davon ausgehen, dass sie noch 80 Prozent davon hätten. Daraufhin erwiderte einer seiner Kollegen: *Wenn wir nie etwas von den Ripple zurückbekommen, wird im Nachhinein niemand sagen, dass es vernünftig war, zu sagen, wir hätten 80 Prozent der Ripple. Alle werden sagen, dass wir sie belogen haben. Unsere Investoren werden uns des Betrugs beschuldigen.*

Diese Art von Argumenten ging Sam verdammt auf die Nerven. Er hasste es, wenn probabilistische, also auf Wahrscheinlichkeitsaussagen beruhende Situationen im Nachhinein als schwarz oder weiß, gut oder schlecht oder richtig oder falsch interpretiert wurden. Was seine Lebenseinstellung von der der meisten Menschen unterschied, waren seine Bereitschaft, Wahrscheinlichkeiten zuzuordnen und danach zu handeln, und seine Weigerung, sich im Nachhinein der Illusion hinzugeben, die Welt sei besser erfassbar, als sie tatsächlich war. Die fehlenden Ripple erinnerten ihn an ein beliebtes Gedankenexperiment. „Du hast einen engen Freund, Bob", erklärte er. „Er ist großartig. Du liebst ihn. Bob ist auf einer Party, auf der jemand ermordet wird. Keiner weiß, wer der Mörder ist. Es sind 20 Leute da. Keiner ist ein Krimineller. Aber für dich ist es unwahrscheinlicher, dass Bob jemanden umgebracht hat als irgendjemand anders. Aber du kannst nicht sagen, dass die Wahrscheinlichkeit, dass Bob jemanden umgebracht hat, gleich null ist. Jemand wurde umgebracht und niemand weiß, wer der Täter war. Du denkst jetzt, dass die Wahrscheinlichkeit, dass Bob es getan hat, bei etwa einem Prozent liegt. Wie siehst du Bob jetzt? Was ist Bob für dich? Und es gibt kein Update: Es gibt keine neuen Informationen über Bob."

Eine Antwort war, dass man sich Bob nie wieder nähern sollte. Es gibt vielleicht eine 99-prozentige Chance, dass Bob der Heilige ist, für den man ihn immer gehalten hat, aber wenn man sich irrt, ist man tot. Es war problematisch, Bobs Charakter als eine Frage der Wahrscheinlichkeit zu behandeln. Entweder war Bob ein kaltblütiger Mörder oder er war es nicht. Welche Wahrscheinlichkeit man auch immer annahm, bevor man die Wahrheit über Bob herausfand, sie würde im Nachhinein als unfair und sogar absurd erscheinen. „Es gibt keine Vermutung, die mit überwältigender Wahrscheinlichkeit ungefähr richtig ist", sagte Sam. „Bob ist entweder völlig unschuldig oder weitaus schuldiger." Und doch war die Zuweisung einer Wahrscheinlichkeit zu Bobs Charakter nach Sams Ansicht die einzige Möglichkeit, über ihn oder überhaupt über eine ungewisse Situation nachzudenken. „Es reicht nicht aus, zu sagen: ‚Bob ist nicht der Typ, mit dem ich zu tun haben möchte.' Wie hoch ist die Wahrscheinlichkeit, mit der man sagt: ‚Okay, ich halte mich von Bob fern, bis die Sache geklärt ist'?", so Sam. „Das ist schon ziemlich verrückt. Es gibt keine Möglichkeit, mit Bob umzugehen, die gerecht wäre." Die Unwägbarkeiten des Lebens führen eine probabilistische Herangehensweise oft ad absurdum, aber nach Sams Ansicht gab es einfach keinen anderen Ansatz. „Viele Dinge sind wie Bob", sagte Sam. „Ich dachte, dass Ripple wie Bob sind. Wir würden sie entweder zurückbekommen oder nicht."

Anfang April hatten die anderen Führungskräfte von Alameda Research ihr Interesse an Sams Gedankenexperimenten verloren. „Nach der Tradingpause erwartete ich von Sam ein Update, das er nicht gab", sagte einer. „So etwas wie: *Hey, wir haben ein großes Problem. Wir wissen nicht, wo das Geld ist. Aber wir wissen, dass wir nicht so viel haben, wie wir dachten.*" Sie hatten alle die Nase voll von Sams beharrlichem Widerwillen, irgendetwas oder irgendjemanden zu managen. Sie hatten Angst davor, wie wenig es ihn kümmerte, wo genau ihr Geld war. Sie tätigten 250.000 Trades pro Tag und ihr System hatte auf irgendeine Weise eine große Anzahl davon aus den Augen verloren oder nicht aufgezeichnet. Zu den vielen Problemen, die ihre schlampige Buchführung verursachte, gehörte auch die Schwierigkeit, eine korrekte Steuererklärung abzugeben. „Wie sollen wir eine Steuerprüfung bestehen, wenn zehn Prozent unserer Transaktionen fehlen?", fragte Tara. Die fehlenden Ripple brachten das Fass endgültig zum Überlaufen. „Die Aussicht, ein paar 100 Millionen Dollar zu verlieren, die sonst in die Lösung der Probleme der Welt geflossen wären, fühlte sich ziemlich dramatisch an", sagte Ben West. Unter diesen Umständen hielten sie es für verrückt, den Handel fortzusetzen, aber Sam bestand darauf, zu traden. Die Kryptomärkte würden nicht lange ineffizient bleiben. Sie mussten die Gunst der Stunde nutzen.

Das war leider ein Trugschluss. Nachdem die Kryptopreise im Februar abgestürzt waren, ebbte der asiatische Rausch ab und die Unterschiede zwischen den Kryptopreisen an den asiatischen und den US-Börsen verschwanden. Zur selben Zeit, als die Ripple verschwanden, verwandelten sich die Handelsgewinne in Handelsverluste. Im Januar hatten sie mit einem Kapital von 40 Millionen Dollar täglich eine halbe Million Dollar Gewinn gemacht; im Februar hatten sie mit viermal so viel Kapital täglich eine halbe Million Dollar verloren. Abgesehen von der gemeinschaftlichen Besorgnis über seinen Leichtsinn waren sich die Mitglieder des Managementteams in ihrer Meinung über Sam nicht ganz einig. Tara hatte schon lange beschlossen, dass er verlogen und manipulativ war. Ben glaubte noch immer, dass er gute Absichten hatte, aber einen miserablen Job machte. Allen gemeinsam war, dass sie sich wie auf einem Selbstmordkommando fühlten. „Ich hatte ein Gespräch mit Tara und Peter [McIntyre, einem anderen leitenden Angestellten]", erinnerte sich Ben, „und wir sprachen darüber, wie wir Sam helfen könnten, und das Gespräch verschob sich zu: *Wie können wir Sam loswerden?*"

Wie alles andere bei Alameda Research erwies sich auch dieser Versuch der anderen Manager, Sam loszuwerden, als kompliziert.

Zunächst einmal gehörte Sam das gesamte Unternehmen. Er hatte es so strukturiert, dass niemand sonst Eigenkapital besaß, sondern nur Zusagen über zukünftiges Eigenkapital. In einer angespannten Sitzung boten ihm die anderen an, ihn herauszukaufen, allerdings zu einem Bruchteil dessen, was Sam als Unternehmenswert erachtete, und das Angebot enthielt ein teuflisches Detail: Sam würde weiterhin für alle Steuern auf zukünftige Alameda-Gewinne haften. Zumindest einige seiner Mitstreiter wollten Sam in den Bankrott treiben, gewissermaßen als Dienst an der Menschheit, damit er nie wieder traden könnte. „Er schien sich selbst sehr zu bemitleiden", schrieb Ben nach dem Treffen über Sam. „Ich erinnerte ihn daran, dass alle anderen in der Firma sehr viel geopfert hatten."

Jetzt kam Nishad ins Spiel. In seinem Umgang mit anderen war Nishad fast schmerzhaft rücksichtsvoll – die Art von Person, die, nachdem sie eine Meinung geäußert hat, diese auf vier verschiedene Arten relativiert, um sicherzugehen, dass sie keinen Anstoß erregt hat. Er konnte die Vorzüge beider Seiten eines jeden Arguments erkennen. Und so jung er auch war, schlüpfte er nun in die unangenehme Rolle des menschlichen Puffers zwischen Sam und Leuten, die Sam vielleicht nicht ganz verstanden – im Grunde genommen alle außer Gary. „Ich glaube, das lag daran, dass ich den Menschen über die Arbeit stelle, und Sam tut genau das Gegenteil", sagte Nishad. „Ich lege keinen großen Wert auf Emotionen, aber immer noch viel mehr als Sam." Nishad wäre der Erste gewesen, der in diesem Moment zugegeben hätte, dass er nichts darüber wusste, wie man Menschen führt – insbesondere Menschen, die so sehr auf ihre Karriere als Mittel zur Maximierung des Erwartungswerts ihres Lebens fixiert sind. „Ich habe versucht, mir vorzustellen, wie man einen guten Manager spielt", sagte er. „Ich dachte, dazu gehört vielleicht ein wöchentliches Treffen unter vier Augen, um zu sehen, wie es ihnen geht, ein gutes Feedback zu geben und andere solche Dinge. Aber Sam hat keines dieser Kriterien erfüllt. Die Leute haben sich ständig darüber beschwert, dass er auf seinen Computer schaut, während er mit ihnen spricht, und ihnen nur halbe Antworten gibt. Und er ist resistent gegen die Vorstellung, dass ihm jemand etwas erzählen wird, was er nicht weiß."

Als sich der Streit zwischen Sam und den anderen Führungskräften zuspitzte, wurde Nishad als Vermittler hinzugezogen. „Ich stimmte grundsätzlich zu, dass Sam ein sehr schlechter Manager war. Er war wirklich ein schrecklicher Manager." Aber während Sam sich mürrisch und verschlossen zeigte, waren die anderen Mitglieder des Managementteams nach Nishads Ansicht übermäßig aufgebracht. „Die Gespräche, die wir führten, waren absolut verrückt", erinnerte er sich. „Zum Beispiel darüber, inwieweit Sam ‚exkommuniziert' werden sollte, weil er effektive Altruisten betrogen und Talente vergeudet hat. Und dass ‚der einzige Weg, wie Sam lernen wird, der ist, dass er tatsächlich bankrottgeht'. Sie steckten unseren *Investoren*, er würde vortäuschen, ein effektiver Altruist zu sein, denn das war das Gemeinste, was ihnen einfiel." Sam zu ruinieren war jedoch noch nicht genug: Sie erwarteten eine Abfindung, wenn sie das Unternehmen verließen. „Sie wollten eine Abfindung, obwohl sie selbst gehen wollten und es sich um ein Unternehmen mit Verlusten handelte, an dem sie nicht beteiligt waren", so Nishad. „Sie erklärten, dass Sam sie auszahlen müsse und dass sie mehr als 100 Prozent des Wertes des gesamten Unternehmens ausmachten, weil Sam selbst ein Negativposten sei."

Nishad fiel auf, dass die Beziehung eines effektiven Altruisten zum Geld mehr als nur ein wenig bizarr war. Im Grunde genommen hatten sich alle Mitarbeiter und Investoren von Alameda Research verpflichtet, ihr gesamtes Geld für ungefähr dieselben wohltätigen Zwecke zu spenden. Man könnte vermuten, dass es ihnen egal war, wem das Geld zufiel, da es dazu diente, das Leben von Menschen zu retten, die keiner von ihnen jemals kennenlernen würde. Weit gefehlt: Bei ihren finanziellen Geschäften untereinander waren die effektiven Altruisten skrupelloser als russische Oligarchen. Ihre Investoren verlangten von ihnen einen Zinssatz von 50 *Prozent*. „Das war kein normales Darlehen", klagte Nishad. „Es war das Darlehen eines Kredithais." Sam hatte sich geweigert, in einem Unternehmen, das eigentlich ein Gemeinschaftsunternehmen sein sollte, Eigenkapital mit anderen zu teilen. Und jetzt verlangten all diese unrentablen effektiven Altruisten Millionenbeträge, um auszusteigen – und sie taten alles, um Sams Ruf in der Welt zu ruinieren, bis sie ihr Geld bekamen. „Es war ein sehr seltsames Gefühl", erinnerte sich Nishad. „Es ging nur ums Geld. Ich dachte, es sei moralisch verwerflich, Geld für sich selbst zu wollen."

Damit Sam ging, musste er gehen wollen, und Sam wollte nicht wirklich gehen. Und so verließ am 9. April 2018 sein gesamtes Managementteam zusammen mit der Hälfte seiner Mitarbeiter das Unternehmen mit einer Abfindung von ein bis zwei Millionen Dollar. Zu diesem Zeitpunkt befanden sich die externen Investoren in der gleichen unangenehmen Lage wie Bobs Freund. Sie hörten zwei völlig unterschiedliche Geschichten über Sam, eine vom Managementteam, die andere von Sam selbst. Aber, wie es einer ausdrückte: „Es gab keinen eindeutigen Beweis." Es gab keine Sache, die Sam getan hatte, für die man ihn einfach verurteilen konnte. Es waren, wie Tara sagte, „hundert kleine Dinge". Die Investoren hatten keine wirkliche Ahnung, wem oder was sie glauben sollten, oder wie sie herausfinden sollten, wem oder was sie glauben sollten. „Vielleicht sollte ich Sam nicht trauen, aber ich hatte das Gefühl, dass man die Sache differenziert betrachten musste", sagte einer. Sie alle hatten ihr Geld mit Start-ups verdient; sie alle wussten, dass Start-ups chaotisch sind. Jetzt mussten sie sich entscheiden: War Sam ein rücksichtsloser, falscher effektiver Altruist, der ihr ganzes Geld stehlen oder verlieren würde, oder waren diese anderen Leute einfach ungeeignet für die Arbeit in einem Start-up-Hedgefonds? Es war entweder das eine oder das andere, eine Entweder-oder-Frage, auf die sie probabilistisch antworteten. Fast alle von ihnen investierten weiter in Alameda, aber fast alle reduzierten den Umfang ihrer Investitionen. Das Kapital, das Sam zur Verfügung stand, sank von 170 Millionen Dollar auf 40 Millionen Dollar. Er würde nicht mehr so viel traden können wie zuvor, aber er konnte immer noch traden.

Den übrigen Angestellten erging es ebenso wie Bobs Freund: Die meisten von ihnen verstanden nicht, was geschehen war. Sam hatte sich die Managementmethode von Jane Street zu eigen gemacht, die darin bestand, den Mitarbeitern nur ihr winziges Teil des Puzzles zu zeigen und den Blick auf das Ganze für sich selbst zu reservieren. Gary hatte, wenn auch unabsichtlich, etwas Ähnliches mit dem Computercode gemacht, der für alle außer ihm unlesbar war. „Gary war die einzige Person, die den Code verstand, und Gary sprach mit niemandem", sagte Nishad. Das Unternehmen war für fast alle, die noch dabei waren, eine Art Blackbox. Nishad überlegte kurz, ob er bleiben sollte, beschloss dann aber, dass er, so ungeschickt Sam im Umgang mit anderen Menschen auch war und so wenig er auch verstand, was Gary aufgebaut hatte, lieber sein Los mit Sam und Gary teilen und sehen wollte, was passierte. Er würde tun, was er konnte, um Sam etwas über die Gefühle anderer Menschen beizubringen. „Ich glaube, die Leute würden sich in den Einzelgesprächen gehört fühlen", schrieb er an Sam, kurz nachdem die halbe Firma gekündigt hatte, „wenn du sie nach ihren allgemeinen Gefühlszuständen und nach ihren Ansichten fragen würdest."

Was dann geschah, erscheint im Nachhinein fast unglaublich. Da es niemanden mehr gab, der ihm widersprechen konnte, legte Sam den Schalter um und ließ Modelbot loslegen. „Wir schalteten das System ein und es begann sofort, uns viel Geld zu bringen", sagte Nishad. Und dann entdeckten sie auch endlich die fehlenden XRP im Wert von vier Millionen Dollar. Zuerst fanden sie die Reiseroute heraus: Sie waren von Kraken, einer US-Kryptobörse, zu einer Börse in Südkorea namens Bithumb geschickt worden. Dann fanden sie heraus, dass die von den beiden Börsen verwendeten Computersprachen nicht perfekt kompatibel waren. Bithumb war zwar in der Lage, die XRP von Kraken zu empfangen, nicht aber den Namen der Person, die die Token besaß.

Die südkoreanische Börse hatte das Problem nicht erkannt, weil es ein für die Ripple-Coins spezifisches war – es trat bei keiner anderen Kryptowährung auf – und weil es nur einen bedeutenden Akteur auf dem Markt gab, der große Mengen Ripple von Kraken an Bithumb schickte. Bei Bithumb in Südkorea sahen die Mitarbeiter, wie sich riesige Mengen an XRP anhäuften, ohne dass erkennbar war, wem sie gehörten. Nachdem Sam herausgefunden hatte, wo die fehlenden XRP sein sollten, rief er direkt bei der Bithumb-Börse an. Der Anruf wurde ungefähr dreimal im Unternehmen weitergeleitet, bis sich schließlich eine Stimme in der Leitung meldete und fragte: „Sind Sie der Arsch, der uns etwa 20 Millionen Ripple-Token geschickt hat? Warum zum Teufel rufen Sie uns erst jetzt an?“ Im Hintergrund hörte Sam jemanden schreien: „Heilige Scheiße, wir haben sie gefunden!“

Sie zahlten sogar ihre Steuern. (Sam hatte dafür seinen Vater zur Hilfe geholt.) Und sie machten wieder Millionen von Dollar pro Monat an Tradinggewinnen. Aber sie waren nicht mehr dieselbe Firma. Sie waren nicht mehr eine willkürliche Ansammlung von effektiven Altruisten. Sie waren ein kleines Team, das ein beängstigendes Drama durchgestanden hatte und nun Sam vertraute. Er hatte die ganze Zeit recht gehabt! Für diejenigen, die geblieben waren – und sogar für einige, die ausgestiegen waren –, wurde Sam von jemandem, bei dem sie sich nie ganz sicher waren, zu einem Anführer, dem man folgen musste, auch wenn man nicht ganz verstand, was er tat oder warum. („Im Nachhinein war ich im Unrecht und wir hätten bereit sein sollen, ein höheres Risiko einzugehen“, sagte später eines der ausgeschiedenen Mitglieder des Managementteams.) Ein von Anfang an merkwürdiges Unternehmen war gerade noch merkwürdiger geworden. Die Menschen im Unternehmen waren diejenigen, die am ehesten in der Lage waren, ihre Gedanken und Gefühle an die seines Gründers anzupassen.

„An Sam: Tut mir leid, dass ich das alles in der dritten Person geschrieben habe“, schrieb Caroline Ende 2018. „Ich habe mich erst am Ende dazu entschlossen, es dir zu schicken.“ Das Chaos war für Caroline sehr belastend gewesen, aber sie hatte ihren Job bei Jane Street aufgegeben und wusste nicht, wohin sie gehen sollte, und obwohl sie nicht sicher war, wem oder was sie glauben sollte, hielt sie durch. Der Staub, den das Schisma (so nannte man es) aufgewirbelt hatte, hatte sich gelegt und nur Sam grübelte noch über die Bedeutung des Ganzen. Alameda Research hatte sich sortiert und war durchweg profitabel. Mit Caroline war jedoch nicht alles in Ordnung. Deshalb schrieb sie jetzt an ihren Chef.

„*Was ist das Problem?*“, fragte sie in einem auf den ersten Blick geschäftlichen Memo.

Ich habe ziemlich starke romantische Gefühle für Sam.

Kein geschäftliches Memo! Es wurde lediglich in einer geschäftsmäßigen Art und Weise geschrieben.

Warum ist das ein Problem?

Diese Gefühle nehmen eine Menge Raum in meinem Kopf ein

Das hält mich davon ab, über andere wichtige Dinge nachzudenken, und nimmt viel Zeit in Anspruch

Diese Gefühle können oft positiv sein oder sich gut anfühlen, sind aber im Großen und Ganzen unangenehm

Sie beeinträchtigen meine Arbeitsfähigkeit
– Vor allem, indem sie arbeitsbezogene Gefühle auf wenig hilfreiche Weise verstärken, zum Beispiel „Ich habe bei dieser Sache schlechte Arbeit geleistet“-> „jetzt wird Sam mich hassen“-> traurig

Das Memo ging über vier Seiten. Sie wollte definitiv gehört werden und spürte ebenso deutlich, dass ihr Adressat wahrscheinlich gerade ein Videospiel spielte, während er halb zuhörte. Sie machte trotzdem weiter und klang logisch oder zumindest vernünftig in einer Sache, die im Grunde emotionale Bedürfnisse betraf.

> *Es ist mir peinlich, denn die jetzige Situation scheint das offensichtliche Ergebnis all der Entscheidungen zu sein, die ich getroffen habe. Ich bin mir allerdings nicht sicher, welche Entscheidungen ich hätte anders treffen sollen. Es ist möglich, dass ich gar nicht erst bei Alameda hätte arbeiten sollen, obwohl ich damals ehrlich gesagt nicht dachte, dass es ein Problem sein würde („irgendwie zu meinem Chef hingezogen" war auch ein Thema, als ich bei Turner arbeitete, und es war ein überhaupt kein Problem). Vielleicht hätte ich nicht mit Sam schlafen sollen, aber zu diesem Zeitpunkt spürte ich, dass die Gefühle und die Sehnsüchte mit der Zeit immer schlimmer und unerträglicher werden würden, wenn ich nicht etwas täte.*

Zu Sams Gunsten stellte sie sich vor, was er über sie denken könnte. („Das Letzte, was er mir sagte, war, dass er sich ‚in einem Zwiespalt' fühlt. Ich stelle mir vor, dass seine zwiespältigen Gefühle einerseits in seinem Wunsch, mit mir zu schlafen und so weiter und andererseits in der Sorge um negative berufliche Konsequenzen bestehen.") Sie zählte die Dinge auf, die Sam getan hatte und die sie störten, darunter „verwirrende Signale, zum Beispiel dass er mir sagte, er fühle sich im Zwiespalt, mit mir Sex haben zu wollen, dann Sex mit mir zu haben und mich dann ein paar Monate lang zu ignorieren". Sie machte sich an eine Erwartungswertanalyse ihrer heimlichen Beziehung, so wie sie war, und begann mit den Kosten:

- *Skandal, wenn es herauskommt*
- *Interessenkonflikte sind vorprogrammiert*
- *Spannungen bei der Arbeit*

Schließlich fragte sie sich, ob es nicht besser wäre, ihren Job bei Alameda Research zu kündigen und jeden Kontakt zu Sam abzubrechen. Andererseits …

- *Es wäre ideal, wenn Sam und ich ein Gespräch führen könnten, um die Gefühle des anderen zu verstehen und zu einer Entscheidung zu kommen, was zu tun ist.*

Ideal, vielleicht. Aber das wäre selbst unter den besten Umständen unwahrscheinlich und die Umstände waren bald nicht mehr die besten. Kurz bevor Caroline sich veranlasst sah, ihr Memo an sich selbst zu schreiben und es dann Sam zu schicken, war Sam zu einer eigentlich nur kurzen Reise nach Hongkong aufgebrochen. Nachdem er ihr Memo gelesen hatte, rief er die etwa 15 Leute an, die noch für ihn im Zentrum von Berkeley arbeiteten, um ihnen mitzuteilen, dass er nicht mehr zurückkommen würde.

6
KÜNSTLICHE LIEBE

Ende Oktober 2008 veröffentlichte jemand, der sich Satoshi Nakamoto nannte und seine Identität unglaublicherweise bis heute geheim halten konnte, ein Papier, in dem die Idee von Bitcoin vorgestellt wurde. Es war vor allem eine technische Beschreibung dessen, was die erste Kryptowährung der Welt werden sollte. Ein Bitcoin war eine „elektronische Münze"; er existierte in einem öffentlichen Hauptbuch, das als „Proof-of-Work-Kette" bezeichnet wurde; jedes Mal, wenn er von einer Person auf eine andere übertragen wurde, wurde seine Echtheit von Programmierern überprüft, die die Transaktion dem öffentlichen Hauptbuch hinzufügten; diese Programmierer, die schließlich als Bitcoin-„Miner" bekannt wurden, wurden für ihre Arbeit bezahlt, indem sie neue Bitcoin erhielten; und so weiter.[3] (Interessanterweise kommt das Wort „Blockchain" nirgends in dem Papier vor.) Wie Bitcoin funktionierte, war vor allem für Technologen interessant; was Bitcoin bewirken könnte, war für ein viel breiteres Publikum interessant. Er könnte es normalen Menschen ermöglichen, aus dem bestehenden Finanzsystem auszusteigen und sich nie wieder auf die Integrität ihrer Mitmenschen im Finanzbereich verlassen zu müssen. „Was wir brauchen, ist ein elektronisches Zahlungssystem, das auf kryptografischen Beweisen statt auf Vertrauen basiert", schrieb Satoshi.

Vertrauen, oder die Notwendigkeit von Vertrauen, beschäftigte Satoshi, wer auch immer er war. In seinem Papier wird die globale Finanzkrise von 2008 nicht erwähnt, aber seine Erfindung war offensichtlich eine Reaktion darauf. Wenn es nach Bitcoin ginge, würden Banken und Regierungen das Geld nicht mehr kontrollieren. Bitcoin könnte man besitzen und transferieren, ohne dass man dafür eine Bank braucht. Sein Wert könnte nicht von Regierungen ausgehöhlt werden. Niemand müsste irgendjemandem oder irgendetwas vertrauen, außer natürlich der Integrität und dem Design des Computercodes. Er war gleichzeitig ein Plädoyer für gesundes Geld und ein Appell an das Misstrauen. Er war sowohl eine finanzielle Innovation als auch ein sozialer Protest. Krypto war wie ein Freund, den man nur gefunden hatte, weil man einen gemeinsamen Feind hatte. Die Menschen, die sich von Krypto angezogen fühlten, waren – zumindest anfangs – diejenigen, die großen Banken, Regierungen und anderen Formen institutioneller Autorität misstrauten.

Zane Tackett war ein gutes Beispiel für diesen Typ Mensch, doch Zane als Typ zu bezeichnen, würde ihm nicht gerecht werden. „The OG", *Original Gangster,* so wurde Zane oft von anderen genannt. Im April 2013, als der Bitcoin-Kurs um die 100 Dollar schwankte, stieß Zane, damals Student an der University of Colorado, auf einen seltsamen Zeitschriftenartikel. Der Autor kündigte an, dass er untertauchen würde, und setzte eine Belohnung von 10.000 Dollar für denjenigen aus, der ihn finden würde. Der Preis sollte in Bitcoin ausgezahlt werden – eine Zahlung, die, wie der Autor erklärte, den Vorteil hatte, dass sie unumkehrbar war und nicht zurückverfolgt werden konnte.[4] Der Artikel veranlasste Zane merkwürdigerweise nicht dazu, nach dem Autor zu suchen, sondern zu erfahren, was ein Bitcoin ist. Er war kürzlich betrogen worden, nachdem er eine Trikotkarte von Michael Jordan online verkauft hatte, der Käufer dann aber die die Kreditkartentransaktion rückgängig gemacht und die Trikotkarte behalten hatte. Zane war empört darüber, dass das Finanzsystem so etwas zugelassen hatte.

Gleichzeitig gefiel es ihm am College nicht besonders und er war deshalb vielleicht offener als die meisten anderen für Ratschläge bestimmte Leute, was er mit seinem Leben anfangen sollte, anstatt auf dem College zu bleiben. „Mein Großvater hatte gesagt, ich sollte nach China gehen und Chinesisch lernen, denn die Chinesen würden die Welt erobern", so Zane.

Er hatte den Rat befolgt und war direkt nach der Highschool für ein Jahr nach China gegangen, bevor er zurückkehrte, um die Universität von Colorado zu besuchen. Jetzt kaufte er Bitcoin, brach sein Studium ab und zog nach Peking, wo er einen Job bei einer Kryptobörse namens OKEx bekam. Er war der erste Nichtchinese, der dort arbeitete. Chinesische Unternehmen waren private Imperien. Ihre Mitarbeiter wurden weniger als wertvolle Vermögenswerte denn als Vasallen behandelt. „Die Angestellten können über den Tisch gezogen werden, denn wenn man über den Tisch gezogen wird, was soll man dann tun?", berichtete Zane. „Es gibt keinen Schutz." Sein Großvater begrüßte es, dass er immer besser Chinesisch sprach, auch wenn seine Eltern sich zunehmend Sorgen machten, dass er sich in etwas verstrickt hatte, das er nicht hätte tun sollen. Und Zane erwarb immer mehr Bitcoin und der Preis von Bitcoin stieg weiter an und eines Tages war Zane reich. „Ich bekam seltsames Geld und dann wurde ich im *Wall Street Journal* zitiert und meine Eltern beschlossen, dass es mir gut gehen muss", sagte Zane.

Im Jahr 2016 hatte der Bitcoin-Preis die 400-Dollar-Marke geknackt und Zane war nicht nur reich, sondern auch angesehen genug, um mit Kryptobörsen Deals abzuschließen und von jedem beliebigen Ort der Welt aus zu arbeiten. Jeder in der Kryptobranche kannte Zane und jeder vertraute ihm. Er trug den Namen eines Revolverhelden, war spindeldürr und er zog nun ohne Bindung an irgendetwas oder irgendjemanden von Ort zu Ort, so wie Revolverhelden angeblich im Wilden Westen umherzogen. In einem Monat war er vielleicht in Indonesien, im nächsten in Argentinien. Zane wurde, wie Bitcoin, ortlos. Aus

Prinzip lebte er sein gesamtes finanzielles Leben in Bitcoin. Er wurde in Bitcoin bezahlt und bezahlte andere nur in Bitcoin. Er genoss es, seinen Glauben an die Bewegung zu bekräftigen, der er sich angeschlossen hatte. „Ich wollte der Regierung die Macht des Geldes nehmen", sagte er. Zane hatte, wie Bitcoin, einen Code.

Im Jahr 2017 hatte sich der Geist der Bewegung, der er sich angeschlossen hatte, gewandelt. Bitcoin-Enthusiasten glaubten, dass Satoshi einen Ersatz für staatlich gestütztes Geld geschaffen hatte, aber staatlich gestütztes Geld war nicht das, was durch Bitcoin am einfachsten ersetzt werden konnte. Es war das Glücksspiel. Der verrückte Anstieg des Bitcoin-Preises im Jahr 2017 zog eine ganze Generation neuer Spekulanten an. Es war nicht wie an der Börse: Jeder auf der Welt, der wusste, wie man einen Computer bedient, konnte zu jeder Stunde an jedem Tag der Woche mit Kryptowährungen handeln. Die neue Nachfrage nach Spekulationsobjekten ermutigte die Leute, Hunderte von neuen Kryptowährungen zu schaffen. In der Regel wurden sie den Spekulanten als Investition in ein neues Unternehmen angeboten, das jedoch selten einen realen Wert besaß. Der erste Verkauf eines neuen Kryptocoins namens EOS brachte 4,4 Milliarden Dollar ein. Da die Gründer mit dem Geld nichts Sinnvolles anzufangen wussten, kündigten sie an, dass es für die „Vermögensverwaltung" verwendet würde. Zane ärgerte sich über den Geldsegen. „Es war wie: ‚Willst du mir weismachen, ich kann den Leuten sagen, dass ich dieses Projekt hochziehen werde, und sie werden mir Geld geben und ich darf das Geld behalten, selbst wenn ich das Projekt nicht hochziehe?'", sagte er. Der Geldsegen hätte Satoshi wahrscheinlich verblüfft – ebenso wie die Idee einer Kryptobörse. Das ursprüngliche Verkaufsargument von Bitcoin war, dass keine Finanzvermittler mehr benötigt würden. Dass kein Vertrauen mehr nötig wäre. Man konnte seine Bitcoin direkt und einfach mit anderen Menschen handeln, so wie man eben nicht mit Schweizer Franken, Apple-Aktien oder lebenden Rindern handeln konnte. Wie sich herausstellte, haben die Leute, die Finanzvermittler abschaffen wollten, einfach selbst neue geschaffen, darunter Anfang 2019 *254* Kryptobörsen.

Die frühen Kryptobörsen-Gründer waren in der Regel keine Finanzexperten. Sie waren ein Sammelsurium von Technologen, Libertariern, Idealisten und Namenlosen, so wie Zane. Mehr noch als etwa die New Yorker Börse setzten die von ihnen geschaffenen Institutionen voraus, dass ihre Kunden ihnen vertrauten. Für die New Yorker Börse gab es Aufsichtsbehörden. Wenn die New Yorker Börse Ihr ganzes Geld gestohlen hätte, würden ihre Führungskräfte ins Gefängnis wandern. In jedem Fall wäre es für die New Yorker Börse schwierig, Ihr gesamtes Geld zu stehlen, da Sie Ihr Geld nicht an der New Yorker Börse, sondern auf einem Maklerkonto verwahren, das von einer Bank verwaltet und von anderen Aufsichtsbehörden überwacht wird. Für die neuen Kryptobörsen gab es keine Aufsichtsbehörden. Sie fungierten sowohl als Börse als auch als Verwahrer: Sie ermöglichten nicht nur den Kauf von Bitcoin, sondern verwahrten auch die gekauften Bitcoin.

Die ganze Sache war seltsam: Diese Leute, die ihr Mangel an Vertrauen miteinander verband, errichteten ein paralleles Finanzsystem, das von seinen Nutzern mehr Vertrauen verlangte als das traditionelle Finanzsystem. Außerhalb des Gesetzes, ihm gegenüber oft sogar feindselig eingestellt, entdeckten sie viele Wege, um gegen das Gesetz zu verstoßen. Kryptobörsen haben das Geld ihrer Kunden regelmäßig verlegt oder verloren. Kryptobörsen haben regelmäßig Handelsdaten gefälscht, um den Anschein zu erwecken, dass auf ihnen weit mehr gehandelt wurde, als tatsächlich der Fall war. Kryptobörsen waren eine leichte Beute für Hacker oder wurden Opfer von skrupellosen Händlern, die das Risikomanagement der Börsen austricksten.

Hier ein Beispiel für die Spiele, die gespielt wurden: Mehrere asiatische Börsen boten einen Bitcoin-Kontrakt mit hundertfacher Hebelwirkung an. Hin und wieder fand ein Händler heraus, dass er Bitcoin im Wert von 100 Millionen Dollar kaufen konnte, während er gleichzeitig Bitcoin im Wert von 100 Millionen Dollar leerverkaufte – und für jeden Trade nur eine Million Dollar aufwenden musste. Unabhängig von der Entwicklung des Bitcoin-Preises würde eine seiner Transaktionen gewinnen und die andere verlieren. Wenn der Bitcoin-Kurs um zehn Prozent anstieg, kassierte der skrupellose Händler zehn Millionen Dollar für seine Long-Position und verschwand – und die Börse musste die zehn Millionen Dollar, die er mit seiner Short-Position verloren hatte, ausgleichen. Aber es war nicht die Börse, die den Verlust deckte: Die Börse hatte überhaupt nicht das Kapital dafür. Die Verluste wurden sozialisiert. Die Kunden – in der Regel die Gewinner des Trades – zahlten für sie. Und die Verluste konnten enorm sein. Die chinesische Börse Huobi hatte einen so großen Verlust zu verzeichnen, dass sie allen Händlern, die auf der Gewinnerseite der Trades standen, fast die Hälfte ihrer Gewinne abzog.

Im traditionellen Finanzwesen, das auf dem Prinzip des Vertrauens beruht, musste niemand wirklich jemandem vertrauen. Im Kryptofinanzwesen, das auf dem Prinzip des Misstrauens beruht, vertrauten die Menschen völlig Fremden riesige Geldsummen an. Die Situation war alles andere als ideal – und wie viel weniger als ideal wurde Zane Tackett im August 2016 klar. In diesem Monat verlor Bitfinex – die Börse, für die er damals arbeitete – Bitcoin im Wert von mehr als 70 Millionen Dollar an ein Hackerduo, das von New York aus sein Unwesen trieb. (Als das Duo verhaftet wurde, war der Bitcoin 4,6 Milliarden Dollar wert.) Zane, der damals in Thailand lebte, erhielt Nachrichten von Menschen, deren Geld Bitfinex verloren hatte. „Ich bekam eine Menge Todesdrohungen und Abschiedsbriefe von Selbstmördern", sagte er. „Die Todesdrohungen waren mir egal, aber die Abschiedsbriefe waren es nicht. Sie waren herzzerreißend – *Ich hatte das Geld für mein neues Haus bei euch angelegt und jetzt werden wir obdachlos sein.*" Er hasste es. Denn er war stolz darauf, dass andere Kryptoleute ihm vertrauten.

Danach fand Zane einen sichereren Arbeitsplatz bei einer neuen Art von Krypto-Unternehmen. Das Unternehmen war auf den außerbörslichen Handel spezialisiert, das heißt auf den privaten Kauf und Verkauf großer Kryptoblöcke von und an Spekulanten, die aus verschiedenen Gründen nicht an öffentlichen Börsen auftauchen wollten. Der Mann, der das Unternehmen gegründet hatte, hatte für Goldman Sachs gearbeitet und wusste, was er tat. In den nächsten 18 Monaten machte Zane leichtes Geld auf Märkten mit fetten Spreads zwischen den Kauf- und Verkaufsangeboten von einem Prozentpunkt oder mehr. Gegen Ende des Jahres 2018 änderten sich die Märkte plötzlich wieder. Die Spreads verengten sich dramatisch, von einem auf *0,07* Prozent. Irgendein großer Händler hatte den Kryptomarkt betreten. Wer auch immer er war, er etablierte sich mehr oder weniger sofort als offizieller Market Maker. „Es ging ziemlich schnell“, erinnerte sich Zane. „Und ich fragte mich: *Was zum Teufel ist da gerade passiert?*“ Zanes Handelsfirma agierte im Zentrum der Kryptomärkte und hatte lange Zeit keine Ahnung, wer dieser neue Akteur sein könnte. „Dann sagte jemand: ‚Es ist ein Veganer, der das ganze Geld für wohltätige Zwecke spenden will‘“, so Zane. „Dann sagte jemand anderes, dass derselbe Veganer nach Hongkong gezogen sei und seine eigene Kryptobörse gründen würde.“

Zane wurde neugierig. Er fand eine Kopie des White Paper, das der Veganer veröffentlicht hatte und in dem er eine neue Art von Kryptobörse vorschlug. Es verblüffte ihn. Und zu seiner Überraschung stellte er fest, dass er unbedingt für diesen Veganer arbeiten wollte.

Sam konnte sich später nicht mehr genau erinnern, warum er eigentlich zugestimmt hatte, nach Asien zu fliegen. Es ging nicht darum, Sehenswürdigkeiten zu besichtigen, an denen er überhaupt kein Interesse hatte. Er hatte so viel Angst vor dem Fliegen, dass er vor dem Abflug Medikamente nehmen und beruhigende Musik hören musste. „Gefühlsmäßig habe ich nie geglaubt, dass ein Stück Metall fliegen könnte“, sagte er. Der erklärte Zweck seiner Reise war die Teilnahme an einer Kryptokonferenz in Macau, aber als er dort ankam, fand er gute Gründe zu bleiben. Zum ersten Mal seit seinem Markteintritt befand er sich mit allen wichtigen Akteuren der Kryptobranche in einem Raum – viele von ihnen waren Asiaten. Ebenfalls zum ersten Mal ließ er Menschen außerhalb seines kleinen Kreises von effektiven Altruisten wissen, wer er war und was er vorhatte. Und das hatte einige gravierende Folgen.

Bis zu diesem Zeitpunkt, Ende November 2018, hatte Alameda Research im Verborgenen agiert. Sie tradeten mehr als fünf Prozent des Gesamtvolumens der Kryptomärkte und waren immer noch ein Geheimnis. Sam hatte Jane Street mit der Überzeugung verlassen, dass Öffentlichkeit keinerlei Vorteile hat und dass es das Beste ist, sie zu meiden. Er hatte mit Kryptowährungen im Wert von Milliarden Dollar gehandelt, aber nie in seinem eigenen Namen oder im Namen von Alameda Research (dessen Name zum Teil auch deshalb gewählt worden war, um zu verbergen, dass die Firma etwas mit Kryptowährungen zu tun hatte). Die asiatischen Kryptobörsen hatten sich so sehr daran gewöhnt, dass ihre Kunden ihre Identität nicht preisgeben wollten, dass einige einem ein Pseudonym gaben, wenn man mit ihnen ins Geschäft kam. Eine der größten Börsen zu dieser Zeit, BitMEX, hatte den Handelskonten von Alameda Research fiktive Namen gegeben, die jeweils aus drei scheinbar zufällig generierten Wörtern bestanden. Shell-Paper-Bird war einer, Hot-Relic-Fancier war ein anderer – und so kurios witzig, dass die Alameda-Trader ein Gemälde eines Hot-Relic-Fanciers in Auftrag gegeben hatten. Auf der BitMEX-Rangliste der profitabelsten Kryptohändler des Jahres waren sowohl Shell-Paper-Bird als auch Hot-Relic-Fancier unter den Top 10. Niemand hatte eine Ahnung, dass es sich um ein und denselben Händler handelte oder wer dieser Händler sein könnte. Das änderte sich in Macau.

Ich bin Hot-Relic-Fancier, sagte Sam, als er auf der Konferenz jemandem vorgestellt wurde, von dem er dachte, dass er wichtig sein könnte.

Nein, bist du nicht, war die typische Reaktion.

Selbst Sam wusste, dass er nicht glaubwürdig war: ein 26-jähriger Weißer mit der Frisur eines Verrückten, gekleidet in Baggy Shorts und ein zerknittertes T-Shirt. Er musste sein Handy zücken, das Handelskonto öffnen und ihnen sein Geld zeigen, damit diese Leute ihm glaubten. Nachdem er das ein paar Mal getan hatte, wollten sich viele Leute mit Sam treffen. Er war nie ein großer Freund von persönlichen Begegnungen gewesen, aber jetzt musste er zugeben, dass ihre Wirkung erstaunlich war. Wochen bevor er nach Asien flog, hatte eine der großen chinesischen Kryptobörsen ohne ersichtlichen Grund Alamedas Konto mit einem Haufen Geld darauf eingefroren. Der Kundenservice hatte nicht auf seine Anrufe reagiert. Nachdem sie Sam persönlich getroffen hatten, gaben ihm die Chefs der Börse sein Geld zurück. „Plötzlich bin ich in einem Raum mit einer wichtigen Person von jedem einzelnen Krypto-Unternehmen", schilderte Sam. „Mein Kalender ist voll mit Meetings, von denen jedes einzelne interessanter ist als das interessanteste Meeting, das ich in der Bay Area haben würde." Meistens wussten die Leute, die er traf, nicht, was sie von ihm oder von Alameda Research halten sollten. „Es gab niemanden wie uns da draußen", sagte Sam.

Zu diesem Zeitpunkt war sich Sam selbst nicht ganz sicher, was er von der von ihm gegründeten Kryptohandelsfirma halten sollte. Seinen Krieg mit den anderen effektiven Altruisten betrachtete er jetzt als „das Schlimmste, was mir in meinem Leben passiert ist". Er hatte eine Gruppe von Menschen um sich geschart, die er bewunderte und die seine Werte teilten, und für die Hälfte von ihnen war er zu einem Paria geworden und sie hörten nicht auf, ihn bei den anderen effektiven Altruisten schlechtzumachen. „Das hat mich dazu gebracht, mich selbst infrage zu stellen", gab er zu. „Es war das erste Mal in meinem Leben, dass ich von Menschen umgeben war, die ich respektierte und die mir erklärten, dass ich falschliege und dass ich verrückt bin. Das hat mich an meinem Verstand zweifeln lassen." Als er nach Asien flog, war er immer noch dabei, sich das traumatische Ereignis von der Seele zu schreiben. „Ich habe der Gemeinschaft der effektiven Altruisten Schaden zugefügt", schrieb er. „Ich habe dafür gesorgt, dass sich die Leute gegenseitig noch mehr hassen und einander noch weniger vertrauen … und ich habe meine eigene Fähigkeit, in Zukunft Gutes zu tun, massiv beschnitten. Ich bin mir ziemlich sicher, dass mein Einfluss auf die Welt bisher negativ war, und das ist der Grund dafür."

Eines der merkwürdigen Dinge an Sams Schreiben, das in erster Linie nur für seine eigenen Augen bestimmt war, war die Unvoreingenommenheit, mit der es geschrieben war. Er bemitleidete sich eindeutig selbst, erkannte aber auch, dass andere sich selbst noch mehr bemitleiden könnten. Er mochte es nicht, sich selbst die Schuld für irgendetwas zu geben; er mochte es aber auch nicht besonders, jemand anderem die Schuld zu geben. „Ich bin ein Utilitarist", schrieb er. „Schuld ist nur ein Konstrukt der menschlichen Gesellschaft. Sie dient verschiedenen Menschen zu verschiedenen Zwecken. Sie kann ein Mittel sein, um von schlechten Handlungen abzuschrecken; ein Versuch, angesichts von Schwierigkeiten den Stolz wiederzuerlangen; ein Ventil für Wut und vieles mehr. Ich denke, die wichtigste Definition – zumindest für mich – ist, wie sich die Handlungen einzelner Personen auf die Wahrscheinlichkeitsverteilung ihres zukünftigen Verhaltens auswirken."

Wie wirkten sich die Handlungen der einzelnen Personen auf die Wahrscheinlichkeitsverteilung ihres zukünftigen Verhaltens aus? Der Satz sagte viel darüber aus, wie Sam andere Menschen und vielleicht auch sich selbst betrachtete. Nicht als fest gefügte Charaktere – gut oder schlecht, ehrlich oder falsch, mutig oder feige –, sondern als Wahrscheinlichkeitsverteilung um einen Mittelwert herum. Menschen waren weder das Schlechteste noch das Beste, was sie je getan hatten. „Ich glaube fest daran, dass Menschen Wahrscheinlichkeitsverteilungen sind und nicht ihre Mittelwerte, und so handele ich auch", schrieb er. „Es ist mir ziemlich wichtig, dass andere auch auf dieser Ebene handeln." Das Verhalten der anderen effektiven Altruisten veranlasste ihn, sein Verständnis ihrer Wahrscheinlichkeitsverteilungen in einer Weise zu aktualisieren, die seine Bereitwilligkeit, effektive Altruisten einzustellen, abnehmen ließ. Anfangs hatte er gedacht, dass die ausschließliche Einstellung effektiver Altruisten einen besonderen Vorteil mit sich brächte – jeder im Unternehmen würde den Motiven der anderen vertrauen und so müsste niemand Zeit und Energie für die vielen Dinge verschwenden, die Menschen tun, um Vertrauen untereinander zu schaffen. Sie könnten die persönlichen Treffen, den Augenkontakt, das feste Händeschütteln und vor allem die Auseinandersetzungen darüber, wer wie viel Geld verdient und warum, überspringen. Wie sich herausstellte, konnten sie das nicht.

Nachdem Tara und die anderen gegangen waren, kehrte Alameda in die Gewinnzone zurück und blieb dort. Das Unternehmen verdiente zwar nicht mehr so viel Geld wie zu Beginn, aber Ende 2018 konnte es eine annualisierte Rendite von mehr als 110 Prozent vorweisen. Angesichts der Tatsache, dass sich das Unternehmen selbst sanierte, fragten sich zumindest einige effektive Altruisten, darunter auch die verbliebenen Mitarbeiter, ob Sam nicht schon die ganze Zeit gewusst hatte, was er da tat. Einige Monate nach dem Schisma schickte eine ehemalige Mitarbeiterin Sam eine Nachricht mit einer Suggestivfrage: *Warum glaubst du, dass immer wieder Leute denken, dass du dich in Bezug auf einen Erwartungswert irrst, und du dann doch Recht hast, aber die Leute das nicht wissen/verstehen?* Sam antwortete ihr in drei separaten Kurznachrichten.

> *Weil die Menschen beschlossen haben, dass Sam böse ist, und sich dann geweigert haben, jeden Beweis anzuerkennen, der dem widerspricht.*

> *Weil sie emotional zu sehr in diesem Glauben verhaftet waren, zum Teil auch, weil es für sie eine Möglichkeit war, jede Schuld von sich selbst zu weisen.*

> *Und auch weil es ein gewaltiges soziales Statement ist, zu versuchen, das Leben von jemandem zu zerstören, und es wirklich peinlich ist, zurückzurudern.*

Anders ausgedrückt: Die Leute haben ihn falsch verstanden, entschieden, dass man ihm nicht trauen kann, und sich dann geweigert, ihre Meinung über ihn zu ändern. Er musste besser darin werden, anderen zu helfen, das Rätsel zu lösen. Die Mimik, die er sich so mühsam angeeignet hatte, war nicht genug: Er musste deutlicher werden.

Unter den Seiten, die er über die Krise schrieb, befanden sich kurze Dokumente, die an seine Mitarbeiter gerichtet waren und Titel trugen wie „Einige Anmerkungen zur Arbeit mit mir" und „Was es bedeutet, wenn Sam dich blockt". Durch seine Schriften zogen sich Ratschläge an aktuelle und zukünftige Mitarbeiter, wie sie ihn verstehen sollten. „Ich habe eine Zeit lang währenddessen, danach und lange danach versucht herauszufinden, was ich an mir ändern sollte", erklärte er später. „Und das war eine sehr frustrierende Erfahrung. Der Auslöser war, dass die Leute mein Management nicht mochten und sagten, ich müsse Managementtechniken lernen." Er glaubte immer noch nicht, dass es irgendeine Managementtechnik gab, die es wert war, gelernt zu werden, sondern nur eine Menge widersprüchlichen Unsinn darüber. „Da führen die Blinden die Blinden an", sagte er. „Der einzige Weg ist, sich selbst das Sehen beizubringen."

Schließlich beschloss er, dass es nur eine einzige Veränderung gab, die er an sich selbst vornehmen musste: weniger abschreckend auf andere zu wirken. Sogar die Menschen, die er am meisten schätzte, hatten sich darüber beschwert, dass er „zugänglicher" sein, „mehr konstruktive Ratschläge geben" und „weniger negativ" sein müsse. Er war von dieser Kritik wirklich überrascht. Er hielt sich selbst nicht für furchterregend. Er hatte nicht die Absicht, einzuschüchtern. Aber er hatte nicht vor, die menschliche Natur zu ändern, und so beschloss er, in Zukunft alle negativen Reaktionen, die er auf irgendetwas verspürte, das jemand sagte oder tat, zu unterdrücken. Er würde den Menschen, mit denen er zu tun hatte, den Eindruck vermitteln, dass er an dem, was sie sagten oder taten, viel mehr interessiert war, als er es tatsächlich war. Er würde ihnen zustimmen, auch wenn er es gar nicht tat. Was auch immer für ein Blödsinn von ihnen kam, er antwortete mit einem *Jawooooooohl!* „Es hat seinen Preis, aber das ist es unterm Strich wert“, resümierte er. „In den meisten Fällen mögen dich die Leute mehr, wenn du ihnen zustimmst.“ Er wurde von einer Person, von der man überrascht ist, dass sie einen anerkennt, zu einer Person, von der man überrascht ist, dass sie das eigentlich nicht tut.

Sam musste nicht so sehr sich selbst ändern, sondern vielmehr sein Unternehmen. Anfang 2019 klaffte eine große Lücke zwischen seinem selbst gesteckten Ziel, Dollar für Spenden zu generieren, und der Dollarmenge, die er als Kryptohändler generieren konnte. Im Jahr 2018 hatte Alameda Research mit einem Tradingkapital von 40 Millionen Dollar 30 Millionen Dollar Gewinn erwirtschaftet. Ihre effektiven altruistischen Investoren nahmen die Hälfte und ließen ihnen 15 Millionen Dollar. Fünf Millionen davon gingen für Gehaltszahlungen und Abfindungen für die ausscheidenden Mitarbeiter drauf; weitere fünf Millionen Dollar mussten für Ausgaben aufgewendet werden. Auf die verbleibenden fünf Millionen Dollar hatten sie Steuern gezahlt und so hatten sie am Ende nur 1,5 Millionen Dollar für effektive altruistische Zwecke gespendet. Nach Sams Ansicht war das bei Weitem nicht genug. „Wir brauchten viel mehr Kapital oder viel billigeres Kapital oder viel höhere Renditen“, sagte er. Doch zu diesem Zeitpunkt, als sein Ruf in den Kreisen der effektiven Altruisten ruiniert war, war nicht klar, woher neues Kapital kommen sollte. Die Kryptomärkte wurden von Tag zu Tag effizienter. Die großen Hochfrequenzhandelsfirmen der Wall Street wie Tower Research Capital und Jump Trading und sogar Jane Street drängten auf die Märkte und betrieben den gleichen Kahlschlag, den sie auf anderen Finanzmärkten praktizierten. Selbst wenn Sam irgendwie mehr Kapital auftreiben würde, wäre damit weniger Geld zu verdienen.

Die Idee, eine Kryptobörse zu gründen, war gleichzeitig naheliegend und abwegig. Naheliegend, weil die Kryptobörsen Gelddruckmaschinen waren. Sie waren die Casinos, die im Zentrum eines historischen Spekulationsrausches saßen und für jede Wette, die platziert wurde, Gebühren kassierten. Die Gründer des halben Dutzends der weltweit größten Kryptobörsen waren wahrscheinlich alle bereits Milliardäre, auch wenn die Börsen selbst regelmäßig das Geld ihrer Kunden verloren. Es war abwegig, weil Sam so war, wie er war. Er hatte keine Ahnung, wie man mit normalen Menschen umgeht, schon gar nicht wie man mit normalen Menschen umgeht, wenn man eine Börse betreibt. Um eine erfolgreiche Börse zu gründen, musste man eine Menge Leute begeistern; man musste eine Beziehung zu einem Massenpublikum aufbauen. Man brauchte *Kunden.* Und die bekam man nur, wenn sie einem vertrauten. Und sie vertrauten einem nur, wenn sie wussten, wer man war, oder glaubten, es zu wissen. Sam war sich nicht einmal sicher, ob seine eigenen Kollegen wussten, wer er war. Deshalb schrieb er Memos, um es zu erklären.

Außerdem hatte er es bereits versucht und war gescheitert. Damals, im Mai 2018, hatte Sam in Berkeley Gary Wang gebeten, den Code für eine Bitcoin-Börse zu schreiben, und innerhalb eines Monats hatte Gary es geschafft. CryptonBTC wurde sie genannt. Sie stellten die Börse ins Netz, ohne eine Ahnung zu haben, wie sie darauf aufmerksam machen konnten. Niemand tauchte auf, um über sie zu handeln. Es war, als hätte sie nie stattgefunden. Der Code, den Gary für die erste Börse geschrieben hatte, war jedoch großartig gewesen. Aus dem totalen Nichts, das CryptonBTC gewesen war, hatte Sam eines gelernt: Wenn er Gary bitten würde, eine Kryptoterminbörse zu erschaffen, könnte er es in einem Monat schaffen und sie wäre zuverlässiger und weniger riskant für ihre Nutzer als jede bestehende Börse. Gary war ein Genie.

In Hongkong begannen Sam und sein kleines Team, den milliardenschweren Gründern bestehender Börsen die Idee schmackhaft zu machen, Alameda Research (Gary) dafür zu bezahlen, eine Kryptobörse zu entwickeln, die sich in wichtigen Punkten von allen bestehenden unterscheiden würde. Alameda würde die Technologie liefern; die bestehenden Börsen würden die Kunden und das Vertrauen liefern. Der wahrscheinlichste Käufer und die Person, der Sam höchstpersönlich die Idee präsentierte, war CZ.

CZ war Changpeng Zhao, CEO der Kryptobörse Binance. Geboren in der Provinz Jiangsu, verbrachte er seine Jugend in Kanada, wurde dort ausgebildet und kehrte schließlich als kanadischer Staatsbürger nach China zurück. Er durchlief einige gewöhnliche Jobs am Rande der Hochfinanz – einschließlich einer Tätigkeit als Entwickler bei *Bloomberg* –, bevor er als Chief Technology Officer bei OKCoin landete. Er verließ OKCoin im Jahr 2015 und gründete Binance im Jahr 2017; zwei Jahre später wurde er in Branchenpublikationen als „der mächtigste Mann der Kryptowelt" bezeichnet. Das mag zu der Zeit nicht gestimmt haben, aber er war im Begriff, es zu werden. Mitte 2019 war Binance immer noch nur eine Spot-Kryptobörse – sie handelte nicht mit Krypto-Futures oder anderen Derivaten –, nicht größer als eine Handvoll anderer und gehandicapt dadurch, dass sie den meisten ihrer Kunden nicht die Hebelwirkung bieten konnte, nach der sie sich sehnten. (Jeder in der Kryptobranche wollte mehr wetten, als er hatte.) Die Binance-Kunden handelten mit verschiedenen Kryptowährungen, liehen sich aber im Allgemeinen kein Geld von der Börse, um dies zu tun. CZ war das lieber so. Und er war ein wenig misstrauisch gegenüber dem, was Sam vorschlug: eine Börse, die nur mit Kryptoterminkontrakten handelte.

Eine Terminbörse unterschied sich in wichtigen Punkten von einer Spotbörse. An einer Terminbörse hinterlegten die Händler nur einen Bruchteil der von ihnen getätigten Einsätze als Sicherheit. Bei einem Verlustgeschäft verlangte die Börse am Ende des Tages in der Regel mehr Sicherheiten. Wenn ein Handel schnell schiefging, konnte dies die Sicherheiten aufzehren und die Börse auf den Verlusten sitzen lassen – woraufhin sich die Börse an ihre Kunden wandte, um die Verluste zu decken, wie es die Kryptobörsen in der Vergangenheit taten. Das von FTX (Gary) entwickelte Konzept löste das Problem auf elegante Art und Weise. Es überwachte die Positionen der Kunden nicht tageweise, sondern sekundengenau. Sobald ein Trade eines Kunden ins Minus geriet, wurde er liquidiert. Das war natürlich unangenehm für die Kunden, deren Positionen ins Minus gerieten. Aber es versprach die Abschaffung der sozialisierten Verluste, die die Kryptobörsen von Anfang an geplagt hatten. Die Verluste einer Börse würden nie sozialisiert werden müssen, weil die Börse nie Verluste haben würde.

Sam hatte CZ zum ersten Mal kurz nach seinem Umzug nach Hongkong Ende 2018 getroffen. Binance war auf der Suche nach Krypto-Unternehmen, die jeweils 150.000 Dollar für das Sponsoring seiner Konferenz Anfang 2019 in Singapur zahlen sollten, und Sam zahlte. CZ belohnte ihn, indem er mit ihm auf der Bühne erschien, und Sam sagte später immer: „Das hat uns in der Kryptowelt Legitimität verschafft." Er hatte CZ quasi dafür bezahlt, sein Freund zu sein. Aber schon damals konnte Sam nicht viel mit CZ anfangen, er wusste nur, dass sie nicht viel gemeinsam hatten. Sam lebte in seinem Kopf und dachte sich den Weg zu Entscheidungen oder glaubte zumindest, dass er das tat. Wenn CZ jemals einen originellen Gedanken hatte, hat er ihn nie geäußert und der Weg zu seinen Entscheidungen führte über Gefühle. Sam dachte an die Größe des Kuchens, während CZ sich mehr um die Größe seines Stücks kümmerte. Sam wollte eine Börse für große institutionelle Kryptohändler aufbauen, während es CZ nur darum ging, den Privatanleger und den kleinen Mann anzusprechen. Sam hasste Konflikte und war daher fast schon unheimlich schnell dabei, Missstände zu verdrängen; CZ blühte bei Konflikten auf und hegte und pflegte die Emotionen, die zu ihnen führten. CZ hatte ein komplexes Netz von Verbündeten und Feinden. In dem Pitchbook, das er für den Start von Binance im Jahr 2017 erstellte, waren viele seiner Qualifikationen, die er für die Aufgabe aufführte, soziale Bindungen mit anderen Krypto-Insidern. (Zu ihnen gehörte auch Zane Tackett. In einer kurzen Biografie beschrieb CZ Zane seltsamerweise in Bezug auf sich selbst und sagte, dass er für Zane die Rolle eines „Mentors und guten Freundes“ spielte.) Sam hatte überhaupt keine wirklichen sozialen Bindungen. Hätte er bei seinen Interaktionen mit CZ nicht seine erlernte Mimik eingesetzt, hätte er viel Zeit damit verbracht, ausdruckslos zu starren, während CZ sprach. „CZ sagt einfach Dinge“, sagte Sam. „Sie sind nicht dumm. Sie sind nicht klug. Ich konnte ihn nicht wirklich einordnen, bis er Entscheidungen treffen musste.“

Die erste Entscheidung, die CZ treffen musste, war, ob er Sam die 40 Millionen Dollar zahlen sollte, die dieser für seine ausgeklügelte Terminbörse verlangte. Nachdem CZ im März 2019 einige Wochen lang darüber nachgedacht hatte, entschied er sich dagegen und wies seine Leute an, selbst eine Terminbörse zu gründen. Sam fasste das als unfeine und etwas enttäuschende Entscheidung auf. „Er ist ein Trottel, aber nicht schlimmer als ein Trottel“, urteilte Sam. „Er *sollte* eine großartige Persönlichkeit sein, ist es aber nicht.“

Erst nachdem CZ ihm einen Korb gegeben hatte, beschloss Sam, selbst eine Börse zu gründen. Die Idee war simpel: die erste Kryptoterminbörse, die so gut konzipiert war, dass sie nicht nur die Bedürfnisse von Krypto-Experten, sondern auch von großen professionellen Tradern wie Jane Street befriedigen würde. Dennoch war Sam zutiefst beunruhigt. „Wir wollten ein Produkt auf die Beine stellen, das besser ist als jedes andere Produkt da draußen“, sagte er. „Wenn es funktioniert, ist es Milliarden von Dollar wert, aber ich dachte, dass die Wahrscheinlichkeit, dass es nicht funktioniert, größer als 50 Prozent ist. Ich hatte noch nie Marketing gemacht. Ich hatte noch nie mit den Medien gesprochen. Ich hatte noch nie Kunden gehabt. Es war einfach etwas ganz anderes als alles, was ich bisher gemacht hatte.“ Und so begann er, sich Leute zu schnappen, die die Dinge erledigen konnten, von denen er keine Ahnung hatte. Leute, mit denen er noch nie zusammengearbeitet hatte, die aber gute Beziehungen zu anderen Kryptoleuten hatten.

Er schnappte sich zum Beispiel Zane Tackett und mit Zane kam ein großes Maß an Kryptovertrauen. Doch noch bevor er sich Zane Tackett schnappte, schnappte er sich Ryan Salame.

Wenn es so etwas wie das Gegenteil eines effektiven Altruisten gab, dann war es Ryan. Ryan war ein freiheitsliebender, Steuern verabscheuender Republikaner. Er hatte seine Karriere als Steuerberater bei Ernst & Young begonnen und war von dem Elend und der Langeweile befreit worden, nachdem die Kryptohandelsfirma Circle ihn eingestellt hatte, um ihre Bücher zu führen. Ryan hatte etwa zwei Sekunden gebraucht, um zu erkennen, dass der Kryptohandel mehr Spaß machte als die Steuerbuchhaltung. Als Sam auf ihn aufmerksam wurde, arbeitete Ryan als Verkäufer in der Tradingabteilung von Circle in Hongkong und war zu einer wandelnden Werbung für weltliches Vergnügen geworden. Ein Krypto-Experte, der das wollte, was jeder Krypto-Experte wollte, fand in Ryan einen Verbündeten: Ryan war derjenige, den man anrief, wenn man Spaß haben wollte.

Ryan war gutaussehend; Ryan war scharfsinnig. Als Alameda Research seinen Handel in Hongkong ausweitete und die Spreads für alle anderen einbrechen ließ, war Ryan erstaunt, wie viel schlauer als der Rest des Marktes Alameda war. Er hatte keine Ahnung, wer Sam Bankman-Fried war, aber er bemerkte, dass CZ ihn offenbar in der Nähe haben wollte – das ging so weit, dass er Sam erlaubte, auf der Binance-Konferenz einen Stand für Alameda Research zu errichten. Ryan bemerkte auch, dass es Sam und seinen Händlern an den üblichen sozialen Umgangsformen im Kryptobereich mangelte. „Sie haben dir in Chats nicht geantwortet", sagte Ryan. „Sie haben nicht auf deine Witze reagiert. Es war nicht das Verhalten, das man in der Kryptowelt gewohnt war. Sam gehörte nicht zur Meute dazu. Keiner hatte ihn je bei irgendetwas gesehen."

Schließlich besuchte Ryan Sam in seinem neuen Büro in Hongkong. „Wenn man fünf Minuten mit Sam spricht, merkt man, dass etwas anders ist“, sagte er. Sams Desinteresse an normaler sozialer Interaktion trat in seinem Unternehmen noch viel deutlicher zutage, als Ryan es sich ausgemalt hatte. „Es war wie ein Studentenwohnheim voller Nerds, die an Bildschirmen saßen“, wie er es ausdrückte. „Sie haben das Büro nie verlassen.“ Ryan erkannte, dass Sam ihn gebrauchen konnte, um soziale Verbindungen zu den Kryptoleuten herzustellen und ihnen das Gefühl zu geben, dass sie sich mit ihm wohlfühlten – was sie zu jener Zeit nicht taten. „Sam vergisst, wie viele Leute ihn anfangs für einen Betrüger hielten“, erinnerte sich Ryan. „Man erwartete, dass hinter jedem Betrug ein Sam steckt.“

Gesellschaftlich sprach eine Sache für Sam und für andere Kryptoleute. Je höher die Kryptopreise stiegen, desto mehr nüchterne Leute in Anzügen, die Menschen wie Zane unerträglich fanden, strömten in die Kryptowelt. Ryan hätte als eine solche Person durchgehen können, aber Ryan war nicht nüchtern, also sah man ihm das nach. Die Goldman-Typen und die Risikokapitalgeber und die Unternehmensanwälte, die zu Krypto-Bros wurden – sie alle waren Teil dieser Invasion konventioneller Leute, die schnelles Geld machen wollten ohne die Verrücktheit, die das schnelle Geld möglich gemacht hatte. Die Pseudos suchten nach einer gemeinsamen Basis mit den ursprünglichen Kryptoreligiösen, indem sie ihre Begeisterung für die Technologie zur Schau stellten. Die Blockchain! *Die Blockchain wird ... alles verändern,* würden sie sagen und hoffen, dass das ausreichen würde. Eine Religion, die darauf basiert, dass man Banken, Regierungen und jede Art von institutioneller Autorität hasst – nun, für die Pseudoreligiösen ging das in der Regel zu weit.

Die Kryptoreligiösen, die Leute, die sich aus ihren ganz eigenen Gründen für die Sache begeisterten, hatten bestenfalls gemischte Gefühle gegenüber den Leuten, die später und nur wegen des Geldes dazukamen. Was Sam anging, so dachte Ryan, könnten sie vielleicht etwas milder urteilen. Sam teilte eine wichtige Eigenschaft mit den Kryptoreligiösen: eine Unzufriedenheit mit der Welt, wie er sie vorfand.

Er hegte keine besondere Feindseligkeit gegenüber Regierungen oder Banken. Er hielt Erwachsene einfach für geistlos.

Ryan war weniger ein Erwachsener als vielmehr die höchste Ausprägung einer neuen Spezies, des Krypto-Bros, von dem Sam spürte, dass er ihn brauchte. Er stellte Ryan ein, ohne ganz sicher zu sein, was er tun würde. „Die Stellenbeschreibung lautete: *Mach alles besser*", sagte Ryan.

Um eine Kryptobörse zu gründen, brauchte Sam Kryptoleute, aber er brauchte auch Geld, um die Kryptoleute zu bezahlen. Der normale, altmodische Weg, an dieses Geld zu kommen, wäre, sich an Familie und Freunde zu wenden oder das Geld von Risikokapitalgebern zu beschaffen. Sam hatte keine Freunde mit der Menge an Geld, die er brauchte, und er kannte auch keine Risikokapitalgeber. Was er hatte, war ein Token. Es gehörte zur selben Familie wie die Tausenden anderen Kryptocoins, die seit 2017 geschaffen und der Öffentlichkeit angepriesen wurden. Das FTX-Token wurde FTT genannt.

Das wichtigste Merkmal des FTT war, dass seine Inhaber gemeinsam Anspruch auf etwa ein Drittel der jährlichen Umsätze der FTX-Börse hatten. Von den Umsätzen in Höhe von einer Milliarde Dollar, die die Börse im Jahr 2021 erwirtschaftete, würden beispielsweise 333 Millionen Dollar für „den Rückkauf und die Verbrennung" von FTT zurückgelegt werden. FTX würde die Token aus dem Verkehr ziehen, so wie ein börsennotiertes Unternehmen seine Aktien zurückkauft und so den Wert aller verbleibenden Aktien erhöht. FTT war nicht nur wie eine Aktie von FTX, es *war* eine Aktie von FTX – und sogar mit einem Stimmrecht bei bestimmten Entscheidungen innerhalb des Unternehmens ausgestattet. Da man damit einen Anteil am Brutto- und nicht am Nettoergebnis erhielt, war es tatsächlich sogar wertvoller als eine Aktie. „Die Kryptoleute würden sagen: ‚Warum sollte ich euer Kapital wollen? Ich würde lieber nur das Token kaufen'", sagte Sam. „Die Risikokapitalgeber würden fragen: ‚Was ist ein Token?'"

Ein Haken an den Token war, dass sie in den USA nicht verkauft werden durften. Die Explosion neuer Krypto-Token hatte ein neues

Katz-und-Maus-Spiel zwischen Token-Herstellern und Wertpapieraufsichtsbehörden ausgelöst. Die aggressivste Wertpapieraufsichtsbehörde der Welt, die US-amerikanische Securities and Exchange Commission (SEC), widmete nun einen beträchtlichen Teil ihrer Energie der Argumentation, dass viele dieser Token Wertpapiere seien (was sie offensichtlich auch waren) und somit eine Bedrohung für amerikanische Anleger darstellten und in den USA verboten seien, sofern sie nicht zuvor die Genehmigung der SEC erhielten (was höchst unwahrscheinlich schien). Kryptobörsen und Token-Hersteller, die an Amerikaner verkaufen wollten, bestanden darauf, dass diese Token keine Wertpapiere seien, sondern eher so etwas wie Treuepunkte von Starbucks. Da FTX in Antigua gegründet wurde, in Hongkong tätig war, amerikanischen Anlegern grundsätzlich nicht erlaubte, an seiner Kryptobörse zu handeln, und seine Token grundsätzlich nicht an Amerikaner verkaufte, befand es sich außerhalb der Reichweite der SEC.

Auf jeden Fall würden die Käufer der FTT entweder Ausländer sein oder Amerikaner, die außerhalb der USA lebten. Und um die buhlte Sam nun auf seine eigene unbeholfene Art und Weise. Drei Wochen bevor er FTT der Öffentlichkeit anbot, flog er zu einer Konferenz nach Taipeh. Alle großen Krypto-Akteure kamen zu einer Party, die von einer der größten Börsen veranstaltet wurde. Sam erschien ebenfalls. „Heute Abend ging es um Alkohol, Frauen, Laser und laute, dröhnende Musik“, schrieb er anschließend in sein Tagebuch, „aber es war ein seltsames Mikroklima, das mich zu verfolgen schien, während ich zwischen den Tischen umherwanderte. Es kristallisierte sich erst heraus, als ich ein paar Mal an CZ vorbeiging und er jedes Mal den Blick von seinem menschlichen Augenschmaus löste und mich umarmte: *Die Leute machten sich Gedanken über uns, sehr intensiv*. Das war das erste Mal, dass CZ mehr Interesse an mir zu haben schien als ich an ihm.“

FTX minte aus dem Nichts 350 Millionen FTT-Token. Sam bot einen Teil davon den Mitarbeitern zu jeweils fünf Cent an und einen weiteren Teil wichtigen Kryptoleuten wie CZ, die Freunde der Börse sein könnten, zu jeweils zehn Cent. CZ lehnte zunächst ab, ebenso wie die meisten FTX-Mitarbeiter – Ryan Salame war eine große Ausnahme –, aber andere externe Investoren kauften genug auf, sodass Sam den Preis schließlich anhob, zunächst auf 20 Cent und dann auf 70. Am 29. Juli 2019 wurde FTT an der FTX notiert und damit der breiten Öffentlichkeit angeboten. („So nervös habe ich Sam noch nie erlebt", sagte Nishad.) Es eröffnete bei einem Dollar und wurde bis zu 1,50 Dollar gehandelt. Innerhalb von zwei Monaten hatte Ryan Salame das 30-Fache seines Einsatzes verdient und die externen Käufer hatten das 15-Fache ihres Einsatzes verdient. Von den ursprünglich 350 Millionen geminten Token hatte FTX etwa 60 Millionen für einen Dollar weniger verkauft, als sie jetzt wert waren. Innerhalb von etwa einer Woche hatten sich Sams Zweifel an seiner Fähigkeit, das Vertrauen eines Massenpublikums zu gewinnen, in Bedauern darüber verwandelt, dass er FTT viel zu billig verkauft hatte. Wie billig wurde deutlich, als CZ einige Wochen später Sam anrief und ihm anbot, einen 20-prozentigen Anteil an FTX für 80 Millionen Dollar zu kaufen.

Es war, als hätte ein Ölsucher sein Haus versehentlich auf einem Ölfeld gebaut: Sam hatte eigentlich gar nicht vor, eine Kryptobörse zu betreiben. Er hatte ein Casino eröffnet, das Spielern die Möglichkeit bot, Wetten abzuschließen, die größer waren, als ihre Bankkonten es rechtfertigten, und das scheinbar ohne Risiko für das Casino oder die anderen Spieler. Genau das wollte die Kryptowelt. Sein Timing war, wenn auch zufällig, perfekt, denn große professionelle Händler wie Jane Street stiegen in die Kryptomärkte ein und brauchten eine professionelle Terminbörse. Sams Standortwahl war ebenfalls perfekt: Hongkong war vielleicht der einzige Ort auf der Welt, an dem er und CZ sich wohlfühlten. Hongkong war wie ein Schachbrett, in das eine Stimme eingelassen war, die mitten im Spiel Regeländerungen ankündigte. Die Aufsichtsbehörden in Hongkong boten einer Kryptobörse den nötigen Schutz, um so ziemlich alles zu tun, was sie tun wollte, änderten aber die Regeln oft genug, dass es spannend blieb.

Außerdem wimmelte es in Hongkong und allgemein in Asien von ehrgeizigen jungen Leuten ohne besondere Qualifikationen, die nichts dagegen hatten, alles aufzugeben, was sie bisher gemacht hatten, um für eine Kryptobörse zu arbeiten, die von einer Person geleitet wurde, die man so gut wie gar nicht kannte. Sam brauchte genau solche Leute: FTX hätte von Anfang an ein Schild mit der Aufschrift „Keine Erfahrung notwendig" an die Tür hängen sollen. Sam stellte zum Beispiel Natalie Tien ein, die wenig Erfahrung mit Medien oder Marketing hatte, und machte sie zur Leiterin der Öffentlichkeitsarbeit des Unternehmens. Er stellte eine junge Verkäuferin von der Huobi-Börse namens Constance Wang ein und ernannte sie zum Chief Operating Officer des Unternehmens. Aus der Not hatte Sam eine Tugend gemacht. „Es ist ein relativ schlechtes Zeichen, wenn man jemanden dasselbe tun lässt, was er schon einmal getan hat", sagte er. „Das ist eine seltsame Art von negativer Selektion. Denn dann sollte man sich fragen: ‚Warum kommen sie zu dir?'"

Das Lustige an Ramnik Arora war, dass er eigentlich nur eine Möglichkeit gesucht hatte, zu Fuß zur Arbeit zu gehen. Er war in Indien aufgewachsen, hatte in Stanford einen Master in Informatik gemacht, hatte bei Goldman Sachs gearbeitet und war nun verheiratet und in der Bay Area ansässig. Drei Jahre lang war er von Berkeley zu einem Job bei Facebook in Menlo Park gependelt, eine nervenaufreibende Strecke. Er hatte in einem Team angefangen, das an Echtzeitauktionen für Online-Anzeigen arbeitete – mit dem Ziel, der perfekten Person zur perfekten Zeit die perfekte Anzeige zu präsentieren –, und war dann in ein anderes Team gewechselt, das versuchte, Libra auf den Weg zu bringen, Facebooks zum Scheitern verurteiltes Vorhaben, eine eigene Kryptowährung zu schaffen.

Irgendwo zwischen Goldman Sachs und Facebook hatte Ramnik aufgegeben, in seiner Arbeit nach Leidenschaft zu suchen. Wenn er älter wirkte, als er war, lag das daran, dass er eines der Dinge aufgab, die die Jugend ausmachen: Hoffnung. „Die klügsten Köpfe unserer Generation kaufen oder verkaufen entweder Aktien oder sagen voraus, ob man auf eine Anzeige klickt", sagte er. „Das ist die Tragödie unserer Generation." Die Tragödie hatte zur Folge, dass seine Ambitionen schwanden. Er dachte immer weniger daran, die Welt zu verändern, sondern mehr und mehr daran, es sich und seiner Frau in ihr bequem zu machen. „Ich hatte in einer Studie gelesen, dass man 15 Prozent glücklicher wird, wenn man zu Fuß zur Arbeit gehen kann", sagte er.

Und so gab er im späten Frühjahr 2020 bei LinkedIn die Begriffe „Krypto" und „Berkeley" ein, um sein häusliches Glück zu suchen. Er hatte ein einziges Ergebnis erhalten: Alameda Research. Davon hatte er noch nie gehört. Er schickte seinen Lebenslauf hin. Innerhalb weniger Minuten erhielt er eine Zoom-Einladung von Sam Bankman-Fried, der mit ihm nicht über Alameda, sondern über eine neue Kryptobörse namens FTX sprechen wollte, die Alameda Research ins Leben gerufen hatte. Die Zahlen, die via Zoom aus Sams Mund kamen, schockierten Ramnik, ebenso wie Sams Bereitschaft, sie einem völlig Fremden mitzuteilen. FTX existierte erst seit etwas mehr als einem Jahr. In den letzten sechs Monaten des Jahres 2019 hatte es etwa zehn Millionen Dollar an Umsätzen erzielt. Im Jahr 2020 sollte die Zahl auf 80 bis 100 Millionen Dollar ansteigen.

Irgendwann während des Gesprächs fand Ramnik heraus, dass Sam nicht in Berkeley war, sondern in Hongkong, wo es 3 Uhr morgens war. Hinter Sam wuselten Leute hin und her mit der ganzen Hektik von Menschen in der Mitte des Arbeitstages. Was auch immer Sam bei diesem ersten Anruf sagte, Ramnik hörte vor allem einen Klang, den er fast vergessen hatte. Es war der Klang der Leidenschaft.

Er nahm einen Job bei FTX an mit einer Gehaltseinbuße von 80 Prozent gegenüber dem, was er bei Facebook verdient hatte (und mit einem Abschlag von 95 Prozent gegenüber dem, was TikTok bot). Alameda und FTX zusammengenommen war er Sams fünfzigste Neueinstellung. Sein Titel war Head of Product, was seltsam war, da

Ramnik nichts über das Produkt wusste. Beim Zoom-Meeting hatte Sam zugegeben, dass er eigentlich keine Ahnung hatte, was Ramnik bei FTX tun könnte, aber dass sie sich schon etwas einfallen lassen würden.

Als Ramnik nach Hongkong umzog, wurde der unklare Verwendungszweck zu einem Problem. FTX brauchte definitiv keinen Leiter für Produkte. Eine solche Stelle gab es nicht. Gary hatte den gesamten Code geschrieben. Eine kleine Truppe junger Chinesinnen und Kryptotypen war bereits unterwegs, um das Produkt anzupreisen, und sie brauchten Ramniks Hilfe nicht. Nishad kümmerte sich im Wesentlichen um die Entwickler, die alle Probleme behoben, die bei dem Produkt auftraten, und kümmerte sich um alle, die mit ihrer Arbeit oder Sams Managementstil unzufrieden waren.

In den ersten 21 Tagen, die er in einem tristen Hotelzimmer in Hongkong unter Quarantäne verbrachte, wusste Ramnik nicht, was er eigentlich tun sollte. Er spielte ein wenig mit dem Computercode der Börse – dem Produkt – herum, aber jedes Mal musste er Nishad mitteilen, was er getan hatte. Er schickte Sam Notizen, aber Sam brauchte zwei Tage, um zu antworten. Als er aus der Quarantäne kam, fragte Ramnik Nishad: „Bin ich für die Firma ein Positiv- oder Negativposten?" „Negativ", antwortete Nishad. „Die Zeit, die ich mit der Kontrolle deiner Arbeit verbringe, ist größer als die Zeit, die ich brauchen würde, um die Arbeit selbst zu erledigen." Ramnik schätzte diese Ehrlichkeit. Und beschloss, dass er sich eine andere Aufgabe suchen musste.

Bald fand er sich in einer Rolle wieder, die es weder im Unternehmen noch in Sams Leben je gegeben hatte. „Ich wurde schnell zu der Person, auf die sich Sam bei allem Möglichen verließ", sagte Ramnik. „Das Erste, worum er mich bat, war, einen Wirtschaftsprüfer zu finden, weil wir keinen hatten." Da Sam sich nicht für Titel interessierte, änderte sich Ramniks Titel nie. Er war und blieb Head of Product, obwohl er eigentlich eher als Sams Mädchen für alles bezeichnet werden könnte. „Es hieß: ‚Es gibt viel zu tun und du kümmerst dich darum'", so Ramnik.

Seltsamerweise drehte sich vieles von dem, was es zu tun gab, auf die eine oder andere Weise um Vertrauen. Das heißt: Wie kann FTX das Vertrauen der Menschen gewinnen?

Sam stellte keine Erwachsenen ein, aber jetzt hatte er Ramnik und Ramnik hatte einige erwachsenenähnliche Züge. Er dachte nach, bevor er sprach. Er hatte jahrelang bei Goldman Sachs und Facebook gearbeitet. Er war gerade 33 geworden und könnte als 35 durchgehen und sein Knie wippte nicht auf und ab, wenn er sprach. Er trug lange Hosen. Er hatte eine Frau und vertrat die geradezu bizarre Ansicht, dass das Privatleben eine Sache und die Arbeit eine andere ist – eine Ansicht, die weder Sam noch irgendjemand, der es bisher geschafft hatte, Sams Managementstil zu überleben, teilte. Er hatte die Fähigkeit, sich vorzustellen, was die Erwachsenen denken würden, wenn sie einen zum Beispiel mit der falschen Person im Bett erwischten. Es war Ramnik, der intervenierte, als Sam auf die Idee kam, dass FTX als erstes Unternehmen Token eines taiwanesischen Pornounternehmens namens Swag zulassen sollte. Swag würde ihnen einen dicken Scheck ausstellen, wenn FTX im Gegenzug einen Markt für Swag-Token schaffen würde. FTX würde so zum Finanzmotor für ein taiwanesisches Pornoimperium werden. „Ich musste ihm das ausreden", berichtete Ramnik. „Als ich das tat, hatte ich das Gefühl, dass er an einem Scheideweg stand. Es gab kein Zurück mehr. Sam war wild entschlossen, das zu tun. Und ich sagte: *Auf gar keinen Fall machen wir das.*"

Innerhalb der Kryptowelt war keine von Ramniks Qualitäten von entscheidender Bedeutung und tatsächlich hätten sie sogar von Nachteil sein können. Außerhalb der Kryptowelt waren sie jedoch von unschätzbarem Wert.

Ramnik stellte fest, dass sich Menschen nicht mit Unternehmen, sondern mit Menschen identifizieren. Sie würden dieser neuen Kryptobörse vielleicht niemals vertrauen, aber sie würden vielleicht dem Gründer vertrauen, so seltsam er auch war, wenn sie glaubten, ihn zu kennen. „Das Erste, was wir gefragt haben, war, ob wir Sam ins Fernsehen bringen können", sagte Ramnik. „Das schien völlig abwegig zu sein. Aber Natalie hat es irgendwie geschafft." Um sie in ihrer neuen und ungewohnten Rolle als Leiterin der Öffentlichkeitsarbeit von FTX zu unterstützen, hatte Natalie eine New Yorker PR-Firma namens M Group Strategic Communications angerufen. Deren Leiter, Jay Morakis, war zunächst skeptisch. „Ich dachte, es handele sich vielleicht um eine zwielichtige chinesische Sache", erzählte er. Aber dann hörte er Sams Pitch und sah Sams ersten großen öffentlichen Auftritt bei *Bloomberg TV*. „In meiner gesamten PR-Karriere war nichts auch nur annähernd damit vergleichbar", sagte er. „Ich bin 50 Jahre alt. Ich habe meine Firma seit 20 Jahren und so etwas habe ich noch nie erlebt. Alle meine Leute wollen Sam treffen. Es gibt Firmenchefs, die mich anrufen und fragen: ‚Können Sie für uns tun, was Sie für Sam getan haben?'" Damals, im Jahr 2021, hatte er erklären müssen, dass er eigentlich gar nichts getan hatte. Sam war einfach irgendwie … passiert.

Die Wirkung von Sams Medienauftritten in der zweiten Hälfte des Jahres 2021 übertraf alle Erwartungen. Diese Person, die die Welt immer auf Distanz gehalten hatte und von der sich die Welt weitgehend fernhielt, wurde durch die Medien in der Vorstellung der Menschen irgendwie lebendig. Innerhalb der Kryptowelt wurde Sam berühmt, außerhalb der Kryptowelt war er immer noch unbekannt und daher nicht vertrauenswürdig.

Ein Teil von Ramniks seltsamer neuer Aufgabe bestand darin, dies zu ändern. „Wie stellt man fest, ob etwas glaubwürdig ist?", sagte er. „Durch Assoziation. Vertrauen entsteht durch bereits bestehende Beziehungen." Bis zum Alter von 18 Jahren hatte Sam so gut wie keine bestehenden Beziehungen gehabt. Seitdem hatte er einen Haufen effektiver Altruisten kennengelernt (von denen viele wütend auf ihn waren, weil er einen Krieg innerhalb ihrer Bewegung ausgelöst hatte) und einen anderen Haufen von Jane-Street-Tradern (die massiv verärgert waren, weil er Jane Street verlassen hatte, um eine Konkurrenzfirma zu gründen, und weil er Jane-Street-Trader abgeworben hatte).

Und so machte sich Ramnik zusammen mit Sam daran, neue Beziehungen zu knüpfen, zunächst zu einigen Risikokapitalgebern. FTX brauchte nicht wirklich Kapital. Aber wenn sie den richtigen Risikokapitalgeber finden könnten, der eine Beziehung zu Sam aufbaut, könnte ihnen das helfen, den Weg in die Köpfe anderer außerhalb der Kryptobranche zu finden. „Wir führten dieses Gespräch über Legitimität und Vertrauen", erinnerte sich Ramnik. „Es ging um die Frage: Können wir Geld von einem *guten* Risikokapitalgeber bekommen? Keinem chinesischen. Wir wollten mit US-Institutionen in Verbindung gebracht werden."

Die ersten Gespräche zwischen den Kryptoleuten und den Risikokapitalgebern waren ein wenig unangenehm. „Sie wollten Beispiele für unsere internen Kontrollen", sagte Ramnik. „Wir hatten keine." Die Risikokapitalgeber konnten sehen, wie schnell FTX wuchs – dass sie als Ölsucher auf einer Quelle saßen –, aber sie waren sich nicht sicher, ob das, was sie sahen, näher am letzten Liter Öl war als am ersten. War es nur ein großer Trade, der sich mit dem Kryptowahn in Luft auflösen würde, oder baute Sam etwas Dauerhaftes auf? Wenn Letzteres der Fall war, brauchte er Zugang zu amerikanischen Investoren und dafür brauchte FTX interne Kontrollen. Außerdem musste das Unternehmen lizenziert und reguliert werden.

Darin lag das größte Problem in Sachen Gewinnung des Vertrauens der Risikokapitalgeber: Es gab keine globale Lizenz für eine Kryptoterminbörse. Einige Länder wie Hongkong boten eine Lizenz für eine Spot-Kryptobörse an und erklärten sich bereit, beim Terminhandel ein Auge zuzudrücken. Die meisten Länder, wie die USA, boten überhaupt keine Lizenz an. Die Regierung der USA war sich nicht einmal sicher, welche Behörde Kryptowährungen regulieren sollte – die Securities and Exchange Commission oder die Commodity Futures Trading Commission (CFTC). Die Frage, wer ein bestimmtes Kryptoprodukt in den USA reguliert, hängt davon ab, ob das Produkt als Wertpapier oder als Ware definiert wird. Bitcoin wurde schon früh, im

Jahr 2015, als Ware definiert und wird daher von der CFTC reguliert. FTT – oder in diesem Fall ein gehebeltes Bitcoin-Token – würde wahrscheinlich als Wertpapier definiert werden und somit in die Zuständigkeit der SEC fallen.

Zu diesem Zeitpunkt, Anfang 2021, beanspruchten beide Behörden die Zuständigkeit, aber keine von ihnen legte sich wirklich ins Zeug. Da es keine Regeln gab, waren die Menschen, die in den USA Krypto-Unternehmen gründeten, ständig dem Risiko von Klagen und Geldstrafen für alles ausgesetzt, was ihnen nicht ausdrücklich erlaubt war – was, abgesehen vom Kauf und Verkauf von Bitcoin, im Grunde alles war. Kryptoleute flehten die Aufsichtsbehörden um die Erlaubnis an, ein neues Krypto-Token zu verkaufen, Zinsen auf Krypto-Einlagen zu zahlen oder einen Kryptoterminkontrakt einzurichten; die Aufsichtsbehörden winkten ab; die Kryptoleute machten weiter und taten tatsächlich etwas und die Aufsichtsbehörden sanktionierten sie. „Es ist ein Spiel mit 20 Fragen an die Aufsichtsbehörden, aber wenn man die falsche Frage stellt, wird man bestraft“, erklärte Sam.

Was die Risikokapitalgeber anging, so hatte Sam keine wirkliche Erfahrung mit ihnen. Es war ein völlig neues Spiel. Ramnik beobachtete ihn dabei, wie er herausfand, wie man es spielt. Anfang 2021 bot Jump Trading – kein herkömmlicher Risikokapitalgeber – an, einen Anteil an FTX mit einer Unternehmensbewertung von vier Milliarden Dollar zu erwerben. Sam sagte: „Nein, wir sind beim Fundraising bei 20 Milliarden“, erinnerte sich Ramnik. Jump entgegnete daraufhin, dass sie zu diesem Preis interessiert wären, wenn Sam andere finden könnte, die das auch wären – ein Hinweis darauf, dass der Wert, den Menschen neuen Unternehmen zuweisen, willkürlich ist.

Ein neues Unternehmen an einen Risikokapitalgeber zu verkaufen war offenbar weniger mit dem Verkauf eines Sofas zu vergleichen als mit dem Anpreisen einer Filmidee. Die Kauflust der Risikokapitalgeber hing weniger von den reinen Zahlen ab als davon, wie begeistert sie von der Geschichte waren, die man ihnen erzählte. Es war, als ob sie den ganzen Tag damit verbrachten, sich Geschichten anzuhören und die auszusuchen, die ihnen am besten gefielen. Ihre Bewertungen hatten weder Hand noch Fuß: alles wieder wie im Englischunterricht. Sam fand schnell heraus, dass die meisten der Geschichten, die diese Leute hörten, einfach nicht sehr überzeugend waren. „Die meisten Leute erzählen Geschichten, die leicht zu widerlegen sind", sagte er. Bei der Geschichte, die er und Ramnik erzählten, war das nicht so. Sie ging in etwa wie folgt:

Während weltweit täglich Aktien im Wert von 600 Milliarden Dollar gehandelt wurden, waren es bei Kryptowährungen 200 Milliarden Dollar pro Tag und die Lücke wurde immer kleiner. Innerhalb von 18 Monaten war FTX aus dem Nichts zur fünftgrößten Kryptobörse der Welt aufgestiegen und eroberte jeden Tag Marktanteile von ihren Konkurrenten. FTX war die einzige Kryptobörse, die es sich zur Priorität machte, Lizenzen zu erhalten und legal zu werden. Sie war auch die einzige Kryptobörse, die nicht auf die eine oder andere Weise die US-Aufsichtsbehörden verärgert hatte. Sobald eine Kryptobörse wie FTX in den USA lizenziert war, konnte sie auch mit Aktien oder anderen Wertpapieren handeln und beispielsweise die New Yorker Börse herausfordern. Zu diesem Zweck hatte Sam bereits ein Unternehmen mit dem Namen FTX US gegründet – blieb aber vorsichtig, wenn es darum ging, Kunden den Handel mit Produkten zu gestatten, die die SEC missbilligen könnte. „Das Argument lautete: ‚Seht, wie schnell wir wachsen, der Markt ist riesig – und wir werden die glaubwürdige Partei sein'", so Ramnik.

Sie drehten sich im Kreis. Um glaubwürdig zu sein, wäre es hilfreich, Geld von Top-Risikokapitalgebern einzuwerben. Um das Geld der Risikokapitalgeber zu bekommen, mussten sie glaubwürdig sein. Und doch war alles so locker und leicht. Nachdem sie ihren Pitch gehört hatten, schickten ihnen die Verwalter eines Fonds einen Vorvertrag und sagten: „Wir lieben euch so sehr, dass ihr einfach nur eine Zahl eintragen müsst." Sam trug eine Zahl ein: 20 Milliarden Dollar. Der

Fonds ließ eine Zeit lang nichts von sich hören und erklärte dann, als Ramnik anrief, dass sie ihre Meinung geändert hätten. Eine britische Risikokapitalgesellschaft mit dem seltsamen Namen Hedosophia meldete sich und bot an, das zu zahlen, was Sam verlangte, – außerdem noch 100 Millionen Dollar für einen Anteil von 0,5 Prozent an FTX. Ramnik hatte kaum eine Ahnung, mit wem er es zu tun hatte, und so vereinbarte er ein Gespräch mit ihnen. „Es war seltsam", gab er zu. „Ich hatte das Gefühl, dass sie nicht genug über das Geschäft wussten. Sie wussten zum Beispiel nicht, dass FTX US existiert."

Trotzdem schickten die Hedosophia-Leute Ramnik einen Vorvertrag – nur um nach einem Mini-Absturz der Kryptopreise ihre Meinung zu ändern und ihn zurückzuziehen. Jemand von Blackstone, der größten privaten Investmentfirma der Welt, rief Sam an und erklärte, dass er eine Bewertung von 20 Milliarden Dollar für zu hoch halte und dass Blackstone bei einer Bewertung von 15 Milliarden Dollar investieren würde. „Sam sagte: ‚Wenn ihr das für zu hoch haltet, könnt ihr eine Milliarde unserer Aktien bei einer Bewertung von 20 Milliarden shorten'", erinnerte sich Ramnik. „Der Mann entgegnete: ‚Wir shorten nicht.' Und Sam darauf: „Wenn du bei Jane Street arbeiten würdest, würdest du noch in der ersten Woche gefeuert werden."[5]

Auch wenn nicht alle Risikokapitalgeber merkten, dass Sam zur selben Zeit ein Videospiel spielte, während er mit ihnen sprach, spürten die meisten, dass es ihm egal war, was sie zu sagen hatten. Ramnik kam zu dem Schluss, dass Sams Gleichgültigkeit gegenüber ihren Gefühlen ihr Interesse an ihm sogar noch steigerte. Dass FTX profitabel war und das Geld nicht wirklich brauchte, trug wahrscheinlich auch dazu bei. Am Ende verkauften sie zwischen Sommer 2020 und Frühjahr 2021 in vier Finanzierungsrunden etwa sechs Prozent des Unternehmens für 2,3 Milliarden Dollar. Rund *150* verschiedene Risikokapitalfirmen investierten. Alle akzeptierten Sams Weigerung, ihnen einen Sitz im Vorstand (er hatte keinen Vorstand) oder irgendeine andere Form der Kontrolle über das Unternehmen zu geben.

Und doch war FTX nur ein Teil eines viel größeren Puzzles, das Sam entworfen hatte. Ihm gehörten 90 Prozent von Alameda Research. Und das Wesen von Alameda Research änderte sich. Es war immer noch ein Quant-Handelsunternehmen mit guten und schlechten Monaten, aber seine Händler spielten auf eine neue Art und Weise mit immer größeren Geldsummen. Die Kryptowelt hatte neue, unregulierte Banken geschaffen. Die Leute deponierten ihre Kryptowährungen zum Beispiel bei Genesis Global Capital oder Celsius Network und erhielten dafür einen gewissen Zinssatz und diese Pseudobanken verliehen die Kryptowährungen an Händler wie Alameda Research weiter. Anfang 2018 hatten reiche effektive Altruisten Sam Zinsen von 50 Prozent pro Jahr berechnet. Drei Jahre später waren Genesis und Celsius bereit, Alameda Research Milliarden zu Zinssätzen zwischen 6 und 20 Prozent zu leihen. Und es gab weitere, noch geheimnisvollere Milliarden innerhalb von Alameda, von denen niemand wusste. „FTX ist kleiner, als die Leute denken, und Alameda ist größer", sagte Ramnik. „Viel größer."

Es war nie klar, wo Alameda Research aufhörte und FTX begann. Rechtlich getrennte Unternehmen, gehörten beide derselben Person. Sie belegten denselben großen Raum im 26. Stock eines Bürogebäudes. Sie hatten denselben Blick auf den Hochhauswald, der den Victoria Harbour umgab, und gut 30 Kilometer weiter auf China. Sams Schreibtisch befand sich an einem Ende der identischen langen Handelstische, die sowohl von Alameda als auch von FTX genutzt wurden. Es kam niemandem seltsam vor, dass Alameda die Anlaufkosten von etwa fünf bis zehn Millionen Dollar für FTX übernahm. Ebenso, dass FTX FTT verkaufte und das Kapital nicht für den Ausbau von FTX, sondern für den Handel innerhalb von Alameda verwendete. Es schien ganz natürlich, dass Alameda die gesamten verbleibenden FTT kontrollierte und sie als Sicherheit für seine Handelsaktivitäten verwendete. Sam hat nicht einmal versucht zu verbergen, was er tat. FTT „hat im Alleingang [Alamedas] Eigenkapitalproblem gelöst", schrieb er in einem Memo an die Mitarbeiter. Er behielt 90 Prozent von Alameda Research, während Gary die restlichen zehn Prozent besaß. Selbst nachdem er FTX-Anteile an die 150 Risikokapitalgeber verkauft hatte, besaß Sam immer noch mehr als die Hälfte des Unternehmens. Der drittgrößte Anteilseigner, Nishad, besaß lediglich fünf Prozent des Unternehmens.

Sam kümmerte sich gewissermaßen sowohl um beides als auch keines. Einen Großteil seines Tages verbrachte er damit, FTX und sich selbst nach außen hin zu promoten. Und je mehr FTX boomte, desto schwieriger wurde es für ihn, Leute zu finden, die er für einen Job bei Alameda für geeignet hielt. Qualifizierte Leute meldeten sich vielleicht auf der Suche nach Arbeit bei Alameda, aber sobald sie das Wachstum von FTX sahen, erklärten sie, dass sie eigentlich lieber für FTX arbeiten würden. „Es wurde fast unmöglich, intelligente Leute zu finden, die bei Alameda arbeiten wollten", sagte er. Er hatte das Gefühl, für die Leitung des Unternehmens auf die Leute angewiesen zu sein, die bereits dort waren.

Er war nicht in der Lage, das tägliche Alameda-Handelsgeschäft zu leiten und gleichzeitig diese neue und ungewohnte Rolle als Gesicht des boomenden FTX-Franchise zu spielen. Da er sah, dass es bei Alameda keine einzige Person gab, die dafür qualifiziert war, übergab er den Job an zwei Personen. Die erste war ein cleverer, aber sozial unbeholfener Trader namens Sam Trabucco, den er seit dem Mathe-Camp in der Highschool kannte und ein Jahr zuvor von der Hochfrequenzhandelsfirma Susquehanna abgeworben hatte. Trabucco hatte sich sofort als die einzige Person etabliert, die Sam Bankman-Fried in Sachen Hingabe zum Kryptohandel Konkurrenz machen konnte: Er hatte kein Problem damit, das Büro in Hongkong wochenlang nicht zu verlassen. In dem Moment, in dem Sam ihn beförderte, verschwand sein Interesse an der Arbeit jedoch und er entdeckte eine ganz neue Lust auf die Freuden des Lebens. Die schockierende Veränderung bei Sam Trabucco im Spätsommer 2021 war schwer zu erklären, aber nicht zu leugnen. „In dem Moment, in dem er Co-Leiter von Alameda wurde, hat er abgeschaltet", sagte ein Alameda-Mitarbeiter.

Damit lag Sams privater Hedgefonds in den Händen seines anderen Co-CEOs, Caroline Ellison. Als er sie für diese Aufgabe ernannte, stellte sich Sam vor, dass Caroline die Mitarbeiter managt, während Sam Trabucco die Tradingrisiken managt. „Die Leute mochten es wirklich, von ihr gemanagt zu werden", sagte er. Im Herbst 2021 managte Caroline tatsächlich sowohl die Mitarbeiter als auch die Tradingrisiken, während sie selbst nur von Sam gemanagt wurde. Dies führte zu einigen Komplikationen. Die beiden führten nun ein geheimes Leben und das störte Caroline viel mehr, als es Sam störte. Sie wollte ihre Beziehung verbessern und ausbauen, er wollte das ... nun ja, nicht. Nachdem er nach Hongkong abgereist war, hatte Sam auf Carolines erstes Memo mit einem eigenen Memo geantwortet, in dem er die Vor- und Nachteile einer sexuellen Beziehung darlegte. Es begann mit einer wirklich überzeugenden Liste mit dem Titel ARGUMENTE DAGEGEN:

In vielerlei Hinsicht habe ich nicht wirklich eine Seele. In manchen Kontexten ist das viel deutlicher als in anderen. Aber letztlich spricht vieles dafür, dass meine Empathie unecht ist, meine Gefühle unecht sind, meine Mimik unecht ist. Ich fühle kein Glück. Welchen Sinn hat es, jemanden zu daten, den man körperlich nicht glücklich machen kann?

Ich habe eine lange Vorgeschichte von Langeweile und Klaustrophobie. Aktuell mache ich mir darüber weniger Sorgen als sonst, aber das Niveau meiner Sorgen könnte immer noch so hoch sein, dass alles andere egal ist.

Ich bin hin- und hergerissen, was ich will. Manchmal möchte ich wirklich mit dir zusammen sein. Manchmal möchte ich 60 Stunden am Stück arbeiten und an nichts anderes denken.

Ich mache mir Sorgen um die Machtdynamik zwischen uns.

Dies könnte Alameda zerstören, wenn es PR-mäßig wirklich schlecht läuft.

Das passt wirklich schlecht in der aktuellen Scheißsituation mit den effektiven Altruisten, die ich in gewisser Weise klären soll.

Ich mache Menschen traurig. Selbst Menschen, die ich inspiriere, mache ich nicht wirklich glücklich. Und für Menschen, die ich date, ist das wirklich erschütternd. Es ist wirklich beschissen, mit jemandem zusammen zu sein, (a) den man nicht glücklich machen kann, (b) der andere nicht wirklich respektiert, (c) der ständig wirklich beleidigende Dinge denkt, (d) der keine Zeit für einen hat und (e) der die Hälfte der Zeit allein sein will.

Es gibt eine Menge wirklich beschissener Dinge, wenn man eine Mitarbeiterin datet.

Auf diese Liste folgte eine weitere, kürzere Liste mit dem Titel ARGUMENTE DAFÜR:

Ich mag dich wirklich verdammt gern.

Ich rede wirklich gern mit dir. Ich habe viel weniger Angst, dir zu sagen, was ich auf dem Herzen habe, als bei fast jedem anderen.

Du teilst meine wichtigsten Interessen.

Du bist ein guter Mensch.

Ich ficke dich wirklich gern.

Du bist klug und beeindruckend.

Du hast ein gutes Urteilsvermögen und bist nicht dumm.

Du schätzt mich sehr für das, was ich bin.

Trotzdem war sie ihm von Berkeley nach Hongkong gefolgt und hatte ihre Beziehung wieder aufgenommen. Zwei Jahre später hatten sich die Rahmenbedingungen nicht verändert. Sam war besser in der Lage, die Gründe für seine Gefühle für Caroline zu erkennen, als diese Gefühle tatsächlich zu erleben. Caroline wollte eine konventionelle Liebe mit einem unkonventionellen Mann. Sam wollte das tun, was zu einem bestimmten Zeitpunkt den höchsten Erwartungswert bot, und seine Einschätzung ihres Erwartungswerts schien kurz vor dem Sex ihren Höhepunkt zu erreichen und unmittelbar danach abzustürzen. Caroline gefiel das nicht und sie ließ es ihn in einer Reihe von langen, sachlichen Memos wissen. „Es gibt Dinge, die ich mir von unserer Beziehung wünsche und die ich nicht in dem Maße bekomme, wie ich es mir wünsche", schrieb sie Anfang Juli 2021. Es folgten die üblichen Aufzählungspunkte:

- Kommunikation über unsere Gefühle und Vorlieben
- Konstante Bestätigung/positive Verstärkung
- Gesellschaftliche Bestätigung unserer Beziehung zumindest in einem gewissen Rahmen

Sam hatte eine Liste im Kopf mit all den schlimmen Dingen, die passieren könnten, wenn die Leute wüssten, dass sie miteinander schliefen. Caroline dachte, dass Sams Liste seine wahren Motive verschleierte. „Ich schätze, ein Großteil dessen, was mich stört, ist das Gefühl, dass du dich für mich schämst", fügte sie sechs Tage später in einem Folgememo hinzu, bevor sie erklärte, wie und warum sie das störte.

- *Ich finde es aufregend, wenn die Leute wissen, dass wir zusammen sind; in früheren Beziehungen habe ich das definitiv nicht immer so empfunden und es kam darauf an, ob ich mich für die Person schämte und ob ich dachte, die Leute würden schlechter/besser von mir denken, wenn ich mit ihr zusammen wäre.*
- *Wenn ich das Gefühl hätte, dass du es auch gut fändest, wenn die Leute wüssten, dass wir zusammen sind, aber es einfach für eine schlechte Idee hieltest, es ihnen mitzuteilen, dann würde es mich nicht so sehr stören.*
- *Nochmals, ich habe das Gefühl, wenn ich besser/beeindruckender wäre, würde es dir nicht peinlich sein, wenn die Leute wüssten, dass wir zusammen sind.*

Ihre fundamentalsten Interessen blieben unvereinbar. Caroline spürte, dass Sam, selbst als er sie zum CEO von Alameda Research beförderte, mit ihrer Arbeitsleistung unzufrieden war – und sie teilte seine Meinung. „Es kommt mir so vor, als würde ich Alameda viel schlechter leiten als du, wenn du Vollzeit daran arbeiten würdest", schrieb sie in einem Follow-up zum Follow-up, „und ich würde wichtige Dinge vermasseln, wenn du nicht manchmal einspringen würdest."

18 Monate zuvor hatte sich Alameda Research mit 40 Millionen Dollar Kapital von einer Handvoll effektiver altruistischer Freunde vor sich hingeschleppt. Jetzt verfügte es über Milliarden, von denen ein Großteil von Fremden bei Pseudobanken geliehen war, und über einen Vorrat an weniger bekannten Kryptowährungen wie FTT, die je nachdem, wer die Zählung durchführte, zwischen null Dollar und 80 Milliarden Dollar wert waren. Die Aufgabe war komplizierter geworden. Sie brauchte eindeutig Hilfe. Wieder einmal dachte sie laut mit ihrem Chef darüber nach, entweder ihren Job zu kündigen oder mit ihm Schluss zu machen oder beides.

Bevor sie etwas davon tun konnte, brach Sam im August 2021 zu einer weiteren Reise auf – auf die Bahamas, um zu sehen, ob dort vielleicht ein Satellitenbüro oder einen Disaster-Relief-Standort eingerichtet werden könnte, falls beispielsweise die chinesische Regierung ihnen den Saft abdrehen würde. Der Ort gefiel ihm so gut, dass er kurzerhand beschloss zu bleiben. Zum zweiten Mal innerhalb von drei Jahren teilte er einer Gruppe von Leuten, die er eigentlich anführen sollte, mit, dass er nicht mehr zurückkommen würde.

7
DAS ORGANIGRAMM

Man musste kein Psychiater sein, um ein Muster in Sams Beziehung zu Caroline zu erkennen, aber zufällig gab es einen mitten unter ihnen. Sein Name war George Lerner und Ende 2021 war er die vielleicht weltweit führende Autorität auf dem Gebiet des Innenlebens von effektiven Altruisten. Die merkwürdige Rolle hatte sich ihm ganz natürlich eröffnet, so wie sich ihm auch die Psychiatrie eröffnet hatte. Die unmittelbare Intimität, die sie ihm im Umgang mit anderen ermöglichte, hatte ihn fasziniert. „Ehrlich gesagt ist es irgendwie erstaunlich, sich die Geschichten anderer Leute anzuhören und dafür bezahlt zu werden", erklärte er. In seinen ersten Tagen am Baylor College of Medicine in Texas wurden die Studenten aufgefordert, die Hand zu heben, wenn ihr gewünschtes Fachgebiet aufgerufen wurde. Als nach Chirurgen gefragt wurde, hoben viele Studenten die Hand. Als nach Psychiatern gefragt wurde, war Georges Hand die einzige. Er war für seine Facharztausbildung an der University of California nach San Francisco gezogen und blieb dort, um zu lehren und eine Praxis aufzubauen.

George wurde in Russland geboren, zog aber im Alter von elf Jahren mit seiner Familie nach Kalifornien. Er war eine seltsame Mischung aus den beiden Orten. Seine Augen, sein Haar, sein immer gleicher

Bartansatz: Alles war Teil eines Bildes, das auch von Dostojewski stammen könnte. Alles an George war dunkel, bis auf sein Lächeln. Während der Rest von ihm die Stirn runzelte, verriet sein Mund Heiterkeit und sogar Schadenfreude. Es war, als hätte sich Kalifornien an ihm zu schaffen gemacht, um ihn aus einer bodenlosen Verzweiflung herauszuholen, und dann aufgehört, bevor es die Arbeit beendet hatte. Seine Patienten konnten daher in seinem Verhalten die Emotionen finden, die sie gerade brauchten.

Die erste Gruppe bestand ausschließlich aus Anwälten; es fing mit einem an, der ihn dann einem anderen empfahl, und ehe George sich versah, verbrachte er den ganzen Tag damit, sich die Probleme von Anwälten anzuhören. „Die Anwälte wurden immer mehr", berichtete George. „Sie schickten alle ihre Kollegen vorbei." Die Anwälte wollten hauptsächlich über ihre gescheiterten Beziehungen sprechen, was schnell langweilig wurde. Aber nach der Welle von Anwälten kam eine zweite Welle von Führungskräften aus der Technologiebranche, die viel mehr als die Anwälte daran interessiert waren, über ihre Arbeit zu sprechen. „Die Tech-Leute sprachen nicht viel über ihre Beziehungen", sagte George. „Sie wollten, dass ich sie wirklich coache, damit sie bessere Ingenieure werden."

Die Kryptoleute tauchten ab 2017 auf, dem Jahr des Krypto-Booms. Es gab zwei Typen von ihnen. Zuerst kamen die Originalisten, die sich zu Bitcoin hingezogen fühlten, als es noch eine altmodische Religion war. „Sie waren so etwas wie Liberalisten, die immer auf eigene Faust gearbeitet hatten und aufgrund ihrer Ansichten nicht gut in große Unternehmen passten", sagte George. „Sie haben sich oft darüber beschwert, dass man ihnen bei der Arbeit regierungsfreundliche Ansichten aufzwingt. Sie sind ein wenig paranoid. Die Welt ist für sie eine Art Verschwörung." George hat genug von diesen Leuten gesehen, um zu erkennen, dass es kein Zufall war, dass sie in der Kryptowirtschaft gelandet sind. „Es war wie eine Bitcoin-Hundepfeife, die ertönte und diese Leute anzog", sagte er. „Sie arbeiteten in einem normalen Unternehmen, aber nebenbei hatten sie dieses Interesse. Sie wollten darüber sprechen, dass sie Angst vor der Regierung haben. Oftmals wollten ihr Ehepartner oder ihre Familie nichts mehr davon hören."

Sie kamen zu George, weil ihre Bitcoin keine Ohren hatten und sie jemanden brauchten, der zuhört. George war bis zu einem gewissen Punkt für diese Rolle geeignet. Es fiel ihm schon immer erschreckend leicht, den intellektuellen Standpunkt eines anderen Menschen einzunehmen. „In gewisser Weise hat mir das in der Assistenzzeit wirklich geschadet, weil ich keine Psychose erkennen konnte", sagte er. „Ich sagte immer so etwas wie: *Ich kann absolut nachvollziehen, dass Sie denken, dass Ihr Arbeitgeber Ihr Telefon abhört.*"

Der Anstieg des Bitcoin-Preises führte dazu, dass in Georges Wartezimmer eine andere Art von Kryptoleuten erschien. „Der zweite Kryptotyp ist derjenige, der jung und hip ist und Geld verdienen will", sagte George. Dieser andere Kryptotyp war für George weniger interessant. Leute dieses Typs waren nur besorgt, dass die Regierung ihre Gewinne besteuern würde.

Dann begannen die effektiven Altruisten aufzutauchen – und an diesem Punkt legte George ein neues und stärkeres Interesse an seinen Patienten an den Tag. Gabe Bankman-Fried, Sams jüngerer Bruder, war der Erste, aber ihm dicht auf den Fersen waren Caroline Ellison und andere von Alameda Research. Als Sam ein Jahr später zu ihm kam, behandelte George bereits etwa 20 effektive Altruisten. Als Gruppe dämpften sie eine Sorge, die George um sich selbst hatte: die Grenzen seines Einfühlungsvermögens. Wenn gewöhnliche Menschen mit ihren gewöhnlichen Gefühlen zu ihm kamen, ertappte er sich oft dabei, dass er Verständnis vortäuschte. Die effektiven Altruisten brauchten sein Einfühlungsvermögen nicht; die effektiven Altruisten waren der Meinung, dass selbst sie sich nicht um ihre Gefühle kümmern sollten. In ihrem unbeirrbaren Bestreben, den Nutzen ihres Lebens zu maximieren, versuchten sie, die Auswirkungen ihrer Gefühle zu minimieren. „Sie sagten mir, dass ihre Emotionen sie daran hindern, ihre Entscheidungen auf bloße Zahlen zu reduzieren“, so George. „Sie fragten: ‚Soll ich eine Affäre haben?‘ Nun, lassen Sie uns eine Kosten-Nutzen-Analyse durchführen. Effektive Altruisten lieben diesen Ansatz.“ Dieser Ansatz passte auch zu George. Er war nicht in der Lage, die Gefühle seiner Patienten zu spüren. Aber er konnte ihre Gedanken spüren.

Er würde nie einer von ihnen sein – er war sich selbst nicht sicher, ob Altruismus in der menschlichen Natur existiert. Aber er bewunderte sie. Zunächst einmal war es lustig, wie jung sie alle waren – eigentlich nur Kinder, die am Anfang ihres Lebens standen. „Anfangs fühlte es sich an, als ob sie ein Spiel spielen würden. Sie waren alle Außenseiter in Bezug auf ihre Intelligenz und die Art, wie sie die Welt betrachteten. Schon bald erkannte er, dass es sich nicht um ein Spiel handelte. Sie waren alle völlig und absolut aufrichtig. Sie beurteilten die Moralität einer jeden Handlung nach ihren Konsequenzen und lebten ihr Leben, um diese Konsequenzen zu maximieren. George akzeptierte ihre Prämissen, so wie er auch die Prämissen der Kryptotypen akzeptiert hatte, die glaubten, die Regierung würde sie ausspionieren. „Es war nicht meine Aufgabe, sie infrage zu stellen“, sagte er. „Sie waren in sich schlüssig und wenn sie in sich schlüssig sind, bin ich damit einverstanden. Und, wissen Sie, vielleicht ist es eine Möglichkeit, der Welt tatsächlich von Nutzen zu sein, auch wenn es ein wenig seltsam ist.“

Sie alle wollten genauso gern über ihre Philosophie sprechen wie über ihre persönlichen Probleme und diese philosophischen Diskussionen waren für George unterhaltsamer als die Probleme anderer. Aber George hörte auch von den Problemen und dies ermöglichte es ihm, Muster im Verhalten seiner neuen Patienten zu erkennen. Zum Beispiel erklärten sie alle, dass ihnen die „Menschheit“ am Herzen liege, während sie gleichzeitig oft ein wenig zögerlich waren, wenn es darum ging, tatsächliche Menschen zu lieben. „Es fängt nicht wirklich bei den Menschen an“, erläuterte George. „Es beginnt mit dem Leiden. Es geht darum, Leiden zu verhindern. Sie kümmern sich um Tiere auf die gleiche Weise. Sie sorgen sich auch darum, dass die Erde nicht von einem Asteroiden vernichtet wird. Aber sie haben keine Sehnsucht nach einer Verbindung."

Sie legten auch Wert auf die Logik, die ihrem Verhalten zugrunde lag. Konsequenz war für sie nicht das Schreckgespenst eines kleinen Verstandes, sondern das Zeichen eines großen Verstandes. Sie brachten Logik und Strenge in ihre emotional herausforderndsten Entscheidungen ein – zum Beispiel in die Entscheidung, ob sie Kinder haben wollten. „Viele effektive Altruisten haben sich gegen Kinder entschieden", berichtete George. „Das liegt an den Auswirkungen auf ihr eigenes Leben. Sie glauben, dass Kinder zu haben ihnen die Möglichkeit nimmt, etwas in der Welt zu bewirken." Schließlich könnte man in der Zeit, die man braucht, um ein Kind zu einem effektiven Altruisten zu erziehen, eine unvorstellbar große Zahl von Menschen, die nicht die eigenen Kinder sind, davon überzeugen, effektive Altruisten zu werden. „Es fühlt sich egoistisch an, ein Kind zu haben. Das Argument eines effektiven Altruisten für ein Kind ist, dass ein Kind gleichbedeutend mit Glück ist und Glück gleichbedeutend mit erhöhter Produktivität. Wenn sie das in ihren Kopf bekommen können, dann setzen sie vielleicht ein Kind in die Welt."

Die Tatsache, dass nichts von alledem den Menschen in die Wiege gelegt wurde – dass sie ihren Lebensstil selbst ausgestalten mussten –, war ebenfalls wichtig. „Es hat zwei Seiten, ein effektiver Altruist zu sein", sagte George. „Seite 1 ist die Konzentration auf die Konsequenzen. Die zweite Seite ist das persönliche Opfer." Bei Seite 1 waren sich die effektiven Altruisten einig, bei Seite 2 gab es ernsthafte Differenzen zwischen ihnen. Es war leicht, darüber zu reden, aber wie weit wären sie bereit, bei ihrem Engagement zur Rettung des Lebens anderer Menschen zu gehen? Würden sie auf Kinder verzichten? Würden sie eine Niere spenden? Sam Bankman-Fried, so empfand George, lebte am einen Ende des Spektrums. Sam hatte eine fast schon unheimlich niedrige Toleranz für körperliche Schmerzen und verzichtete daher auf eine Nierenspende. Ansonsten war Sam voll und ganz bereit, sich zu opfern.

Caroline Ellison war nicht so. Ihr fehlte das Vertrauen in sich selbst. „Sie lieh sich ihr Ego von Sam, weil sie keines hatte", sagte George. „Sam gab ihr echte innere Stärke." In Georges Patientengruppe von effektiven Altruisten nahm Caroline das andere Ende des Spektrums der Bereitschaft ein, für ihre Prinzipien Opfer zu bringen. Als sie 2018 zum ersten Mal zu ihm kam, hatte sie zwei Themen, über die sie sprechen wollte: ihre Aufmerksamkeitsdefizit-Hyperaktivitätsstörung und ihren neuen und emotional komplizierten polyamoren Lebensstil. Bei jeder weiteren Sitzung kam Caroline nur noch mit einem Thema, über das sie sprechen wollte: Sam. Sie hatte sich in Sam verliebt, Sam liebte sie nicht und allein diese Tatsache machte sie zutiefst unglücklich. „Ich dachte, sie wäre eine Ausnahme", erläuterte George. „Ich dachte, sie wäre jederzeit bereit, effektiven Altruismus gegen die Erwiderung der Liebe einzutauschen."

George sah es nicht wirklich als seine Aufgabe an, Caroline Sams Persönlichkeit zu erklären oder sie von ihrer Suche nach seiner Liebe abzubringen. „Wenn ich ihr Freund wäre und nicht ihr Therapeut, hätte ich gesagt: Du wirst von diesem Kerl nie bekommen, was du willst." Es war eine Plage, ständig von ihrem Verlangen zu hören, Sam möge ihre Beziehung öffentlich anerkennen. Nach fast zwei Jahren in Hongkong hatte sie einige ihrer engsten Vertrauten, die anderen effektiven Altruisten, eingeweiht. „Das ist der Höhepunkt der Beziehung für sie", erzählte George. „Sie verlangte viel von ihm und sie schien damit zufrieden zu sein. Es war eine Bestätigung für die Beziehung und zeigte ein gewisses Maß an Engagement. So etwas Großes hatte sie von ihm noch nie bekommen." Daraufhin stieg Sam in ein Flugzeug auf die Bahamas und kehrte nie wieder zurück. Wenige Wochen später rief er George an und schlug ihm vor, von San Francisco auf die Bahamas zu ziehen und als Psychiater bei FTX zu arbeiten.

Nach dem Schisma und kurz vor seinem Flug nach Hongkong war Sam auf der Suche nach einem neuen Therapeuten gewesen. Verschiedene frühere Therapeuten hatten sich als nicht hilfreich erwiesen, vor allem, weil sie sich nicht dazu durchringen konnten zu glauben, dass er der war, der er war, und stattdessen darauf bestanden, dass er jemand anderes sein müsse. „Die früheren Therapeuten reagierten ungläubig auf verschiedene Teile von mir", sagte er. Er erklärte ihnen zum Beispiel die seiner Meinung nach völlig rationale Entscheidung, die er in einem erstaunlich jungen Alter getroffen hatte, nämlich niemals Kinder zu bekommen. Oder er erzählte ihnen von der Abwesenheit von Gefühlen oder davon, dass er nie Freude empfunden hatte. (Sie hatten einen Begriff dafür: Anhedonie.) Sie nickten kurz, aber dann misstrauten sie seiner Selbstdiagnose. „Es war wie: ‚Was an mir streitest du ab?'", so Sam. „Es gab keine klare Möglichkeit, zu ihnen durchzudringen. Ich weiß, dass es Dinge gibt, die an mir ungewöhnlich sind. Sie wollten sie nicht einfach akzeptieren und weitermachen." Er fügte der Liste der Menschen, die ihn nicht verstanden, seine Therapeuten hinzu.

Was er an George mochte, war, dass dieser ihn einfach so nahm, wie er war – und dass er kein großes Interesse an sinnlosen Gesprächen über seine Gefühle zu haben schien. Sam hatte schon lange beschlossen, dass Diskussionen über sein Innenleben und dessen Folgen für andere sinnlos waren. „Der soziale Kram war im Grunde unlösbar", konstatierte er. Er brauchte keinen Therapeuten, um mit seinen Problemen fertigzuwerden – obwohl er jemanden brauchte, der ihm seine Medikamente verschreiben konnte. Die Probleme, die Sam interessierten, waren die Probleme *anderer Menschen*. Er fand bald heraus, dass George bei diesen äußerst nützlich sein konnte. Wenn sich beispielsweise zwei Angestellte stritten, konnte George Sam dabei helfen, Wege zur Beilegung ihres Streits zu finden. Für die meisten anderen war George ein Psychiater. Für Sam wurde er so etwas wie ein Unternehmensberater. („Sam wollte nie über sich selbst sprechen", erinnerte sich George. „Wir sprachen immer nur über das Geschäftliche.")

Carolines Beharren darauf, ihre und Sams Gefühle füreinander öffentlich zu machen, hätte es auf keine offizielle und wahrscheinlich auch keine bewusst verfasste Liste der Gründe geschafft, warum Sam der Meinung war, dass es besser wäre, auf den Bahamas zu bleiben als nach Hongkong zurückzukehren. Für ihn gab es nicht nur einen Grund für den Umzug, sondern gleich mehrere. Die von der Regierung in Hongkong verhängten Quarantänen von 14 bis 21 Tagen für jeden, der das Land betrat, machten Auslandsreisen so gut wie unmöglich. Die Angewohnheit der chinesischen Regierung, die Leiter aller Kryptobörsen, die sie in die Finger bekam, zu verhaften und deren Gelder willkürlich einzufrieren, machte alle bei FTX nervös. Die Anwälte und einige der chinesischen Mitarbeiter versetzten Sam in ständige Sorge wegen des Risikos. Die FTX-Mitarbeiter hatten einen Fluchtplan für Sam und Gary ausgeheckt, von dem Sam nichts wusste und der ausgeführt werden sollte, falls die chinesische Polizei sie jemals abholen würde. „Der 007-Plan", so nannten sie ihn. Es gab zwei große Männer, die den Vordereingang des Büros bewachten, einen Hinterausgang und einen vollgetankten Jet, der Sam und Gary jederzeit in Sicherheit bringen konnte. Doch so beängstigend die chinesische Polizei auch sein mochte, für Sam war sie weniger beängstigend als Caroline. „Ich habe ein schlechtes Gewissen, dich damit zu belasten", schrieb er ihr, kurz bevor er aus Hongkong floh. Dann begann er mit seinem eigenen Business-Memo:

1. Ich mag es *wirklich, wirklich* nicht, wenn die Leute wissen, dass wir zusammen sind. Die Gründe dafür sind im Wesentlichen:
    1. Das macht es mir wirklich schwer, ein gutes Management zu praktizieren, weil ich mir Sorgen über Voreingenommenheit mache.
    2. Das ist potenziell eine wirklich schlechte PR.
    3. Da fühle ich mich wirklich unwohl.
    4. Die Leute fühlen sich bei der Arbeit in deiner Nähe unwohl.
2. Ich war wirklich unglücklich über das Gespräch, das wir im Büro darüber geführt haben:

   1. Ich verstehe, dass es dir gefällt, wenn es herauskommt, aber mir gefällt es nicht, das ist für mich ein absolutes No-Go.
   2. Ich glaube auch, dass du falschliegst, wenn es dir gefällt, dass es herauskommt; ich glaube, du vergisst hier die Effekte zweiter Ordnung.
3. Dies äußert sich auf vielfältige Weise. Beispiele sind:
   1. Wenn ich auf einer Großveranstaltung, auf der wir beide sind, speziell auf dich zugehe und mich verabschiede, ist das nicht sehr subtil.
   2. Indiskret sein bei der Suche nach Möglichkeiten, sich zu treffen (das ist mindestens so sehr mein Fehler wie deiner).
   3. Es den Leuten erzählen.
4. Ich hüte mich davor, in Fallen zu tappen, bei denen eine Beziehung mein Leben auf eine beschissene Art verändert.
5. Vor allem möchte ich dich wirklich stärker machen und ich befürchte, dass ich zum Teil das Gegenteil bewirke.
   1. Ich mache mir Sorgen, dass du zu sehr darauf bedacht bist, mich zu beeindrucken.
      – Das musst du nicht, du tust es bereits.
   2. Ich befürchte, dass du aus Angst vor einer Verurteilung einen Widerwillen gegen manche Dinge entwickelst.

Er endete mit einer einzigen Zeile: „Es tut mir wirklich leid, dass ich so eine beschissene Person zum Daten bin."

Im Spätsommer 2021 war es jedenfalls nicht mehr schwierig, Hongkong zu verlassen. Schwierig war es, herauszufinden, wohin man gehen sollte. Es musste ein Ort mit einer Finanzregulierung sein, die eine Kryptoterminbörse ausdrücklich zuließ. Damit schieden Europa und die USA aus. Taiwan kam nicht infrage, da die Chinesen jeden Moment einmarschieren könnten. Antigua hatte gute Gesetze, aber schlechtes Internet. Uruguay fühlte sich einfach seltsam an. Dubai hätte vielleicht funktioniert, aber es wäre schwierig für die große und wachsende Zahl chinesischer Mitarbeiterinnen bei FTX und Sam sträubte sich gegen die Vorstellung, dass die Regierung den Leuten vorschreibt, was sie anziehen dürfen und was nicht. Singapur, Gibraltar, Israel ... Die Liste der Orte, an denen FTX legal sein würde, enthielt eine Reihe von Namen, die aus verschiedenen Gründen nicht infrage kamen. Seltsamerweise standen die Bahamas nicht einmal auf dieser ersten Liste – aber dann besuchte Ryan Salame sie, um nach einem Ferienhaus zu suchen, das er kaufen wollte, und erfuhr zufällig, dass die Wertpapieraufsichtsbehörde der Bahamas gerade dabei war, neuen Kryptovorschriften den letzten Schliff zu geben.[6] Die Bahamas verfügten über ein großartiges Internet, das über ein Unterseekabel aus Florida kam. Sie hatten ein neutrales Steuersystem, bei dem die an andere Länder gezahlten Steuern angerechnet wurden, leerstehende Büroflächen und eine wahrhaft enorme Anzahl leerer Luxus-Eigentumswohnungen, die darauf warteten, in Wohnungen für Arbeitskräfte umgewandelt zu werden. Und sie waren so hungrig nach jeder Art von Geschäft, dass Sam, als er landete, um sich umzusehen, sich mit dem neu gewählten Premierminister traf. „Sam, wir sind pleite“, hatte der gestanden.

Sam war nicht pleite. Gerade zu diesem Zeitpunkt war Sam das Gegenteil von pleite. Alameda Research zahlte keine Kredithaizinsen mehr, um sich Dutzende Millionen von Dollar von effektiven Altruisten zu leihen. Die neuen Kryptokreditgeber wie Celsius und Genesis waren bereit, Alameda Research insgesamt zwischen 10 und 15 Milliarden Dollar zu Zinssätzen von nur sechs Prozent zu überlassen. Die Rendite von Alameda ging stetig zurück, aber mit dem Zugang zu riesigen Mengen billigen Kapitals stiegen die reinen Handelsgewinne immer weiter an: von 50 Millionen Dollar im Jahr 2018 auf 100 Millionen Dollar im Jahr 2019, auf eine Milliarde Dollar sowohl im Jahr 2020 als auch im Jahr 2021. Und das waren nur die Handelsgewinne; die Zahlen enthielten nicht die offensichtlich riesigen nicht realisierten Gewinne aus Sams Token-Beständen.

Im März 2020 stellte ein Ingenieur aus dem Silicon Valley namens Anatoly Yakovenko eine neue und bessere Blockchain vor, die eine Lösung für die vielleicht größte Schwäche von Bitcoin als Tauschmittel bot: Er war viel zu langsam. Bitcoin konnte nur sieben Transaktionen pro Sekunde validieren. Die neue Solana-Blockchain versprach, bis zu 65.000 Transaktionen pro Sekunde zu verarbeiten. Sam war nicht in der Lage, die Sache unabhängig zu bewerten, aber er fragte Leute, die das konnten, und entschied bald, dass Solana die Kryptowährung der Zukunft sein könnte. Selbst wenn es nicht so wäre, war Solanas Geschichte gut genug, dass andere Leute es so sehen und den Preis des Token in die Höhe treiben könnten. 18 Monate später besaß Alameda etwa 15 Prozent aller Solana-Token, die meisten davon zu 25 Cent pro Stück gekauft. Der Marktpreis von Solana war auf 249 Dollar gestiegen, das Tausendfache dessen, was Sam für die Token bezahlt hatte, und der Nennwert von Sams gesamtem Vorrat betrug etwa zwölf Milliarden Dollar. Es war schwer, den Wiederverkaufswert eines so großen Anteils zu bestimmen. Es gab aber einen echten Markt für Solana-Token. Jeden Tag wurden welche im Wert von zwei Milliarden Dollar gehandelt. „Ich habe es mit Erstaunen beobachtet“, sagte Sam.

Solana war ein Mikrokosmos für alles, was Sam zu diesem Zeitpunkt bewegte. Es hatte eine Geschichte, die Sam fortschrieb, indem er sie sich zu eigen machte. „Hier war der beste Beweis für die Hypothese, dass wir bei solchen Dingen einen wahnsinnig großen Vorsprung haben können“, erklärte er. „Es war wie eine selbsterfüllende Prophezeiung. Die Tatsache, dass wir eine große Position übernommen haben, trug dazu bei, dass der Kurs anstieg.“

In Sams Drachenhöhle gab es noch mehr. Alameda hatte zum Beispiel auch etwa die Hälfte der existierenden FTT-Token eingesammelt und damit für Sam eine zweite Beteiligung an FTX geschaffen mit einem Anspruch auf etwa ein Sechstel aller Umsätze von FTX. In den letzten 18 Monaten war der Preis von FTT von etwa drei Dollar auf etwa 80 Dollar gestiegen. Auch hier war es schwer zu sagen, für wie viel Sam FTT loswerden könnte, wenn er versuchen würde, seinen Anteil auf einmal zu verkaufen. Aber die Kryptokreditgeber waren gern bereit, ihm Milliarden von Dollar mit FTT als Sicherheit zu leihen, sodass er sie nicht verkaufen musste, um an Bargeld zu kommen.

Und dann war da noch Sams Beteiligung an FTX, die in der Tat sehr real war. Eine große Anzahl von Risikokapitalgebern hatte 2,3 Milliarden Dollar für nur sechs Prozent des Unternehmens gezahlt. Sam hatte guten Grund zu der Annahme, dass er jetzt einen noch kleineren Anteil für einige Milliarden mehr an eine noch größere Gruppe verkaufen könnte. FTX bildete die Grundlage für sein wachsendes Imperium: ein echtes Geschäft mit boomenden Umsätzen und Gewinnen. Es hatte Risikokapital eigentlich gar nicht benötigt. (Wie um das zu verdeutlichen, machte Sam, nachdem er 200 Millionen Dollar von Sequoia Capital im Tausch gegen einen Anteil an FTX erhalten hatte, eine Kehrtwendung und investierte 200 Millionen Dollar von Alameda Research in einen der Sequoia-Fonds.) FTX war nun die am schnellsten wachsende Kryptobörse der Welt und das Casino der Wahl für große professionelle Händler. In weniger als drei Jahren war ihr Anteil am gesamten Kryptohandel von null auf zehn Prozent gestiegen. Im Jahr 2021 würde sie eine Milliarde Dollar Umsatz generieren.

Und dennoch hatte das Unternehmen offensichtlich noch viel Raum für Wachstum. Sein größter Konkurrent, Binance, wies das fünffache Handelsvolumen von FTX aus, was vermutlich auch etwa das Fünffache der Umsätze von FTX und das Fünffache des Marktwerts von FTX bedeutete. Die Experten, die versuchten, das gegenwärtige Vermögen reicher Leute zu bestimmen, hatten Schwierigkeiten, das Vermögen von CZ zu beziffern. Niemand war sich sicher, wie viel von Binance CZ tatsächlich besaß. Im Jahr 2021 hatte *Forbes* das Vermögen von CZ geringer als das von Sam angesetzt, aber weder Sam noch sonst jemand bei FTX glaubte den Zahlen. Sam dachte, CZ könnte der reichste Mensch der Welt sein. Doch CZ erschien den Leuten, die Sam mit Kapital versorgten, verletzlich. Als *Forbes* im Herbst 2021 Sam unter die Lupe nahm, sahen sie den reichsten Menschen der Welt unter 30 Jahren. Als die Risikokapitalgeber Sam unter die Lupe nahmen, sahen sie den Mann, der sehr bald CZ als reichste Person der Welt ablösen könnte, Punkt.

All das erklärte, was Sam in diesem Moment vorhatte – und was später so gut wie nicht zu erklären oder gar zu glauben sein würde. Er machte sich daran, FTX als die am stärksten regulierte, gesetzestreueste und regelkonformste Kryptobörse der Welt zu etablieren. Er wollte so viele Lizenzen erwerben, dass er in so vielen Ländern wie möglich legal und offen operieren konnte. Und darauf zu wetten, dass die Rechtsstaatlichkeit die gesetzlosen Kryptomärkte formen würde. Ende 2021 gaben 16 Prozent der Amerikaner an, sich mit Kryptowährungen beschäftigt zu haben. In Asien waren die Zahlen wahrscheinlich noch höher. Es war nur eine Frage der Zeit, dachte Sam, bis sich die Aufsichtsbehörden mit Kryptowährungen befassen und die nicht lizenzierten Börsen mit einem Bann belegen würden.

Die Strategie war nahezu das Gegenteil der Binance-Strategie. Als FTX im Mai 2019 an den Start ging, war Binance lediglich eine von einer Handvoll Kryptobörsen mit einem etwa gleich hohen Marktanteil von rund zehn Prozent. Eine von ihnen, BitMEX, geriet bald in Konflikt mit dem US-Justizministerium, weil sie „vorsätzlich kein Programm zur Bekämpfung der Geldwäsche eingerichtet, umgesetzt und aufrechterhalten hat“, und ihre Gründer, zwei Amerikaner und ein Brite, wurden mit Geldstrafen, Bewährungsstrafen und Hausarrest belegt. Zwei andere Börsen, OKEx und Huobi, mussten Berichten zufolge mit ansehen, wie Führungskräfte von der chinesischen Polizei abgeführt wurden und ihr Vermögen eingefroren wurde. CZ hatte China drei Jahre zuvor, Ende 2017, verlassen, vor der in jenem Jahr von der Regierung durchgeführten Razzia, die nur eine von mehreren davor und danach war. Er war zunächst in Singapur gelandet, ließ sich aber schließlich in Dubai nieder, das unter anderem kein Auslieferungsabkommen mit den USA hat. Das war nützlich, da die erste Reaktion von CZ auf neue Regeln und Vorschriften oft darin bestand, sie zu ignorieren und sich darauf zu verlassen, dass die Aufsichtsbehörden nicht die Nerven oder die Ressourcen hatten, Maßnahmen zu ergreifen.

Das war bis dato eine weise Entscheidung. Innerhalb von zwei Jahren war der Anteil von Binance am Kryptohandel von 10 auf 50 Prozent gestiegen. Das Unternehmen bot Finanzprodukte an, die die lokalen Aufsichtsbehörden entweder verboten hatten oder noch genehmigen mussten, und die Aufsichtsbehörden schienen nicht bestrebt zu sein, sich ins Zeug zu legen. Ein Beispiel dafür war das Binance-eigene Börsen-Token namens BNB. BNB war für Binance das, was FTT für FTX war: ein Anspruch auf die Umsätze des Unternehmens. Man konnte vernünftigerweise argumentieren, dass Bitcoin kein Wertpapier sei. Die CFTC hatte das getan und Bitcoin zu einer Ware erklärt. Bei BNB oder FTT griff kein ähnliches Argument. Sie waren geschaffen und an Investoren verkauft worden, um Geld für gewinnorientierte Unternehmen zu beschaffen. Sie schütteten ihren Eigentümern Dividenden in Form von niedrigeren Gebühren auf Handels- und Rückkaufvereinbarungen aus. Es gab keine Definition eines Wertpapiers, die sie nicht erfüllten. Wenn man versuchte, sie an amerikanische Investoren in den USA zu verkaufen, war es schwer vorstellbar, dass die SEC einfach ein Auge zudrückte. Und doch verkaufte Binance BNB – und vieles andere – an Amerikaner innerhalb der USA. Mit den unvergesslichen Worten, die der *Chief Compliance Officer* von Binance im Jahr 2018 an einen Kollegen schrieb: „wir arbeiten in den USA als eine verdammte unlizenzierte Wertpapierbörse, Kumpel". (Dieser und ähnliche Sätze tauchten in einer Klage auf, die die SEC fünf Jahre später, im Juni 2023, gegen Binance einreichte.)

In ihrer Bereitschaft, den Zorn der US-Finanzaufsichtsbehörden auf sich zu ziehen, fielen die Kryptobörsen in eine von mindestens vier Kategorien. Eine kleine Gruppe winziger US-Börsen listete nur Bitcoin und Ether, die beiden ältesten Coins, die von der SEC als Waren abgesegnet und von der CFTC offen reguliert wurden. (Seltsamerweise wurde ein Coin umso mehr als Ware angesehen, je älter er war.) Die neue US-Börse von FTX listete diese beiden Coins sowie 18 weitere, neuere Coins, von denen keiner die offensichtlichsten Eigenschaften eines Wertpapiers aufwies. Keiner von ihnen hatte zum Beispiel Rückkauf- und Verbrennungsfunktionen oder war ausschließlich dazu bestimmt, Geld für ein gewinnorientiertes Unternehmen zu beschaffen. Coinbase, die Börse mit der größten Anzahl von US-Kunden, schien bereit zu sein, ein größeres regulatorisches Risiko einzugehen. Sie listete etwa 500 Coins, darunter einige, die die SEC ganz klar als Wertpapiere betrachtete, und ihr CEO, Brian Armstrong, kritisierte auf Twitter die Aufsichtsbehörden für ihr „undurchsichtiges Gebaren". Coinbase selbst hatte jedoch kein Börsen-Token, das mit FTT vergleichbar war, und war daher nicht in der unverschämten Lage, seine Börse zu nutzen, um seine eigenen unregulierten Wertpapiere an US-Anleger zu verkaufen. Nur Binance tat dies mit BNB.

Mit dem Verkauf von im Prinzip Aktien an US-Kleinanleger über seine eigene neue US-Kryptobörse zeigte Binance den US-Aufsichtsbehörden den größten Mittelfinger. Gleichzeitig steigerte es den Wert von BNB in unglaubliche Höhen. Als Binance im September 2019 seine US-Börse offiziell eröffnete, lag die Marktkapitalisierung von BNB bei etwas weniger als drei Milliarden Dollar. Im Herbst 2021 lag sie bei über 100 Milliarden Dollar. Wie viel von diesem Anstieg auf die Nachfrage von US-Investoren zurückzuführen war, ist schwer zu sagen, aber Sam schätzte: 20 Milliarden Dollar. Der Zorn der US-Aufsichtsbehörden schien im Vergleich dazu ein geringer Preis zu sein.

Deshalb entschied Sam, als er die Situation analysierte, dass die Strategie von Binance unhaltbar war. Das Klügste wäre, die gesetzestreueste und regulierungsfreundlichste Börse der Welt zu sein. FTX könnte das Gesetz und die Aufsichtsbehörden nutzen, um den Kryptohandel von Binance auf FTX umzulenken. Wenn Länder noch nicht über die entsprechenden Gesetze verfügten, würde eine kleine Armee von FTX-Anwälten ihnen helfen, diese zu schaffen. Um das Land, auf das es am meisten ankam – dem Land, dessen Finanzaufsichtsbehörden die Menschen außerhalb ihres Zuständigkeitsbereichs verfolgten und ihre Regeln rund um den Globus durchsetzten –, würde Sam sich persönlich kümmern. Er würde versuchen, die Regierung der USA davon zu überzeugen, Krypto zu regulieren, diejenigen zu bestrafen, die gegen die neuen Regeln verstießen, und FTX als eine Art Lieblingsschüler der Kryptowirtschaft schalten und walten zu lassen. (Vielleicht war das Beste an den Bahamas aus Sams Sicht die Nähe zu den USA.)

Die USA waren für Sam nun der Heilige Gral. Dort gab es eine etablierte Kryptobörse, Coinbase. Der CEO von Coinbase hatte jedoch bereits beleidigende Tweets über die SEC abgesetzt. Und Coinbase war im Vergleich zu FTX ein langweiliges und aufgeblähtes Casino. Coinbase hatte *fünfzehnmal* so viele Mitarbeiter wie FTX, aber nur etwa ein Fünftel des FTX-Volumens. Sie verlangte von Kleinanlegern Gebühren, die fünf- bis fünfzigmal so hoch waren wie die von FTX, und machte trotzdem große Verluste. Dennoch war sie ein börsennotiertes Unternehmen mit einer Marktkapitalisierung von mehr als 75 Milliarden Dollar. Wenn FTX eine Lizenz zum Anbieten von Krypto-Futures in den USA erhalten und vollen Zugang zu US-Anlegern bekommen würde, könnte sie Coinbase die Kunden wegnehmen, zusammen mit ihrer Marktkapitalisierung. So dachte Sam – und deshalb dachte er auch, dass die Lizenz den Wert von FTX über Nacht verdoppeln oder sogar verdreifachen könnte.

Bevor er dies alles tun konnte, musste er CZ loswerden. CZ besaß immer noch die Beteiligung an FTX, die er Ende 2019 für 80 Millionen Dollar gekauft hatte. Die Beziehungen zwischen Binance und FTX hatten sich seitdem zu einem schwelenden Groll verschlechtert. Binance war der Klassentyrann, FTX der Klassenstreber und jeder nutzte gern seine besonderen Fähigkeiten, um den anderen zu quälen. Die Einführung der Binance-Futures war ein typisches Beispiel dafür. Das interne Team von Binance hatte drei Monate länger gebraucht, um die Handelsplattform für Krypto-Futures zu entwickeln, als Gary allein für die Entwicklung der FTX-Plattform gebraucht hatte. Sobald die Plattform in Betrieb war, stieß sie auf wenig Interesse. Oder besser gesagt, wie Sam sofort feststellte: Etwas am Handel mit dem neuen Terminkontrakt von Binance war seltsam. Anstelle der geballt auftretenden Ströme der natürlichen Marktaktivität gab es ein regelmäßiges Ticken, Ticken, Ticken von Trades. Er vermutete, dass Binance Bots entwickelt hatte, die den neuen Kontrakt mit sich selbst handelten, um die Illusion von Aktivität zu erzeugen.

Dieses sogenannte Wash-Trading wäre an einer regulierten US-Börse illegal gewesen, aber es störte Sam nicht sonderlich. Er fand es irgendwie lustig, wie dreist viele der asiatischen Börsen es betrieben. Im Sommer 2019 erstellte und veröffentlichte FTX eine tägliche Analyse der Aktivitäten an anderen Börsen. Sie schätzte, dass mindestens 80 Prozent des Volumens an den Börsen der zweiten und dritten Reihe und 30 Prozent des Volumens an den wenigen Top-Börsen frisiert waren. Kurz nachdem FTX ihre erste Analyse der Kryptohandelsaktivitäten veröffentlicht hatte, meldete sich eine Börse: *Wir feuern unser Wash-Trading-Team. Gebt uns eine Woche und die Volumina werden echt sein.* Die Top-Börsen zeigten sich erleichtert und dankbar für die Analyse, da bis dahin viele Leute davon ausgingen, dass weit mehr als 30 Prozent ihres Volumens frisiert waren.

Sam war weniger überrascht, dass Binance Wash-Trading betrieb, als vielmehr darüber, wie plump sie es tat. „Sie machten einen 2-minus-Job in Sachen Marktmanipulation", sagte er. Ein Binance-Bot würde einen breiten Markt für Bitcoin-Futures schaffen und ein anderer Binance-Bot würde einsteigen und sein hohes Angebot anheben. Wenn, um die Zahlen zu vereinfachen, der faire Wert von Bitcoin bei 100 Dollar läge, würde der erste Binance-Bot ein Kaufangebot bei 98 Dollar und ein Verkaufsangebot bei 102 Dollar abgeben. Kein normaler Händler würde bei einem der beiden Trades einsteigen – warum sollte man bei Binance für 98 Dollar verkaufen oder für 102 Dollar kaufen, wenn man bei einer anderen Börse für 100 Dollar kaufen oder verkaufen kann? Aber dann, in regelmäßigen und vorhersehbaren Abständen, betrat der zweite Binance-Bot den Markt und kaufte für 102 Dollar. Es sah aus, als ob ein Handel zwischen zwei verschiedenen Parteien stattgefunden hätte, aber das war nicht der Fall. Es war einfach ein Kauf von Binance durch Binance.

Sam liebte diese Art von Dingen: Es entsprach dem Handel bei Jane Street. Als Reaktion darauf ließ er seine Händler bei Alameda Research ihre eigenen, schnelleren Bots entwickeln. Die Bots von Alameda führten Angebote ein, die ein klein wenig billiger waren als die Angebote der Binance-Bots. Der Binance-Bot bot an, einen Bitcoin-Future für 102 Dollar zu verkaufen, und kurz bevor der zweite Binance-Bot auftauchte, um zu kaufen, betrat der Alameda-Bot die Bühne und bot ihn für 101,95 Dollar an. Anstatt Bitcoin von sich selbst zu einem überhöhten Preis zu kaufen, kaufte Binance von Alameda Research zu einem fast ebenso hohen Preis.

Der Verkauf an Binance-Bots für 101,95 Dollar, wobei diese anderswo für 100 Dollar hätten kaufen können, war ein gefundenes Fressen für Alameda. Aber dann bemerkte das Futures-Team von Binance, dass es mit dem Wash-Trading Geld verlor – und beschwerte sich bei CZ. Dass sie CZ nicht die ganze Geschichte erzählt oder dass sie nicht ganz verstanden hatten, was passiert war, zeigte sich in der verwirrenden Antwort von CZ:

> **CZ Binance**
> @cz_binance
> Follow
>
> Ein Market Maker einer kleineren Terminbörse hat versucht, die @Binance Futures-Plattform anzugreifen. NIEMAND wurde liquidiert, da wir den Indexpreis (nicht die Futures-Preise) für Liquidationen verwenden (unsere Innovation). Nur der Angreifer verlor einen Haufen Geld und das war's.

> **CZ Binance**
> @cz_binance
>
> Bei dem Angreifer handelt es sich um einen bekannten Kunden, der mit Binance handelt und vor einigen Monaten seine eigene Terminbörse eröffnet hat. Dies war der zweite Versuch, den sie unternahmen. Eine Schande!

„Es war sehr chinesisch, mich nicht einfach anzurufen und zu sagen: ‚Hey, kannst du damit aufhören?‘", sagte Sam. Dann rief er den Finanzchef von Binance, Wei Zhou, an. Es war ein seltsames Gespräch – der CEO einer Kryptobörse rief den CFO einer anderen an, um ihm mitzuteilen, dass dieser seine Marktmanipulation verbessern müsse, wenn er bei seinem neuen Terminkontrakt kein Geld verlieren wolle. Wei Zhou sprach mit CZ, der Sam für ein kurzes, wenn auch nicht unfreundliches Gespräch anrief, aus dem Sam schloss, dass CZ von seinen Händlern immer noch nicht erklärt worden war, was tatsächlich geschehen war. Was auch immer ihm berichtet wurde, veranlasste ihn dazu, einen Widerruf zu twittern, der nicht viel mehr Sinn ergab als das, was er ursprünglich geschrieben hatte:

> **CZ Binance**
> @cz_binance
>
> Ich hatte ein Gespräch mit dem Kunden. Es war ein Versehen, das auf einen falschen Parameter auf seiner Seite zurückzuführen ist. Keine Absicht. Jetzt ist alles gut.

In den ersten 18 Monaten des Bestehens von FTX hatte es mehrere Auseinandersetzungen dieser Art mit Binance gegeben. CZ entwickelte das, was drei seiner damaligen Mitarbeiter als Besessenheit von seinem neuen Rivalen beschrieben. Er bat seine Mitarbeiter regelmäßig um Berichte über FTX und sprach über FTX in einer Art und Weise, wie er es bei den anderen Börsen nicht tat. „CZ ist superschlau“, erklärte einer. „Er wird nie über eine Börse sprechen. Er denkt, es ist kostenloses Marketing. Aber FTX hat ihn beunruhigt. Von 2019 an sprach er nur noch von FTX. Er dachte, FTX sei die einzige wirkliche Bedrohung für seine Position.“ Eine Bedrohung, bei der er seltsamerweise nach Sam der zweitgrößte Anteilseigner war.

Mitte 2021 erkannte Sam, dass er die Aufsichtsbehörden nicht umschmeicheln und gleichzeitig CZ als Großinvestor haben konnte. Wenn man der Liebling des Lehrers sein wollte, konnte man nicht hinten im Klassenzimmer mit dem harten Kerl in der Lederjacke sitzen. Das Erste, was jede Aufsichtsbehörde verlangte, war eine Liste der Investoren und persönliche Details über sie. „Sie fragten CZ nach seiner familiären Situation und seinem Wohnort und CZ wollte sich nicht äußern“, berichtete ein ehemaliger Binance-Mitarbeiter. Am Ende bot Sam CZ an, ihm seinen FTX-Anteil abzukaufen. Für den Anteil, für den er 80 Millionen Dollar bezahlt hatte, forderte CZ 2,2 Milliarden Dollar. Sam war bereit, diese Summe zu zahlen. Kurz vor der Unterzeichnung des Vertrags bestand CZ ohne besonderen Grund auf weiteren 75 Millionen Dollar. Sam zahlte auch das. Was auch immer CZ an Dankbarkeit über seinen 2-Milliarden-Dollar-Geldregen empfand, er verbarg es. „Von da an herrschte kalter Krieg“, erinnerte sich Sam.

Die Übernahme des CZ-Anteils erfolgte vor dem Hintergrund einer größeren PR-Offensive. Sam tauchte nun regelmäßig im Fernsehen auf und war auf der Titelseite des *Forbes*-Magazins erschienen. Er hatte immer noch keine Ahnung, wie man eine Marke aufbaut, und wie immer hatte er keinerlei Interesse an Expertenmeinungen darüber, wie man das macht. Er beschloss, die Sache von Grund auf neu anzugehen, indem er sie intern besprach, mit Geld um sich warf und sah, was funktionierte. Mit der einen Hand drückte er CZ 2,275 Milliarden Dollar in die Hand, mit der anderen schrieb er Memos an FTX-Mitarbeiter, in denen er wie ein Marsmensch darüber nachdachte, was normale Amerikaner dazu bringt, ein Produkt zu mögen und ihm zu vertrauen. „Wir sind derzeit führend in der Technik und in der Beliebtheit, liegen aber bei der Bekanntheit zurück“, schrieb er. „Wir müssen 50 Millionen Nutzer mit geringem Engagement dazu bringen, von Coinbase zu FTX zu wechseln. Das wird einen ziemlich kräftigen Schubs brauchen!“

Er begann mit der Feststellung, dass nur wenige Marketingkampagnen die Wirkung hatten, die er sich für FTX erhoffte. Er zählte nur drei:

1. Yes we can: Barack Obama
2. Just do it: Nike. Viele Sportler, aber es gibt zwei, die die Marke zu dem gemacht haben, was sie ist: Michael Jordan und Tiger Woods
3. Think different: Apple. Albert Einstein, John Lennon, Martin Luther King, Muhammad Ali, Rosa Parks, Gandhi, Alfred Hitchcock und so weiter

Das Kryptopublikum war überwiegend jung und männlich und so schien es naheliegend, auf Sportstars zu setzen, um seine Zuneigung und sein Vertrauen zu gewinnen. Aber selbst innerhalb der engen Welt des Sports erschien es Sam als willkürlich, worauf die Menschen ihre Aufmerksamkeit richteten. In den USA zum Beispiel kannte und interessierte sich jeder für die Namen der Unternehmen an den Stadionwänden, aber niemand für die Namen der Unternehmen auf den Trikots der Spieler. Dies war jedoch keine allgemeingültige Regel: In Europa kannte und interessierte sich jeder für die Namen auf den Trikots der Spieler, aber nicht für das Unternehmen, nach dem das Stadion benannt war. Es gab keinen bestimmten Zeitpunkt, an dem sich die Amerikaner über die Bedeutung der Stadionsponsoren einig geworden wären: Es hatte sich einfach so ergeben. „Und wenn sich alle einig sind, worauf es ankommt, wird es wiederholt“, sagte Sam.

Die anfängliche allgemeine Skepsis gegenüber Kryptogeld machte es etwas schwieriger, als es sonst gewesen wäre, die Namensrechte für eine Profisportarena zu erwerben. FTX versuchte, die Football-Stadien der Kansas City Chiefs und der New Orleans Saints zu sponsern, was jedoch nicht klappte. Als sich dann jemand von dem Basketball-Team Miami Heat an FTX wandte und vorschlug, für 155 Millionen Dollar die Namensrechte für die nächsten 19 Jahre zu kaufen, ergriff Sam die Gelegenheit. Dass das Geschäft nicht nur die Zustimmung der NBA, sondern auch die des Miami-Dade Board of County Commissioners, einer Regierungsbehörde, erforderte, war ein Bonus. Danach konnten sie auf eine Regierungsstelle verweisen, die FTX abgesegnet hatte.

Sobald ihr Name auf einem amerikanischen Stadion stand, lehnte niemand mehr ihr Geld ab.[7] Sie überhäuften den amerikanischen Profisport mit Geld: Shohei Ohtani, Shaquille O'Neal und LeBron James wurden zu Werbebotschaftern. Sie zahlten der Major League Baseball (MLB) 162,5 Millionen Dollar, um die Trikots aller Schiedsrichter mit dem Firmennamen zu versehen. Sam war der Meinung, dass das FTX-Logo auf den Trikots der Schiedsrichter nützlicher sei als auf den Trikots der Spieler. In praktisch jedem TV-Bild eines jeden Spiels der MLB sah der Zuschauer den FTX-Aufnäher. „Die NBA hat uns einem Prüfverfahren unterzogen", berichtete FTX-Anwalt Dan Friedberg. „Die MLB sagte einfach okay!"

Die Vorstellung, dass jemand ein Produkt begehrenswerter finden könnte, nur weil eine berühmte Person geschwindelt und behauptet hatte, es zu benutzen, erschien Sam jedoch dubios. „Wenn ihr etwas kauft, interessiert es euch dann wirklich, was Baker Mayfield oder Dak Prescott denken?", schrieb er an die willkürlich zusammengewürfelte Gruppe von FTX-Mitarbeitern, die ihm dabei helfen sollten, über dem Thema zu brüten, als hätte noch nie jemand darüber nachgedacht. „Wenn ich euch erzählen würde, dass Baker Mayfield irgendeine Hausversicherungsgesellschaft wirklich mag, würdet ihr wahrscheinlich überhaupt nichts unternehmen."

Es ging nicht darum, dass Prominente keinen Unterschied machten, sondern darum, wie unvorhersehbar ihre Wirkung war: Es gab eine geheimnisvolle Wechselwirkung zwischen Person und Produkt, die nur gelegentlich in das öffentliche Bewusstsein Eingang fand. „Kevin Durant ist ein wirklich guter Basketballspieler“, schrieb Sam. „Aber wahrscheinlich ist es dir egal, welches Auto er fährt. Aber was ist, wenn LeBron James einen Tesla fährt? Ich meine, sicher wirst du dir wahrscheinlich keinen kaufen, aber ich muss sagen, dass ich dann wahrscheinlich eher dazu neigen würde, einen zu kaufen.“

Bei einigen Produkten, so entschied er, könne kein Prominenter helfen. („Könnte irgendein Werbevertrag dazu führen, dass ihr einen Nissan viel lieber kaufen würdet? Ich bin mir nicht sicher, ob das bei mir der Fall ist.“) Bei anderen Produkten kam es darauf an, wer genau die Werbung machte. Sam sah das Problem darin, „eine der wenigen Personen oder Dinge auf der Welt zu finden, die unsere Vorstellungskraft wirklich anregen“. Und von all den Dingen, die sie taten, um für die Marke zu werben, waren seiner Meinung nach nur drei Dinge wirklich wichtig und einer war wichtiger als alle anderen Dinge zusammen: Tom Brady.

Wenn man einen NFL-Quarterback dafür bezahlt, sich hinzustellen und zu sagen, dass er FTX nutzt, würde es kaum einen Unterschied machen, ob es sich um Tom Brady, Aaron Rodgers oder Dak Prescott handelt, dachte Sam anfangs. Man würde vielleicht erkennen, dass Brady ein bisschen besser ist, aber denken, dass die Empfehlung von Rodgers, sagen wir, halb so viel wert sein muss wie die von Brady. Aber überall, wo Sam hinkam, erzählten die Leute, sie hätten wegen Brady von FTX gehört. Kaum jemand erwähnte einen der anderen Werbepartner. „Es war ganz klar, welche Dinge eine Wirkung hatten und welche nicht“, sagte Sam. „Ich kann mir beim besten Willen nicht erklären, warum das so ist. Ich weiß immer noch nicht, wie ich es in Worte fassen soll.“ Der Marsmensch hatte eine weitere seltsame, aber wahre Tatsache des modernen menschlichen Lebens entdeckt: Zu jedem Zeitpunkt waren nur ein paar Leute im öffentlichen Bewusstsein verankert. „Es interessiert niemanden, ob Coinbase Russell Wilson als Werbebotschafter verpflichtet, nachdem wir Brady bekommen haben", schrieb Sam in einem Memo an sein Team.[8]

Von außen sah es so aus, als würde FTX eine Marke um einen seltsam charismatischen und möglicherweise egozentrischen Anführer herum aufbauen. Die Wahrheit war noch seltsamer. FTX gab ein Vermögen aus, um zu lernen, wie man ein Produkt im Handumdrehen vermarktet, ohne viel Input von jemandem, der Erfahrung damit hatte. Auf der einen Seite funktionierte der Ansatz offensichtlich: In der Wahrnehmung der amerikanischen Verbraucher wurde FTX immer bekannter und Sam Bankman-Fried immer berühmter. Auf der anderen Seite war er nicht sinnvoll: FTX bot dem amerikanischen Verbraucher noch nicht wirklich einen Nutzen. Sie hatten eine kleine Börse in den USA eröffnet, an der amerikanische Anleger nur sehr wenig machen konnten. Die wichtigsten Produkte der Börse, Krypto-Futures, durften nicht an Amerikaner verkauft werden. Sie gaben eine Menge Geld für ein Geschäft aus, das vielleicht zustande kommt oder auch nicht.

Abgesehen von dem Psychiater und einem oder zwei Anwälten gab es bei FTX immer noch niemanden, der viel Erfahrung mit dem hatte, was er tat, außer der Erfahrung, die er durch die Arbeit für FTX sammelten. Keiner sah einen Grund, bei den Architekten eine Ausnahme zu machen. Auf einer Radtour quer durch die USA, um Geld für einen guten Zweck zu sammeln, hatte Ryan Salame eine Architektin Ende 20 namens Alfia White kennengelernt. Eines führte zum anderen und bevor Alfia sich versah, bat Ryan sie, für ihn ein Ferienhaus auf Bali zu entwerfen. Nachdem Sam Ryan damit überrascht hatte, dass die ganze Firma ihm auf die Bahamas folgen sollte, suchte Ryan verzweifelt nach einem Standort. Da er nichts fand, was sich für ein dauerhaftes Zuhause eignete, beauftragte er Alfia mit der Planung des neuen FTX-Firmensitzes. Alfia hatte so etwas noch nie gemacht.

Sie holte sich Hilfe von einem Studienfreund namens Ian Rosenfield. Das Kuriose an Ian war, dass er, abgesehen von der Tatsache, dass er noch nie Bürogebäude entworfen hatte, ein Klassenkamerad von Sam in der Highschool gewesen war. Er war schockiert, als er feststellte, dass Sam Bankman-Fried inzwischen nicht nur zu den reichsten Menschen der Welt gehörte, sondern auch mit anderen Menschen zusammenarbeitete und sogar ihr Chef war. Ian hatte immer noch das Bild des Verrückten im Kopf, den niemand näher kannte, wie er allein mit den Rollen seines klapprigen Rucksacktrolleys über das Kopfsteinpflaster der Crystal Springs Uplands School ratterte.

Alfia und Ian reisten auf die Bahamas, richteten sich in einem FTX-Konferenzraum ein und versuchten herauszufinden, was sie tun sollten. Sam hatte Ryan sein Scheckbuch ausgehändigt und ihm gesagt, er solle so schnell wie möglich Büroräume und so viele Mitarbeiterwohnungen wie möglich kaufen, ohne sich um die Kosten zu kümmern. Keiner war so gut darin, sich keine Gedanken über die Kosten zu machen, wie Ryan. Innerhalb weniger Wochen hatte er Immobilien im Wert von 250 bis 300 Millionen Dollar erworben, darunter Eigentumswohnungen im Wert von 153 Millionen Dollar in einem teuren neuen Ferienort namens Albany Resort. Als Übergangs-Hauptquartier hatte er einen bedrückenden Büropark mit einem Dutzend kleiner Gebäude erworben. Sie standen auf 2,5 Hektar Asphalt, umgeben von einer dichten Vegetation, die ein Wissenschaftler oder ein Immobilienentwickler als subtropischen Wald, jeder, der sich darin verlor, jedoch als Dschungel bezeichnen würde.[9]

Nebenbei hatte Ryan 4,5 Millionen Dollar gezahlt, um zwei Hektar des Dschungels an einem schmalen Strand der West Bay als Standort für eine neue Unternehmenszentrale zu erwerben. Er übergab das Grundstück und ein Budget von mehreren 100 Millionen Dollar an die jungen Architekten und sagte nur: „Legt los.“ Für ein Projekt dieser Größenordnung braucht man normalerweise einen Projektmanager, einen Vertreter des Eigentümers und andere erfahrene Erwachsene, aber Ryan ließ die beiden jungen Architekten alles allein machen. „Wir sollten eine Ministadt entwerfen", sagte Ian.

Bevor sie eine Anlage für FTX entwerfen konnten, mussten sie ihre Struktur, ihre Rituale und ihre Gewohnheiten verstehen. Um die FTX-Architekten zu sein, mussten sie auch die FTX-Anthropologen sein. Ian hatte Sam in der Highschool nicht wirklich kennengelernt; jetzt versuchten er und Alfia, das Unternehmen zu verstehen, das er aufgebaut hatte. Sam selbst, so wurde ihnen bald klar, würde ihnen dabei nicht von Nutzen sein. „Sam hat keine Zeit", sagte Ian. „Sam delegiert all diese Dinge an andere Leute. Wir haben von Anfang an versucht, ihn einzubinden, aber er hat sich nicht beteiligt. Er sagte: ‚Ihr seid die Architekten, ich habe keine Ahnung.'"

Die Macher der Ministadt hatten natürlich einige Fragen, die beantwortet werden mussten. Zum Beispiel: „Wie viele Menschen werden in dieser Stadt leben?" Oder: „Wie soll Sams Ministadt aussehen?" Doch Sam interessierte sich nicht für ihre Fragen und als sie ankamen, war auch Ryan nicht mehr da. Ryan war zurück in die USA gezogen, um seine neue Freundin bei ihrer Kandidatur für den Kongress zu unterstützen. Die Architekten wurden an die Freundin von Nishad Singh, Claire Watanabe, verwiesen, die Ryans Rolle als Geldgeber und Manager der Support-Mitarbeiter auf den Bahamas übernommen hatte. „Wir sagten, gib uns einfach eine Liste der Mitarbeiter, gib uns irgendetwas", so Ian. „Claire sagte: ‚Ich weiß, es ist seltsam, aber wir haben nichts davon – nicht einmal die Anzahl der Mitarbeiter.'"

In Ermangelung von Anweisungen von oben machten sich die Architekten daran, die FTX-Mitarbeiter in den provisorischen Dschungelhütten zu beobachten, die sie nun bewohnten. Ab und zu nahmen sie einen dieser desinteressierten Menschen zur Seite und fragten ihn, wie sie ihre alten Büros in Hongkong genutzt hatten. „Sie antworteten immer: ‚Ihr braucht uns nicht zu befragen, gestaltet es einfach so, wie ihr wollt'", sagte Alfia. Das war offensichtlich eine dumme Idee; selbst Leute, die erklärten, dass ihnen die Räume, die sie nutzten, egal seien, machten sich am Ende doch Gedanken, manchmal ohne sich dessen bewusst zu sein. „Es ist ihnen egal, wie es aussieht, bis sie es sehen", sagte Alfia. In dem alten Büro in Hongkong gab es zum Beispiel einen heftigen Streit über die Platzierung einer einzelnen Tür. „Eine Frau erklärte, sie müsse aus Feng-Shui-Gründen entfernt werden, und ein Mann sagte nein, er wolle sie, und der Streit eskalierte", so Ian. Die Entfernung der Tür in einem Bürogebäude in Hongkong, um einen Angestellten zufriedenzustellen, und die Hinzufügung einer weiteren Tür, um einen anderen zufriedenzustellen, hatte eine Million Dollar gekostet. „Das war die Millionen-Dollar-Tür", sagte Ian.

Die Architekten sahen zu, hörten zu und lernten. Sie fanden heraus, dass diese FTX-Leute, wie ihr Boss, im Wesentlichen im Büro lebten. Sam schlief in Hongkong bekanntlich auf dem Sitzsack neben seinem Schreibtisch, aber auch Nishad hatte sich ein Bett unter seinem Schreibtisch eingerichtet. Gewöhnliche Angestellte, die glaubten, sie müssten so leben wie Sam, um so erfolgreich zu sein wie er, gönnten sich keinen Schlaf und nutzten ihren Arbeitsplatz auf ungesunde Weise. Ein Mitarbeiter hatte 30 Tage lang das Büro in Hongkong nicht ein einziges Mal verlassen. Das Büro brauchte Duschen und Schlafplätze. Essen, Kleidung und andere materielle Bedürfnisse mussten so effizient wie möglich befriedigt werden, um die Ausfallzeiten zu minimieren. „Sie bekommen alles, was sie wollen", erklärte Ian, „aber es wird ihnen an den Schreibtisch geliefert. Der Lagerraum mit den Amazon-Kisten wird kaum genutzt." Die Tatsache, dass die Hälfte der Angestellten des Unternehmens Asiaten waren, musste berücksichtigt werden (alles würde nach Feng Shui eingerichtet werden), aber der überdurchschnittliche Nerd-Faktor spielte eine noch größere Rolle. „Was sie wollen, sind Steckdosen – überall", sagte Alfia. Wenn das Gebäude Fenster hat, muss es auch gute Jalousien haben, damit sich das grelle Licht nicht auf ihren Computerbildschirmen spiegelt. „Sie lieben es, ihre Jalousien herunterzulassen", sagte Ian. Sie saßen entweder allein an ihren Schreibtischen oder alle zusammen in einem großen Raum, wo sie sich mit

Nerd-Freizeitaktivitäten und nur selten etwas anderem beschäftigten. Sie brauchten einen großen Raum für LARPing (Live-Action-Rollenspiele), aber sie erklärten den Architekten, dass sie das eigentlich überall machen könnten.

Und so ziemlich alle teilten oder sagten, sie teilten die völlige Gleichgültigkeit ihres Chefs gegenüber Anmut oder Schönheit. „Ich habe schon viele Tech-Mitarbeiter gesehen, aber diese Leute sind anders", so Ian. „Sie kümmern sich noch weniger um Ästhetik und Annehmlichkeiten." Das Einzige, was die FTX-Mitarbeiter sehen wollten, war ihr Chef. Der Status in der Firma wurde an der Nähe zu Sam gemessen. Sogar von ihren Dschungelhütten aus konkurrierten die Leute um einen Blick auf ihn. Die Architekten entwarfen das Hauptgebäude mit Glaswänden und Zwischengeschossen, die überraschende Blicke auf Sam ermöglichten. „So hat man die Chance, einen Blick auf Sam zu erhaschen, egal wo man sitzt", sagte Ian.

In ihrem Bestreben, dieses seltsame neue Unternehmen zu verstehen, nervten die Architekten so viele Leute, dass ihnen schließlich jemand einen Zettel mit dem schickte, worum sie ursprünglich gebeten hatten: eine Liste mit den Wünschen von Sam Bankman-Fried für seine Ministadt. „Es standen nur drei Dinge darauf", erinnerte sich Ian. Sam wollte, dass das Gebäude die Form eines F hat, damit die Menschen in den Flugzeugen, die auf dem internationalen Flughafen von Nassau landen, das Unternehmen aus der Luft erkennen könnten. Er wollte, dass die Außenwände des Gebäudes an sein widerspenstiges Haar erinnerten. So unwahrscheinlich das auch klingen mochte, Ian hielt es für möglich, dass man mit CNC-gefrästem Aluminium das nachahmen könnte, was er „Sams Jewfro" nannte. „Eigentlich war das keine schlechte Idee", gab Ian zu.

Der dritte und letzte Punkt auf der Liste von Sams Wünschen war der Wolframwürfel. Der Wolframwürfel war ein wenig verwirrend. Wie sich herausstellte, hatten Wolframwürfel die Fantasie von Krypto-Anhängern auf der ganzen Welt beflügelt. Wolfram, so erfuhren die

Architekten, war das angesagteste dichte Metall des Planeten. Die Kryptoleute sprachen damals von der „intensity of the density“. Ein Unternehmen aus dem Mittleren Westen der USA hatte angeblich den größten Wolframwürfel der Welt hergestellt. Er war gerade einmal 35 cm groß, hatte eine Viertelmillion Dollar gekostet und wog rund 900 kg. Sam hatte offenbar einen solchen Würfel bestellt, ihn auf die Bahamas fliegen lassen und wollte ihn auf einem Sockel in seiner Ministadt ausstellen. Den Architekten wurde Sams dichter und kostbarer Würfel nie gezeigt, aber sie haben ihn dennoch in ihre Zeichnungen aufgenommen. „Wir haben einen Raum für ihn entworfen“, sagte Ian. Dieser Raum war das große Atrium im Hauptgebäude der Stadt. Der Wolframwürfel wäre das Erste, was ein Besucher des globalen Krypto-Imperiums sehen würde. Er erhebt sich aus dem Meer der Abstraktion als das konkreteste Objekt der Erde.

Abgesehen von Sams Liste hatten die Architekten keine Vorgaben. Dies bereitete ihnen Kopfzerbrechen, da die Entscheidungen, die sie trafen, in Stein gemeißelt waren. Schließlich handelte es sich um Gebäude. Sobald sie errichtet waren, könnten neue Gedanken, die Sam über ihren Erwartungswert haben könnte, nicht mehr umgesetzt werden. Zweimal innerhalb von drei Jahren hatte er seine gesamte Firma über 14.000 Kilometer weit verlegt. Ihre Ministadt sollte als Hauptquartier für ein globales Finanzimperium dienen, aber der wahrscheinlichste Weg für FTX, ein globales Finanzimperium zu werden, war die Erlaubnis der US-Aufsichtsbehörden, sich in den USA niederzulassen. In diesem Fall würde Sam das Unternehmen mit ziemlicher Sicherheit in die USA verlegen – und diese Ministadt wäre höchstens eine Art Satellitenbüro. „Es muss eine angenehme Umgebung sein, egal ob sie für 600 Leute oder für zehn Leute ist“, sagte Ian mit Bedacht.

Anstelle von Anweisungen wurde den Architekten eine Frist gesetzt. Sie sollten die zwei Hektar Dschungel zusammen mit einer Diashow von Fotos der geplanten Gebäude für eine große öffentliche Präsentation vorbereiten. Unglaublicherweise hatten sie es geschafft, als es am

25. April 2022 so weit war. Sie hatten den Dschungel ohne Genehmigung gerodet und ihre Entwürfe ohne Hilfe skizziert. Neben dem frisch gerodeten, zwei Hektar großen kahlen Fleck im Dschungel hatten sie eine Werbetafel mit einem Bild der Ministadt und dem Slogan „FTX: GROWTH IN PROGRESS“ [ftx: Wachstum im Gange] aufgestellt. Die Medien der Bahamas versammelten sich. Der neue Premierminister traf mit seinem Gefolge ein. Eine große Gruppe von FTX-Leuten erschien und trug Schaufeln, wahrscheinlich zum ersten Mal in ihrem Leben, mit denen sie den ersten Spatenstich vollzogen. Und aus einem Auto, in dem auch die COO von FTX, Constance Wang, saß, stieg Sam aus, der aussah, als wäre er aus einem Müllcontainer gefallen: Cargoshorts, zerknittertes T-Shirt, schlabbrige weiße Socken. *Genau wie immer*, dachte Ian.

Von dem Moment an, als er mit dem Projekt begonnen und Sam aus der Ferne beobachtet hatte, war Ian immer wieder derselbe Gedanke durch den Kopf gegangen: Wie schockierend er dem Sam ähnelte, der er schon in der Highschool gewesen war. Wenn der Kauz aus der Highschool-Klasse zu einem der reichsten Menschen der Welt wurde, nahm man an, dass sich der Kauz verändert haben musste. Sam hatte sich nicht verändert. Die Welt um ihn herum schon.

Vor der Zeremonie der Grundsteinlegung sollte Sam eine Rede halten. Ian dachte, er könnte Hilfe gebrauchen, und nahm ihn vor der Zeremonie zur Seite.

Was hast du von dem Entwurf gesehen? fragte Ian.

Ich habe nichts gesehen, sagte Sam.

Hast du wenigstens die Pläne gesehen?

Nö.

„Hm“, dachte Ian. Wie sollte Sam eine Rede über seine neue Ministadt halten, wenn er nichts über seine neue Ministadt wusste?

Was wirst du sagen?

Ich werde einfach improvisieren, sagte Sam.

Das tat er. Indem er das Thema wechselte. Das tat er oft. Wenn ihm eine Frage gestellt wurde, die er nicht beantworten wollte oder konnte, verwandelte Sam sie einfach in eine Frage, die er gern beantwortete. Die Frage, die er an diesem Tag beantworten wollte, lautete nicht: „Was ist diese Ministadt und warum sieht sie so aus, wie sie aussieht?“ Sie lautete: „Warum sind Sie auf die Bahamas gekommen?“

Irgendwann wurde den Architekten klar, dass Sam keine Ahnung hatte, was sie entworfen hatten oder dass sie überhaupt etwas entworfen hatten. Dass sie alle Entscheidungen über den neuen FTX-Hauptsitz, der Hunderte von Millionen Dollar kosten sollte, ohne den geringsten Beitrag der Person getroffen hatten, die dafür bezahlte. Bald würden sie erfahren, dass selbst die Liste mit Sams Wünschen, die sie erhalten hatten, nicht von Sam stammte – und dass Sam selbst nicht wusste, dass er irgendwelche Wünsche geäußert hatte. Die Liste war von jemandem bei FTX erstellt worden, der versucht hatte, sich vorzustellen, was er vielleicht selbst in seinen neuen Bürogebäuden haben wollte, wenn er Sam wäre. Sam wollte seinen Jewfro nicht an einer Außenwand des Gebäudes haben. Diese andere Person hatte sich nur vorgestellt, dass „Jewfro an den Außenwänden des Gebäudes“ etwas war, was Sam amüsant finden könnte. Der Wolframwürfel war eine coole Idee gewesen, aber wie groß war die Wahrscheinlichkeit, dass Sam oder irgendjemand sonst einen Ein-Tonnen-Würfel gekauft und auf die Bahamas verschifft hatte? Wenn der Würfel existierte, warum hatten die Architekten ihn dann noch nie gesehen? „Ich weiß nicht einmal, ob er jemals gekauft wurde“, sagte Ian über dieses Ding, um das er ein Gebäude entworfen hatte. Nur im Kontext von FTX war das nicht bizarr. „Alle trafen immer Entscheidungen für Sam“, sagte Ian.

Am Ende der Zeremonie schlenderte Sam noch ein wenig umher. Ian nutzte den Moment, um ihm endlich direkt die Frage zu stellen, die er schon seit Monaten zu stellen versucht hatte.

Was willst du in diesen Gebäuden haben, abgesehen von Arbeitsmöglichkeiten?

Zum ersten Mal dachte Sam darüber nach. *Badmintonplätze*, antwortete er.

Das war alles. Das war alles, was er wollte. Badmintonplätze.

Wie viele Plätze? fragte Ian.

Drei, antwortete Sam. Dann ging er.

„Das war die erste und einzige Frage, die wir ihm stellen konnten", sagte Ian.

Natürlich war es George Lerners Aufgabe, sich die Probleme der Leute anzuhören. Er hat sich wirklich bemüht. Im Frühjahr 2022 richtete er sein kleines Büro in einer der Dschungelhütten ein. Ein einfacher Schreibtisch, gegenüber ein rotes Sofa und in der Ecke ein babyblauer Sitzsack, von dem jeder wusste, dass dies Sams Platz war. Georges Tür stand jedem offen, der reden wollte, aber es dauerte nicht lange, bis er es leid war, wie viele Leute mit ihm reden wollten und warum. „Es gab eine Reihe von Leuten, die auf den Bahamas unglücklich waren", sagte er. Die asiatischen Männer wollten mehr asiatische Frauen zum Daten. Die asiatischen Frauen mochten die verfügbaren asiatischen Männer nicht. „Alle beschweren sich über den Mangel an Datingmöglichkeiten", sagte George. „Außer die effektiven Altruisten. Den effektiven Altruisten war das egal."

Die nicht-effektiven Altruisten dachten, dass die effektiven Altruisten dachten, sie seien schlauer als alle anderen. Viele Leute waren unzufrieden mit Sams radikalem „Hände weg"-Managementansatz. Vor allem die Asiaten waren verwirrt über das Fehlen eines Organigramms. Eine überraschend große Anzahl an Leuten, die eigentlich direkt an Sam berichten sollten, hatte gemerkt, dass Sam nicht von ihnen gebrieft werden wollte. „Es gibt eine Menge Leute, die Sam meiden würde", berichtete George. „Die Leute dachten, sie könnten über mich an ihn herankommen. Andere Leute sprachen mit mir, weil sie nicht mit Sam reden konnten. Das war sehr nervig."

Die Bahamas hatten George keine medizinische Zulassung erteilt. Sein Titel war Senior Professional Coach. Das war eigentlich die Rolle, die er immer für Sam gespielt hatte, der es zwangsläufig vorzog, über seine geschäftlichen Probleme zu sprechen und nicht über seine psychologischen, die er für unlösbar hielt und damit jede Diskussion darüber als sinnlos ansah. Jetzt, auf den Bahamas, nahm George seine neue Rolle als Unternehmensberater an. In den Therapiesitzungen der Mitarbeiter erfuhr er viel über das Unternehmen, dessen CEO er nun beriet. Die Beschwerden der Mitarbeiter deuteten darauf hin, dass Sam entweder nicht die Leute führte, die er führen sollte, oder dass er es so schlecht machte, dass er es genauso gut bleiben lassen könnte. „Ich hatte das Gefühl, dass Sam viel zu viele Leute unterstellt waren", lautete Georges Einschätzung.

Nach ein paar Monaten in seinem neuen Job hatte George 100 der etwa 300 Mitarbeiter von FTX kennengelernt. Er hatte den vielleicht besten Überblick über die Unternehmensarchitektur, und zwar in einer Klarheit, die weder den Investoren noch den Kunden, den Mitarbeitern und möglicherweise auch nicht der Person, die sie geschaffen hatte, zur Verfügung stand. „Sam mochte es nicht, wenn Menschen Stellenbeschreibungen hatten", sagte George. „Jeder wusste, dass er Organigramme hasste." Jeder wusste auch, so sehr er sich auch nach einem wichtig klingenden Titel für sich selbst sehnte, dass Sam Titel hasste. Er hatte ein Memo geschrieben, um zu erklären, warum. „Gedanken zu Titeln", nannte er es. „In den letzten Jahren haben wir festgestellt, dass Titel die Leute bei FTX wesentlich schlechter machen können", begann er. Sam zählte dann einige Gründe auf, warum das so sein könnte:

a. Wenn man einen Titel hat, ist man weniger bereit, den Rat von Personen ohne Titel anzunehmen.

b. Wenn man einen Titel hat, ist es weniger wahrscheinlich, dass man sich die Mühe macht, zu lernen, wie man die grundlegenden Aufgaben der Mitarbeiter, die man führt, selbst gut ausführt. Am Ende versuchen sie, Leute zu führen, deren Aufgaben sie nicht erledigen könnten, und das geht immer schief.

c. Die Vergabe von Titeln kann zu erheblichen Konflikten zwischen dem eigenen Ego und dem Unternehmen führen.
d. Titel zu haben kann Kollegen verärgern.

Wie dem auch sei, George hatte das Gefühl, er müsse wissen, wo seine Patienten in der Organisation standen. „Ich verstand die verschiedenen Beziehungen nicht und das musste ich, denn viele Leute kamen mit Konflikten zu mir", erläuterte er. „Ich musste sehen, ob das, was ich hörte, einen Sinn ergab." Sam hatte seine Organisation in ein Rätsel verwandelt; sein Psychiater machte sich daran, es zu lösen.

Am Ende erstellte George das einzige interne Organigramm, das jemals von Sams ausuferndem Unternehmen erstellt wurde (siehe Seite 224-227). Als er damit fertig war, hatte er viele interessante Dinge entdeckt. 24 verschiedene Personen dachten zum Beispiel, sie seien Sam direkt unterstellt. Zu dieser Gruppe gehörten Sams Vater Joe und Sams Jugendfreund Matt Nass, dessen Spiel „Storybook Brawl" Sam aus irgendeinem Grund gerade gekauft hatte. Zu dieser Gruppe gehörte nicht der Chief Financial Officer, da FTX keinen Chief Financial Officer hatte. Es gab auch keinen Chief Risk Officer oder Personalchef, weil es auch diese Positionen nicht gab. „Es scheint eher ein Clubhaus zu sein als ein Unternehmen", sagte George.

Das Unternehmen hatte zwar einen Chief Technology Officer, Gary Wang, aber Gary war sozial isoliert und hatte niemanden, der ihm unterstellt war. „Gary war in seiner eigenen kleinen Box", schilderte George. In einem gewöhnlichen Technologieunternehmen würde ein Haufen Programmierer an den Chief Technology Officer berichten. Bei FTX waren sie offenbar alle Nishad Singh unterstellt. Ryan Salame, der blitzschnell auf die Bahamas gekommen und wieder gegangen war und kaum noch etwas mit dem Unternehmen zu tun zu haben schien, war irgendwie der CEO des gesamten internationalen Geschäfts, dem 27 Mitarbeiter unterstellt waren. Ramnik Arora, dessen offizieller Titel immer noch „Head of Product" lautete, hatte offensichtlich nichts mit dem Produkt zu tun, sondern hockte an der Spitze eines kleinen Haufens von Leuten, die für die Beschaffung und Investition riesiger Geldsummen zuständig waren. George steckte ihn einfach in eine kleine Box mit der Aufschrift „Projekte". Etwa die Hälfte des gesamten Unternehmens unterstand den ersten beiden jungen Frauen, die Sam bei seiner Ankunft in Hongkong eingestellt hatte, Constance Wang und Jen Chan. Die meisten dieser Leute, stellte George fest, waren asiatische Frauen.

Dann war da noch Caroline Ellison. Caroline war offenbar allein verantwortlich für die 22 Trader und Entwickler, die bei Alameda Research arbeiteten und von denen etwa die Hälfte Sam von Hongkong auf die Bahamas gefolgt war. Das überraschte George ein wenig. „Sie hat nie etwas über Alameda gesagt", erinnerte sich George. „Sam auch nicht. Sie wollten offensichtlich *nicht* darüber nachdenken."

In einem Memo vom 6. Februar 2022 mit der Überschrift „Gedanken" hatte Caroline ein halbes Dutzend Ideen zur Verbesserung ihrer Beziehung zu Sam aufgelistet. „Paarberatung mit Lerner" war Nummer 3 zwischen „einen Zeitpunkt in der Zukunft wählen, an dem wir entscheiden, ob wir uns trennen" und „beschließen, in Zukunft besser zu kommunizieren". Als sie Sam auf die Bahamas gefolgt war, lief ihre Affäre noch schlechter als sonst. Am Abend des 15. April – zehn Tage vor dem Spatenstich für den neuen Firmensitz – setzten sie sich zusammen, um über ihre Zukunft zu sprechen. Am nächsten Tag fasste Caroline ihr Gespräch in einem Memo an Sam zusammen:

- Caroline-Plan
    - Ich verlasse Alameda und ziehe zurück in die USA
- SBF-Plan
    - Schluss machen, Freunde bleiben, so wenig Drama wie möglich verursachen

An diesem Abend hatten sie sich darüber gestritten, ob es klüger sei, Sams privaten Hedgefonds mitsamt Drachenhöhle weiter zu leiten, oder ob sie etwas anderes mit ihrem Leben anfangen sollte. „Alameda zu leiten fühlt sich nicht so an, als wäre ich dafür *besonders* begabt oder gut geeignet", schrieb sie. „... Ich habe das Gefühl, dass ich eine Menge Dinge tun muss, in denen ich nicht sehr gut bin ... Aber ja, ich denke, es ist plausibel, dass die Leitung von Alameda einen sehr hohen Erwartungswert hat, viel höher als meine nächstbeste Option. Ich denke, ich sollte nicht erwägen, Alameda zu verlassen, bevor ich nicht ausreichend Zeit damit verbracht habe, über alternative Optionen und deren Erwartungswerte nachzudenken."

Was Caroline in Erwägung ziehen würde, und zwar sofort, wäre, nicht mehr mit Sam zu schlafen. Sie wollte nicht aus ihrem Schlafzimmer in dem 30-Millionen-Dollar-Penthouse ausziehen, das Ryan gekauft hatte und das sie nun mit acht anderen effektiven Altruisten, darunter Nishad und Gary, teilten. Es war Sam, der heimlich, still und leise in eine kleinere Wohnung auf demselben Gelände umziehen musste. Innerhalb des Unternehmens wusste kaum jemand außer den wenigen effektiven Altruisten, denen Caroline das Geheimnis verraten hatte, dass die CEOs von FTX und Alameda Research eine romantische Beziehung hatten. „Die Leute sehen nie, wonach sie nicht suchen", sagte Sam. Jetzt sahen sie nicht, dass die Romanze beendet war. Nachdem Sam die Beziehung verheimlicht hatte, verheimlichte er nun, dass er sie beendet hatte, und auch, dass er an einem anderen Ort lebte, als alle annahmen. In diesem Moment machte er auf eine seltsame Weise aus zwei Lügen eine Wahrheit. Zufälligerweise war das der Moment, bevor die Kryptopreise abstürzten. Und seltsamerweise war es auch der Moment, in dem ich auftauchte, um zuzusehen.

TEIL 3

8
DIE DRACHENHÖHLE

Eines der ersten Dinge, die mir an Sam Bankman-Fried auffielen, war, wie leicht man ihn bestehlen konnte. An jenem frühen Morgen Ende April 2022 hätte jeder in seine Dschungelhütte spazieren und mitnehmen können, wen oder was er wollte. Das Wachhäuschen vor dem temporären globalen Hauptsitz von FTX war leer. Die Schranke des Parkplatzes reichte nicht einmal bis zur Hälfte der Zufahrtsstraße und stellte somit eher ein vermeintliches als ein tatsächliches Hindernis dar. Die Tür zur Dschungelhütte Nummer 27, in der Sam arbeitete, war nicht verschlossen und der Schreibtisch der Vorzimmerdame war unbesetzt. Bald würde ich Nishad Singh um das gleiche Pre-Mortem bitten, um das ich auch andere an der Spitze des Organigramms ihres Psychiaters bitten würde: „Stell dir vor, wir befinden uns in der Zukunft und dein Unternehmen ist zusammengebrochen: Erzähle mir, wie das passiert ist." „Jemand entführt Sam", antwortete Nishad sofort, bevor er seinen wiederkehrenden Albtraum von Sams laxer Einstellung zu seiner persönlichen Sicherheit ausbreitete, die zum Untergang ihres Imperiums führte. In diesem Moment schien es vernünftig, dass er sich darüber mehr Sorgen machte als über andere Risiken. Sam war eine berühmte und leicht zu trackende reiche Persönlichkeit, die sich ohne Leibwächter bewegte und im Besitz von

Kryptowährungen im Wert von Milliarden von Dollar war, die zwar als Tauschmittel nicht sehr nützlich waren, sich aber hervorragend als Lösegeld eigneten. „Menschen mit Zugang zu Kryptowährungen sind ein ideales Ziel für Entführungen", sagte Nishad. „Ich kann nicht verstehen, warum das nicht öfter passiert."

Das einzig Knifflige wäre gewesen herauszufinden, in welcher Hütte sich Sam befand. Das FTX-Hauptquartier bestand jetzt aus etwa einem Dutzend identischer kleiner, einstöckiger Gebäude mit hellbraunem Anstrich und matten Metalldächern in der Farbe von Milchschokolade. Wer auch immer sie gebaut hatte, hatte von Anfang an auf jegliche Art von Dekoration oder Charme verzichtet. Nichts an ihrem Äußeren deutete darauf hin, in welchem der Gebäude sich die Personen befinden könnten, bei denen sich eine Entführung lohnen würde. Natürlich war das zu dieser Stunde, um 7 Uhr morgens, vielleicht nicht wichtig, da nur wenige Menschen vor Ort waren. Es bestand eine gute Chance, dass Sam der einzige Mensch in einem der Gebäude war, und so brauchte der Jäger nur von Hütte zu Hütte zu gehen, bis er seine Beute fand. Sam würde hilflos sein. Er war nicht dazu geschaffen, einer physischen Bedrohung zu entkommen oder sie auch nur zu bemerken.

Er war jedoch nicht da, als ich ankam. Nishad war da, obwohl er kaum aufsah, als ich mich neben ihn an Sams Schreibtisch setzte. Ein kleiner Stapel von Gegenständen, der den Schreibtisch bedeckte, stürzte auf den Sitzsack daneben. Während Nishad weitertippte, ging ich die Gegenstände durch und machte eine Bestandsaufnahme:

Eine riesige Packung Morton-Salz
Eine iPhone-Verpackung mit einem neuen Telefon darin
Ein zerknitterter 1-Dollar-Schein
Vier Fidget Spinner
Ein Satz Spielkarten
Ein Kopfkissen und eine Decke

Zwei große, halb geöffnete Kartons, gefüllt mit Miami-Heat-Trikots

Ein Teppichmesser

Eine geöffnete Flasche unparfümiertes Mückenschutzmittel in einer versiegelten Plastiktüte

Vier Aktenmappen mit vertraulichen Firmendokumenten, die Sams Unterschrift erforderten

Ein automatischer Garagentoröffner von LiftMaster

Eine zweite iPhone-Verpackung mit einem neuen Telefon darin

Eine Ehrenmedaille, überreicht an Sam Bankman-Fried von Francis Suarez, Bürgermeister der Stadt Miami

Ein Dutzend quadratischer Plastikboxen mit unklarer Bestimmung und der Aufschrift *FTX: Welcome to your new world of payments* [FTX: Willkommen in Ihrer neuen Zahlungswelt]

Drei Paar Essstäbchen

Eine Schlüsselkarte für ein Ritz-Carlton-Hotelzimmer

Ein Handventilator von Gaiatop

Ein ungewöhnlicher Zauberwürfel, bei dem alle Quadrate weiß angemalt waren

Ich hatte etwa die Hälfte des Stapels geschafft, als Sam auftauchte. Ich hatte kurz das Gefühl, von einem Teenager dabei ertappt zu werden, das Chaos zu betrachten, das er in seinem Schlafzimmer angerichtet hatte. Wenn er neugierig war, wie ich in sein Büro gekommen war oder warum ich jetzt den Kram auf seinem Schreibtisch durchwühlte, zeigte er es nicht. Irgendetwas Neues war im Gange.

Wenn es eine Regel in Sams Leben gab, dann die, dass ihm nie langweilig sein durfte. „Er ist wie Kanye", sagte einer von Sams Beobachtern, der auch Zeit mit Kanye West verbracht hatte. „Wo immer er hingeht, passiert dieser ganze verrückte Scheiß." An jenem Tag – dem Morgen, an dem ich an seinem Schreibtisch auftauchte und eine Bestandsaufnahme machte – passierte verrückter Scheiß. Elon Musk wollte Twitter kaufen und Sam hatte mit einem von Musks Beratern, Igor Kurganov, telefoniert. Kurganov war ein in Russland geborener ehemaliger professioneller Pokerspieler, dem Musk die Aufgabe anvertraut hatte, mehr als fünf Milliarden Dollar seines Vermögens zu verschenken. Außerdem war er nach eigener Aussage ein effektiver Altruist, was die Sache noch komplizierter machte. Er und Sam hatten gerade über die Möglichkeit gesprochen, dass Sam helfen könnte, den Kauf von Twitter zu bezahlen. Wie sich herausstellte, hatte Sam bereits 100 Millionen Dollar in Twitter-Aktien gesteckt und träumte davon, den Rest zu kaufen. Die meisten davon hatte er zu 33 Dollar pro Aktie gekauft, also 21,20 Dollar pro Aktie weniger, als Musk gerade für das gesamte Unternehmen zu zahlen bereit war.

Wenn es etwas Neues zu kaufen gab, fand Sam es oft sinnvoll, mit Ramnik und Nishad darüber zu sprechen. Beide waren klug, zumindest auf die hochintelligente Art und Weise, die Sam verstehen konnte. Beide hatten auch die besondere Fähigkeit, Sam zu widersprechen, ohne eine große Sache daraus zu machen oder ihm das Gefühl zu geben, dass er tatsächlich auf das hören musste, was sie sagten. Nach dem Gespräch mit ihnen konnte Sam sich sagen, dass er sein Urteilsvermögen eingesetzt hatte, ohne dies tatsächlich getan zu haben. Jetzt schnappte er sich die beiden und bugsierte sie in das, was in der Dschungelhütte als Besprechungsraum diente. Es gab einen einzigen Stuhl und ein Sofa, auf dem Sam sich barfuß und mit einem Fidget Spinner auf der Brust ausstreckte. Ramnik und Nishad setzten sich im Schneidersitz auf den Boden. Alle drei trugen kurze Hosen und einen Moment lang fühlte man sich in dem Raum wie beim Mittagsschlaf einer kleinen Gruppe von hibbeligen Kitakindern. Doch dann erklärte Sam, worüber er sprechen wollte: Elon Musk wollte Twitter wirklich kaufen, aber er wollte nicht wirklich selbst dafür bezahlen. Er war auf der Suche nach Verbündeten, die einen Teil der 44 Milliarden Dollar, die das Unternehmen kosten würde, aufbringen sollten.

Sie wollen uns dabeihaben. Aber wir haben nur drei Stunden Zeit, um uns bei ihnen zu melden.

„Was würde es dir bringen?“, fragte Nishad vernünftigerweise.

„Es gibt da ein paar Sachen“, antwortete Sam und stellte dann klar, dass die wichtigste Sache eine neue Allianz mit Elon Musk sei. Krypto lebte auf Twitter und Musk war die lauteste Stimme auf Twitter. Mit einem einzigen Tweet konnte Musk einen Ansturm von Kryptotradern von Coinbase auf FTX auslösen – oder umgekehrt. Außerdem kontrollierte er das größte Privatvermögen der Welt und signalisierte mit der Einstellung von Igor Kurganov die Bereitschaft, einen Teil davon für effektive altruistische Zwecke zu verwenden.

„Von wie viel reden wir?“, fragte Ramnik.

„Vielleicht eine Milliarde“, sagte Sam. Für einen kurzen Moment verriet Ramniks Blick Unruhe.

„Vielleicht aber auch nur 250 Millionen“, sagte Sam. Ein Klacks. Nur 150 Millionen Dollar zusätzlich zu den Twitter-Aktien im Wert von 100 Millionen Dollar, die sie bereits besaßen und die sie einfach in das Geschäft einbringen konnten.

„Können wir eigentlich mit Elon sprechen?“, fragte Nishad. „Wird es wirklich effektiven Altruismus geben?“

„Er ist ein komischer Typ“, sagte Sam und starrte an die Decke. Eine Hand fuchtelte mit seinem Fidget Spinner herum, die andere spielte mit einer Tube Lippenbalsam. Die Wand hinter ihm war ein einziges großes Fenster. Draußen bog sich eine kleine, dürre Palme im Wind. Dahinter, auf einer Asphaltfläche, schlenderten mehrere junge Ingenieure umher und zählten ihre Schritte. „Wenn es ihm in erster Linie um Geld geht, gibt es viele Leute, von denen er es bekommen könnte“, sagte Sam. „Er könnte es in einer Woche aufbringen. Es geht nicht um den Dollarbetrag. Es geht darum, wer nett zu ihm war und wer nicht.“

Nishad, der auf dem Boden lag, schien zu zweifeln. Die Miene von Ramnik, der neben ihm saß, war noch schwieriger zu lesen.

„Es wird uns mehr Aufmerksamkeit verschaffen“, sagte Sam.

„Gibt es irgendetwas, wofür es hilfreich wäre, noch *mehr* Aufmerksamkeit zu haben?“, sagte Nishad.

Sam war eindeutig dieser Meinung. Twitter faszinierte ihn. Es hatte sich herausgestellt, dass es für eine einzelne Person wie ihn die beste Möglichkeit war, mit einem Massenpublikum zu kommunizieren. Auf Twitter verschwanden alle Probleme, die er im Umgang mit Menschen hatte. „Es hat die Märkte fünfmal mehr bewegt als alles andere da draußen“, erwiderte er. „Es ist eine sehr spezifische Marke.“

„Wäre es unhöflich, 75 Millionen zu sagen?“, fragte Nishad.

„Twitter hat 230 Millionen täglich aktive Nutzer“, sagte Ramnik. „Wenn man 80 Millionen von ihnen dazu bringen könnte, dafür zu zahlen – sagen wir, fünf Dollar pro Monat –, dann wären das 400 Millionen Umsatz pro Monat.“ Ramnik tat dies manchmal. Er brachte Gedanken vor, um Sams Argumente zu untermauern, auch wenn es Ramnik selbst lieber wäre, wenn Sam sie nicht vorbringen würde.

„Das ist eine komische Dynamik“, warf Nishad ein und unterbrach den neuen Gedankengang. „Elon behandelt uns als stellvertretendes Investitionsvehikel.“

Sie diskutierten die Entscheidung noch ein wenig länger. Insgesamt dauerte die Diskussion aber nicht länger als eine Viertelstunde. Irgendwann beschloss Sam einfach, dass sie genug Zeit investiert hatten, um alle möglichen nützlichen Gedanken zu diesem Thema zu sammeln, und bat die anderen beiden um eine Abstimmung.

„Nein“, sagte Nishad.

„Nein oder nur in einer sehr geringen Höhe“, sagte Ramnik.

Damit war das Meeting beendet. Was mir nicht klar war – und was sowohl Nishad als auch Ramnik inzwischen als selbstverständlich ansahen –, war, dass Sam Elon Musk immer noch eine große Summe Geld geben könnte. Er war durchaus in der Lage, um eine Abstimmung zu bitten und dann das Ergebnis zu ignorieren. Sicherlich würde Sam bald von sich aus die Leute von Morgan Stanley, die Musk beim Kauf von Twitter berieten und bei der Finanzierung halfen, fragen, ob sie bereit wären, ihm eine Milliarde Dollar zu leihen, um in Twitter zu investieren und seine Aktien von FTX als Sicherheit zu akzeptieren. Er schrieb auch einem von Musks Finanzberatern eine Nachricht, dass er bereit wäre, fünf Milliarden Dollar zu investieren, wenn Musk bereit wäre, Twitter auf eine Blockchain umzustellen. Twitter befand sich wie andere Social-Media-Plattformen auf einer Insel ohne Verbindung zu den anderen; würde man sie auf Blockchains setzen, könnten sie alle miteinander verbunden werden. Als Musk das ablehnte, verlor Sam das Interesse und beschloss, gar nichts zu investieren. Sechs Monate später wusste er nicht einmal mehr, ob er noch Twitter-Aktien im Wert von 100 Millionen Dollar besaß oder ob die Aktien an Elon Musk verkauft worden waren.

Niemand hatte den vollen Überblick über das Rätsel, das Sam aus dem Geld gemacht hatte. Ramnik hatte wahrscheinlich den klarsten Blick darauf, aber selbst sein Einblick war unvollständig. Innerhalb von drei Jahren würde Sam etwa fünf Milliarden Dollar für ein Portfolio von 300 Einzelinvestitionen einsetzen – was eine neue Investitionsentscheidung ungefähr alle drei Tage bedeutete. Wenn Sam nur etwa 20 Minuten damit verbrachte, zu entscheiden, ob er eine Milliarde Dollar in Twitter versenken sollte, dann deshalb, weil er nur 20 Minuten erübrigen konnte: Es standen so viele andere Investitionsentscheidungen an. Er würde in neue Krypto-Token wie Solana und in alte Unternehmen wie Anthony Scaramuccis Investmentfirma SkyBridge investieren. Er erwarb Unternehmen, die offensichtlich für FTX relevant waren – zum Beispiel eine japanische Kryptobörse namens Liquid –, und Unternehmen, die keine offensichtliche Verbindung zu Krypto hatten, wie das Studio, das „Storybook Brawl" entwickelt hatte. Das Geld kam fast immer nicht von FTX, sondern von Alameda Research, das Ramnik und alle anderen als Sams Privatfonds betrachteten. Oft war Ramnik eng in einen Kauf involviert, aber fast genauso oft erfuhr er erst im Nachhinein, was Sam getan hatte. Sam hatte 500 Millionen Dollar in ein Start-up-Unternehmen für künstliche Intelligenz mit dem

Namen Anthropic investiert, offenbar ohne das irgendjemandem mitzuteilen. „Ich sagte zu Sam, nachdem er es getan hatte: ‚Wir wissen überhaupt nichts über dieses Unternehmen'", so Ramnik. Etwa zur selben Zeit, als er überlegte, ob er mehr Geld in Twitter versenken sollte, stellte Sam einer ehemaligen Jane-Street-Händlerin namens Lily Zhang 450 Millionen Dollar zur Verfügung, um einen zweiten Krypto-Quant-Handelsfonds mit Sitz auf den Bahamas namens Modulo Capital zu gründen. Soweit Ramnik wusste, hatte Sam niemandem davon erzählt, bis es Fakt war. Im März hatte Sam – ohne Ramnik oder irgendjemand anderen zu fragen – versprochen, fünf *Milliarden* Dollar bei einem Hollywood-Agenten namens Michael Kives zu investieren, der zum Investmentmanager geworden war. Sam hatte Kives erst ein paar Wochen vor dieser Zusage kennengelernt. Er hatte nichts über ihn gewusst, nicht einmal, wie man seinen Namen ausspricht.

Als sie hörten, dass Sam im Begriff war, einem völlig Fremden fünf Milliarden Dollar zu geben, schrillten bei Ramnik und anderen von FTX die Alarmglocken. Mithilfe der FTX-Anwälte hatten Ramnik und Nishad die fünf Milliarden auf 500 Millionen heruntergehandelt – oder zumindest dachten sie, dass Sam dem zugestimmt hatte. Viel später erfuhr Ramnik, dass Sam wie üblich einfach tat, was er wollte, und sich verpflichtete, drei Milliarden Dollar in verschiedene von Kives geführte Investmentfonds zu investieren. „Ich glaube, Sam ist zu vertrauensselig", erklärte Ramnik. „Er ist zu früh zu vertrauensselig."

Vieles, was in Sams Welt geschah, geschah ohne die üblichen Kontrollen und Gegenkontrollen. Anderen fiel es schwer, sich Gehör zu verschaffen. Die Geschäfte schienen nur Sams Geld zu betreffen: Warum sollte Sam nicht damit machen können, was er will? Dennoch gab es in der Geschichte der Menschheit nicht viele andere Fälle, in denen eine Person in seinem Alter mit Dollarbeträgen in einer Höhe um sich warf, wie er es tat – ohne die Aufsicht von Erwachsenen oder die üblichen Gepflogenheiten des Geschäftslebens. Was war zum Beispiel mit einem Vorstand? „Es ist unklar, ob wir überhaupt einen

Vorstand haben müssen", sagte Sam, „aber wir werden misstrauisch beäugt, wenn wir keinen haben, also haben wir etwas mit drei Leuten drin." Als er mir dies direkt nach seinem Twitter-Meeting erzählte, gab er zu, dass er sich nicht an die Namen der anderen beiden Personen erinnern konnte. „Vor drei Monaten wusste ich, wer sie waren", gab er zu. „Es könnte sich geändert haben. Die Hauptanforderung an den Job ist, dass es ihnen nichts ausmacht, nachts um 3 Uhr DocuSigning zu machen. DocuSigning ist der wichtigste Job." Dann war da noch der CFO. In den letzten 18 Monaten hatten ihn verschiedene Risikokapitalgeber, denen Sam erlaubt hatte, in FTX zu investieren, gedrängt, einen gewissenhaften Erwachsenen als Finanzchef des Unternehmens einstellen sollte. „Es gibt einen wahren Kult um den CFO", sagte Sam. „Ich frage sie: ‚Warum brauche ich einen?' Manche Leute können nicht eine einzige Aufgabe eines CFO nennen. Sie führen dann ‚das Geld im Auge behalten' oder ‚Prognosen erstellen' an. Ich denke mir dann: *Was zum Teufel glauben Sie denn, was ich den ganzen Tag mache? Denken Sie, ich weiß nicht, wie viel Geld wir haben?*"

Zurück in Hongkong, das Schisma noch im Kopf, hatte Sam kurz mit dem Gedanken gespielt, dass es nützlich sein könnte, ein paar ältere Leute dabei zu haben. „Wir haben es mit ein paar Erwachsenen versucht, aber die haben nichts gebracht", sagte er. „Das galt für alle, die über 45 Jahre alt waren. Alles, was sie taten, war, sich Sorgen zu machen. Das ist ein klassischer Fall von Erwachsensein: Man flippt aus, weil die chinesische Regierung in Hongkong gegen Kryptowährungen vorgeht. Ihre Aufgabe war es, Probleme ernst zu nehmen, auch wenn die Probleme nicht ernst waren. Und sie waren nicht in der Lage, ernste Probleme zu erkennen. Sie hatten Angst vor Aufsichtsbehörden. Oder vor Steuern! Nicht, dass wir sie nicht zahlen würden, aber wir würden zu viel zahlen und dann hätten wir im nächsten Jahr einen Verlust, aber wir hätten unsere Steuern schon gezahlt." Es ging nicht darum, dass Sam seine Steuerlast nicht minimieren wollte oder dass die Chinesen ihn nicht jeden Moment überwältigen und ins Gefängnis werfen könnten. Die Wahrscheinlichkeit, dass etwas Schlimmes passiert, war gering, und jede Zeit, die man damit verbrachte, darüber nachzudenken, war verschwendet. „Es war eine willkürliche Aneinanderreihung von völlig unzusammenhängenden Bedenken, von denen die meisten wirklich übertrieben waren und sehr eindringlich vorgetragen wurden", berichtete Sam. „Die einzige Möglichkeit, sie zu beruhigen, war, dass eine neue Sorge auftauchte und sie von den anderen ablenkte."

Die Wahrheit war, dass Erwachsene ihn langweilten. Alles, was sie taten, war, ihn auszubremsen.

Ein paar Monate später, Ende Juli 2022, traf ich Sam auf dem Rollfeld eines privaten Flugplatzes in Nordkalifornien. Ich war von daheim dorthin gefahren, er kam von einer kurzen Klausurtagung mit den Vordenkern des effektiven Altruismus, wo sie darüber diskutiert hatten, wie sie Sams Geld ausgeben sollten. Wie immer war er spät dran. Als er endlich ankam, purzelte er geradezu vom Rücksitz eines schwarzen Autos. Statt eines Koffers trug er etwas, das wie ein kleiner Haufen alter Wäsche aussah. Als er näherkam, sah ich, dass es ein blauer Anzug und ein Hemd von Brooks Brothers waren. „Das ist mein Washington-Anzug", sagte er fast entschuldigend. „Normalerweise lasse ich ihn in Washington." Sechs Stunden später sollte er mit dem Minderheitsführer im Senat, Mitch McConnell, den er noch nie getroffen hatte, zu Abend essen. Er war darüber informiert worden, dass McConnell beleidigt sein würde, wenn er in kurzen Hosen erschiene. „McConnell ist es wirklich wichtig, was du trägst", sagte Sam, als er die Stufen zum Privatflugzeug hinaufging und den Anzug auf einen freien Sitz legte. „Außerdem musst du ihn ‚Leader' nennen. Oder ‚Leader McConnell' oder ‚Mister Leader'. Ich habe es geprobt, um sicherzugehen, dass ich es nicht versaue. Vor allem, weil es so verlockend ist, ‚Dear Leader' wie zu dem Geliebten Führer in Nordkorea zu sagen."

Ich betrachtete das Kleiderbündel. Die Falten waren nicht neu und oberflächlich, sondern alt und scharf und könnten wohl nur mit viel

Mühe und Zeitaufwand ausgebügelt werden. Es war kaum zu erkennen, wie diese Klamotten in dieser Situation von Nutzen sein sollten.

„Hast du einen Gürtel?“ fragte ich.

„Ich habe keinen Gürtel“, sagte er, griff in einen Korb mit veganen Snacks, schnappte sich eine Tüte Popcorn und ließ sich auf seinen Sitz fallen.

„Schuhe?“

„Äh, keine Schuhe“, sagte er.

Es war, als hätte er nur eine einzige ausdrückliche Anweisung erhalten: „Bringen Sie einen Anzug mit.“ Wer auch immer sie erteilt hatte, hatte es versäumt, hinzuzufügen: „Stellen Sie sicher, dass er tragbar ist und dass Sie alles andere dabeihaben, was Sie brauchen, um Mitch McConnells Bedürfnis zu befriedigen, dass seine Tischnachbarn formell gekleidet sind.“ So hatte Sam sich nicht die Mühe gemacht, darüber nachzudenken, was man sonst noch für einen Anzug brauchen könnte, wenn er korrekt getragen werden sollte. So etwas tat er oft. Sieben Monate zuvor hatte er vor dem Ausschuss für Finanzdienstleistungen des Repräsentantenhauses über die Regulierung von Kryptowährungen ausgesagt. Jemand knipste eine Nahaufnahme seiner Füße unter dem Tisch: Die Schnürsenkel seiner neuen Anzugschuhe waren noch aufgewickelt und gerafft, so wie sie gekauft worden waren. Jemand muss ihm die Schuhe gereicht und ohne weitere Anweisung gesagt haben: „Du solltest diese Schuhe anziehen.“

Jedenfalls unterschieden sich Sams Reisen nach Washington durch diesen einen Gegenstand von allen anderen Reisen, die er unternahm. Nur nach Washington nahm er einen Anzug mit: Der Einsatz rechtfertigte das Opfer. In den letzten Jahrzehnten waren die Gesetze in den USA gelockert worden, sodass Menschen und sogar Unternehmen praktisch unbegrenzte Geldbeträge an politische Kampagnen und Wahlkampflobbys, die Super-PACs, spenden konnten, ohne dass die amerikanische Öffentlichkeit genau erkennen konnte, was sie taten oder warum. Was Sam überraschte, nachdem er selbst über unbegrenzte Mittel verfügte, war, wie langsam sich reiche Leute und Unternehmen an ihr neues politisches Umfeld angepasst hatten. Die US-Regierung übte massiven Einfluss auf praktisch alles unter der Sonne und vielleicht sogar ein paar Dinge darüber hinaus aus. In einer einzigen vierjährigen Amtszeit konnte ein Präsident in Zusammenarbeit mit dem Kongress Ausgaben in Höhe von rund 15 Billionen Dollar beschließen. Im Jahr 2016 beliefen sich die Gesamtausgaben aller Kandidaten für die Präsidentschafts- und Kongresswahlen jedoch auf lediglich 6,5 Milliarden Dollar. „Es scheint, als gäbe es einfach nicht genug Geld in der Politik", sagte Sam. „Die Leute machen zu wenig daraus. Das Seltsame ist, dass Warren Buffett nicht zwei Milliarden Dollar pro Jahr spendet."

In der US-Politik sorgte Sam für ein weiteres Finanz-Rätsel: Selbst nachdem er Milliarden in verschiedene Venture-Capital-Beteiligungen gesteckt hatte, war er bereit, weitere Hunderte Millionen auszugeben, um die öffentliche Politik zu beeinflussen. Später würde alles, was er tat, zynischer interpretiert werden als zum jeweiligen Zeitpunkt, aber schon damals hatten viele Leute Fragen über ihn und viele dieser Fragen gingen am Thema vorbei. Seine politischen Ausgaben wurden grob in drei Körbe aufgeteilt. Der erste und kleinste Korb enthielt seine konkreten Geschäftsinteressen: ein paar Millionen Dollar, die an Politiker und Interessengruppen gespendet wurden, die bereit waren, sich für eine Gesetzgebung einzusetzen, die es Amerikanern erlauben würde, die Kryptokontrakte auf FTX innerhalb der USA zu handeln, so wie Ausländer auf FTX außerhalb der USA handelten. Es erschien ihm als ein weiteres seltsames und sinnloses Merkmal der erwachsenen Welt, dass die USA, die sonst bereit sind, ihre ärmsten und verletzlichsten Bürger staatlichen Lotterien, Casinos und anderen Glücksspielen auszusetzen, bei denen alle Chancen gegen sie stehen, eine Ausnahme für Wertpapiere oder alles, was als Wertpapiere ausgelegt werden könnte, machen. Aber das waren die Regeln dieses neuen Spiels und Sam hatte trotz einiger Zweifel an ihrer Nachvollziehbarkeit beschlossen zu versuchen, sie zu ändern – anstatt zu tun, was die anderen Kryptobörsen taten, nämlich sie einfach zu ignorieren.

Seltsamerweise war das Geld, das er Leuten gab, damit er noch mehr Geld machen konnte, dasjenige, das für andere am leichtesten sichtbar war. Alles konnte ohne großen Aufwand zu Sam, FTX oder Krypto-Interessengruppen zurückverfolgt werden. Es waren die anderen beiden Körbe – das Geld, das wenig mit seinen eigenen konkreten finanziellen Interessen zu tun hatte –, die undurchsichtig waren. Seine Versuche, die Welt so zu verändern, wie er glaubte, dass die Welt verändert werden müsste, hatten wenig mit seinem Geschäft zu tun. Aber um effektiv zu sein, musste er verbergen, was er tat, damit andere nicht annahmen, dass es bei seinen Spenden darum ging, die Kryptogesetzgebung zu beeinflussen. Für einige durchaus kluge Köpfe war „Krypto" ein Synonym für „kriminell". „Das Problem war, dass, wenn es offengelegt würde, jeder annehmen würde, dass es sich um Kryptogeld handelt", sagte er. Kryptogeld war schwieriger zu verschenken, als es nach Sams Meinung hätte der Fall sein sollen. Politiker und Interessengruppen taten sich manchmal schwer, es zu akzeptieren, auch weil sie sich nicht ganz sicher waren, um was genau es sich dabei handelte. „Es ist nichts Konkretes", erklärte Sam. „Es ist ihnen einfach unangenehm." Dieses Unbehagen konnte zu seltsamen Ergebnissen führen. „Wir hatten eine Gruppe, die sagte: ‚Wissen Sie, wir wissen das wirklich zu schätzen, aber es wäre nicht gut für mich, Geld von FTX zu nehmen, also kann ich nicht – außerdem habe ich eine andere Finanzierungsquelle gefunden.' Diese andere Finanzierungsquelle war Gabe, mein Bruder."

In Sams Augen war sein Geld kein Kryptogeld. Es war effektives altruistisches Geld, an das er zufällig durch Krypto gekommen war. Zusammen mit seinem Bruder hatte Sam die Probleme der Welt betrachtet und beschlossen, dass zwei effektive altruistische Zwecke sinnvoller mit seinem Geld zu unterstützen waren als alle anderen. Und dass ein großer Teil des Geldes im Verborgenen eingesetzt werden musste.

Gary Wang CTO
Nishad Singh Sr_Dev
36 12
Caroline Ellison CEO_alameda
26 22
Jen Chan Chief of Staff
76 19
Philippe Maes DEV
Adam Yedidia DEV
23 10
Taylor Johnson Dev
Dan Chapsky Data
1 1
Jordan Dunne Product
Peter Lee Data
Jason Ye Dev
Ege Mihmanli Dev
13 1
Lotta Blumberg Dev
Nils Molina Dev_us
Seref Bayirli Head TR
12 12
Leila Clark Dev
Adam Kalinich Dev_us
Devon Bernard Dev_us
Adithya Girish Dev
Andrea Lincoln Dev
Alfred Xue Dev
Ecenur Zincidi KYC_tr
Emre Haskılıç KYC_tr
Furkan Koyuncu KYC_tr
Ozan Bektaş KYC_tr
Efe Ozyezil TR
Utku Kocintar TR
Umut Doğan KYC_tr
Ege Topuzlar TR
Emre Aydiner Settlement_tr
Serhat Aydin TR
Mehmet Gurevin Dev_tr
Burak Dev_tr
David Chiu Dev_us
Jeff Dilley Dev_us
James Brink Dev_us
Tristan Cheam Dev_us
Nicholas Shea Dev_us
Javed Bartlett Dev
Galen Jackson Dev
Nate Parke CTO_alameda
4 4
Sam Trabucco Advisor_alameda
Christian Drappi Dev_alameda
Oliver Hamilton Dev_alameda
Aditya Baradwaj Dev_alameda
Lance Co Ting Keh Dev_alameda
Tony Qian Trader_alameda
Lena Ngoy Settlement_alameda
Alice Zhou Accounting_alameda
Stephen Liu Settlement_alameda
Richard Chang Trader_alameda
Terence Choo Settlement_lameda
David Nyeste Trader_alameda
Charlie Tsang Trader_alameda
Ben Xie Trader_alameda
Ashley Chao Settlement_alameda
Carlos Mahomar Settlement_alameda
Anton Chan Settlement_alameda
Ross Rheingans-Yoo Foundation
Emma Shi Settlement_alameda
Boris Wong Accounting_alameda
Gabrielle Gadi BD_alameda
Diana Ma BD_alameda
Ricky Sze Accounting_alameda
Willie Kaufman Trader_alameda
Tao Wu Trader_alameda
Charis Law Ops
Keith Lennox CS
45 45
Bryan Thomas Ops
Adaa Jarso KYC
Queenie Wun Office assistant
Karis Wun Ops
Beatrice Chui Settlement
8 8
Felix Cheung Office assistant
Peter Kim KYC
4 4
Angela Wu Office assistant
Reynaldo Jose Ramirez Suero CS
Ashish Suvarna CS
Vasilii Kuzmenkov CS
Michael Newett CS
Chris Walters CS
Sam Pepper CS
Ally Xu CS
Matt Burgess CS
Alejandro Silva CS
Ben Diprose CS
Daniel Szu CS
Michael Sewell CS
Evgeny Glinskiy CS_us
Heath Huston CS_us
Shyan Perera CS
Michelle Chan CS
Andy Tran CS
Boris Kim CS
Jeffrey Yung CS
Bryan Stapleton-Moller CS
Alex Walters CS
Alice Yiu CS
Betty Huang CS
Rigel Saysip
Pef Laurie
Trixie Alturas
Elaine Marie Amistad
Chryzelle Marie Leuterio
James Cooper
Ryan Baron CS
Shoko Nikami CS_jp
Sayaka Uchikura CS_jp
Asako Koike CS_jp
Yuri Hidaka CS_jp
Anita Li CS
Shandie Marie
Tumaliwan
Stephanie Kris Navarro
Samantha Culaton
Joseph Rodjohn Cabreza
Maria Katrina Guevara
Kevin Alturas
Ma. Soneela Enriquez
Denisse Philip Tan
Romella Llauder Militar
Renee Angeli Navarro
Cheryl Chen Settlements
Elizabeth Lee Settlements
Dicky Hung Settlements
Cody Li Settlements
Tracy Hung Settlements
Adonis Fernander Settlements
Alexis Delancy Settlements_bh
Chade Farrington Settlements
Tony Tse Office assistant
Takashi Hidaka Ops
Girish Budhrani Ops
Brandon Chui KYC
Derek Fung KYC
Freya Hu KYC
Louis Ng Compliance
Chloe Yu KYC_kr
Daniel Choi KYC_kr
Jake Hyun KYC
Paul Chang KYC_kr
Jim Cheung Office assistant
Jayesh Peswani Finance

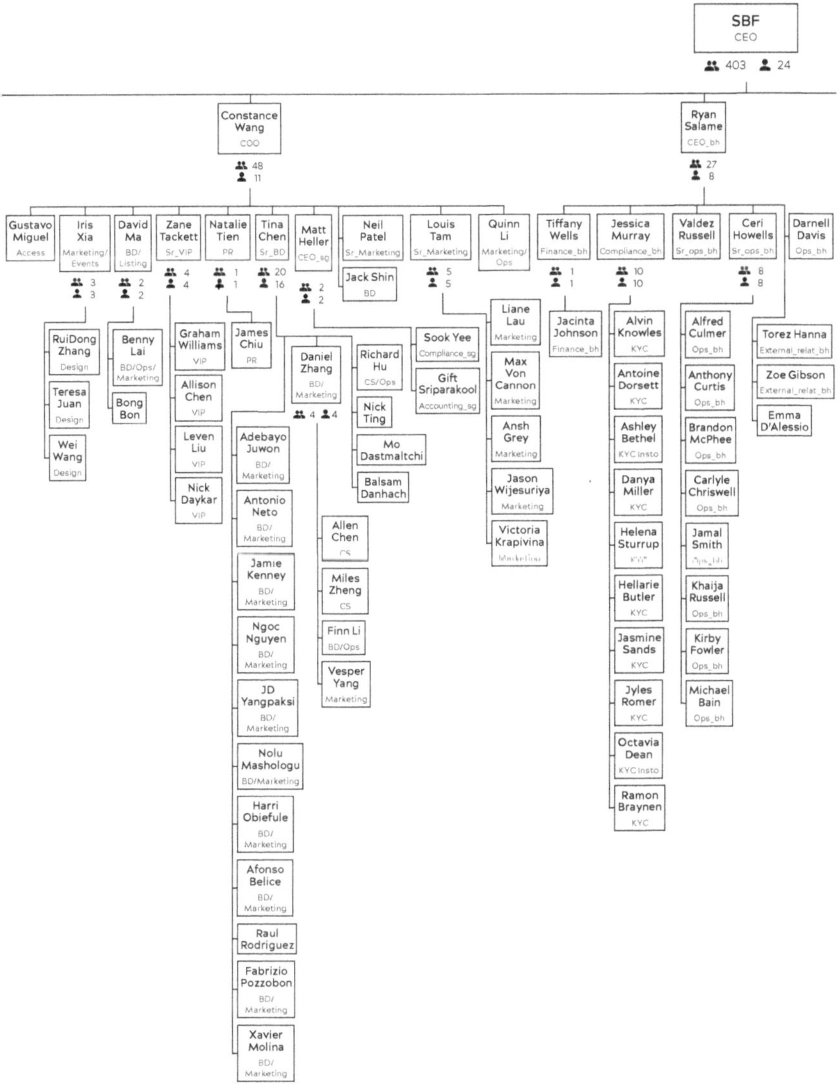
SBF
CEO
403 24
Constance Wang
COO
48
11
Ryan Salame
CEO_bh
27
8
Gustavo Miguel
Access
Iris Xia
Marketing/Events
3
3
David Ma
BD/Listing
2
2
Zane Tackett
Sr_VIP
4
4
Natalie Tien
PR
1
1
Tina Chen
Sr_BD
20
16
Matt Heller
CEO_sg
2
2
Neil Patel
Sr_Marketing
Jack Shin
BD
Louis Tam
Sr_Marketing
5
5
Quinn Li
Marketing/Ops
Tiffany Wells
Finance_bh
1
1
Jessica Murray
Compliance_bh
10
10
Valdez Russell
Sr_ops_bh
Ceri Howells
Sr_ops_bh
8
8
Darnell Davis
Ops_bh
RuiDong Zhang
Design
Teresa Juan
Design
Wei Wang
Design
Benny Lai
BD/Ops/Marketing
Bong Bon
Graham Williams
VIP
Allison Chen
VIP
Leven Liu
VIP
Nick Daykar
VIP
James Chiu
PR
Daniel Zhang
BD/Marketing
4 4
Adebayo Juwon
BD/Marketing
Antonio Neto
BD/Marketing
Jamie Kenney
BD/Marketing
Ngoc Nguyen
BD/Marketing
JD Yangpaksi
BD/Marketing
Nolu Mashologu
BD/Marketing
Harri Obiefule
BD/Marketing
Afonso Belice
BD/Marketing
Raul Rodriguez
Fabrizio Pozzobon
BD/Marketing
Xavier Molina
BD/Marketing
Allen Chen
CS
Miles Zheng
CS
Finn Li
BD/Ops
Vesper Yang
Marketing
Richard Hu
CS/Ops
Nick Ting
Mo Dastmaltchi
Balsam Danhach
Sook Yee
Compliance_sg
Gift Sriparakool
Accounting_sg
Liane Lau
Marketing
Max Von Cannon
Marketing
Ansh Grey
Marketing
Jason Wijesuriya
Marketing
Victoria Krapivina
Jacinta Johnson
Finance_bh
Alvin Knowles
KYC
Antoine Dorsett
KYC
Ashley Bethel
KYC Insto
Danya Miller
KYC
Helena Sturrup
Hellarie Butler
KYC
Jasmine Sands
KYC
Jyles Romer
KYC
Octavia Dean
KYC Insto
Ramon Braynen
KYC
Alfred Culmer
Ops_bh
Anthony Curtis
Ops_bh
Brandon McPhee
Ops_bh
Carlyle Chriswell
Ops_bh
Jamal Smith
Khaija Russell
Ops_bh
Kirby Fowler
Ops_bh
Michael Bain
Ops_bh
Torez Hanna
External_relat_bh
Zoe Gibson
External_relat_bh
Emma D'Alessio

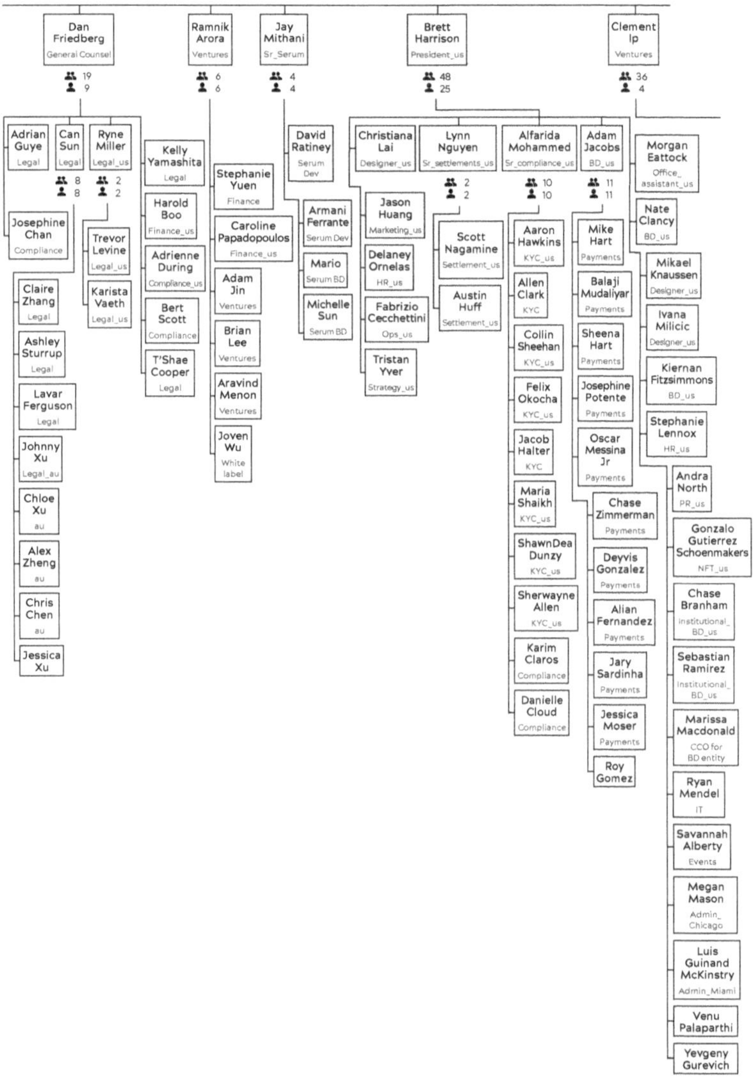
Dan Friedberg
General Counsel
19
9
Ramnik Arora
Ventures
6
6
Jay Mithani
Sr_Serum
4
4
Brett Harrison
President_us
48
25
Clement Ip
Ventures
36
4
Adrian Guye
Legal
Can Sun
Legal
8
8
Ryne Miller
Legal_us
2
2
Josephine Chan
Compliance
Trevor Levine
Legal_us
Karista Vaeth
Legal_us
Claire Zhang
Legal
Ashley Sturrup
Legal
Lavar Ferguson
Legal
Johnny Xu
Legal_au
Chloe Xu
au
Alex Zheng
au
Chris Chen
au
Jessica Xu
Kelly Yamashita
Legal
Harold Boo
Finance_us
Adrienne During
Compliance_us
Bert Scott
Compliance
T'Shae Cooper
Legal
Stephanie Yuen
Finance
Caroline Papadopoulos
Finance_us
Adam Jin
Ventures
Brian Lee
Ventures
Aravind Menon
Ventures
Joven Wu
White label
David Ratiney
Serum Dev
Armani Ferrante
Serum Dev
Mario
Serum BD
Michelle Sun
Serum BD
Christiana Lai
Designer_us
Jason Huang
Marketing_us
Delaney Ornelas
HR_us
Fabrizio Cecchettini
Ops_us
Tristan Yver
Strategy_us
Lynn Nguyen
Sr_settlements_us
2
2
Scott Nagamine
Settlement_us
Austin Huff
Settlement_us
Alfarida Mohammed
Sr_compliance_us
10
10
Aaron Hawkins
KYC_us
Allen Clark
KYC
Collin Sheehan
KYC_us
Felix Okocha
KYC_us
Jacob Halter
KYC
Maria Shaikh
KYC_us
ShawnDea Dunzy
KYC_us
Sherwayne Allen
KYC_us
Karim Claros
Compliance
Danielle Cloud
Compliance
Adam Jacobs
BD_us
11
11
Mike Hart
Payments
Balaji Mudaliyar
Payments
Sheena Hart
Payments
Josephine Potente
Payments
Oscar Messina Jr
Payments
Chase Zimmerman
Payments
Deyvis Gonzalez
Payments
Alian Fernandez
Payments
Jary Sardinha
Payments
Jessica Moser
Payments
Roy Gomez
Morgan Eattock
Office_assistant_us
Nate Clancy
BD_us
Mikael Knaussen
Designer_us
Ivana Milicic
Designer_us
Kiernan Fitzsimmons
BD_us
Stephanie Lennox
HR_us
Andra North
PR_us
Gonzalo Gutierrez Schoenmakers
NFT_us
Chase Branham
Institutional_BD_us
Sebastian Ramirez
Institutional_BD_us
Marissa Macdonald
CCO for BD entity
Ryan Mendel
IT
Savannah Alberty
Events
Megan Mason
Admin_Chicago
Luis Guinand McKinstry
Admin_Miami
Venu Palaparthi
Yevgeny Gurevich

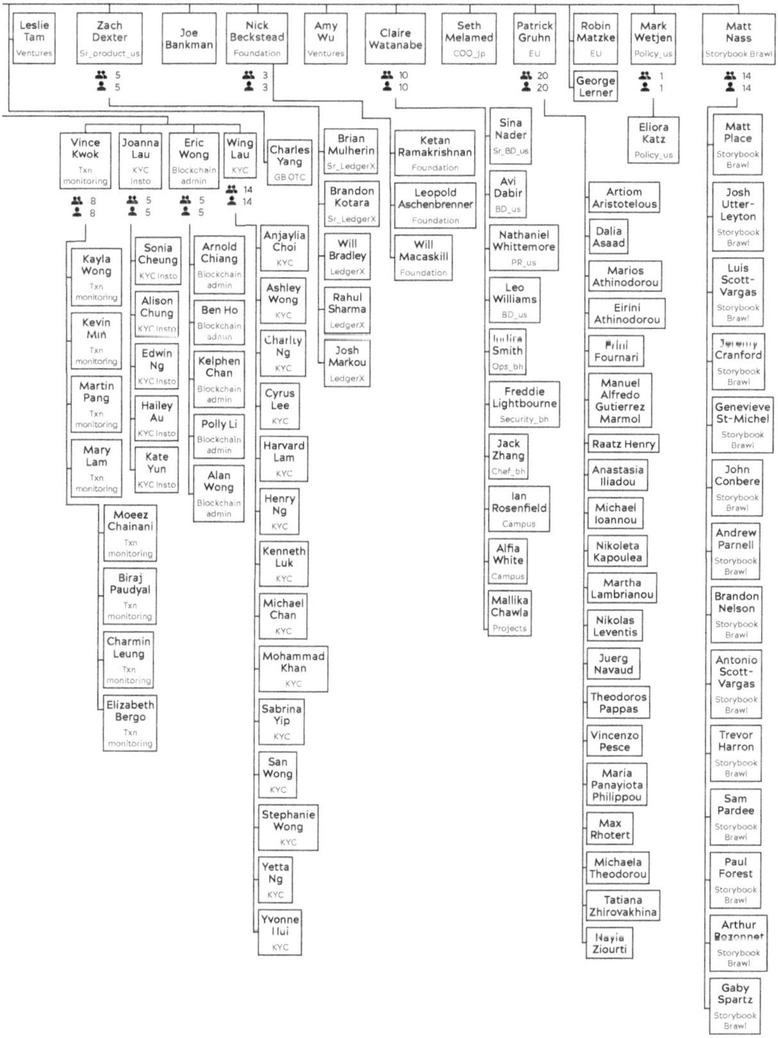

FTX org chart courtesy of George Lerner.

Ihre erste, kaum verheimlichte Initiative war die Pandemieprävention. Auf der Liste der existenziellen Risiken für die Menschheit nahmen Pandemien einen besonderen Platz ein. Anders als etwa bei einem Asteroideneinschlag fühlte sich die Bedrohung real an und die Politiker konnten davon überzeugt werden, sie ernst zu nehmen. Anders als etwa beim Klimawandel dachte kaum jemand ernsthaft darüber nach, wie man das Problem angehen könnte – selbst nachdem gerade eine Million Amerikaner an einem neuen Erreger gestorben waren. Anders als etwa bei der Verhinderung eines Krieges gegen die Menschheit durch künstliche Intelligenz gab es einige offensichtliche, wenn auch teure Maßnahmen, um das Risiko zu dämpfen. Zum Beispiel müsste wirklich jemand die Führung bei der Schaffung eines globalen Systems zur Krankheitsvorhersage übernehmen, das dem globalen System zur Wettervorhersage ähnelt. Sam schätzte, dass dies 100 Milliarden Dollar kosten würde, was zu viel für ihn war. „Wenn es zehnmal kleiner wäre, könnte ich es vielleicht selbst machen", sagte er. „Wenn FTX sechsmal so groß wird wie heute, müssen wir neu rechnen." Vielleicht hatte er im Moment nicht das Geld, um es selbst zu tun, aber er hatte das Geld, um die US-Regierung davon zu überzeugen, es zu tun. Genau dieses Thema war der erklärte, wenn auch vielleicht nicht der wichtigste Grund für sein Abendessen mit Mitch McConnell: Es ging um eine Initiative, die darauf abzielte, einer Einrichtung innerhalb des US-Gesundheitsministeriums, der Biomedical Advanced Research and Development Authority, zehn Milliarden Dollar für die Pandemiebekämpfung zur Verfügung zu stellen. McConnell war Republikaner und theoretisch ein Gegner von großen Staatsausgaben. Aber Sam hatte bereits festgestellt, dass Politiker weitaus komplexer waren, als ihre Stammeszugehörigkeit vermuten ließ. „Er ist ein Polio-Überlebender", sagte Sam. „Und wir glauben, dass er interessiert ist."

Gewählte Beamte dazu zu bringen, sich für Pandemien zu interessieren, war ein Teil von Sams Strategie. Der zweite Teil bestand darin, einige neue Pandemiebekämpfer in den Kongress wählen zu lassen.

Sams politisches Team hatte herausgefunden, dass es viel sinnvoller war, Geld für Vorwahlen auszugeben als für Parlamentswahlen. Bei Vorwahlen konnten die Wähler auf eine Art beeinflusst werden, wie es bei Parlamentswahlen nicht möglich war. Ein Großteil der Überzeugungskraft bei den Vorwahlen bestand lediglich in der Bekanntheit des Namens, die man mit Werbung kaufen konnte. Sie hatten auch schon herausgefunden, oder dachten es zumindest, dass sie mit einer Million Dollar, die sie in eine enge Vorwahl zum Kongress steckten, eine Chance von 1 zu 5 hatten, die Wahl für ihren Kandidaten zu gewinnen. Das Problem war, dass sie nicht im Voraus bestimmen konnten, welche der fünf Vorwahlen sie beeinflussen konnten. Deshalb hatten sie sich eine Strategie zurechtgelegt, die darin bestand, so viele Kongresskandidaten wie möglich zu finden, die Ausgaben für die Pandemieprävention unterstützen würden, und deren Kampagnen im großen Umfang zu sponsern, während sie gleichzeitig ihr Bestes taten, um zu verschleiern, dass das Geld etwas mit Krypto zu tun hatte.

Natürlich bedeutete der Gewinn einer von fünf Kongresswahlen, dass man die anderen vier verlor. Sams politisches Portfolio ähnelte seinem Risikokapitalportfolio: Auf der Suche nach enormen Gewinnen wurden Risiken eingegangen, die im Nachhinein verrückt aussahen. In kürzester Zeit hatte Sams Geld einige der spektakulärsten Misserfolge in der Geschichte der politischen Manipulation finanziert.

Carrick Flynn zum Beispiel. Als Sam über ihn stolperte, war Carrick Flynn ein Neuling in der Wahlkampfpolitik. Er war der Inbegriff des politischen Strebers in Washington – einer der gesichtslosen Lakaien in blauen Anzügen, die hinter den wichtigeren Leuten an der Wand sitzen und gelegentlich aufstehen und ihnen etwas ins Ohr flüstern. Die wichtigste Eigenschaft von Carrick Flynn war nach Sams Ansicht, dass er sich mit der Pandemieprävention sehr gut auskannte und sich massiv dafür einsetzte. Sein zweitwichtigster Charakterzug war, dass er ein effektiver Altruist war. Man konnte sich darauf verlassen, dass er eher der Mathematik als schwammigen Gefühlen folgte. Praktischerweise war er vor Kurzem von Washington in einen neu geschaffenen, linksgerichteten Kongresswahlbezirk außerhalb von Portland, Oregon, umgezogen. Der Sitz war so begehrt, dass schließlich 15 weitere Kandidaten ins Rennen gehen würden. Flynn fragte einige andere effektive Altruisten, was sie von seiner Kandidatur für den Kongress hielten. Als politischer Kandidat hatte er offensichtliche Schwächen: Er war nicht nur ein Washingtoner Insider und ein politischer Abenteurer, sondern er hatte auch Angst vor öffentlichen Auftritten und reagierte empfindlich auf Kritik. Er beschrieb sich selbst als „sehr introvertiert". Und doch sah keiner der effektiven Altruisten einen guten Grund für ihn, es nicht zu versuchen – und so warf er seinen Hut in den Ring. Irgendwo auf dem Weg zum effektiven Altruismus hatte er Sam kennengelernt. Er hatte das Gefühl, dass Sam ihn unterstützen würde, aber er hatte keine Ahnung, was das bedeutete. Der Autor Dave Weigel hat den Moment, in dem er es erfuhr, in der Einleitung eines Artikels in der *Washington Post* festgehalten:

> „Wir haben uns zusammen ein YouTube-Video angeschaut, ein Tutorial über irgendetwas", sagte Flynn, der mit seiner Frau Kathryn Mecrow-Flynn zusammensaß, nach einem Frühstück der US-Handelskammer letzte Woche, bei dem er und andere demokratische Kongresskandidaten einen Vortrag über die Kriminalität in Vorstädten gehört hatten.
>
> „Plötzlich hörten wir eine Stimme, die CARRICK FLYNN sagte", erinnert sich Mecrow-Flynn.
>
> „Und ich schüttete Wasser über meine Hand", sagte Flynn.
>
> Mecrow-Flynn korrigierte ihn. „Mountain Dew", sagte sie.
>
> „Wenn überhaupt, dann Diet Mountain Dew", sagte Flynn selbstbewusster.

Was auch immer er getrunken hatte, Flynn hatte es beim Ertönen seines eigenen Namens in einer bezahlten politischen Werbung verschüttet. Es war die erste Salve der politischen Entsprechung der Landung in der Normandie. Sams politisches Team nahm *zehn Millionen Dollar* von seinem Geld, stopfte sie in Panzerfäuste und feuerte sie auf die Vororte von Portland ab. Diese kleine Vorwahl wurde die teuerste in der Geschichte Oregons. Dann wurde sie zur dritteuersten demokratischen Vorwahl zum Repräsentantenhaus im ganzen Land. Sams Versuch, Carrick Flynn in einen Kongressabgeordneten zu verwandeln, war weniger eine politische Kampagne als ein Angriff auf die Sinne der örtlichen Bevölkerung. „Man fühlte sich wirklich wie in einer Folge der TV-Serie ‚Veep'", erzählte Tess Seger, die die Kampagne eines konkurrierenden Demokraten leitete. „Die Leute, die über die Trail Blazers berichten, haben sich buchstäblich darüber beschwert, wie viele Anzeigen von Carrick Flynn liefen. Die ganze Sache war irgendwie unglücklich aufgezogen."

Die Auswirkungen eines unglücklichen Vorgehens in der Politik sind nicht vorhersehbar, aber was dann geschah, ergab einen gewissen Sinn. Die Leute fanden heraus, woher das Geld stammte, um all diese Carrick-Flynn-Anzeigen zu bezahlen. Die anderen acht Demokraten in den Vorwahlen taten sich zusammen, um Carrick Flynn an den Pranger zu stellen. „Mr. Creepy Funds", nannte ihn einer von ihnen. „Da ist ein Milliardär von den Bahamas, der versucht, einen Kongresswahlbezirk in Oregon zu kaufen", sagte ein anderer. Und so war es auch! Sam versuchte, einen Sitz im Kongress zu kaufen, damit der Kongress endlich damit beginnt, sich mit einer existenziellen Gefahr für die Menschheit zu befassen. Die Menschen in Oregon wussten die Bemühungen nicht nur nicht zu schätzen; viele von ihnen begannen, Carrick Flynn zu hassen. Und Carrick Flynn war nicht dazu geschaffen, ihre Gefühle zu ignorieren. Als er während einer Debatte von anderen Kandidaten angegriffen wurde, ging er einfach. Seine öffentlichen Äußerungen begannen selbst seinen Geldgebern als unberechenbar und unklug zu erscheinen. „Er war wirklich verletzt, wenn Leute gemeine Dinge über ihn sagten", berichtete Sam. „An einer

Stelle beleidigte er Eulen, ohne zu wissen, dass Eulen in Oregon sehr beliebte Tiere sind.[1]

Am Wahltag, dem 17. Mai 2022, erhielt Carrick Flynn 19 Prozent der Stimmen und belegte einen respektablen, aber weit abgeschlagenen zweiten Platz hinter Andrea Salinas, die mit 37 Prozent der Stimmen gewann. Für jede Stimme, die Carrick Flynn gewann, hatte Sam etwas weniger als 1.000 Dollar ausgegeben. Es machte ihm eigentlich nicht viel aus. Er hatte eine Lektion gelernt: Es gibt politische Kandidaten, die mit keinem Geld der Welt gewählt werden können. „Es gibt Grenzen für das, was man mit Geld kaufen kann", erkannte Sam.

Für Sam war das Geld, das er für Carrick Flynn ausgegeben hatte, nur ein Tropfen auf den heißen Stein. Andere Kongresswahlen waren besser gelaufen. Er hatte noch einen anderen, noch vielversprechenderen Korb – ein Gefäß für politische Ausgaben, das noch undurchsichtiger war als die beiden anderen. Damit die Wähler nicht wussten, woher das Geld stammte, wurde dieses Gefäß weitgehend von Mitch McConnell oder Freunden von Mitch McConnell kontrolliert. Damit die Verschleierung legal war, wollten Sam und McConnell nicht darüber sprechen, wie der Korb verwendet werden sollte. Aber der Korb war sehr wohl der unterschwellige Grund des Abendessens, zu dem Sam unterwegs war, denn in McConnell hatte Sam jemanden gefunden, der sich für eine andere existenzielle Bedrohung der Menschheit ebenso interessierte wie er selbst: Donald Trump. Trumps Angriff auf die Regierung und die Integrität der US-Wahlen gehörte für Sam auf dieselbe Liste wie Pandemien, künstliche Intelligenz und Klimawandel. Im ganzen Land waren die Vorwahlen der Republikaner mit Kandidaten gespickt, die bereit waren, so zu tun, als ob man Trump die Präsidentschaftswahl gestohlen hätte. Sie standen Kandidaten gegenüber, die gezwungen waren, Lippenbekenntnisse zu dieser Idee abzugeben. McConnells Leute hatten bereits herausgefunden, wer zu welcher Gruppe gehörte, und McConnell war fest entschlossen, die erste Gruppe zu besiegen. „Er hat die Arbeit bereits erledigt", sagte Sam. Die Arbeit, fügte er hinzu, bestand darin, „zwischen

Leuten zu unterscheiden, die tatsächlich versuchen zu regieren, und Leuten, die die Regierung untergraben wollen."

Zu diesem Zeitpunkt plante Sam, McConnell 15 bis 30 Millionen Dollar zukommen zu lassen, um die Trump-Kandidaten bei den US-Senatswahlen zu besiegen. Außerdem, so erklärte er mir beim Landeanflug auf Washington, prüfe er die Rechtmäßigkeit, Donald Trump dafür zu bezahlen, nicht erneut für das Präsidentenamt zu kandidieren. Sein Team hatte einen geheimen Zugang zur Trump-Organisation geschaffen und kehrte mit der wenig verwunderlichen Nachricht zurück, dass Donald Trump tatsächlich seinen Preis haben könnte: fünf Milliarden Dollar. So wurde es Sam von seinem Team zumindest übermittelt.

Es war interessant, vor allem im Nachhinein, wie gut Sams Verstand geeignet war, Donald Trump zu verstehen. In diesem Moment nutzte sein Team den geheimnisvollen Kommunikationskanal ins Trump-Lager, um Trump eine Idee schmackhaft zu machen. In Missouri befand sich ein begeisterter Trump-Anhänger namens Eric Greitens in einem offenbar engen Rennen mit einem weniger begeisterten Trump-Anhänger namens Eric Schmitt. Schmitt wollte regieren; Greitens wollte alles niederreißen. Trump hatte sich noch nicht zu dem Rennen geäußert und es wurde befürchtet, dass seine Unterstützung die Wahl zugunsten von Greitens entscheiden könnte. Sams Team hatte eine Idee – die, wie Sam behauptete, gerade zu Trump persönlich durchdrang. Die Idee bestand darin, Trump zu überreden, sich zu äußern und zu sagen: „Ich bin für Eric!", ohne zu sagen, für welchen Eric er ist. Schließlich war es Trump eigentlich egal, wer gewann. Ihm ging es nur darum, dass man sah, dass er den Gewinner unterstützte. Wenn er sagte, er sei für Eric, würde er die Anerkennung dafür bekommen, welcher Eric auch immer gewann. „Ich bin für Eric!" würde noch mehr Aufmerksamkeit auf Trump lenken als eine konkrete Unterstützung und Aufmerksamkeit ist alles, was Trump letztendlich interessiert. „Das ist typisch Trump", sagte Sam. „Es würde zu einem Meme werden."

Während er davon berichtete, warf er sich Popcorn in den Mund mit einer ruckartigen Bewegung, die an einen ungeschickten Korbleger erinnerte. Er hatte eine Trefferquote von etwa 60 Prozent und das Popcorn flog überall hin. Er war bereits daran gescheitert, eine Schale mit warmen Nüssen aufzufangen, die während des Starts an ihm vorbeigeflogen waren, und auch sie lagen immer noch überall um ihn herum verstreut. So wie er die politische Welt in seinem Kopf geordnet hatte, so hatte er in dem Raum, den er bewohnte, Chaos angerichtet. Schließlich landeten wir, er eilte zu seinem Abendessen und überließ das Chaos jemand anderem zum Aufräumen.

Wir hatten vereinbart, uns am übernächsten Morgen in dem Stadthaus auf der Rückseite des Capitol Hill zu treffen, dem Hauptquartier für Guarding Against Pandemics, der Organisation, die Sam bezahlte und die Gabe leitete. Wieder einmal war er zu spät. Wieder einmal hastete er aus einem Auto, diesmal einem herkömmlichen Taxi aus Washington. Und wieder einmal hatte er einen zusammengeknüllten Anzug in der Hand – aber diesmal fiel ihm beim Aussteigen aus dem Auto ein einzelner brauner Anzugschuh aus dem Haufen in seinen Händen auf die Straße. Als er ihn aufheben wollte, fiel der andere Schuh herunter und kullerte unter das Taxi. In diesem Moment bemerkte ich, dass sich die Farbe des Anzugs verändert hatte: Jemand hatte den zerknitterten Anzug, den er bei seiner Ankunft getragen hatte, durch einen anderen, gebügelten Anzug ersetzt, der jetzt nur noch einem Wäschebündel glich. Ich beobachtete, wie Sam das leere Stadthaus betrat, einen Schrank öffnete und, ohne auch nur einen Blick auf die Reihe leerer Kleiderbügel zu werfen, das Kleiderknäuel auf den Boden des Schranks warf. Dann fuhren wir gemeinsam zum Flughafen und kehrten auf die Bahamas zurück.

Zwei Tage später kündigte Trump in einem Posting auf Truth Social seine Absicht an, seine Präferenz im Rennen um den Senatsposten von Missouri bekannt zu geben. Dann veröffentlichte er eine schriftliche Erklärung: „ERIC genießt meine volle und uneingeschränkte Unterstützung!“[2]

Die Sonne ging gerade über dem Albany-Resort-Hotel unter, als sich die effektiven Altruisten versammelten, um darüber zu diskutieren, wie sie ihr Geld verschenken könnten. Wie reiche Leute, die sich für einen feierlichen Anlass herausgeputzt haben, sahen die Gebäude, die den Jachthafen umgeben, am besten aus, wenn das Licht gedämpft war. In der Mittagssonne waren sie nur sieben nackte, blendend weiße Monstrositäten, die kaum voneinander zu unterscheiden waren. Erst nach Sonnenuntergang, wenn sie künstlich beleuchtet wurden, ergaben ihre Namen einen Sinn. Die Fassade eines Gebäudes namens Honeycomb wurde zu einem Stapel von Wachs-Sechsecken. Das Gebäude mit dem Namen Cube entpuppte sich als ein betörend ungleichmäßiges Durcheinander von Rechtecken. Orchid – das Gebäude, das dem Meer am nächsten liegt und den weitesten Blick bietet – war raffinierter. Es sah bei keinem Licht wie eine Orchidee aus, aber sein Äußeres war mit einer Aluminiumhülle ummantelt, deren Muster an die tropische Blume erinnern sollte – so wie das geplante Äußere des neuen FTX-Hauptquartiers an Sams Jewfro erinnern sollte. Nachts wurde das Penthouse des Gebäudes violett beleuchtet und das violette Licht ließ es glamourös erscheinen und erweckte den Neid selbst derjenigen, die es gewohnt waren, beneidet zu werden. Dort wohnten die effektiven Altruisten, zumindest bis Caroline Sam rausgeschmissen hatte. Gary, Nishad, Caroline und Sams bester Freund vom College, Adam Yedidia, schliefen in mehr oder weniger identischen Schlafzimmern, alle außer Caroline mit ihren Liebespartnern.

Das Innere des Penthouse bot noch mehr Dinge, von denen man beeindruckt sein konnte, wenn man zu den Menschen gehörte, die sich von Dingen beeindrucken lassen. Über 1.000 Quadratmeter Marmorböden waren mit genug Luxus ausgestattet, um jeden normalen reichen Menschen, der darin lebte, davon zu überzeugen, dass es die Opfer, die er gebracht hatte, um so etwas zu erwerben, wert war. Das Problem war nur, dass die reichen Leute darin nicht normal waren. Die effektiven Altruisten hatten die Pracht bereits zur Hälfte ruiniert. Eine Wand wurde nun von einer Reihe von Computermonitoren verdeckt, deren Kabel sich wie Dschungelranken über den Marmor schlängelten. Ein billiges Bücherregal im Ikea-Stil ächzte unter dem Gewicht der Lieblingsbrettspiele der effektiven Altruisten: Galaxy Trucker, Wingspan, 7 Wonders, mehrere Schachspiele. Das Wohnzimmer hatte sich einem riesigen Videospielmonitor geschlagen geben müssen. Neben all dem kristallenen und silbernen Schnickschnack, der offensichtlich zur Einrichtung gehörte, hatten die effektiven Altruisten ohne Sinn und Verstand irgendwelches Zeugs verstreut, weil sie zu faul gewesen waren, es wegzuwerfen: Bücher, die Sam von Autoren geschenkt bekommen und die er nie gelesen hatte, einen Football, den Shaquille O'Neal signiert und Sam geschenkt hatte, Fanartikel, die von verschiedenen Profisportligen geschickt worden waren. Und so hatten sie eine 30-Millionen-Dollar-Eigentumswohnung in eine Absteige verwandelt. Von ihrem umlaufenden Balkon im sechsten Stock hatten sie eine traumhafte Aussicht, die sie jedoch selten auch nur eines Blickes würdigten. Direkt unter ihnen befand sich ein halbprivater Strand, der so nah war, dass Tom Brady von ihrem Balkon aus Shaqs Football darauf hätte werfen können. Nach einem Jahr in seinem neuen Leben auf den Bahamas hatte Nishad Singh diesen Strand nur einmal betreten, und das auch nur, weil Verwandte zu Besuch waren. Das war einmal mehr als Sam und wahrscheinlich auch Gary.

Caroline erschien mit einem Glas Wein, was hier als ein Akt des Hedonismus galt, und das Treffen begann. Von der Geld verdienenden Abteilung von FTX waren nur sie, Sam, Gary und Nishad anwesend; von der Geld ausgebenden Seite waren es die vier Mitarbeiter, die für den philanthropischen FTX-Arm arbeiteten. Sie teilten die Angewohnheit ihres Arbeitgebers, Lebensentscheidungen in Erwartungswertberechnungen umzuwandeln, und ihre Kalkulationen führte zu ähnlich überraschenden Ergebnissen. Im Jahr 2020 hatte Avital Balwit ein Rhodes-Stipendium der Universität Oxford erhalten und es abgelehnt, um zunächst Carrick Flynns Kongresswahlkampagne zu leiten und dann das Geld von FTX zu verteilen. Leopold Aschenbrenner, der mit 15 Jahren an der Columbia University begonnen und vier Jahre später seinen Abschluss als Jahrgangsbester gemacht hatte, hatte gerade einen Platz an der Yale Law School abgelehnt, um für die neue Philanthropie zu arbeiten. Ihr Chef, ein ehemaliger Oxford-Philosoph namens Nick Beckstead, war ebenfalls anwesend, ebenso ihr spiritueller Guru, Will MacAskill – der natürlich in gewisser Weise dafür verantwortlich war, dass alle, einschließlich Sam, überhaupt anwesend waren.

Seit MacAskill Sam im Herbst 2012 von der Idee des „Earning to Give" überzeugt hatte, hatte sich die Bewegung des effektiven Altruismus offensichtlich verändert. Sie war weniger daran interessiert, das Leben jetziger als vielmehr das zukünftiger Menschen zu retten. Anfang 2020 hatte der Mitbegründer der Bewegung, Toby Ord, ein Buch mit dem Titel „The Precipice" veröffentlicht, in dem er sein Denken (und das aller anderen im Penthouse) darlegte. Er gab grobe Schätzungen über die Wahrscheinlichkeiten verschiedener existenzieller Risiken für die Menschheit ab. Die Wahrscheinlichkeit einer Sternenexplosion schätzte er auf 1 zu einer Milliarde, die eines Asteroideneinschlags auf 1 zu einer Million. Bei den vom Menschen verursachten Risiken – Atombomben und Klimawandel – lag die Chance, die gesamte Spezies auszulöschen, bei 1 zu 1.000. Ein vom Menschen verursachter Krankheitserreger – im Gegensatz zu einer natürlich entstandenen Krankheit – hatte eine Chance von 1 zu 30. Die wahrscheinlichste Bedrohung für die Menschheit, so Ord, sei die fortschreitende künstliche Intelligenz. Er schätzte die Wahrscheinlichkeit, dass die künstliche Intelligenz das Leben, wie wir es kennen, beendet, auf 1 zu 10. „Wenn es passiert, werden wir alle ausgelöscht", erklärte Sam. „Das biologische Risiko, selbst wenn es wirklich schlimm wird, hat nicht die Intelligenz, um die Versprengten auszumerzen, wie es die KI könnte."

Eine Antwort auf diese Art von Berechnungen ist, dass es sich dabei um eine Art von subjektiver Science-Fiction handelt. Niemand weiß, wie hoch die Wahrscheinlichkeit für eines der Ereignisse ist, und die Bereitschaft, Zahlen zu erfinden, sollte die individuelle Glaubwürdigkeit nicht erhöhen, sondern verringern. Und doch ... es gibt eindeutig eine *gewisse* Wahrscheinlichkeit, dass all diese schrecklichen Dinge eintreten könnten. Und wenn es eine *gewisse* Wahrscheinlichkeit gibt, wie könnte man dann nicht versuchen herauszufinden, wie hoch diese Wahrscheinlichkeit sein könnte? Es steht jedem frei, über die konkreten Wahrscheinlichkeiten zu streiten. Wenn man sich aber erst einmal auf den Streit eingelassen hat, wird man feststellen, dass es schwierig ist, sich einer bestimmten Logik zu entziehen: Der Erwartungswert der Verringerung selbst der winzigen Wahrscheinlichkeit einer existenziellen Bedrohung für alle zukünftigen Menschen ist weitaus größer als der Erwartungswert von allem, was man tun könnte, um das Leben der Menschen zu retten, die derzeit noch am Leben sind. „Das Hauptargument war: ‚Die Zukunft ist unermesslich'", erklärte Sam. „Man kann versuchen, sie zu beziffern, aber alles, was in sie einfließt, wird einen enormen Multiplikator haben."

Eines Tages wird sich ein Historiker darüber wundern, wie reibungslos sich der effektive Altruismus transformierte. Er kehrte lebenden Menschen ohne Blutvergießen und ohne großes Geschrei den Rücken. Man könnte meinen, dass Menschen, die Ruhm und Reichtum geopfert haben, um arme Kinder in Afrika zu retten, gegen die Idee rebellieren würden, von armen Kindern in Afrika zu zukünftigen Kindern in einer anderen Galaxie überzugehen. Das taten sie nicht, nicht wirklich – was einiges über die Rolle der normalen menschlichen Gefühle in der Bewegung aussagt. Sie spielten keine Rolle. Was zählte, war die Mathematik. Effektiver Altruismus hat seinen emotionalen Gehalt nie aus den Quellen bezogen, die die gewöhnliche Philanthropie inspirieren. Er wurde immer von der nüchternen Lust auf die logischste Art, ein gutes Leben zu führen, angetrieben.

Jedenfalls ging es den Leuten, die in Sams Wohnzimmer saßen und darüber sprachen, wofür Sams Geld ausgegeben wurde, nicht darum, Bettnetze für Kinder in Afrika zu kaufen, um Malaria zu verhindern. Sie suchten nach cleveren Möglichkeiten, das existenzielle Risiko zu verringern. Die Summen, die sie verschenken konnten, sollten dramatisch ansteigen – so dachten sie alle. Nach 30 Millionen Dollar im Jahr 2021 sollten im Jahr 2022 bereits 300 Millionen Dollar und im Jahr 2023 eine Milliarde Dollar verteilt werden. Wie Nishad es mir kurz zuvor prophezeit hatte: „Wir werden endlich aufhören, darüber zu reden, Gutes zu tun, und anfangen, es zu tun."

Die Liste der Dinge, die sie gerade getan hatten oder noch tun würden, war – nun, bald würde sie völlig irrelevant sein. Aber im Nachhinein würde sie aus anderen Gründen interessant sein. Sie sprachen eine Zeit lang über Projektvorschläge, die sie erhalten hatten und die sie möglicherweise finanzieren würden. So hoffte beispielsweise ein Wirtschaftswissenschaftler aus Stanford, eine neue Universität zu gründen, die sich ausschließlich mit künstlicher Intelligenz und Biotechnologie befassen und als Studenten junge Menschen aus Familien mit niedrigem und mittlerem Einkommen in Entwicklungsländern aufnehmen würde. Ein Ingenieur einer Denkfabrik, die sich auf Katastrophenrisiken spezialisiert hatte, wollte einen Kommunikationssatelliten starten, der als Reservekanal für Notdienste dienen sollte, falls die offizielle Notrufnummer jemals ausfallen sollte. Eine Einrichtung namens Apollo Academic Surveys hatte mithilfe von FTX-Geldern einen Mechanismus entwickelt, mit dem sich der Konsens von Experten zu einem beliebigen Thema schnell ermitteln ließ. Seltsamerweise verfügte nur die Wirtschaftswissenschaft über ein solches Instrument. Die erste Frage, die gestellt wurde, war, wie wahrscheinlich es sei, dass die Erde von einem Asteroiden zerstört würde. Wie sich herausstellte, war das gar nicht so wahrscheinlich. „Eine Sorge weniger", sagte Avital.

Sie waren erst seit einem Jahr dabei und hatten bereits fast 2.000 solcher Projekte vorgeschlagen bekommen. Sie hatten schon einige

Gelder ausgezahlt, waren aber dabei zu dem Schluss gekommen, dass konventionelle Philanthropie ziemlich töricht ist. Allein die Bearbeitung der eingehenden Anträge – von denen sie die meisten nicht beurteilen konnten – würde einen großen Mitarbeiterstab und hohe Kosten erfordern. Ein großer Teil ihrer Gelder würde in eine riesige Bürokratie fließen. Deshalb hatten sie vor Kurzem einen neuen Ansatz gewählt: Anstatt selbst Geld zu verschenken suchten sie weltweit nach Fachleuten, die eigene, bessere Ideen für das Verschenken von Geld haben könnten. In den vergangenen sechs Monaten hatten 100 Personen mit fundierten Kenntnissen in den Bereichen Pandemieprävention und künstliche Intelligenz eine E-Mail von FTX erhalten, in der es im Wesentlichen hieß: *Hey, Sie kennen uns nicht, aber hier ist eine Million Dollar, ohne Bedingungen. Ihre Aufgabe ist es, sie so effektiv wie möglich zu verteilen.* Die FTX-Stiftung, die Anfang 2021 gegründet wurde, würde nachverfolgen, was diese Leute mit ihrer Million machen, aber nur, um festzustellen, ob sie noch mehr bekommen sollten. „Wir versuchen, nicht sehr kritisch zu sein, wenn sie das Geld haben", sagte Sam. „Aber vielleicht werden wir sie nicht wieder unterstützen." Die Hoffnung war erstens, dass die Menschen vor Ort besser als jeder andere wissen, was mit dem Geld zu tun ist, und zweitens, dass einige Leute vielleicht tatsächlich ein Genie im Verteilen von Geld sind. „Es geht darum, das Zögern zu überwinden", erklärte Sam. „Den Fehler der Untätigkeit."

Die effektiven Altruisten beendeten ihr erstes Treffen um Mitternacht, machten dann in der nächsten Nacht weiter und redeten bis 1 Uhr morgens. Nishad und Sam redeten ein wenig, Caroline nippte am Wein und redete weniger, Gary redete gar nicht. Sie kamen schnell voran, wie es bei Sam immer der Fall war. „Wenn man ein Viertel des Geldes wegwirft, ist das sehr traurig", sagte er irgendwann, „aber wenn man dadurch die Effektivität des Rests verdreifachen kann, ist das ein Gewinn."

Doch es gab noch ein weiteres Spiel. Es ging darum, dass er, Nishad, Gary und Caroline Hunderte von Milliarden Dollar erwirtschaften und damit die Wahrscheinlichkeit verringern konnten, dass das große Experiment zu Ende ging. Wie alle Spiele, die Sam liebte, wurde auch dieses Spiel nach einer Uhr gespielt. Aus irgendeinem Grund hatte er festgelegt, dass die Wahrscheinlichkeit gering war, dass er oder die meisten Menschen nach ihrem 40. Lebensjahr noch etwas Wichtiges tun würden. Wenn er nicht schlief, keinen Sport trieb, sich nicht richtig ernährte und immer die Aktion der Untätigkeit vorzog, dann war das der Grund. Er musste schnell handeln. Er glaubte nicht, dass die späteren Jahre seines eigenen Lebens noch einen großen Erwartungswert haben würden. Um ihren Teil zur Rettung der Spezies beizutragen, blieben ihnen vielleicht 10 oder höchstens 15 Jahre, schätzte er.

Wie sich herausstellte, blieben ihnen fünf Wochen.

Noch in den letzten Oktobertagen des Jahres 2022 hätte man die Dschungelhütten endlos durchsuchen können und hätte nicht einmal ansatzweise das Gefühl gehabt, dass irgendetwas nicht in Ordnung war. Als ich über den Asphalt zur Dschungelhütte 27 lief, traf ich auf Ramnik und seine Frau Mallika Chawla. Selbst als der Bitcoin-Preis fiel, erklomm Ramniks Stimmung jeden Tag neue Höhen. Mit Sams Geld – oder dem, wovon er annahm, dass es Sams Geld war – spielte er eine neue und merkwürdige Rolle in der Kryptofinanzwelt. Zwischen dem Beginn des Booms im Jahr 2017 und Juni 2022 hatte die Kryptowirtschaft die Institutionen des traditionellen Finanzwesens neu erschaffen – ohne die Regeln und Vorschriften und den Anlegerschutz, die es im traditionellen Finanzwesen gibt. Es gab jedoch Makler. Es gab auch eigene Banken und eine Art von Banken, die Kryptozinsen auf Krypto-Einlagen zahlten – obwohl sie keine Versicherung für diese Einlagen anboten. Die Banken verliehen dieses Geld zu höheren Zinssätzen an Krypto-Hedgefonds weiter – ohne dass irgendjemand wirklich eine Ahnung hatte, was diese Hedgefonds mit dem Geld machten. Es gab Börsen, die nicht nur den Kryptohandel erleichterten, sondern auch das Geld ihrer Kunden aufbewahrten – ohne dass irgendeine Aufsichtsbehörde groß darauf achtete, wie sie das taten. Es gab sogar das Äquivalent von Dollar in Form von Stablecoins. Dabei handelte es sich um digitale Währungen auf einer Blockchain, wie Bitcoin, die aber im Gegensatz zu Bitcoin mit echten Dollar unterlegt waren. Für jeden Dollar eines Stablecoin sollte es einen Dollar geben, der irgendwo in einer echten, vom US-Einlagensicherungsfonds Federal Deposit Insurance Corporation abgesicherten Bank liegt. Aber auch hier gab es keinen Beweis dafür, dass diese Dollar vorhanden waren.

Das ganze Gebilde beruhte auf einem fantastischen Ausmaß an Vertrauen. Ende Oktober war dieses Vertrauen dahin und die Kryptowährung befand sich in einer aufgepeppten Version einer altmodischen Finanzkrise. Ende Juni war der zweitgrößte Hedgefonds nach Alameda Research, Three Arrows Capital, in die Luft geflogen. Die Banken und die bankenartigen Konstrukte hatten einen Ansturm erlebt und waren kollabiert. Anders als bei einer traditionellen Finanzkrise gab es keine Regierung, die eingriff und alle beruhigte. Die Finanzkrise von 2008 war erst abgeklungen, nachdem sich die Regierungen bereit erklärt hatten, die Banken zu retten. Bei der Kryptokrise von 2022 fehlte dieser Mechanismus. Anstelle von Regierungen hatte die Kryptowirtschaft Sam. Oder besser gesagt, sie hatte Ramnik, der eifrig überlegte, welche der gescheiterten Krypto-Unternehmen er retten und welche er sterben lassen sollte. Sam war noch nie so wichtig gewesen wie zu jenem Zeitpunkt und demzufolge auch Ramnik. „Es spiegelt den Zusammenbruch des Vertrauens wider“, sagte jemand, der dem Unternehmen nahesteht. „Jetzt ist es das Vertrauen in Sam.“

Vertrauen in Sam bedeutete Vertrauen in Ramnik, der gerade dabei war, den Kauf von zwei gescheiterten Kryptobanken, Voyager Digital und BlockFi, abzuschließen. Auf ihrem Höhepunkt waren sie zusammen mit etwa sieben Milliarden Dollar bewertet worden. Jetzt erwarb Ramnik sie für nicht mehr als 200 Millionen Dollar. Ein Klacks.

Zumindest schien es so. Ramnik hatte Sam kürzlich gefragt, wie viel Kapital er für mögliche Übernahmen bereitstellen sollte, und Sam hatte geantwortet: *Sag mir einfach Bescheid, wenn du auf eine Milliarde kommst.* Zwei Jahre zuvor war Ramnik nur ein Typ, der hoffte, morgens zur Arbeit laufen zu können. Jetzt war er die rechte Hand des J. P. Morgan der Kryptowirtschaft. Im Beisein seiner Frau strahlte er vor Freude und Glück.

„Was ich nicht verstehe, ist, woher er weiß, wie man das alles macht", sagte ich zu seiner Frau, als wir in die Dschungelhütte Nummer 27 gingen.

„Genau!", sagte sie strahlend. „Das frage ich ihn auch die ganze Zeit. *Woher weißt du das?* Er weiß es einfach."

9

DAS VERSCHWINDEN

Ich war nur etwa eine Woche lang weg. Als ich zurückkam, war Ramnik zusammen mit so ziemlich dem gesamten Organigramm des Unternehmens von der Insel geflohen. Ein Großteil des Fuhrparks war mit steckenden Schlüsseln auf dem Gelände des Flughafens der Bahamas zurückgelassen worden. Es bot sich ein bizarres Bild: in Panik geratene Mitarbeiter von FTX und Alameda Research, die einfach nur fliehen wollten, und eine Flut von ankommenden, ahnungslosen Touristen in Flip-Flops und geblümten Hemden. Als sie im Terminal aneinander vorbeigingen, blinkte auf riesigen Flughafen-Videobildschirmen die Nachricht über ihren Köpfen auf: *Get Free Crypto Anytime, Anywhere. Download the FTX App.* [Holen Sie sich jederzeit und überall kostenlos Kryptowährungen. Laden Sie die FTX-App herunter.] An dem Tag, an dem ich landete, Freitag, der 11. November, warben die Schilder an den Wänden des Flughafens immer noch fröhlich für Krypto – und das, obwohl Sam um halb 5 an diesem Morgen die Papiere unterschrieben hatte, die FTX in den USA in den Konkurs stürzten.

Es war später Nachmittag, als Natalie mich vom Flughafen in einem der wenigen Autos abholte, die die örtlichen Gläubiger noch nicht aufgespürt und beschlagnahmt hatten. Am Abend zuvor hatte sie ihren

Job als Leiterin der Öffentlichkeitsarbeit und Sams Lebensmanagerin gekündigt. Sie hatte vor, am nächsten Morgen abzureisen, ohne die meisten ihrer Besitztümer und ohne eine klare Vorstellung davon, was passiert war. Sie wusste, was jetzt alle wussten: Mindestens acht Milliarden Dollar, die Kryptohändlern gehörten und bei FTX in sicheren Händen sein sollten, waren stattdessen bei Alameda Research gelandet. Was aus den acht Milliarden Dollar geworden war, war nicht ganz klar, aber es sah nicht gut aus. Natalie hatte geweint, als sie erfuhr, dass es, wie sie es ausdrückte, „eine Schaltfläche bei FTX gab. Alameda konnte jedes Risiko eingehen, das es wollte." Wie die meisten FTX-Angestellten hatte sie ihr Geld in die Börse gesteckt. Jetzt war alles weg. Wie die meisten FTX-Beschäftigten hatte sie das Gefühl, in einem Traum gelebt zu haben. Schon jetzt wurde der Traum immer verschwommener und es kostete sie Mühe, sich daran zu erinnern. Konnte es wirklich wahr sein, dass sie mit dem Basketball-Star Vince Carter Tür an Tür gewohnt hatte?

Zwischen Sonntag und Mittwoch hatte sich der innere Kreis der effektiven Altruisten in Sams Schlafquartier verkrochen und vergeblich versucht, das Unternehmen zu retten. Natalie hatte nur noch eine vage Vorstellung davon, wo sie sich aufhielten oder wie es ihnen ging. Am Mittwoch hatte George Lerner festgestellt, dass Nishad selbstmordgefährdet war, und veranlasst, dass er aus dem Land und zu seinen Eltern nach San Francisco gebracht wurde. Als das Unternehmen zusammenbrach, war Caroline in Asien unterwegs gewesen und dort geblieben – in einer seltsamen Stimmung. Auf ihren Psychiater und andere, mit denen sie gesprochen hatte, machte sie einen erleichterten bis glücklichen Eindruck. Man munkelte, dass auch sie sich auf den Weg zurück zu ihren Eltern in der Nähe von Boston machen würde. Gary war so schweigsam wie eh und je und unmöglich zu durchschauen, aber offenbar immer noch da. Und Sam – nun, Natalie wusste nicht, was, wenn überhaupt, Sam fühlte oder wo er sich aufhielt. Sam aufzuspüren war nicht mehr ihre Aufgabe.

Die Straße vom Flughafen zum Albany Resort führte an den Büros von FTX vorbei. Natalie hatte Bedenken, dass ich die Absicht haben würde, sie zu betreten. Sie befürchtete, dass sich dort die Leute aufhalten könnten, die die Firmenwagen wieder in Besitz nehmen würden. Als wir uns näherten, wurden wir trotzdem langsamer. Das Wachhäuschen war leer. Die Schranke war heruntergelassen, versperrte aber nach wie vor nur wenig von der Straße. Auf der Asphaltfläche gab es kein Lebenszeichen, die Autos waren verschwunden, die Dschungelhütten schienen völlig verlassen. Dann, auf der anderen Seite des Geländes, umrundete eine Gestalt eine Hütte und kam ins Blickfeld. Es war Sam, ganz allein, in einem knallroten T-Shirt und kurzen Hosen. Er lief im Kreis um sein ehemaliges Reich herum. Selbst aus der Ferne konnte man erkennen, dass er eine Dusche und eine Rasur gebrauchen konnte. Er kam herüber und stieg in das Auto, als hätte er uns erwartet. Er brauchte eine Mitfahrgelegenheit nach Hause, was natürlich die Frage aufwarf, wie und warum er überhaupt hierhergekommen war.

„Weißt du, was seltsam ist?“, fragte er, als wir das Büro hinter uns ließen. „Samstag. Am Samstag war alles normal.“

Ich tat mein Bestes, um zu rekonstruieren, was in den letzten Wochen geschehen war, bevor ich rekapitulierte, was in den letzten Jahren geschehen war. Es hatte eine weitere Auseinandersetzung zwischen Sam und CZ gegeben, die, als sie stattfand, nicht so bedeutsam erschien. Ende Oktober war Sam in den Nahen Osten geflogen, um Geld zu beschaffen und nebenbei für FTX in der östlichen Hemisphäre eine zweite Heimat zu finden. Am Abend des 24. Oktober 2022 traf er auf einer Konferenz in Riad zufällig auf CZ. Es war das erste Mal seit fast drei Jahren, dass sie sich im selben Raum befanden. Sie unterhielten sich nur kurz und holprig, weil das weniger Aufwand bedeutete, als wenn sie es nicht getan hätten. „Es war ein fünfminütiges Gespräch, bei dem keine wirklichen Informationen ausgetauscht wurden“, berichtete Sam. „Es war Fake-Freundlichkeit. Wir haben uns der Verpflichtung entledigt, zuzugeben, dass wir beide da waren." Am nächsten Tag war Sam nach Dubai geflogen, um sich mit den dortigen Finanzaufsichtsbehörden zu treffen. Die Aufsichtsbehörden hofften damals, dass FTX Dubai zu ihrem Hauptsitz in der östlichen Hemisphäre machen würde. Sam schrieb später die Botschaft auf, die er ihnen zu übermitteln versucht hatte. „Ich liebe Dubai", sagte er.

> Aber wir *können nicht* am selben Ort wie Binance sein ... Dafür gibt es zwei Gründe: Erstens setzen sie ständig erhebliche Unternehmensressourcen ein, um uns zu schaden, und zweitens beschmutzen sie den Ruf des Landes, in dem sie sich befinden. Ich kann das nicht genug betonen: Im Allgemeinen höre ich von anderen Gerichtsbarkeiten und so weiter großartige Dinge über Dubai und die VAE [Vereinigte Arabische Emirate], *außer* dass es immer wieder heißt: *Das ist die Gerichtsbarkeit, die Binance akzeptiert hat, also trauen wir ihren Standards nicht.*

Sam war sich nicht sicher, ob irgendein Land, in dem CZ leben wollte, ihn aufnehmen würde, falls Dubai beschloss, CZ und seine Börse loszuwerden. In diesen Wäldern war CZ der größte Bär und Sam schien alles zu tun, um ihn zu piesacken. Dubai war winzig, wie Houston mit Scheichs. Sams Versuch, CZ in einen obdachlosen Flüchtling zu verwandeln, musste auf ihn zurückfallen. Und doch ließ Sam es nicht dabei bewenden. Am 30. Oktober, als er auf die Bahamas zurückkehrte, twitterte er einen Witz über die Unfähigkeit von CZ, die US-Kryptovorschriften zu beeinflussen. „Äh, er darf doch immer noch nach Washington, korrekt?"

Drei Tage später, am 2. November, veröffentlichte die Krypto-Nachrichten-Website CoinDesk einen Artikel über ein merkwürdiges Dokument, das ihr offenbar von jemandem innerhalb von Alameda Research oder vielleicht von jemandem, der Alameda Research Geld geliehen hatte, zugespielt worden war. Es handelte sich nicht um eine offizielle Bilanz. Es gab keine Anzeichen dafür, dass sie geprüft worden war oder dass sie ein vollständiges Bild der Verhältnisse von Alameda Research darstellte oder dass sie überhaupt echt war. Sie listete 14,6 Milliarden Dollar an Vermögenswerten und acht Milliarden Dollar an Verbindlichkeiten auf, die zum 30. Juni 2022 angeblich auf Alameda Research entfielen. Was der CoinDesk-Artikel hervorheben wollte, war, dass mehr als ein Drittel der Vermögenswerte FTT waren, die Token, die FTX drei Jahre zuvor ausgegeben hatte.

An und für sich war der Artikel für die Leute bei FTX nur von geringem Interesse.[3] Jedem fiel auf, dass einer der Verfasser des Artikels die derzeitige Freundin von Eric Mannes war, Caroline Ellisons ehemaligem Freund bei Jane Street. Im Monat zuvor hatte das Paar die Bahamas besucht und bei Mitarbeitern von Alameda Research im Albany Resort übernachtet: Hatte die undichte Stelle irgendwie ihren Ursprung innerhalb des Unternehmens? Und dann war da noch der Schauder, der sich einstellte, wenn man auch nur einen flüchtigen Blick auf die Drachenhöhle warf. Der Artikel alarmierte oder überraschte bei FTX jedoch niemanden. FTT war faktisch eine Beteiligung an FTX – mit Anspruch auf das erste Drittel der Umsätze von FTX. FTX hatte im Jahr 2021 eine Milliarde Dollar Umsatz erwirtschaftet und stand trotz des Absturzes der Kryptopreise kurz davor, dies im Jahr 2022 erneut zu tun. Sams größtes Bedauern, das er seit dem Moment, in dem der FTT-Preis 2019 in die Höhe geschossen war, immer wieder zum Ausdruck brachte, war, dass er FTT überhaupt erst geschaffen und verkauft hatte. Seitdem hatte er sie mit Alameda Research „aufgesaugt".

Am Sonntagmorgen, dem 6. November, postete CZ einen Tweet an seine 7,3 Millionen Follower.

CZ Binance
@cz_binance

Im Rahmen des Ausstiegs von Binance aus dem FTX-Kapital im letzten Jahr erhielt Binance umgerechnet etwa 1,2 Milliarden USD in bar (Dollar und FTT). Aufgrund der jüngsten Enthüllungen haben wir beschlossen, alle verbleibenden FTT in unseren Büchern zu liquidieren.

CZ besaß immer noch die FTT-Anteile im Wert von etwa 500 Millionen Dollar, die er Mitte 2021 als Teil seiner 2,275 Milliarden Dollar schweren Auszahlung zurückgenommen hatte. (Den Rest seiner gewaltigen Auszahlung hatte er in Bitcoin und Dollar erhalten, obwohl er auch den Binance-Token BNB im Wert von etwa 400 Millionen Dollar zurücknahm, mit dem er seinen Anteil überhaupt erst gekauft hatte.) Sam hatte nicht viel mehr über den Tweet nachgedacht als über den CoinDesk-Artikel. Am Samstag, dem 5. November, hatten er und sein Bruder Gabe sich zusammen mit Ryan Salame in Palm Beach mit Floridas Gouverneur Ron DeSantis getroffen. Das Treffen diente keinem besonderen Zweck. Wie praktisch jeder in der amerikanischen Politik und Finanzwelt wollte auch DeSantis Sam kennenlernen und Sam wollte seinerseits mehr über diese Person erfahren, die ihn eines Tages vielleicht um finanzielle Unterstützung bitten würde. „Ich wollte herausfinden, wo er auf der Skala zwischen vernünftiger Person und Trump steht", sagte Sam. „Aber ich konnte es nicht herausfinden." Nach dem Treffen sollte er nach Tampa fliegen, um am nächsten Tag das Footballspiel der Buccaneers von Tom Brady gegen die Los Angeles Rams zu sehen. Es wurde ein spannendes Spiel, bei dem Brady einen Touchdown-Drive zum Sieg in der letzten Minute anführte. Allerdings sahen nur Gabe und Ryan Salame das Spiel, da Sam zu diesem Zeitpunkt bereits wieder auf den Bahamas war, um das Ende eines anderen Spiels zu verfolgen.

Der Ansturm auf FTX war auf seine eigene Weise spektakulär. Die Börse hatte Kundeneinlagen in Höhe von 15 Milliarden Dollar. Zumindest sollte dieser Betrag eigentlich vorhanden sein, gehalten entweder in Fiat-Währung oder in Bitcoin und Ether. An einem normalen Tag gingen etwa 50 Millionen Dollar an der Börse ein oder aus. Zwischen dem 1. und 5. November flossen jeden Tag 200 Millionen Dollar ab. Am späten Sonntagabend, dem 6. November, flossen stündlich 100 Millionen Dollar ab. Die FTX-Kunden zogen an diesem Tag zwei Milliarden Dollar ab und versuchten dann am Montag, weitere vier Milliarden Dollar abzuziehen. Am Dienstagmorgen waren bereits fünf Milliarden Dollar abgeflossen und die Börse war offensichtlich nicht in der Lage, genügend Barmittel aufzubringen, um die steigende Zahl von Kunden auszuzahlen, die ihr Geld zurückhaben wollten. Zwar wurden die Abhebungen nicht offiziell eingestellt, aber die Rücküberweisung von Geld an die Kunden wurde mehr oder weniger gestoppt.

Noch interessanter als die Geschwindigkeit der Ereignisse waren die auslösenden Vorfälle. Der Tweet von CZ war offensichtlich der erste, aber nicht der letzte und vielleicht nicht einmal der wichtigste. Caroline hatte CZ am Sonntagmorgen geantwortet.

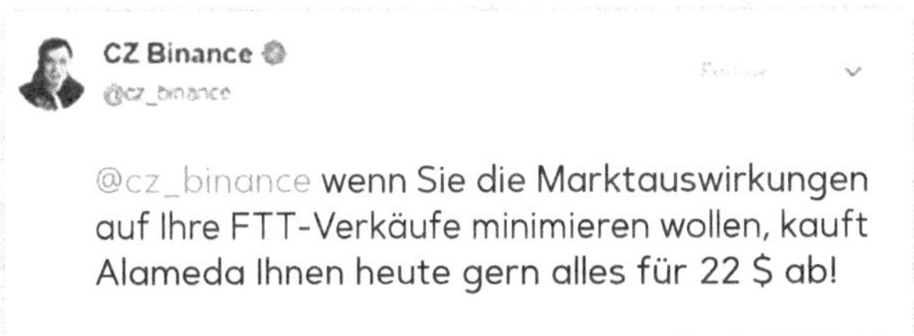
CZ Binance
@cz_binance

@cz_binance wenn Sie die Marktauswirkungen auf Ihre FTT-Verkäufe minimieren wollen, kauft Alameda Ihnen heute gern alles für 22 $ ab!

Der Tonfall – die schwungvolle Schlichtheit, hinter der sich offensichtlich ein anderes Motiv verbarg – klang sehr nach Sam. Doch tatsächlich hatte Caroline ihn geschrieben. Weder sie noch Sam erwarteten, dass CZ den Deal annehmen würde. CZ wollte den Schaden für FTX maximieren und würde die Ungewissheit so lange wie möglich aufrechterhalten. Die Hoffnung war, dass ein konkretes Kaufangebot zu einem bestimmten Preis ihn zum Schweigen bringen und den Markt beruhigen würde.

Das Gegenteil war der Fall. Ein Risikoanalyse-Unternehmen namens Gauntlet, das die Preisbewegungen verschiedener Krypto-Token untersuchte, hatte den vielleicht besten Überblick über das, was dann tatsächlich geschah. 20 Sekunden nach Carolines Tweet begannen Spekulanten, die sich Geld für den Kauf von FTT geliehen hatten, massiv zu verkaufen. Die Panik wurde von einer Annahme befeuert: Wenn Alameda Research, der größte Einzeleigentümer von FTT, eine große Show abzog und bereit war, einen riesigen Haufen davon für 22 Dollar zu kaufen, muss es aus irgendeinem Grund notwendig sein, den Marktpreis bei 22 Dollar zu halten. Die plausibelste Erklärung war, dass Alameda Research FTT als Sicherheit benutzte, um sich Dollar oder Bitcoin von anderen zu leihen. „Man gibt niemandem ein Preisniveau wie 22 Dollar, wenn man nicht sicher ist, dass man diesen Preis braucht", erklärte der CEO von Gauntlet, Tarun Chitra, gegenüber *Bloomberg News*. Am Montagabend war der FTT-Preis von 22 Dollar auf sieben Dollar gefallen. Die halbe Milliarde Dollar seines eigenen Geldes, die CZ verbrannt hatte, war im Großen und Ganzen eine so unbedeutende Summe, dass ihr kaum jemand mehr Aufmerksamkeit schenkte.

Am Dienstag brauchte es schon nicht mehr als das kleine Einmaleins. Vor der Krise ging man davon aus, dass FTX Kundeneinlagen im Wert von etwa 15 Milliarden Dollar hielt.[4] Fünf Milliarden davon waren bereits an die Kunden ausgezahlt worden, sodass sich bei FTX noch etwa zehn Milliarden Dollar hätten befinden müssen. Das war aber nicht der Fall. Die einzigen verbliebenen Vermögenswerte waren die Reste der Drachenhöhle innerhalb von Alameda: ein großer Haufen FTT, ein weiterer großer Haufen Solana-Token, eine Reihe von Krypto-Token, die noch schwerer zu verkaufen sein würden, Immobilien auf den Bahamas im Wert von 300 Millionen Dollar und ein wahrhaft riesiger Haufen von Sams Risikokapitalinvestitionen – einschließlich der Beteiligung an Twitter, die Sam nie verkauft hatte. Es gab vielleicht noch Hartwährungen und Bitcoin im Wert von drei Milliarden Dollar, die sie noch an die Kunden zurückzahlen mussten, aber für den größten Teil des Geheimverstecks gab es keinen fungiblen Markt. Caroline und Sam sprachen in den ersten zwei oder drei Tagen des Runs auf FTX häufig über genau diese Dinge. Caroline, die inzwischen aus dem Büro in Hongkong zugeschaltet worden war, erschien in einem Videocall. Sam ging die Liste der vielen Dinge durch, die er oder sie gekauft hatte, und fragte: „Wie lange wirst du brauchen, um das zu verkaufen?“ Für die meisten lautete die Antwort: zu lange.

Am Abend des 6. November hatte Sam Ramnik angerufen und ihn gebeten, in sein Apartment im Albany Resort zu kommen, um darüber zu sprechen, wo sie Geld auftreiben könnten. Sam hatte ihn innerhalb von 20 Minuten sogar zweimal angerufen und Sam rief sonst nie zweimal an. In der nächsten Stunde war Ramnik dreifach verwirrt. Er dachte, dass Sam in Florida war und Tom Brady beim Footballspielen zusah. Außerdem ging er davon aus, dass Sam nicht allein im Erdgeschoss des Gemini-Gebäudes wohnte, sondern im Orchid-Penthouse, zusammen mit den anderen effektiven Altruisten. (Wie fast alle anderen bei FTX hatte er immer noch keine Ahnung, dass Sam und Caroline eine Beziehung hatten.) Vor allem aber wusste Ramnik nicht, warum Sam so dringend Geld brauchte. Ramnik bekam zwar mit, dass das Geld von FTX abfloss, aber er hielt das für keine große Sache. Die Kunden könnten in Panik geraten und ihr gesamtes Geld abziehen. Aber sobald sie merkten, dass es keinen Grund zur Panik gab, würden sie zurückkehren, genauso wie ihr Geld.

Ramnik wollte schon immer zu Fuß zur Arbeit gehen und jetzt tat er es. Er verließ sein Apartment (Cube 1B) und schlenderte durch den Jachthafen des Resort, vorbei an den schlafenden Megajachten. Sie hatten alle Namen, die wie Insiderwitze oder schlechte Wortspiele klangen. *Special K. Pipe Dream. Fanta Sea.* Es war merkwürdig, wie wenig Leute überhaupt da waren. Selbst tagsüber gab es mehr Boote als Menschen und nachts wirkte das gesamte Resort verlassen. Es war ein Ort, an dem reiche Leute Häuser, die sie nicht brauchten, kauften, weil das die Aufgabe reicher Leute war.

Als er Sams Apartment im Gemini-Gebäude betrat, fand er nur effektive Altruisten vor. Nishad war im Wohnzimmer, Caroline war auf einem Videobildschirm und Sam war auf dem Weg in sein Schlafzimmer, um sich hinzulegen. Sam war nicht gerade konfus, aber es war schwierig, mit ihm zu reden. Nishad regte sich über Sam in einer Weise auf, die Ramnik noch nie erlebt hatte – einmal drehte er sich zu ihm um und schrie: „Würdest du bitte verdammt noch mal aufhören, ‚Storybook Brawl' zu spielen?" Nichts von dem, was sie sagten, ergab für Ramnik einen Sinn. Obwohl Caroline für Alameda Research zuständig war, schien sie keine Ahnung zu haben, wo sein Geld war. Sie erschien auf dem Bildschirm und verkündete, dass sie hier 200 Millionen Dollar oder dort 400 Millionen Dollar gefunden hatte, als hätte sie gerade eine spektakuläre wissenschaftliche Entdeckung gemacht. Irgendein Typ von Deltec, ihrer Bank auf den Bahamas, schickte Ramnik eine Nachricht: *Ach, übrigens, Sie haben 300 Millionen Dollar bei uns.* Und das kam für sie alle völlig überraschend!

Schließlich kam Ramnik zu dem Schluss, dass sie schnell sieben Milliarden Dollar auftreiben mussten, um das Loch zu stopfen, das sie für ein 7-Milliarden-Dollar-Loch hielten. (Die genaue Zahl schwankte in den ersten Tagen sehr stark.) Auf seine naheliegende Frage, warum es überhaupt ein Loch gab, gaben Sam, Nishad und Caroline nur schwammige Antworten. Gary saß still am Rand.

Ramnik hatte sechs Monate lang neben Gary am Schreibtisch gesessen. „Er kam, setzte sich hin, fing an zu arbeiten und arbeitete zwölf Stunden am Stück. Kein Wort beim Reinkommen, kein Wort beim Rausgehen", sagte Ramnik. Normalerweise kam Gary erst am frühen Nachmittag, aber eines Tages war er um 11 Uhr morgens aufgetaucht und Ramnik nutzte diese Gelegenheit, um ein Gespräch zu beginnen.

„Du bist heute früh da", stellte Ramnik fest. „Es ist erst 11 Uhr."

„Und das auch noch in der Früh", sagte Gary.

Das war das einzige Gespräch, das sie je geführt hatten, und Gary sah nicht so aus, als ob er auf ein weiteres hoffen würde. Sam redete, wie so oft, am meisten. Wenn man Ramnik in diesem Moment gefragt hätte, was Sam seiner Meinung nach wusste oder nicht wusste, hätte er geantwortet, dass Sam tatsächlich nicht wusste, was passiert war. Dass er überrumpelt worden war. Er fragte sich: *Wenn diese Leute wussten, dass das Risiko bestand, dass sie nicht genug Geld hatten, warum hatten sie sich dann nicht einmal die Mühe gemacht herauszufinden, wie viel sie hatten? Sie hatten nichts unternommen.*

Am nächsten Tag, nach dem Mittagessen, erschien ein FTX-Anwalt namens Can Sun. Sam hatte Can aus demselben Grund herbeizitiert wie Ramnik – um mit Investoren zu sprechen und ihm zu helfen, sieben Milliarden Dollar aufzutreiben. Auch Can war perplex. „Sie wollten keine direkten Fragen darüber beantworten, wohin das Geld geflossen war", sagte er. „Als ich den Raum betrat, gab niemand zu, dass mit dem Geld falsch umgegangen worden war. Das Geld war da. Wir hatten nur ein Liquiditätsproblem." Sam, Can, Ramnik und andere riefen jeden auf der Welt an, der in der Lage sein könnte, schnell sieben Milliarden Dollar zu überweisen: Staatsfonds, Private-Equity-Fonds, asiatische Kryptobörsen. Wie sich herausstellte, war es nicht einfach, sieben Milliarden Dollar aufzutreiben, wenn man nicht erklären konnte, warum man sie brauchte. Noch schwieriger war es, sieben Milliarden Dollar aufzutreiben, wenn man sie sofort haben musste. Viele Leute waren bereit, mit Sam und Can und Ramnik zu sprechen, aber sie hatten alle die gleiche Frage: *Wo sind die Kundeneinlagen geblieben?* Als diese Frage unbeantwortet blieb, verlor jeder, der sieben Milliarden Dollar herumliegen hatte, das Interesse.

Aus dem Universum der Menschen, die so viel Geld entbehren können, meldete sich nur eine Person, die bereit wäre, es zu entbehren: CZ. Aus naheliegenden Gründen war CZ die letzte Person, die Sam anrufen und um Geld bitten wollte. Sam rief CZ erst am Dienstag an. „Ich rief CZ an und er war stinksauer“, berichtete Sam. „Also fing ich an zu betteln. Drei Stunden später hatten wir einen LOI [Letter of Intent] unterzeichnet.“ Mit der Vereinbarung erhielt Binance das gesamte Unternehmen, minus FTX US, im Austausch für die Übernahme seiner Verbindlichkeiten. Außerdem erhielt Binance das Recht, die Bücher sowohl von FTX als auch von Alameda Research einzusehen, sofern diese vorhanden waren. Damit war CZ der weltweit erste Außenstehende, der einen Blick in die Drachenhöhle werfen konnte und genau wusste oder zu wissen schien, was bei FTX und Alameda Research vor sich ging.

Am folgenden Abend – Mittwoch, 9. November – verkündete CZ, dass das, was er gesehen habe, ihn dazu gebracht habe, seine Meinung zu ändern. Sam erfuhr die Nachricht durch einen Tweet:

> **Binance**
> @binance
>
> Infolge der Due-Diligence-Prüfung des Unternehmens sowie der jüngsten Nachrichten über missbräuchlich verwendete Kundengelder und angebliche Ermittlungen der US-Behörden haben wir beschlossen, die mögliche Übernahme von FTX.com nicht weiterzuverfolgen.
>
> ---
>
> **Binance**
> @binance
> Antwort an @binance
>
> Ursprünglich hatten wir gehofft, die Kunden von FTX bei der Bereitstellung von Liquidität unterstützen zu können, aber die Probleme entziehen sich unserer Kontrolle und unserer Fähigkeit zu helfen.

An diesem Punkt stürmten alle, die sich noch nicht aus dem Staub gemacht hatten, zum Flughafen. Sie alle hatten ihre Gründe, warum es für sie besonders dringlich war. Nishad sprach eher davon, sich umzubringen. Cans Frau drohte, dass sie die Scheidung einreichen würde, wenn er nicht sofort abreisen würde. Ramnik, der sich für einen Mann hinter den Kulissen gehalten hatte, der für die Außenwelt unsichtbar war, erhielt Morddrohungen. Er war erleichtert, dass man ihm nie erzählt hatte, dass das Geld, das bei FTX hätte sein sollen, tatsächlich bei Alameda war. Es kam ihm in den Sinn, dass seine Frau ihn gerettet hatte – denn jedem war klar gewesen, dass man alles, was man ihm erzählte, gleichzeitig auch ihr erzählte. Die effektiven Altruisten hätten ihren Kreis des Vertrauens vielleicht um eine Person erweitert, dachte er, aber nicht um zwei.

Am Mittwochabend schwand das Vertrauen sogar innerhalb des kleinen Kreises der effektiven Altruisten. Caroline war fast euphorisch und versuchte sogar, Sam zu erklären, warum. „Ich hatte einfach eine zunehmende Angst vor diesem Tag, die mich schon lange belastet hat, und jetzt, wo er tatsächlich gekommen ist, fühlt es sich einfach großartig an, es auf die eine oder andere Weise hinter sich zu bringen", hatte sie ihm am Sonntag geschrieben. In den frühen Morgenstunden des Dienstags (Bahamas-Zeit) legte sie mit einer weiteren Nachricht nach: „Fühlt sich komischerweise gut an, es hinter sich zu bringen. Ich habe mich schon lange davor gefürchtet und es fühlt sich an, als wäre mir eine große Last von den Schultern gefallen." Am nächsten Tag, vier Stunden bevor CZ seinen Sinneswandel bezüglich des Kaufs von FTX twitterte, wandte sie sich an ihre Untergebenen im Büro in Hongkong. „Ich denke, ich fange einfach damit an, ein paar Dinge zu sagen, und Sie können gern Fragen stellen", begann sie mit einem nervösen Kichern.

Caroline dachte in Punkten, sprach aber in Fragezeichen und Ausrufezeichen. Sie wirkte aufgewühlt und unsicher, als sie eine brutal einfache Botschaft verkündete: Sie waren bankrott. Sie ging nicht sehr ins Detail, wie es dazu gekommen war, verriet aber, dass Alameda bereits im Juni Verluste erlitten hatte, als ihre größten Kryptokreditgeber ebenfalls ihr Geld zurückforderten. Damals hatte Alameda Geld von FTX „geliehen", um seine Kreditgeber zu entschädigen. Nun, da sie – soweit sie wusste – FTX an CZ verkauft hatten, würde Alameda wahrscheinlich aufhören zu existieren. „Ich möchte vor allem sagen, dass es mir leidtut", sagte sie. „Das ist wirklich scheiße. Es ist euch gegenüber wirklich nicht fair." Sie verstand, dass die Leute vielleicht nicht bleiben wollten, um beim Aufräumen zu helfen, aber „für die Leute, die hierbleiben, ist es möglich, dass es eine Zukunft gibt". Sie schloss mit einer hoffnungsvollen Bemerkung über die Vereinbarung mit CZ. „Alle unsere Gläubiger zu befriedigen und sicherzustellen, dass Alameda nicht in Konkurs geht, das ist doch gut, oder?"

„Kannst du sagen, wie groß das Loch ist?", fragte einer der Trade, als sie fertig war.

Caroline erklärte, sie wolle das lieber nicht.

„Ist es eher eine Milliarde oder sechs Milliarden?", hakte er nach.

„Hmm, Letzteres?", sagte Caroline.

Nach ihrer Ansprache wandte sich Caroline an eine Mitarbeiterin und sagte aufgeräumt: *Wenn du bleiben und helfen willst, wäre ich dir sehr dankbar!*

Fick dich, gab die Frau zurück.

Während Caroline fröhlich nach Gründen für ihre Schuld suchte, war Nishad unglücklich auf der Suche nach Beweisen für seine Unschuld. Zu Beginn der Krise schien er vor allem darüber besorgt zu sein, dass der Traum vom effektiven Altruismus ausgeträumt war und dass er und alle anderen, die sich Geld von FTX geliehen hatten, bald bankrott sein würden, da sie kein Vermögen besaßen und dem Unternehmen noch Geld schuldeten. Um 4 Uhr morgens am Montag schrieb er Caroline eine SMS: *Ich bin traurig darüber, wie sich das auf den effektiven Altruismus auswirkt.* Am Mittwoch, dem 9. November, dachte er bereits an sein juristisches Risiko. „Das ist sehr egoistisch von mir, aber sie müssen vielleicht wissen, dass es nicht eine Menge

Leute waren, die das inszeniert haben“, schrieb er an Sam, ohne zu sagen, wer „sie“ oder „das“ waren. Er schickte eine weitere Nachricht hinterher: „Kannst du, oder du und Gary, die öffentliche Verantwortung dafür übernehmen?“ Und dann noch eine dritte: „Ich glaube, ich muss Zane sagen, dass ich es nicht bewusst inszeniert habe.“

An diesem Abend bat Nishad um ein Treffen nur mit Gary und Sam. Als die drei allein in einem Raum waren, fragte Nishad: *Was passiert, wenn sich die Strafverfolgungsbehörden oder die Aufsichtsbehörden melden?*

Was meinst du? fragte Sam.

Wie stellen wir sicher, dass wir beim Gefangenendilemma kooperieren? Wie stellen wir sicher, dass wir alle sagen, dass die anderen unschuldig sind?

Ich habe keinen Grund zu der Annahme, dass einer von uns kriminelle Absichten hatte, sagte Sam.

Nein, gab Nishad zurück. *Das reicht nicht. Du musst mit ihnen reden. Du musst ihnen sagen, dass ich keine Ahnung hatte.*

Woher soll ich das wissen? fragte Sam. *Du sagst, dass ich sagen soll, dass du nichts über etwas weißt, worüber ich nichts weiß. Wie ist das überhaupt möglich? Das ergibt keinen Sinn.*

Aber ich wusste nichts, beteuerte Nishad.

Dann sag das, empfahl Sam ihm.

Das wird bei mir nicht funktionieren, sagte Nishad. *Denn es gibt codebasierte Beweise dafür, was ich getan habe.*[5]

Von Anfang bis Ende schaute Gary nur zu, wie schon die ganze Woche über. Er sagte kein einziges Wort. Es war, als hätte er den Erwartungswert von allem, was er sagen könnte, berechnet und herausgefunden, dass Worte sich einfach nicht lohnen.

Am Freitag war Nishad verschwunden, was auch gut war, denn zu diesem Zeitpunkt bereitete die Polizei auf den Bahamas die Verhaftung der verbliebenen Führungskräfte vor. An diesem Nachmittag verschwanden rund 450 Millionen Dollar in Kryptowährungen aus den Wallets von FTX. Niemand wusste, wer der Hacker war. Alle gingen davon aus, dass es sich um einen Insider handelte, und viele Leute verdächtigten Sam und Gary. Als Sam an diesem Abend Caroline anrief, nahm sie nicht ab. Und würde es auch nie wieder tun.

Inmitten all dem schaltete sich die Frau ein, die für die Anwesenheit aller Figuren in diesem Drama auf den Bahamas verantwortlich war. Christina Rolle, die Chefin der Finanzaufsichtsbehörde der Bahamas, war schockiert darüber, wie schnell das Finanz-Ökosystem, das sich um Sam herum gebildet hatte und von Opportunisten bevölkert wurde, die sehr gut von ihm profitiert hatten, zusammengebrochen war – und darüber, dass sich genau diese Leute, die sein Geld genommen hatten, gegen ihn wandten, ohne genau zu wissen, was er getan hatte. Solange Sam Geld an alle verschenkte, liebten ihn die Leute und niemand stellte zu viele Fragen. In dem Moment, in dem er Geld verlor, wandten sie sich gegen ihn – und wollten seine Antworten auf die Fragen, die sie ihm stellten, nicht hören. Sie fand es beunruhigend, dass die Polizei sich aufmachte, Leute zu verhaften, bevor irgendjemand eine Ahnung hatte, was sie getan hatten. Keine Behörde hatte bisher mit Sam oder dem Führungspersonal von FTX und Alameda gesprochen. Alles, was man wusste, war das, was man auf Twitter gelesen hatte. Sie hatten keine Beweise, um jemanden wegen eines Verbrechens anzuklagen: Auf den Bahamas setzt Betrug Vorsatz voraus und der Vorsatz war hier unklar. Ohne eindeutige Anschuldigungen konnte jeder, den sie festnahmen, nur für eine bestimmte Zeit festgehalten werden.

Der andere Grund, warum sie nicht wollte, dass Sam und Gary verhaftet werden, war, dass sie ihre Hilfe brauchte, um zu verstehen, was geschehen war. Sam hatte sie die ganze Woche über nicht zurückgerufen. Am Mittwochnachmittag hatte sie schließlich ein Zoom-Meeting mit Ryan Salame, der zwar immer noch Co-CEO von FTX war, aber nach dem Spiel von Tom Brady in den USA geblieben war, und Ryne Miller, dem Anwalt für das US-Geschäft von FTX. Sie schilderten ihr, dass Geld von FTX zu Alameda transferiert worden sei, dass sie aber nicht wüssten, wie oder warum dies geschehen sei. „Ich fand es komisch, dass jemand, der CEO war, so wenig Ahnung hatte“, sagte Rolle.

Es war ein merkwürdiger Moment. All diese Leute innerhalb von FTX wollten plötzlich den Anschein erwecken, weniger zu wissen, als sie tatsächlich wussten, und all diese Leute außerhalb von FTX dachten, sie wüssten mehr, als sie tatsächlich wussten. Auf Twitter wurde im Handumdrehen aus einem Gerücht eine Tatsache, aus der Tatsache ein Bericht und aus dem Bericht eine Erklärung. Sam hatte sich mit Milliarden aus dem Staub gemacht und war bereits auf der Flucht. Sam befand sich in Dubai oder an einem anderen Ort, der kein Auslieferungsabkommen mit den USA hatte. Jemand postete Videos von einem Mann, der angeblich Sam war und durch die Straßen von Buenos Aires lief. Christina Rolle glaubte nicht, dass Sam fliehen würde, und sie glaubte auch nicht, dass er Milliarden versteckte. Ihre größte Sorge war, dass er ihr auf ihre Fragen keine klaren Antworten geben würde. „Ich glaube nicht, dass er weiß, warum die Leute ihm nicht trauen“, sagte sie. „Es ist nicht schwer zu erkennen, dass er mit Ihnen spielt, wie bei einem Brettspiel.“

Am Donnerstag fror sie die Vermögenswerte von FTX ein und leitete das Liquidationsverfahren gegen das Unternehmen ein. Am Freitag – dem Tag meiner Ankunft – hatte Sams Vater Joe Sam am alten FTX-Büro abgesetzt, um sich mit den Liquidatoren der Bahamas zu treffen. Drei Stunden später waren sie mit Sam für diesen Tag fertig. Rolle bat ihn, sich am nächsten Tag mit ihr im Polizeipräsidium zu treffen. Sie wollte auch Gary befragen, aber die Liquidatoren brauchten ihn, um das Vermögen der Börse zu sichern, und so verschob sie das auf den folgenden Montag. Nachdem sie Sam mehrere Stunden lang ausgequetscht hatte, stieg Rolle mit ihrer Assistentin, die das Gespräch verfolgt hatte, in ein Auto. Die Assistentin begann zu weinen. „Sie können nicht zulassen, dass sie diesen Mann verhaften“, flehte sie. Rolle ließ es nicht zu. Sie hatte die Polizei überredet, Sam und Gary stattdessen die Pässe abzunehmen. Und deshalb fand ich, als ich mit Natalie auf den FTX-Parkplatz fuhr, Sam vor, wie er allein, aber immer noch auf freiem Fuß, im Kreis lief.

Am Freitagabend gab es nur noch zwei Personen, die darauf warteten, die Bühne zu verlassen und es anderen zu überlassen, den Sinn des Stücks herauszufinden. Der erste war Zane Tackett. Ich hatte gehört, dass Zane noch da sein könnte, und fand ihn am nächsten Tag. Es war Samstag, der 12. November. Zane hatte etwas getan, was sonst niemand getan hatte: Als die Schießerei begann, war er in Richtung des Gefechts gelaufen, anstatt davor wegzurennen. Am Sonntag zuvor hatte er an einer Kryptokonferenz in Lissabon teilgenommen und war gerade auf dem Weg nach Abu Dhabi, wo FTX ein Formel-1-Rennen sponserte. Jetzt lief er auf dem Marmorboden eines Apartments im Albany Resort hin und her, packte Kleidung aus einem Wäschetrockner in eine Tasche und trank eine Flasche Rum.

Zane war von Anfang an von Sam und dem Imperium, das er schaffen könnte, begeistert gewesen. Aber er hatte sich nicht blindlings auf die Sache eingelassen. Bevor er sich FTX anschloss, hatte er sich mit seinen alten Freunden aus der Kryptowelt beraten. CZ war einer von ihnen. „Es war CZ, der mir von ihm erzählte", erinnerte er sich jetzt. „Er sagte: ‚Ich denke, das wäre eine wirklich gute Option für dich.' Die Leute haben mich gefragt: ‚Wie kommt es, dass du Sam so sehr vertraust?' CZ war der Anfang von allem. Aber niemand hatte etwas Schlechtes über ihn zu sagen." Zane war der Revolverheld, den man überredet hatte, sich in der Stadt an der Seite von scheinbar gesetzestreuen Menschen ein respektables Zuhause zu schaffen. Viele große Kryptospekulanten hatten FTX ihr Geld anvertraut, weil sie Zane vertrauten.

Diese Leute hatten natürlich in den letzten zwei Wochen zu zweifeln begonnen. Sie hatten auch die Twitter-Nachrichten gelesen. Doch am Sonntag, als die Dinge weiter ins Rollen gerieten, hatte Zane Sam um

Anweisungen gebeten und Sam hatte ihm gesagt, er solle alle beruhigen. „Ich piepste Sam an und fragte: ‚Soll ich Schadensbegrenzung betreiben?' ‚Ja', sagte er." Daraufhin schickte Zane Sam eine Nachricht mit drei Fragen: „Erstens: Sind wir insolvent, zweitens: Haben wir jemals Kundengelder an Alameda verliehen, und drittens: Gibt es irgendetwas, das ich nicht gefragt habe, das ich aber wissen muss?" Sam reagierte nicht und verstummte dann völlig. Er war bei Zane genauso abgetaucht, wie er bei Christina Rolle abgetaucht war.

Dennoch war Zane der Meinung, dass FTX auf keinen Fall in echten Schwierigkeiten steckte. Es machte einfach keinen Sinn. Der Preis von FTT sollte keinen Einfluss auf den Wert der Börse haben, genauso wenig wie sich der Preis der Apple-Aktie auf die iPhone-Verkäufe von Apple auswirken sollte. Ganz im Gegenteil: Die Umsätze der Börse trieben den Wert von FTT. „Wenn FTT auf null geht, was soll's?", so Zane. Der andere Grund, warum es keinen Sinn machte, war, dass FTX so ungemein profitabel war. „Ich weiß, wie viel wir tatsächlich eingenommen haben: zwei Basispunkte [0,02 Prozent] bei 250 Milliarden Dollar im Monat", so Zane. „Ich frage mich: ‚Alter, du hast auf einer verdammten Druckmaschine gesessen: Warum musstest du das tun?'"

Bis zum späten Montagabend hatte Zane seinen Freunden erzählt, dass alles in Ordnung sei. Das Geld, das von der Börse abgezogen worden war, gehörte den Leuten, denen nichts an ihr lag. Das Geld, das übrig blieb, zumindest ein Teil davon, gehörte den Leuten, die Zanes prinzipielle Überzeugung teilten, dass man mit seinen Verbündeten durch dick und dünn geht. „Dieses verdammte Arschloch – wie konnte er es mir verschweigen, als ich ihn verteidigen wollte?", sagte Zane und wiederholte mehr oder weniger, was er Sam direkt gesagt hatte. „Du hast mich rausgehen und für dich lügen lassen. Leck mich."

Er war ganz anders als die effektiven Altruisten. Er hatte nicht wie Sam darauf bedacht, wie man über Bob denkt. Wenn Bob ein guter Freund von Zane war und Zane keine Beweise dafür hatte, dass Bob den ungeklärten Mord begangen hatte, hätte Zane darauf bestanden, so über Bob zu denken, wie er immer über Bob gedacht hatte. Er hätte alles getan, um Bob beizustehen und ihn über das Geschehene hinwegzutrösten. Aber wenn er Bob dabei erwischt hätte, wie er ein blutiges Messer in seinem Garten vergrub, hätte er ihn auf der Stelle erschossen, ohne auch nur einen Moment zu zögern, um die Wahrscheinlichkeiten zu überprüfen. Zumindest passt dies immer noch zu dem Bild, das ich mir von Zane gemacht hatte.

Er hatte am Dienstag gekündigt. Jetzt war er auf dem Weg nach Miami und er war nicht sicher, wohin er von dort aus gehen würde. Welchen Weg er auch einschlug, er wollte keine Zeit damit verschwenden herauszufinden, warum Sam getan hatte, was er getan hatte. Für Zane spielte das keine Rolle. Es gab nur eine Frage, die ihn beschäftigte: Warum hatte weder er noch sonst jemand, den er kannte, dies kommen sehen? Er hatte den Ansatz einer Antwort. „Sams Sonderbarkeit", sagte er. „Seine Sonderbarkeit, gepaart mit seiner Intelligenz, erlaubte es einem, viele Bedenken zu zerstreuen. Die Frage nach dem Warum verschwindet einfach."

Es blieb die Frage offen, wer Sam und die anderen juristisch zur Verantwortung ziehen und wer ihren Saustall aufräumen würde. Die Bahamas hatten das Liquidationsverfahren gegen FTX am Tag vor Sams Unterzeichnung der Konkurserklärung in den USA eingeleitet. Alameda Research und die kleine US-Börse waren in Delaware eingetragen. Die größere internationale Kryptobörse von FTX, an der der Großteil des Handels stattfand, war in Hongkong gegründet worden. Die in Antigua gegründete und jetzt auf den Bahamas ansässige Hauptkryptobörse verbot US-Bürgern die Nutzung und tat viel dafür, um sie fernzuhalten. Alle US-Bürger, die dort handelten, hatten sich den Zugang erschwindelt. Es gab gute Argumente dafür, dass die Verurteilung von Sam und die Liquidation von FTX auf den Bahamas erfolgen sollte. Es gab ein weniger gutes Argument, das von US-Konkursanwälten vorgebracht wurde, die an dem Fall ein Vermögen verdienen würden, nämlich dass alle Vermögenswerte und die Personen, die sie verwalten sollten, in die USA verbracht werden sollten. Ein drittes Argument wurde von Sam vorgebracht: Alles, was passiere, müsse dort geschehen, wo Gary sei, denn Gary sei der Einzige, der den Code erklären könne, nach dem das Unternehmen geführt wurde. „Letzten Endes ist Gary der entscheidende Faktor im Streit um die Zuständigkeit", erklärte Sam in der Nacht, als Zane abreiste, „denn er ist der Einzige, der weiß, wie man einen Computer benutzt."

Gary war die letzte Person, die ging. Er nahm Sam im Penthouse des Orchid-Gebäudes zur Seite. Und er sprach tatsächlich, wenn auch nur sehr kurz.

Ich habe mit meinem Anwalt gesprochen und werde gehen, sagte er.

Gibt es irgendetwas zu sagen, das hier von Bedeutung wäre? fragte Sam.

Der Anwalt hat mir gesagt, dass ich gehen soll, und ich muss gehen, sagte Gary.[6]

Das war es. Gary sagte nicht, wann oder wie er abreisen würde – was ohnehin ein Problem war, da die Bahamas seinen Pass eingezogen hatten. Am Sonntagabend schlich er sich einfach unbemerkt aus dem Orchid-Penthouse, ohne gegenüber irgendjemand ein weiteres Wort zu verlieren. Der Anwalt, der ihm bei der Flucht half, besorgte ihm bei den US-Behörden einen zweiten Pass, um ihn in die USA zurückzuschmuggeln, bevor die Regierung der Bahamas Wind von der Sache bekam. Christina Rolle hatte nie die Gelegenheit, mit ihm zu sprechen.

10
MANFRED

Nachdem alle, die das Bedürfnis hatten zu fliehen, geflohen waren, erinnerte mich das Albany Resort an New Orleans eine Woche nach dem Hurrikan Katrina. Keine Menschen, aber jede Menge Krempel und eine Ruhe an der Oberfläche, die das tiefere Chaos überdeckte. Das Dutzend luxuriöse Eigentumswohnungen bot nicht nur eine Bleibe, sondern man fand auch Lebensmittel und Kleidung vor. In die prächtigsten 5-Schlafzimmer-Wohnungen im Honeycomb- oder Cube-Gebäude konnte man einfach einziehen, mit Bergen von chinesischen Snacks, Kleidung für jede Gelegenheit und genug Alkohol, um ein Piratenschiff zu versenken. Sams Eltern waren auf die Bahamas geflogen und würden bis zum Ende mit ihrem Sohn im Orchid-Penthouse bleiben, ebenso wie sein Psychiater. Ein einziger FTX-Technologe namens Dan Chapsky war geblieben, aber er war ein seltsamer Fall. Er trug zwar den Titel Chief Data Scientist, aber Sam wusste kaum, wer er war, was er tat oder warum er geblieben war – und Dan selbst wusste es auch nicht. Am Freitag, dem Tag des Bankrotts, war er mit dem gequälten Blick eines Mannes nach einem Luftangriff aus seinem eigenen Luxusapartment gekommen und hatte George Lerner aufgesucht.

„Warum bin ich hier?", hatte er gefragt.

George hatte ihm einen langen Moment lang in die Augen gesehen und gesagt: „Du musst gehen."

Warum auch immer, Dan war nicht gegangen. Er würde bald sowohl von den amerikanischen als auch von den bahamaischen Insolvenzteams beschäftigt werden und gleich danach in den Krieg zwischen ihnen um die Kontrolle über die restlichen Vermögenswerte des Unternehmens verwickelt werden. Beide brauchten jemanden, der ihnen half, die Inhalte der FTX-Datenbank auszulesen. Dan war der Einzige, der noch wusste, wie man einen Computer bedient.

In der Spitze hatte das Albany Resort bis zu 70 Mitarbeiter und Gäste von FTX und Alameda Research beherbergt. Am Montag, dem 14. November, kam das einzige andere Lebenszeichen von FTX innerhalb der Mauern des Albany Resorts aus einem Haus direkt hinter Sams Orchid-Penthouse. Conch Shack – Muschelhütte – so wurde es genannt. Es war Ryan Salames bester Kauf: ein umwerfend schönes Haus mit sechs Schlafzimmern, das, ungewöhnlich für das Albany Resort, an seine Umgebung angepasst war. Ryan hatte 15 Millionen Dollar dafür bezahlt und war davon ausgegangen, dass Sam darin wohnen würde. Sam hatte einen Blick darauf geworfen, gesehen, dass einige der Schlafzimmer größer waren als die anderen, und beschlossen, stattdessen das Orchid-Penthouse zu beziehen, wo er und die anderen effektiven Altruisten unter nahezu identischen Bedingungen leben konnten.

Conch Shack wurde an Constance Wang übergeben, die dienstälteste FTX-Mitarbeiterin auf den Bahamas, die nicht zu Sams innerem Kreis der effektiven Altruisten gehörte. Sie wurde am 1. April 2019 eingestellt und war die erste Chinesin und die achte Mitarbeiterin von FTX insgesamt. Zum Zeitpunkt des Zusammenbruchs der Börse trug sie noch den Titel Chief Operating Officer und dazu kam noch der Titel CEO von FTX Digital Markets. Selbst nachdem alle ihre Kollegen die Flucht ergriffen hatten, blieb Constance mit ihren beiden Katzen im Conch Shack. Die Katzen, Lucky und Money, waren der Knackpunkt.

Es würde ein paar Wochen dauern, bis Constance die Genehmigung für den Rückflug nach China erhalten würde, und selbst dann würden die Fluggesellschaften ihr nur erlauben, mit einer Katze nach Hause zu fliegen. Wenn sie hätte wählen müssen, hätte sie sich für Lucky entschieden, aber der Gedanke, Money zurückzulassen, war unerträglich und Constance war erleichtert, nicht darüber nachdenken zu müssen. Ihre gute Freundin Quinn Li war geblieben, um zu helfen. Zusammen mit Natalie Tien und Zane Tackett war Quinn eine der 48 Personen, die in Georges Organigramm unter Constance standen. „Sie ist meinetwegen geblieben", sagte Constance. „Ich brauche ihre Hilfe, um meine Katzen nach Hause zu bringen."

Es wäre nicht das erste Mal gewesen, dass Menschen alles für ein Haustier riskieren. So war es auch während des Hurrikans Katrina. Doch Lucky und Money waren offensichtlich nicht der einzige Grund, warum Constance geblieben war, denn sie blieb noch lange, nachdem sie ihre Reisedokumente erhalten hatte. Sam hatte immer noch die Hoffnung, dass er die Börse wiederbeleben könnte. Diese Hoffnung ruhte auf einem in China geborenen Kryptomilliardär namens Justin Sun, der mit einem Plan auf Sam zugekommen war. Sun, der Gründer von Tron, einer Blockchain, wollte seine eigene private Kryptowährung, Tronix, den Gläubigern von FTX aushändigen im Austausch für ihren Anspruch auf die verbleibenden Vermögenswerte. Da er jemanden brauchte, der Mandarin sprach, hatte Sam Constance angefleht, zu bleiben. „Ich will sicherstellen, dass Sam sich nicht umbringt", erklärte Constance, die von Justin Suns Plan nicht viel hielt. „Auch wenn ich manchmal das Gefühl habe, dass das nicht meine Aufgabe ist."

Mehr als alles andere wollte Constance jedoch verstehen, was gerade passiert war. Das war der wichtigste Grund, warum die CEO von FTX auf den Bahamas geblieben war und eine Festnahme oder Haft riskierte: Sie konnte es nicht ertragen, nicht zu wissen, wie FTX gearbeitet hatte. „Ich mag es, Dinge herauszufinden", sagte sie. „Wenn ich etwas nicht herausfinden kann, stört mich das sehr."

An jenem Montagmorgen nach dem Zusammenbruch traf ich die beiden jungen Chinesinnen in der Küche des Conch Shack an. Constance hatte bereits einen kleinen Stapel von quasi geheimen Dokumenten von FTX und Alameda Research in die Hände bekommen. Quinn war gerade von einem gescheiterten Versuch zurückgekehrt, frisches Gemüse in den Häusern und Apartments auf der Insel zu finden, die zuvor von FTX-Mitarbeitern bewohnt wurden. (Alle diese Orte waren bereits versiegelt und wurden bewacht.) Beide hatten es mit Eltern in China zu tun, die ausflippten, weil ihre Kinder sich weigerten, nach Hause zu kommen, bevor sie ihre Nachforschungen abgeschlossen hatten. Die gesamte Situation war durch die Medien angeheizt worden; selbst in China sprach man nur noch über Sam und FTX. „FTX ist so berühmt geworden", sagte Constance. „Das ist buchstäblich das, was FTX erreichen wollte. Wir haben es erreicht, indem wir bankrottgegangen sind!"

Beide Frauen hatten verschiedene Tricks angewandt, um ihre Eltern dazu zu bringen, sie in Ruhe zu lassen. Quinn argumentierte gegenüber ihrer Mutter, dass Sams Eltern jetzt auf den Bahamas seien, ohne jemanden, der sie trösten könne. „Ich sagte zu meiner Mutter: ‚Das sind zwei alte Leute und sie haben niemanden, der sich um sie sorgt'", so Quinn. „Meine Mutter konterte: ‚Ich bin auch alt!'" Constance konnte ihre Mutter nur dadurch zum Schweigen bringen, dass sie ihr erklärte, dass ihre Traurigkeit außer Kontrolle geraten könnte, wenn sie sie weiterhin anrief und anbrüllte und ihr nicht den Raum gab, mit diesem Kapitel ihres Lebens abzuschließen. Erstaunt über den Erfolg von Constances Strategie, probierte Quinn sie an ihrer Mutter aus. „Ich erklärte meiner Mutter: ‚Ich bin wirklich traurig. Willst du mich noch trauriger machen? Wenn du noch irgendetwas sagst, werde ich mich umbringen.' Und es hat nicht funktioniert! Sie sagte: ‚Ich habe dich genug bemitleidet! Du arbeitest die ganze Zeit und hast immer noch keinen Freund!'"

Constance übernahm die Führung bei ihren Ermittlungen und nutzte Quinn hauptsächlich als Gesprächspartnerin. Da sie die Perplexere war, war sie auch die Motiviertere. Sie hatte Sam kennengelernt, bevor er FTX gegründet hatte, als er noch ein gewöhnlicher Krypto-Trader war, von dem in Asien noch niemand etwas gehört hatte. Ende 2018 hatte sie im Büro von Huobi in Singapur gearbeitet, als die Börse einige Gelder von Alameda Research entweder eingefroren oder verlegt hatte. „Sie sprechen kein Chinesisch und der Kundensupport spricht kein Englisch", sagte Constance. „Sie fanden mich und sie fanden ihre magische Lösung für ihr Problem."

Nachdem Sam beschlossen hatte, seine eigene Kryptobörse zu eröffnen, warb er Constance von Huobi ab. Sie wurde die Person, die er zu allen Treffen mitnahm, bei denen Mandarin gesprochen wurde. „Er war buchstäblich ein Niemand und niemand nahm ihn ernst", sagte Constance. Bei diesen ersten Treffen wippte Sams Bein so heftig auf und ab, dass der Tisch, an dem sie saßen, ebenfalls wippte, und Constance hatte das Bedürfnis, ihre Hand auf sein Knie zu legen, um ihn zu beruhigen. Er sah sie nur an und nickte, aber sein Bein entspannte sich. Oft ließ er sie mit einem unguten Gefühl zurück, weil er so viel preisgegeben hatte, und das gegenüber völlig Fremden. „In den ersten Tagen habe ich ihm manchmal gesagt: *Du musst nicht so ehrlich sein. In der Kryptowelt blufft jeder.* Sam sagt immer: *Lass mich dir meine letzte Karte zeigen.*"

Damals war die Kryptowelt noch eine kleine Welt. „Man geht zu ein paar Konferenzen, veranstaltet ein Event und kennt im Grunde jeden", blickte Constance zurück. Damit die Leute Sam kennenlernen konnten, hatte sie ihn zu einer Tanzparty mitgenommen („Sam hat eine Bewegung, er hüpft aufrecht auf und ab") und ihn dort bis 3 Uhr morgens festgehalten. Um 9 Uhr war ein Treffen angesetzt. Constance wachte um 6 Uhr verkatert auf und schickte Sam eine SMS, um das Treffen zu verschieben. Er antwortete sofort. „Er schläft nie", berichtete sie. „Ich habe ihn einmal gefragt, wie er glücklich sein kann, und er sagte: ‚Glück spielt keine Rolle.'"

Vier Jahre später blätterte sie in der Küche des Conch Shack die privaten Dokumente durch, die sie ausgegraben hatte (wie, das habe ich nie erfahren) und in denen beschrieben wurde, was Sam in seinen überschüssigen wachen Stunden gemacht hatte. Das erste Dokument war eine interne Tabelle über die Endorsement-Ausgaben von FTX. Im Organigramm von George war Constance für das gesamte FTX-Marketing zuständig. Bis dahin hatte sie allerdings noch nie die größten Marketingausgaben von FTX gesehen. Die Zahlen machten sie sprachlos. 3-Jahres-Verträge mit dem Coachella-Musikfestival, dem Basketballspieler Steph Curry und dem Formel-1-Team von Mercedes über jeweils 25 Millionen, 31,5 Millionen und 79 Millionen Dollar. Der 5-Jahres-Vertrag mit der Major League Baseball über 162,5 Millionen Dollar. Ein 7-Jahres-Vertrag mit dem Videospielentwickler Riot Games über 105 Millionen Dollar. („Nur weil Sam ‚League of Legends' mag", so Constance.) So ging es weiter, sehr lange, bis die kleineren Deals kamen, die eigentlich gar nicht so klein aussahen: beispielsweise 15,7 Millionen Dollar für den durch „Shark Tank" (die US-Version der „Höhle der Löwen") bekannten Investor Kevin O'Leary für „20 Stunden seiner Zeit, 20 Social Posts, ein virtuelles Mittagessen und 50 Autogramme".

Virtuelles Mittagessen! Constance wusste natürlich, dass Sam locker mit Geld umgegangen war. Sie hatte nur angenommen, dass er so viel hatte, dass es keine Rolle spielte, wie viel er Kevin O'Leary zahlte. „Ich habe versucht, es zu hinterfragen", versicherte sie. „Aber ich dachte, sie würden den Gewinn von Alameda verwenden. Oder dass Sams Investitionen einen Haufen Geld einbringen würden."

Das nächste Dokument in ihrem Stapel war eine grobe Bilanz von Alameda Research, die sich in wesentlichen Punkten von der groben Bilanz unterschied, die der Auslöser für den CoinDesk-Artikel war, der jetzt das gesamte Unternehmen zu Fall bringen sollte. Constance hatte den Eindruck, dass sie entweder von Sam oder Caroline oder vielleicht von beiden in aller Eile erstellt worden war. Constance war zum ersten Mal am Dienstag zuvor darauf gestoßen, nachdem FTX die Rücküberweisung von Geld an ihre Kunden eingestellt hatte. „Als ich die Bilanz gesehen habe, habe ich meinen Leuten dringend geraten, sich gegenüber

Außenstehenden nicht zu äußern, weil ich nicht wollte, dass sie ihren guten Namen und ihren guten Ruf verlieren“, sagte sie. Unter den Aktiva waren Hunderte von privaten Investitionen aufgeführt, die Sam in den vergangenen zwei Jahren getätigt hatte und die sich offenbar auf insgesamt 4.717.030.200 Dollar beliefen. Bei den Passiva gab es einen Posten, der wichtiger war als alles andere zusammen: *10.152.068.800 Dollar an Kundeneinlagen.* Mehr als zehn Milliarden Dollar, die eigentlich von FTX verwahrt werden sollten, waren irgendwie in Sams privatem Trading-Fonds gelandet. In dem Dokument waren nur drei Milliarden Dollar an liquiden Vermögenswerten aufgeführt, das heißt Dollar oder Kryptowährungen, die sofort gegen Dollar verkauft werden konnten. Constance war entsetzt. „Ich dachte nur: *Heilige Scheiße.* Die Frage ist: *Warum*?“ Es war die gleiche Frage, die auch Zane gestellt hatte. „Wir hatten so ein profitables Geschäft“, wunderte sich Constance. „Unsere Gewinnspanne lag bei 40 bis 50 Prozent. Wir haben letztes Jahr 400 Millionen Dollar verdient.“

Anhand dieser ersten beiden Dokumente konnte Constance erkennen, wie das Geld ausgegeben worden war. Aus den anderen ging hervor, wer letztendlich die Rechnung bezahlt hatte. Sie blätterte nun zu einer Liste der 50 wichtigsten Gläubiger von FTX: die 50 größten Konten, deren Inhaber nicht in der Lage waren, ihr Geld von der Kryptobörse abzuziehen, geordnet nach der Höhe ihrer Verluste. Zum Zeitpunkt des Zusammenbruchs hatte FTX mehr als zehn Millionen Kontoinhaber, denen das Unternehmen 8,7 Milliarden Dollar schuldete. Fast die Hälfte dieser Verluste, das heißt vier Milliarden Dollar, entfielen auf diese 50 Konten. Die größten Verlierer, die weder bei FTX noch bei Alameda beschäftigt waren, waren Hochfrequenzhandelsfirmen. An der Spitze stand Jump Trading (206.160.600,00 Dollar) und am Ende Virtu Financial Singapore (10.095.336,83 Dollar). Die Klarnamen von etwa der Hälfte auf der Liste waren verschleiert. Das Unternehmen, das als Tai Mo Shan Limited aufgeführt war und mehr als 75 Millionen Dollar verloren hatte, war in Wirklichkeit eine weitere

Tochtergesellschaft von Jump Trading. Viele der Tarnkonten gehörten FTX-Mitarbeitern. Constance selbst hatte etwa 25 Millionen Dollar verloren. Sie hatte noch 80.000 Dollar auf einem normalen Bankkonto, das aus ihrem früheren Leben stammte, aber ansonsten hatte sie alles verloren.

Da ihr auch das Verkaufsteam unterstanden hatte, kannte sie die meisten Namen auf der Liste, insbesondere die Hochfrequenzhändler. Sie wusste, dass jeder von ihnen sehr misstrauisch gegenüber der Verbindung zwischen FTX und Alameda Research gewesen war. „Das hat jeden beschäftigt“, erinnerte sich Constance. „Es war buchstäblich das Erste, was ich jeden Tag gefragt wurde. Treibt Alameda Research uns in die Enge? Bekommt Alameda Research die Geschäfte der anderen zu sehen? Sind die Latenzzeiten von Alameda niedriger?“ Mit anderen Worten: Hatte Alameda denselben unfairen Handelsvorteil auf FTX, den die Hochfrequenzhändler bei der Nasdaq und der New York Stock Exchange genossen? Seltsamerweise war dies nicht der Fall. Stattdessen hatte FTX Alameda einfach alle Einlagen der Hochfrequenzhändler geliehen … zum Nulltarif!

FTX hatte auch andere Dinge getan, die das Geld der Hochfrequenzhändler und das aller anderen aufs Spiel setzten. Beispielsweise war Alameda von den Risikoregeln ausgenommen, die für alle anderen Trader galten. Die von allen anderen FTX-Händlern getätigten Geschäfte wurden liquidiert, sobald ihre Verluste die von ihnen gestellten Sicherheiten überstiegen. Deshalb fühlte sich FTX so viel sicherer an als die anderen Kryptobörsen. Kein einzelner Händler konnte so viel Geld verlieren, dass er die Börse und alle, die an ihr handelten, in Gefahr brachte. Für Alameda Research war jedoch eine Ausnahme gemacht worden. Sams privates Trading-Unternehmen durfte faktisch unendlich viel Geld verlieren, bevor seine Geschäfte liquidiert wurden. „*Niemand* hat jemals nach der Liquidation gefragt“, sagte Constance. „Und *niemand* hat jemals gefragt: ‚Ist unser Geld eigentlich in Alameda?‘“ Sam hatte recht: Die Leute sehen nicht, wonach sie nicht suchen.[7]

Bis zu diesem Zeitpunkt war Constance ruhig und leidenschaftslos gewesen. Es war, als würde sie die Krankenakte eines völlig Fremden durchsehen, um die Todesursache zu ermitteln. Als sie bei dem letzten Dokument ankam, änderte sich ihre Stimmung. Sie hatte eine vollständige Liste der FTX-Aktionäre entdeckt, zusammen mit der Anzahl der Aktien, die jeder von ihnen besaß. Am Ende eines jeden Jahres hatte sie, wie andere FTX-Mitarbeiter auch, als Teil ihres Bonus eine bestimmte Anzahl von FTX-Anteilen kaufen dürfen. Alle waren sich einig, dass diese Aktien die bestmögliche Investition darstellten. Bis zuletzt hatten sich die berühmtesten Risikokapitalgeber der Welt darum gerissen, sie zu kaufen, und zwar zu einem höheren Preis, als die Mitarbeiter zu zahlen hatten. „Sam entscheidet, wie viele Aktien jeder Mitarbeiter kaufen darf", berichtete Constance. „Die meisten haben das Maximum ausgeschöpft." Das galt auch für sie selbst, aber sie hatte nie gewusst, was das bedeutete. Als sie auf dieses Dokument gestoßen war, hatten ihre Augen natürlich nach der Zahl neben ihrem Namen gesucht: 0,04 Prozent. Nicht vier Prozent; nicht vier Zehntel von einem Prozent: vier *Hundertstel* von einem Prozent. Natürlich hatte sie gewusst, wie viele Aktien sie im Rahmen ihrer jährlichen Prämien erhalten hatte oder billig kaufen durfte. Sie hatte nie daran gedacht, genau auszurechnen, wie viel sie von dem Unternehmen besaß oder wie viel jemand anderes besaß. Sie wusste natürlich, dass Sam 60 Prozent besaß und dass Gary und Nishad, die nächstgrößeren Aktionäre, zusammen weitere 23 Prozent besaßen, denn diese Zahlen waren veröffentlicht worden. *Forbes* brauchte sie, um nicht nur Sam, sondern auch Gary und Nishad auf seiner Liste der Milliardäre zu platzieren.

Über alle anderen FTX-Mitarbeiter, sie selbst eingeschlossen, wusste Constance nichts. Jetzt verglich sie ihre Zahl mit den Zahlen einiger der anderen Personen an der Spitze von Georges Organigramm. Ramnik besaß ein Vielfaches der Aktien, die sie besaß, ebenso Brett Harrison, der ehemalige CEO des winzigen US-Ablegers von FTX, der erst im Mai 2021 eingestiegen war (und 16 Monate später zurücktrat). Und auch … im Grunde jeder auf ihrer Ebene. Sie dachte an die Gespräche zurück, die sie in den letzten drei Jahren mit potenziellen Investoren geführt hatte. Mehrere hatten ihr verraten, dass sie die Liste der FTX-Aktionäre mit bedeutenden Anteilen gesehen hatten und überrascht waren, dass ihr Name nicht darauf stand. Sie hatte nicht viel darüber nachgedacht. „Ich habe immer darauf vertraut, dass Sam mich fair behandelt."

In diesem Moment änderten sich Constances Gefühle für Sam, als sie erkannte, wie sie tatsächlich behandelt worden war. Bisher war sie einfach nur traurig gewesen. An ihrem letzten Tag in der Dschungelhütte 27, am letzten Donnerstag, waren sie und Quinn einander in die Arme gefallen und hatten geweint. Sie hatten alles verloren, aber sie fühlten sich beraubt, nicht verbittert. Erst als Constance sah, wie wenig Sam ihr im Vergleich zu anderen zugestanden hatte, sah sie rot. Wütend marschierte sie zum Orchid-Penthouse und stellte ihn zur Rede. „Das ist nicht möglich", war seine Reaktion. „Ich dachte, du hättest mindestens eine Million Aktien." Sie hatte weniger als ein Viertel davon. „Sam sagte zu mir: ‚Ich wollte nie, dass dir das passiert', und ich gab zurück: ‚Es spielt keine Rolle, was du wolltest!'"

Diese Enthüllung sollte den Ton für den nächsten Monat bestimmen. Constance würde hierbleiben und Sam bei seinem absurden Plan, FTX wiederzubeleben, nach Kräften unterstützen. Sie traf sich fast jeden Tag mit ihm, war für ihn da, wenn er einfach nur reden wollte, und kochte ihm sogar das Abendessen. In Wirklichkeit versuchte sie zu verstehen, was genau er getan hatte. Irgendwann würde das US-Justizministerium sie aufspüren und sie würde sich bereit erklären, als Zeugin in dem Verfahren gegen Sam auszusagen. Aber vorher wollte sie Sam ein paar Fragen stellen. Ihn dazu bringen, sich zu erklären. Sehen, ob sie ihn überführen konnte. Ihn zu einem Geständnis überreden. Zumindest könnte sie die Lücken und Widersprüche in seiner Geschichte aufdecken.

Die Geschichte, die Sam Constance erzählte, ging wie folgt: Es gab zwei verschiedene Wege, wie das Geld, das bei FTX hätte verwahrt werden sollen, in Alamedas Hände gelangt war. Der erste Weg führte über Alamedas normale Handelsaktivitäten. Wie jeder andere Händler hatte Alameda die Möglichkeit, sich bei der FTX-Börse Geld zu leihen, indem es Sicherheiten stellte. Als Sicherheiten hatte Alameda unter anderem FTT verwendet – das Token, das faktisch eine Beteiligung an FTX darstellte. Der Preis von FTT war mit FTX eingebrochen. Die Sicherheiten waren nun wertlos und einige der Kredite blieben ungetilgt. In Sams Geschichte gab es einen Grund dafür, dass Alameda von den Regeln ausgenommen war, die für alle anderen Händler auf FTX galten, und dass es seine Geschäfte liquidiert hatte, als die Verluste den Wert seiner Sicherheiten überstiegen. Im Jahr 2019, als FTX gegründet wurde, war Alameda der mit Abstand größte Händler. Zu Beginn stand Alameda bei den meisten Geschäften, die auf FTX getätigt wurden, auf der Gegenseite. Der Marktplatz der Börse funktionierte besser, wenn Alameda gelegentlich Verluste machen konnte – zum Beispiel, wenn es einspringen und die Verlustpositionen eines anderen Händlers übernehmen musste, nachdem FTX sie liquidiert hatte.

Nach Sams Aussage hatte FTX die Risikolimits von Alameda ausgeschaltet, um sich selbst attraktiver zu machen. Die durch diese beunruhigende Politik verursachten Verluste waren zu vernachlässigen. Gewöhnliche Trading-Darlehen, die FTX Alameda gewährte, machten nur einen kleinen Teil der Verluste für die Kunden aus; für sich genommen hätten sie kein Problem dargestellt. Der Großteil der Kundengelder bei Alameda, die eigentlich bei FTX hätten sein sollen – 8,8 Milliarden Dollar, um genau zu sein –, befand sich auf einem Konto, das Alameda fiat@ genannt hatte.

Das fiat@-Konto war 2019 eingerichtet worden, um die von neuen FTX-Kunden eingezahlten Dollar und anderen Fiat-Währungen zu verbuchen. Alameda Research hatte das Konto erst eingerichtet, nachdem FTX nicht in der Lage gewesen war, eigene Bankkonten einzurichten. Damals, im Jahr 2019, war keine echte Bank in den USA bereit, ihre Dienste einer neuen, international agierenden Kryptobörse anzubieten. Die Krypto-Unternehmen, die mit einer Bank zusammenarbeiteten, wie Alameda Research, verschleierten in der Regel ihre Verbindung zu Krypto. Die größte US-amerikanische Kryptobörse Coinbase hatte die Silicon Valley Bank auf wundersame Weise dazu gebracht, ihr ein Konto einzurichten – und damit Coinbase die Möglichkeit zu geben, Dollar von ihren Kryptokunden zu erhalten und an diese zu senden. Ein US-Bankkonto verschaffte Coinbase damit einen großen Vorteil, aber auf welche Weise sie das Konto erhalten hatte, ist eine andere Geschichte; jetzt ging es darum, dass FTX es nicht geschafft hatte, eine eigene US-Bank für das Versenden und Empfangen von Dollar zu finden. Von ihrer Gründung im Frühjahr 2019 bis Juli 2021, als schließlich eine Bank in San Diego namens Silvergate Capital[8] überredet werden konnte, ein Konto in ihrem Namen zu eröffnen, war es für FTX sehr kompliziert, Dollar-Einzahlungen zu akzeptieren.

Nach Sams Aussage waren die von den Kunden eingezahlten Dollar, die sich bei Alameda Research angesammelt hatten, einfach nie bewegt worden. Bis Juli 2021 gab es keinen anderen Ort, an den sie hätten transferiert werden können, da FTX keine Dollar-Bankkonten hatte. Sie waren auf einer Übersicht über die Kundeneinlagen von FTX aufgeführt, blieben aber auf den Bankkonten von Alameda. Sam behauptete auch, dass ihm diese Tatsache, die andere jetzt so schockierend fanden, bis mindestens Juni 2022 nicht aufgefallen war. Er habe Alameda Research nicht geleitet, sondern Caroline. Ende 2021, als der Zustrom neuer Dollar auf das fiat@-Konto versiegte, da die Kunden ihre Dollar nun direkt über eine US-Bank auf FTX einzahlen konnten, hatte Alameda Research einen Nettovermögenswert von 100 Milliarden Dollar. Diese Zahl war natürlich eine sehr grobe Schätzung, da es sich einfach um den Marktwert vieler Kryptowährungen handelte, für die der Markt austrocknen könnte, wenn Alameda versuchte, sie zu verkaufen. Aber selbst wenn man die Vermögenswerte von Alameda strenger bewerten würde, wie es Sam manchmal in seinem Kopf tat, könnte man immer noch leicht auf 30 Milliarden Dollar kommen. Die 8,8 Milliarden Dollar, die nicht in Alameda Research hätten sein sollen, waren nicht gerade ein Rundungsfehler. Aber es war möglicherweise auch nicht genug, um sich Sorgen zu machen. Wie Sam es ausdrückte: „Ich habe nicht gefragt: ‚Wie viele Dollar haben wir?' Es kam uns so vor, als hätte Alameda unendlich viele Dollar."

Dieses Gefühl hat sich im späten Frühjahr 2022 geändert. Zwischen Anfang April und Mitte Juni fiel der Preis für einen Bitcoin von knapp über 45.000 Dollar auf unter 19.000 Dollar. Zu Beginn dieses Sommers war die relative Bedeutung der 8,8 Milliarden Dollar für Alameda in die Höhe geschnellt. Aber laut Sam managte nicht er das Risiko innerhalb von Alameda Research. Caroline tat es. Vielleicht weil er und Caroline zu diesem Zeitpunkt kaum noch miteinander sprachen, hatte sie sich nicht die Mühe gemacht, ihm ihre Sorgen über die Risiken, die sie eingegangen war, direkt mitzuteilen.

Bis Oktober 2022, so Sam, war er nur zweimal mit diesem riesigen, ungeklärten Pool mit fremdem Geld in Berührung gekommen, das sich bei Alameda angesammelt hatte und von dem Alameda zunehmend abhängig war. Das erste Mal war wirklich bizarr: Mitte Juni hatte Caroline alarmiert festgestellt, dass das fiat@-Konto von 8,8 Milliarden Dollar auf 16 Milliarden Dollar angeschwollen war. Sie teilte ihre Besorgnis nicht Sam, sondern Nishad mit, der wiederum Sam und Gary informierte – woraufhin Gary herausfand, dass es sich nur um einen Fehler in der Software handelte. Die tatsächliche Zahl auf dem fiat@-Konto hatte sich nicht geändert: Sie betrug immer noch 8,8 Milliarden Dollar.

Drei Monate später, im September, nahm Caroline Nishad zur Seite und teilte ihm mit, dass sie sich mehr und mehr Sorgen über das Marktrisiko von Alameda mache. Nishad hatte Sam auf den Balkon des Orchid-Penthouse gebeten und ihm die Nachricht überbracht, ohne jedoch das fiat@-Konto ausdrücklich zu erwähnen. Zu diesem

Zeitpunkt dachte Sam, dass Alameda in Schwierigkeiten sein könnte. Er beschloss, die Konten auf eigene Faust zu prüfen, um das Problem zu verstehen. Im Oktober hatte er dann ein klareres Bild. Erst da konnte er erkennen, dass Alameda so gehandelt hatte, als ob die 8,8 Milliarden Dollar an Kundengeldern ihm gehörten. Und zu diesem Zeitpunkt war es zu spät, etwas dagegen zu unternehmen.

Constance hörte Sam zu. Sie hörte sich seine Geschichte an. Aber sie weigerte sich, sie zu glauben. Sie vermutete, dass er eine große, wichtige Tatsache ausließ – zum Beispiel einen plötzlichen Handelsverlust bei Alameda Research, der ihn dazu veranlasst hatte, aktiv das Geld der Kunden zu nehmen und zu Alameda zu transferieren. „Es ist verrückt", klagte sie. „Er ließ mich glauben, dass es ein Buchhaltungsfehler war." Sie wusste nicht, wie oder warum er sich bewusst dafür entschieden hatte, das Geld der Kunden zu nehmen und es als sein eigenes zu verwenden, aber sie war sich sicher, dass er es getan hatte. „Ich bin immer noch enttäuscht, dass Sam nicht ausdrücklich zugegeben hat, dass er die Gelder verschoben hat", sagte sie. Sie beschloss, auf eigene Faust herauszufinden, was passiert war, so wie sie die internen Dokumente des Unternehmens erhalten hatte. Sie bohrte bei Sam nach, wenn er unaufmerksam war. Sie schaute Dan Chapsky über die Schulter, als er den Computercode von FTX nach Beweisen dafür durchsuchte, dass Sam ihr nicht die ganze Geschichte erzählte. Nach einem Monat hatte sie noch immer nichts herausgefunden.

Nur ein einziges Mal hatte sie das Gefühl, dass sie Sam zu einem Geständnis überredet haben könnte. Sie hatte mit ihm darüber gesprochen, wie er seine Geschichte der Öffentlichkeit präsentieren sollte. „Ich sagte zu Sam: ‚Du musst erklären, warum du die Gelder verschoben hast.' Und das hat er nie bestritten."

Er hatte jedoch nie wirklich zugegeben, dass er die Gelder verschoben hatte. Seine Geschichte, so unglaubwürdig sie auch klang, ließ sich nur schwer widerlegen. Constances eigene Erfahrungen, die sie bei der Arbeit für FTX gesammelt hatte, waren nicht hilfreich. Es hätte sie damals nicht überrascht zu erfahren, dass man die Alameda-Trader von den FTX-Risikoregeln ausnehmen musste, um die Märkte an der Börse aufrechtzuerhalten. Sie hatte erlebt, wie entscheidend die Bereitschaft von Alameda, jederzeit mit jedem zu handeln, für den erfolgreichen Start von FTX gewesen war. Sie hielt es nicht einmal für abwegig, dass eine Kryptobörse ihr eigenes internes Handelsteam hatte. „Die meisten Börsen hatten eines", erklärte sie.[9] „Alle chinesischen. Es kommt nur darauf an, wie groß das Handelsteam ist und was es tut." Sie konnte nicht einmal Sams wilde Geschichte über das fiat@-Konto widerlegen. Bis Ende 2021, als sie ihre eigenen Dollar von ihrem persönlichen Bankkonto zu FTX transferierte, hatte sie diese nicht direkt an FTX, sondern auf verschiedene Konten von Alameda Research überweisen müssen. Einige der Dollar auf fiat@ gehörten ihr.

Den größten Teil des Monats beobachtete ich, wie Constance von ihren Begegnungen mit Sam zurückkehrte. „Ich versuche zu stochern und jedes Mal, wenn ich stochere, erzählt er ein bisschen mehr", berichtete sie. Nichts von dem, was er sagte, vermittelte ihr jedoch das Gefühl, dass ihre Situation erschöpfend erklärt worden war. An einem Abend Anfang Dezember stand sie mit Quinn in ihrer Küche und überlegte, was sie in den letzten Monaten überhaupt über Sam Bankman-Fried gelernt hatte. Sie kam zu dem Schluss, dass es nur eine einzige substanzielle Enthüllung gegeben hatte. Immer und immer wieder hatte sie Sam mit dem Leid konfrontiert, das er den Menschen zugefügt hatte, die ihm am treuesten ergeben waren. Eine sehr kurze Liste von Personen, angeführt von CZ und ein paar westlichen, männlichen ehemaligen FTX-Führungskräften, hatte FTX mit mehr Geld verlassen, als sie bei ihrer Ankunft gehabt hatte. Die meisten FTX-Mitarbeiter hatten ihre gesamten Ersparnisse verloren. Einige hatten ihre Ehepartner, ihre Häuser, ihre Freunde und ihren guten Ruf verloren. Es gab taiwanesische FTX-Mitarbeiter, die noch in Hongkong waren und sich kein Flugticket nach Hause leisten konnten. Ich habe Sam gefragt: „Hast du bei dieser Aktion jemals darüber nachgedacht, wie sehr dies den Menschen wehtun wird, und fließt das in deine ursprüngliche Berechnung des Erwartungswerts ein?"

Doch selbst hier ertappte sie sich dabei, dass sie an Sam vorbeiredete: Nach seiner Aussage war ihm nicht klar, welchem Risiko er andere ohne deren Zustimmung ausgesetzt hatte. Constance spürte jedoch, dass er den Schaden, den er anderen Menschen zugefügt hatte, nicht in der Weise wahrnahm, wie sie es getan hätte. „Er hat absolut kein Einfühlungsvermögen", stellte sie fest. „Das ist es, was ich nicht wusste und gelernt habe: Er kann nichts *fühlen*."

Am Morgen, nachdem sie das ausgesprochen hatte, kehrte ich in die Küche des Conch Shack zurück und fand einen handgeschriebenen Zettel. „*Warum kann Sam nicht lieben?*", stand darauf. „*Von Quinn.*"

Ich hatte eine andere Frage. Sie beschäftigte mich vom Moment des Zusammenbruchs an: Wo war das Geld geblieben? Es war nicht offensichtlich, was damit geschehen war. Und es wäre schwer zu verstehen, warum die effektiven Altruisten mit dem Geld ihrer Kunden getan hatten, was auch immer sie getan hatten, ohne zu wissen, wie viel sie davon verloren hatten und wie sie es verloren hatten. In den Tagen nach dem Zusammenbruch erstellte ich den vielleicht gröbsten Finanzbericht der Welt. Er behandelte FTX und Alameda Research als eine einzige Einheit: Sams Welt. Eine Spalte listete alle Gelder auf, die seit der Gründung von Sams Welt im April 2019 eingegangen waren, eine zweite Spalte listete alle Gelder auf, die Sams Welt verlassen hatten. In beiden Spalten wurden die anderthalb Jahre des Bestehens von Alameda vor der Gründung von FTX nicht berücksichtigt, da es sich um relativ kleine Zahlen handelte. Alle Zahlen waren offenkundig sehr grob geschätzt. Einige stammten von Sam, aber alle wurden von ehemaligen Insidern bestätigt, die keinen Grund hatten, mich zu belügen. Als ich fertig war, sah meine extrem simple Einnahmen-Ausgaben-Rechnung jedenfalls so aus:

EINNAHMEN:

Netto-Kundeneinlagen: *15 Milliarden Dollar*

Investitionen von Risikokapitalgebern: *2,3 Milliarden Dollar*

Alameda-Handelsgewinne: *2,5 Milliarden Dollar*

Umsätze der FTX-Börse: *2 Milliarden Dollar*

Ausstehende Nettokredite von Kryptokreditgebern (hauptsächlich Genesis und BlockFi): *1,5 Milliarden Dollar*

Ursprünglicher Verkauf von FTT: *35 Millionen Dollar*

Insgesamt: 23.335.000.000 Dollar

AUSGABEN:

Im November an die Kunden zurückgezahlt: *5 Milliarden Dollar*

Betrag, der an CZ ausgezahlt wurde: *1,4 Milliarden Dollar* (Nur der Bargeldanteil der Zahlung. Ich ignoriere die FTT-Anteile im Wert von 500 Millionen Dollar, die Sam ihm ebenfalls zahlte, da Sam diese umsonst gemint hatte. Ich ignoriere auch die BNB-Token im Wert von 80 Millionen Dollar, mit denen CZ seine ursprüngliche Beteiligung bezahlt hatte und die zu dem Zeitpunkt, als Sam sie als Teil seiner Übernahme von CZs Anteil zurückzahlte, 400 Millionen Dollar wert waren.)

Sams private Investitionen: *4,4 Milliarden Dollar* (Das gesamte Portfolio belief sich auf 4,7 Milliarden Dollar, aber mindestens eine Investition im Wert von 300 Millionen Dollar hatte Sam mit Aktien von FTX bezahlt. Wahrscheinlich ist er bei anderen Transaktionen ebenso vorgegangen, sodass diese Zahl wahrscheinlich höher angesetzt ist, als sie es tatsächlich war.)

Darlehen an Sam: *1 Milliarde Dollar* (Verwendet für Spenden für politische und effektive altruistische Zwecke. Nachdem ihm seine Anwälte erklärt hatten, dass die Aufnahme von Krediten klüger sei als die Ausschüttung einer Aktiendividende an sich selbst, da er auf die Dividende Steuern zahlen müsste.)

Darlehen an Nishad für dieselben Zwecke: *543 Millionen Dollar*

Werbeverträge: *500 Millionen Dollar* (Auch das ist wahrscheinlich großzügig angesetzt, denn in einigen Fällen – Tom Brady war einer davon – bezahlte FTX seine Werbepartner mit FTX-Anteilen und nicht in Dollar.)

Kauf und Verbrennung ihres Börsen-Token, FTT: *600 Millionen Dollar*

Unternehmensausgaben (Gehälter, Mahlzeiten, Bahamas-Immobilien): *1 Milliarde Dollar*

Insgesamt: 14.443.000.000 Dollar

Natürlich war dies nicht die Art und Weise, wie Ernst & Young eine solche Aufstellung erstellt hätte – obwohl die Listen, die ich für mich selbst erstellte, nicht viel anders aussahen als die verschiedenen Versuche von Sam und Caroline, ihre Vermögensverhältnisse zu erfassen. In den letzten dreieinhalb Jahren waren fast neun Milliarden Dollar mehr in Sams Welt geflossen als abgeflossen. Als FTX am Dienstag, dem 8. November, die Rückzahlung von Geldern an Kunden einstellte, verfügte das Unternehmen immer noch über drei Milliarden Dollar. Damit sank die fehlende Summe auf sechs Milliarden Dollar. (Die rund 450 Millionen Dollar, die bei dem Hack drei Tage später gestohlen wurden, sind für diese Berechnung irrelevant.)

Es gab einige plausible Erklärungen für das fehlende Geld. Je mehr man jedoch darüber nachdachte, desto weniger plausibel wurden sie. Zum Beispiel könnten die Alameda-Händler sechs Milliarden Dollar verzockt haben. Aber wenn das der Fall war, warum glaubten sie dann alle bis zum Schluss, so profitabel zu sein? Ich hatte mit einer Reihe von ihnen gesprochen. Einige waren ehemalige Jane-Street-Mitarbeiter. Sie waren nicht dumm. Sie waren alle gut gelaunt und optimistisch und prahlten sogar ein bisschen damit, wie viel mehr Geld Alameda pro Händler verdiente als Jane Street. Alameda mag viel Geld beim Trading verloren haben, aber wie diese Verluste zustande kamen, war nicht leicht zu erkennen. Die Geschichte, die zu diesem Zeitpunkt am häufigsten kolportiert wurde, war, dass der Einbruch der Kryptopreise auf irgendeine Weise das ganze Geld aus Sams Welt herausgesaugt hatte. Und es stimmte, dass Sams massive Solana- und FTT-Bestände – und andere Token von noch zweifelhafterem Wert – abgestürzt waren. Sie waren von einem theoretischen Wert von 100 Milliarden Dollar Ende 2021 auf praktisch null im November 2022 gefallen. Sam hatte jedoch so gut wie nichts für diese Token bezahlt; sie waren immer eher gefundenes Geld gewesen als eine Investition, für die er echte Dollar hingeblättert hatte. Er hatte die FTT selbst gemint, und zwar umsonst. Für seine gesamte Beute an Solana-Coins hatte er nicht mehr als 100 Millionen Dollar bezahlt. Sein wolkig-weiches Vermögen hatte sich in Luft aufgelöst, aber das erklärte nicht, wo all die harten Dollar geblieben waren.

An jenem Abend des 14. November traf ich ihn allein im Orchid-Penthouse an – dem Zuhause des Polyküls, wie sein Club der effektiven Altruisten nun in der *New York Post* genannt wurde. Die Außenwelt gab sich zu diesem Zeitpunkt den reißerischsten Fantasien über Sams inneren Kreis hin. Es hatte sich natürlich herumgesprochen, dass die effektiven Altruisten prinzipiell gegen die Monogamie waren. Daraufhin verbreitete sich das Gerücht, dass sie die Hälfte ihrer Zeit im Orchid-Penthouse damit verbrachten, neue Möglichkeiten zu erkunden, miteinander Sex zu haben. Meistens hatten sie miteinander nur Brettspiele gespielt. In der Hitze der Tandemschachpartien hatten sie alle möglichen Kombinationen und Stellungen erkundet, darüber hinaus nicht so sehr. Aber die Verwirrung war verständlich. Sie hatten sich einen Jagdschein ausgestellt, ohne jemals wirklich lernen zu wollen, wie man mit einer Waffe umgeht. Wer macht das schon?

In den Wochen nach dem Zusammenbruch wirkte das Orchid-Penthouse stets wie der Tatort eines Einbruchs. Jedes Schlafzimmer blieb so, wie es zum Zeitpunkt des Auszugs seines Bewohners gewesen war. In ihnen wurden nicht nur Besitztümer, sondern auch Gemütszustände verwahrt. In Carolines Zimmer herrschte immer noch das Chaos, das sie hinterlassen hatte, als sie mit ihrem neuen Freund in den Urlaub gefahren war: Die Klamotten, die sie nicht eingepackt hatte, lagen immer noch auf ihrem Bett. Nishads Zimmer war perfekt aufgeräumt. Er musste überredet werden, die Bahamas zu verlassen, und hatte sich die Zeit genommen, seinen Raum wie ein Hotelzimmer zu hinterlassen, das darauf wartete, neu bezogen zu werden.

Garys Schlafzimmer, in das Sam eingezogen war, erzählte seine eigene, kompliziertere Geschichte. Drei gepackte Taschen standen in einer Ecke: Gary hatte offenbar beschlossen zu packen und dann seine Taschen zurückgelassen. Doch er hatte nicht alles eingepackt: Seine schmutzigen Klamotten lagen noch immer überall im Zimmer verstreut. Auf seinem Schreibtisch stand eine halb aufgegessene Packung gebratener Nudeln. Seine Zahnbürste lag auf dem Badezimmertisch. Er schien sich darauf vorbereitet zu haben abzureisen, es sich aber anders überlegt zu haben, ein paar Tage geblieben zu sein und so gelebt zu haben, als ob er vorhätte, hier zu bleiben, und es sich dann wieder anders überlegt zu haben – woraufhin er so schnell wie möglich abgehauen ist. „Das tun Menschen, wenn sie Angst haben", erklärte Sam, als ich die zurückgelassenen Sachen durchstöberte. „Es sagt etwas darüber aus, wie und warum die Leute weggegangen sind. Was wäre, wenn sie sich nur eine Stunde mehr Zeit genommen und gepackt hätten? Er ist *tagelang* geblieben. Warum nicht tagelang bleiben und eine Stunde mehr? Es ist ja nicht so, dass er festgestellt hätte: ‚Ich habe 106 Stunden Zeit, um hier zu sein', und dann brach die 106. Stunde an und er musste fliehen." Er hielt inne und fügte dann hinzu: „Ich nehme an, seine Anwälte haben ihm erklärt, dass er sich strafbar machen würde, wenn er hierbliebe."

Die Liste der Fragen, mit denen ich bei jedem Treffen mit Sam auftauchte, fühlte sich immer an wie eines dieser Scherzartikelgläser, die sich nach einem Schluck von selbst wieder auffüllen. Seine Antworten führten jedes Mal zu noch mehr Fragen. *Was ist mit den sechs Milliarden Dollar passiert?* hätte ganz oben auf meiner aktuellen Liste stehen sollen. Die Dokumente von Constance hatten jedoch eine Menge anderer, offensichtlich weniger wichtiger Fragen aufgeworfen und eine davon musste ich einfach loswerden.

„Du hast Kevin O'Leary für ein virtuelles Mittagessen bezahlt?" fragte ich. „Ernsthaft?"

„So viel war es nicht", sagte Sam und streckte sich auf Garys Bett aus, das nun, da er sich den Zimmerservice im Albany Resort nicht mehr leisten konnte, ungemacht blieb. Das Albany Resort drohte sogar, Wasser und Strom abzustellen. „Es waren etwa zwei Millionen im Jahr."

„Fünf Millionen pro Jahr, für drei Jahre", korrigierte ich ihn. Für ein paar Tweets und Autogramme. Von einem „Shark Tank"-Investor. Und nicht einmal von dem berühmtesten. Vielleicht nicht einmal dem zweitberühmtesten.

„Also", begann Sam. „Es gibt eine Produktart, die wie Shampoo ist. Shampoo funktioniert so: Wenn man Shampoo will, kauft man Shampoo. Man twittert nicht über Shampoo. Finanzprodukte sind anders. Warum handelst du auf Robinhood? Weil deine Freunde auf Robinhood handeln. Es ist eine bewusste Entscheidung."

Er hatte den Modus eingeschaltet, der für ihn vielleicht am natürlichsten war. Ich nannte es Sams *geduldig-erklärende Art, einem Idioten Dinge zu erklären.* Er wäre ein großartiger Physiklehrer an der Highschool gewesen.

„Du hast zugestimmt, Kevin O'Leary 15 Millionen Dollar zu zahlen", sagte ich.

„Wie bringt man die Leute auf FTX?", fuhr er fort und ignorierte mich. „Investieren ist ein soziales Netzwerk. Es macht keinen Sinn, aber es ist so. Und Kevin O'Leary ist ein sozialer Influencer. Und wenn man sich anschaut, wer in diesem sozialen Netzwerk Einfluss hat, gibt es nicht so viele Leute."

Damit begann er, die Personen aufzulisten, die als soziale Influencer im Finanzwesen gelten könnten. Kevin O'Leary stand nicht einmal an der Spitze dieser Liste. Sam hatte versucht, Jim Cramer von der Fernsehsendung „Mad Money" zu engagieren, ohne Erfolg.

„Es ist Kevin O'Leary!" Ich schrie fast.

„Wer hört auf ihn?", fragte Sam. Er hatte tatsächlich über Kevin O'Leary nachgedacht, so wie er auch über all die anderen Testimonials nachgedacht hatte. „Die Antwort lautet: niemand. Eine Million Menschen folgen ihm. Und sie folgen ihm wegen seiner finanziellen Ratschläge. Das ist schockierend. Aber es ist wahr. Alles, was man tun kann, um von diesem exponentiellen Netzwerk zu profitieren, hilft. Ich kann nicht behaupten, dass Kevin O'Leary derjenige ist, auf den es ankommt. Aber ich weiß nicht, wer wichtig ist. Wie viele Leute, von denen man erwartet, dass sie finanzielle Ratschläge erteilen, haben eine Million Follower auf Twitter? Davon gibt es nicht gerade viele. Es sind 30. 20 werden uns aus verschiedenen Gründen ablehnen. Er hat ja gesagt. Das ist Grund Nummer 1."

„Was ist Grund Nummer 2?" fragte ich.

„Grund Nummer 2 ist, dass er auf uns zugekommen ist."

Schließlich kamen wir zu der Frage, deren Antwort Schlüssel auf andere Rätsel an die Hand geben könnte: Wo ist das Geld hin? Es war nicht das letzte Mal, dass ich diese Frage stellte. Wie Constance stocherte ich herum und hatte immer das Gefühl, weniger zu erfahren, als ich wissen musste. Doch an diesem Abend setzte Sam ein Teil in dieses spezielle Puzzle ein: FTX hatte eine Menge Geld an Hacker verloren. Um andere Hacker nicht zu ermutigen, hatten sie ihre Verluste geheim gehalten. Die größten Hacks ereigneten sich im März und April 2021. Ein einzelner Händler hatte ein Konto bei FTX eröffnet und den Markt für zwei kaum gehandelte Token, BitMax und MobileCoin, unter Kontrolle gebracht. Seine Käufe trieben die Preise der beiden Token in die Höhe: Der Preis von MobileCoin stieg in nur wenigen Wochen von 2,50 Dollar auf 54 Dollar. Dieser Händler, der offenbar von der Türkei aus operierte, tat dies nicht aus einer besonderen Begeisterung für MobileCoin heraus. Er hatte eine Schwachstelle in der Risikomanagement-Software von FTX entdeckt. FTX ermöglichte es Händlern, Bitcoin und andere leicht verkäufliche Kryptowährungen gegen den Wert ihrer MobileCoin- und BitMax-Bestände zu leihen. Der Händler hatte den Wert von MobileCoin und BitMax aufgebläht, um sich bei FTX tatsächlich wertvolle Kryptowährungen leihen zu können. Sobald er sie hatte, verschwand er und ließ FTX mit einem kollabierenden Berg von Token und einem Kryptoverlust in Höhe von 600 Millionen Dollar zurück.

Das Ausmaß dieses Hacks sei eine Ausnahme, beteuerte Sam. Alle durch Diebstahl verursachten Verluste beliefen sich zusammen auf nur etwas mehr als eine Milliarde Dollar. In allen Fällen hatte Gary das Problem stillschweigend behoben und alle hatten weitergemacht und den Dieben erlaubt, ihre Beute zu behalten. „Leute, die das Spiel spielen", so beschrieb Sam sie. (Er war wirklich leicht zu beklauen.)

Durch die Hacks verringerte sich die Zahl der ungeklärten fehlenden Dollar auf fünf Milliarden Dollar. Sam war keine Hilfe, um die Zahl weiter zu reduzieren. Entweder wusste er nicht, wo das Geld geblieben war, oder er wollte es nicht sagen. Die naheliegendste Erklärung schloss er aus: Alameda hatte beim großen Krypto-Crash im Jahr 2022 einen großen Handelsverlust erlitten. Der Zusammenbruch von FTX fühlte sich ein wenig wie der Fall der verschwundenen Ripple an, nur in einem viel größeren Ausmaß. Diesmal würde es länger dauern, die Frage nach dem Verbleib des Geldes zu beantworten, und die Person, die am besten geeignet war, dies herauszufinden, war bald nicht mehr da.

Es war ein Montagabend, der 12. Dezember, und Constance und Quinn hatten gerade ein lustiges YouTube-Video über stinkenden Tofu angesehen. Sie machten sich auf den kurzen nächtlichen Weg zum Orchid-

Gebäude, um beim Abendessen zu helfen, als sie in geringer Entfernung die Männer in Uniform entdeckten. Es sah aus wie eine Folge von „CSI" und sie holten die Männer auf dem Bürgersteig vor Sams Haus ein, um zu fragen, warum sie dort waren. Die Männer gaben keine Erklärung ab. Stattdessen sagten sie: *Sie können gern hochgehen und es selbst herausfinden.* Das ist nichts, wozu Männer in Uniform einen normalerweise einladen. Also taten sie es.

Wenige Augenblicke zuvor war eine kleine Menschenmenge – Verantwortliche des Resorts, Leute, die wie CSI-Beamte aussahen, und ein sehr großer bahamaischer Polizist – aus dem Aufzug in das Penthouse getreten. Vom Aufzug führte ein langer Flur zum Wohnzimmer. Auf dem Weg dorthin fragte der große Polizist: „Ist Mister Sam Bankman-Fried hier?" Er las aus einem Papier in seiner Hand vor – offenbar ein Haftbefehl. Als George von seinem Stuhl im Wohnzimmer aufstand, kam der Polizist auf ihn zu und fragte: „Sind Sie Sam Bankman-Fried?"

Zunächst konnte niemand Sam finden. Wie sich herausstellte, hatte er in Garys Badezimmer seine Mobilbox abgehört. Weniger als eine Stunde zuvor hatten seine Anwälte angerufen, um ihm mitzuteilen, dass die US-Regierung ihm eine Stunde Zeit gebe, um zu entscheiden, ob er in die USA zurückkehren oder auf den Bahamas verhaftet werden wolle. Er hatte es eilig gehabt, seine schriftliche Aussage an den Ausschuss für Finanzdienstleistungen des Repräsentantenhauses zu schicken, der eine Untersuchung über den Zusammenbruch von FTX durchführen wollte. Sam hatte gehofft, einen Deal auszuhandeln, der es ihm ermöglichen würde, persönlich zu erscheinen, ohne von den US-Behörden festgenommen zu werden, aber das war offensichtlich nicht möglich. Bevor er auf „Senden" drückte, hatte er sich mit seiner Mutter darüber gestritten, was er sagen sollte. Seine Aussage begann er mit dem Satz „Ich habe Scheiße gebaut". *Man kann vor einem Ausschuss des US-Kongresses nicht „Scheiße" sagen,* argumentierte Barbara. Dieser Punkt schien nun unwichtig zu sein[10], denn der bahamaische Polizist legte ihm Handschellen an, bevor er seine Aussage beenden konnte. Barbara hörte auf, sich mit Sam darüber zu streiten, was er dem Kongress sagen könnte, und fing an, sich mit ihm darüber zu streiten, was er im Gefängnis anziehen sollte. Sie wollte, dass er eine lange Hose anzog. Sam bestand darauf, seine Cargoshorts anzubehalten.

Während die Polizei die Anklagepunkte erläuterte und den Haftbefehl verlas, kamen Constance und Quinn herein und versuchten, sich nützlich zu machen. Zu dem Durcheinander, das Gary hinterlassen hatte, hatte Sam seine eigene Wäsche hinzugefügt. Sie durchsuchten sie nach Kleidungsstücken, die Sam mit ins Gefängnis nehmen wollte. *Er braucht Socken*, dachte Quinn, als der Polizeibeamte Sam aus dem Zimmer führte. *Er wechselt nämlich gern und oft seine Socken. Sie können ihn noch nicht mitnehmen, weil ich seine Socken noch nicht gefunden habe.* George war jetzt auch im Zimmer und suchte nach Dingen, die Sam brauchen könnte. Dabei stieß er auf eine Erinnerungsbox. Das überraschte ihn. Er hatte nicht gewusst, dass Sam an etwas Derartigem hing. Er öffnete sie. Sie enthielt nur sehr wenig. Ein paar Medaillen von Mathematikwettbewerben der Highschool. Eine Ausgabe des *Forbes*-Magazins mit Sams Gesicht auf dem Cover. Und eine Schachtel mit Visitenkarten aus seiner Zeit bei Jane Street Capital.

Es war Manfred, der Constance ins Auge fiel. Manfred war Sams Stofftier. Er hatte es seit seiner Geburt, lehnte jeden Ersatz ab und so wurde Manfred bald 31 Jahre alt. Sie hatte Manfred zum ersten Mal in Hongkong gesehen – Sam hatte ihn aus Berkeley mitgebracht. Schon damals war Manfred so alt und abgenutzt, dass es schwer war, seine Spezies zu bestimmen. Es hätte ein Hund sein können, aber auch ein Bär. Manfred hatte die Reise von Hongkong auf die Bahamas mitgemacht und würde, so vermutete Constance, vielleicht bald ins Gefängnis kommen. Sam mochte es so sehr, Manfred in seiner Nähe zu haben. Constance und Quinn hatten über die Bedeutung von Sams Jugendfreund hin und her diskutiert. Sam interessierte sich nicht für echte Tiere. Es war eher eine Erwartungswertberechnung als ein Gefühl, was ihn dazu gebracht hatte, vegan zu leben. Quinn war der Meinung, dass Sam Manfred immer bei sich hatte, weil „er Manfred mit niemandem teilen muss“. Constance sah Manfred in einem anderen Licht. „Ich denke, es ist sehr, sehr wichtig für ihn, eine emotionale Bindung zu haben.“

11
WAHRHEITSSERUM

Als der Anwalt von Sullivan & Cromwell ihm die Nachricht schickte, er solle abwarten, weil etwas Großes auf ihn zukommen könnte, hatte John Ray keine Ahnung, was dieses Große sein könnte. Alles, was er wusste, war, dass das, was auch immer auf ihn zukam, eine Leiche sein würde. Er wusste nichts über Krypto oder dessen Kultur. Er wollte nicht einmal in der Lage sein, Bitcoin zu erklären. Er wusste ganz sicher nichts über FTX und als der Anwalt von Sullivan & Cromwell von „SBF" sprach, wusste er nicht, wen oder was der Typ damit meinte. „Ich dachte, es könnte ‚small box Ford' bedeuten", erinnerte Ray sich. Nach einem Telefonat in der Nacht zum Dienstag, dem 8. November, hielt ihn der Anwalt von Sullivan & Cromwell hin. Schließlich, am späten Mittwochmorgen, erhielt Ray eine SMS: *Das ist Wahnsinn. Ich werde versuchen, mich später bei Ihnen zu melden.* Dann Stille bis Freitag, 11. November, 0:33 Uhr. Zu dieser unmöglichen Zeit schickte der Mann von Sullivan & Cromwell wieder eine SMS an John Ray: *Sie prüfen noch, ob Sie der richtige Kandidat für den Job sind.* Zwei Stunden kam die nächste SMS: *SBF ist untergetaucht.* Ein Teil von John Ray dachte, dass er zu alt für dieses Spiel wurde.

John Ray wurde jedoch in diesem Spiel gebraucht. Die wilde und wunderbare Welt der amerikanischen Unternehmensinsolvenzen wurde zunehmend von großen Anwaltskanzleien beherrscht, aber es gab immer noch ein paar dieser Einzelkämpfer wie Ray, die die Rolle des Ölsuchers spielten. Die Anwaltskanzleien holten den Ölsucher als CEO des gescheiterten Unternehmens ins Boot und der Ölsucher wiederum heuerte die Anwaltskanzleien an. In rechtlicher Hinsicht meldete Sam Bankman-Fried am Freitag, dem 11. November 2022, um 4:30 Uhr morgens per DocuSign die Insolvenz von FTX an und ernannte John Ray zum neuen CEO von FTX. In praktischer Hinsicht stellte Sullivan & Cromwell John Ray als Nachfolger von Sam als CEO von FTX ein und John Ray beauftragte Sullivan & Cromwell als Anwälte für die Riesenpleite.[11]

Sullivan & Cromwell war nur deshalb zur Stelle, weil die Kanzlei in der Zeit, in der Sam von allen geliebt wurde, eine Menge Arbeit für ihn geleistet hatte. Sie hatten als Anwälte von FTX fungiert, als die Börse vor den US-Aufsichtsbehörden Fragen wie diese beantworten musste: „Gibt es irgendwelche Interessenkonflikte zwischen FTX und Alameda Research?“ Sam hatte noch nie von John Ray gehört und er hatte die Konkurspapiere nicht unterschreiben wollen. Oder besser gesagt, es gab einen Zeitraum von etwa zwei Stunden am Morgen des 11. November, in dem er bereit gewesen war, sie zu unterschreiben. Bis zu diesem Zeitpunkt hatte er den Anwälten von Sullivan & Cromwell und seinem eigenen Vater mit der Mischung aus Desinteresse und höflicher Skepsis zugehört, die er Erwachsenen gegenüber an den Tag legte, die ihm nur sagten, er solle das tun, was Erwachsene normalerweise tun. Alle erklärten, wenn er die Dokumente nicht unterschreibe, werde er von verschiedenen barbarischen Ländern in den Konkurs getrieben: Er und FTX seien in den USA in sichereren Händen als in anderen Gerichtsbarkeiten. Sam war sich nicht sicher, ob das stimmte.

Während Sam vor sich hin brütete, informierte sich John Ray über ihn und das Unternehmen, das er gegründet hatte. „Was ist das für ein Konstrukt?“, fragte Ray. „Jetzt ist es nur noch ein Misserfolg, aber es war einmal ein Unternehmen. *Was habt ihr gemacht? Wie ist die Lage?*

Warum ist es so schnell in Konkurs gegangen?" Er zog kurz die Möglichkeit in Betracht, dass die Pleite unverschuldet war: *Vielleicht waren sie gehackt worden.* „Dann fängt man an, sich das Kind anzusehen", fuhr Ray fort, wobei das Kind Sam war. „Ich sah mir sein Erscheinungsbild an und dachte: *Mit dem stimmt doch was nicht.*" Ray war stolz auf sein schnelles Urteilsvermögen. Er konnte eine Person ansehen und in zehn Minuten wissen, wer sie war, ohne seine Meinung je überdenken zu müssen. Die Männer, die er beurteilte, ordnete er in seinem Kopf in eine von drei Schubladen ein: „guter Kerl", „naiver Kerl" und „Gauner". Sam war ganz offensichtlich kein guter Kerl. Und naiv schien er definitiv auch nicht zu sein.

Sam war dazu gebracht worden, zu glauben, dass derjenige, der seine Nachfolge als CEO antreten würde, ihn zumindest als Ressource nutzen würde, um das fehlende Geld zu finden. Das würde nie geschehen. In den Anfängen seiner Tätigkeit für bankrotte Unternehmen, in den 1990er-Jahren, hatte John Ray eine Lektion auf die harte Tour gelernt. Einer der Gauner, an deren Stelle er übernommen hatte, verwickelte ihn in ein Gespräch und log dann über das, was gesagt worden war. In den ersten Tagen nach der Übergabe des Unternehmens an Ray meldete sich Sam immer wieder mit mitleiderregenden E-Mails bei ihm. *Hey John, ich würde wirklich gern mit dir reden.* Ray warf einen Blick darauf und dachte: *Auf keinen Fall, Junge.*

Seine mangelnde Bereitschaft, mit Sam zu interagieren, machte es natürlich noch schwieriger herauszufinden, was Sam getan hatte oder warum er es getan hatte. „Es ist buchstäblich so, als würde man eine Schachtel mit Puzzleteilen haben, in der einige Teile fehlen, und man kann nicht mit demjenigen sprechen, der das Puzzle erschaffen hat", erklärte Ray. Er hatte gerade so lange mit den anderen Mitgliedern von Sams innerem Kreis gesprochen, um zu erkennen, was sie waren. Nishad Singh wirkte auf ihn wie ein naiver Kerl. „Er ist engstirnig", sagte Ray. „Es geht um Technik, Technik, Technik. Es gibt nie ein Problem, das er nicht lösen kann. Er wird kein Geld stehlen. Er wird nichts

Falsches tun. Aber er hat keine Ahnung, was um ihn herum vor sich geht. Wenn man ihn um ein Steak bittet, steckt er den Kopf in den Arsch des Stiers." Das Konkursteam hatte Caroline Ellison am Samstag, nachdem Ray neuer CEO von FTX geworden war, telefonisch erreicht. Sie konnte zumindest erklären, wo einige der Wallets mit den Kryptowährungen aufbewahrt wurden. Aber ansonsten war sie keine große Hilfe. „Sie ist kalt wie Eis", urteilte Ray. „Man musste ihr jedes Wort aus der Nase ziehen. Offensichtlich eine total Bekloppte."

Während Caroline berichtete, hatte Ray versucht, herauszufinden, wo sie war. Sie behauptete, sie sei in Boston. Ray wusste, dass das nicht stimmte. Er machte Smalltalk, der harmloser klang, als er war. *War es ein langer Flug von Hongkong? Wie ist das Wetter dort, wo Sie sind?* Das FBI war auf der Suche nach Caroline und er wollte ihnen helfen, sie zu finden.[12] Er hatte eine klare, eng umrissene Aufgabe: so viel Geld wie möglich aufzutreiben und dieses Geld den Gläubigern zurückzuzahlen. Kaum war er der neue CEO von FTX, übernahm er eine zweite, weitaus weniger eng umrissene Aufgabe: den US-Staatsanwälten dabei zu helfen, ihre Anklage gegen Sam Bankman-Fried aufzubauen. „Es gibt Leute, die als Kriminelle geboren werden, und es gibt Leute, die zu Kriminellen werden", sagte Ray. „Ich denke, er wurde zum Kriminellen. Wie und warum er ein Krimineller geworden ist, weiß ich nicht. Ich denke, dafür muss man den Jungen und seine Eltern verstehen."

Dann brach das Chaos aus. Sam unterschrieb die Papiere und verkündete acht Minuten später, dass er es sich anders überlegt hätte, woraufhin Sullivan & Cromwell ihm mitteilte, dass es nach einer Konkurserklärung keine Meinungsänderung mehr gebe. Damit war der Weg für Ray frei, um sich über FTX briefen zu lassen. Er erfuhr nun, dass FTX 30 verschiedene Kryptobörsen besaß – nicht nur auf den Bahamas und in den USA, sondern auch in der Türkei und in Japan und, na ja, wo auch immer. Überall dort, wo Menschen mit Kryptowährungen handelten, hatte FTX eine Börse gegründet und eine staatliche Lizenz beantragt. Jede Börse verfügte über Geld und Kunden, die sich theoretisch einloggen und ihre Einlagen abheben konnten. Soweit Ray sehen konnte, und das war nicht sehr weit, wurde kein Geld bewegt. „Es gab kein Blatt Papier mit Bankkontoinformationen", stellte er fest. In Dutzenden von kleinen Banken und weit verstreuten Kryptobörsen hielten FTX, Alameda oder eines der mehr als 100 anderen von ihnen kontrollierten Unternehmen viele Dollar und andere Fiat-Währungen. Außerdem gab es auf einigen Amazon-Servern Passwörter, die den Zugang zu virtuellen Wallets mit Kryptowährungen ermöglichten. „Die Wallets befanden sich in der Cloud", so Ray. „Wenn man die Passwörter verliert, verliert man das Geld."

Dass das Geld schwer zu finden war, lag zum Teil daran, dass es bei FTX keine Person gab – zumindest keine, mit der Ray bereit war zu sprechen –, die wusste, wo das Geld war. „Es gab keine Struktur", klagte Ray. „Keine Mitarbeiterliste.[13] Kein Organigramm." Nach sechs Tagen in seinem neuen Job reichte Ray einen Bericht beim US-Konkursgericht für den Bezirk Delaware ein. „Noch nie in meiner Laufbahn habe ich ein so vollständiges Versagen der Unternehmenskontrollen und ein so vollständiges Fehlen vertrauenswürdiger Finanzinformationen erlebt wie hier", schrieb er.

Anstatt die Leute, die den Schlamassel angerichtet hatten, in die Mangel zu nehmen, stellte Ray Teams von hartgesottenen Detektiven an, mit denen er bereits zusammengearbeitet hatte. „Richtige Erwachsene", wie er sie nannte. Die Firma Nardello bestand aus vielen ehemaligen FBI-Leuten. (Firmenmotto: *We find out* [Wir finden es heraus].) Chainalysis, die Krypto-Detektivfirma, war neu für ihn. Ray wies seine Leute an, „ein Zoom-Gespräch mit jedem einzelnen FTX-Mitarbeiter zu führen. Und wenn sie euch nicht kontaktieren, um einen Termin zu vereinbaren, sind sie gefeuert." Vielleicht 80 Mitarbeiter haben sich auf diese Weise feuern lassen. Fast alle anderen wurden nach dem Zoom-Meeting entlassen. Selbst wenn man mit erhobenen Händen aus dem Wald kam, wurde man erschossen. „Er ging so vor, als sei jede einzelne Person, die sich nicht in den USA aufhielt, Teil eines Verbrechens, aber er wusste nicht, was das Verbrechen war", so ein FTX-Mitarbeiter. Bei einem Gruppen-Zoom-Meeting, in dem es um den mysteriösen Hack von rund 450 Millionen Dollar ging, der am Tag des Zusammenbruchs stattgefunden hatte, schaltete sich Sam dazu. *Hey, Sam hier!* schilderte Ray und imitierte Sams lockeren Tonfall, der selbst eine Imitation war. „Wir haben versucht, herauszufinden, was zum Teufel hier los ist und wer uns gehackt hat", erklärte Ray. „Er weiß nichts über den Hack. Er sagt immer wieder: ‚Das müsst ihr Gary fragen.' Später taucht er auf und sagt: ‚Ich brauche meine Passwörter, um ins System zu kommen.' Und ich sage: *Verdammt, nein*."

Innerhalb weniger Wochen hatte Ray so ziemlich jeden entlassen, der über die Vorgänge bei FTX und Alameda Research Bescheid wusste. Ihm fiel nur eine einzige Ausnahme ein. „Ich glaube, sie bezahlen immer noch den Psychiater", vermutete Ray.

Das war Anfang 2023. Ende April war John Ray konstant im Alarmzustand. „Das ist Live-Action", erzählte er. „Jede Stunde passiert etwas Neues." An einem Tag meldete sich eine x-beliebige Kryptobörse und sagte: *Übrigens, wir haben 170 Millionen Dollar auf einem Konto von Ihnen: Wollen Sie das Geld zurück?* An einem anderen Tag rief ein x-beliebiger FTX-Mitarbeiter aus heiterem Himmel an und teilte mit, dass er sich zwei Millionen Dollar von der Firma geliehen habe und den Kredit zurückzahlen wolle – wofür es, soweit Ray sehen konnte, keine Unterlagen gab. Wenn man einmal von einem Kredit gehört hatte, musste man sich natürlich fragen, wie viele ähnliche Kredite es wohl noch geben würde. Die Suche nach Geld in Sams Welt erinnerte Ray an das Ostereiersuchen, das er gerade für seine Enkelkinder veranstaltet hatte. „Am Ende wird gezählt", sagte er. „Fünf fehlen. Sie gehen raus und suchen sie. Sie kommen mit sechs zurück." Das zusätzliche Ei war ein ungenießbares Überbleibsel, das im Jahr zuvor unentdeckt geblieben war. Sein Teenager-Enkel brachte es auf den Punkt: *Das ist genau wie dein neuer Job!* Exakt! John Ray befand sich auf einer bizarren Ostereiersuche, ohne die Eier vorher gezählt zu haben. Da er nicht wusste, wie viele Eier er suchte, konnte er auch nicht wissen, wann er seine Suche beenden sollte.

Nach einigen Monaten auf der Jagd hatten Rays Spürhunde entdeckt, dass „jemand die Börse um 450 Millionen beraubt hatte". Sie waren nicht über den simplen Hack vom November 2022 gestolpert, sondern über die komplizierten BitMax- und MobileCoin-Hacks von 600 Millionen Dollar im Frühjahr 2021. (Der Dollarwert änderte sich mit den Kursschwankungen der gestohlenen Kryptowährungen.) Sie hatten den Hacker nicht in der Türkei, sondern auf Mauritius aufgespürt. „Wir haben ein Foto von ihm, wie er in seinem Haus ein- und ausgeht", berichtete Ray. Er war sich ziemlich sicher, dass er den Großteil des Geldes zurückbekommen würde. „Wir glauben, dass es noch viel mehr davon gibt", sagte Ray. Irgendwann, so dachte ich mir, würde er die etwa eine Milliarde Dollar finden, die durch Hacks verloren gegangen war und von der Sam ihm einfach erzählt hätte, wenn er bereit gewesen wäre, mit Sam zu reden.[14]

Es stimmte, wie Sam sagte, dass die Menschen nicht sehen, wonach sie nicht suchen. Es stimmte auch, dass sie ein Talent dafür haben, das zu sehen, was sie zu sehen erwarten. John Ray erwartete, Beweise für ein Verbrechen zu sehen. Zu unseren Treffen brachte er immer neue und scheinbar belastende Unterlagen mit. Einmal hatte er zum Beispiel die US-Steuerformulare von Alameda Research aus dem Jahr 2021 gefunden. Alameda hatte einen Verlust von mehr als drei Milliarden Dollar ausgewiesen. Wenn es so war, wie es schien, würde es helfen, das Loch in meiner groben Bilanz zu erklären; aber es war eigentlich nur ein Teil eines größeren und komplizierteren Puzzles. In jenem Jahr hatte Alameda Research Leerverkäufe von FTT getätigt – zur selben Zeit, als ein von ihm kontrolliertes Unternehmen dieselbe Menge an FTT kaufte. Der Preis von FTT war gestiegen, und zwar erheblich. Alameda Research erlitt einen Tradingverlust in Höhe von mehreren Milliarden Dollar, während das zweite Unternehmen einen entsprechenden Gewinn in Höhe von mehreren Milliarden Dollar erzielte. Die Rechnungslegungsvorschriften für Alameda Research erlaubten es, nicht realisierte Marktverluste als Steuerverluste auszuweisen; die Rechnungslegungsvorschriften für das andere Unternehmen verlangten nicht, dass es mit seinen Gewinnen das Gegenteil tat. Die Steueranwälte von Alameda, zu denen auch Sams Vater gehörte, hatten sich für die steuerliche Berücksichtigung des Verlusts ausgesprochen, da dieser mit den laufenden Gewinnen verrechnet werden konnte. Es war, wie einer der Anwälte es ausdrückte, „ein vorgetäuschter Verlust".

Damals, im Juni 2022, hatte mir Nishad Singh von den vielen hinterhältigen Methoden berichtet, mit denen Leute versuchten, Geld von FTX zu erpressen. Mehrere Mitarbeiter waren in das Unternehmen eingestiegen, hatten sich als inkompetent erwiesen und waren entlassen worden – und hatten sich dann an eine von mehreren Anwaltskanzleien gewandt, die sich bekanntermaßen darauf spezialisiert hatten, Kryptofirmen zu erpressen.[15] Nishad war nicht nur darüber empört, dass die verschiedenen Anschuldigungen der entlassenen Mitarbeiter reine Erfindungen waren, sondern auch darüber, dass alle Beteiligten wussten, dass FTX lieber mehrere Millionen Dollar bezahlen würde, als die Kosten für eine falsche Anschuldigung zu tragen. „Die amerikanischen Mitarbeiter sind das Problem", sagte er. „Die chinesischen tun so etwas nicht." FTX hatte schließlich eine Strategie entwickelt, die sie Operation Warm Blanket nannten. Die Operation Warm Blanket identifizierte die Anwaltskanzleien, die an den Erpressungen beteiligt waren, und beauftragte sie mit juristischen Angelegenheiten, damit sie FTX nicht verklagen konnten. Damals schien das klug zu sein; weniger klug war es zwei Jahre später, als John Ray mit Dokumenten wedelte und behauptete, Sam habe Schweigegeld gezahlt, um Beschwerden von Whistleblowern aus der Welt zu schaffen.

Für John Ray war es wie eine Ostereiersuche. Für mich war es eher so, als wäre ein Amateurarchäologe auf eine bisher unbekannte Zivilisation gestoßen. Da er nichts über ihre Bräuche oder ihre Sprache erfahren konnte, begann er einfach zu graben. Die bei den Ausgrabungen zutage geförderten Artefakte ließen sich auf eine Weise interpretieren, die die Ureinwohner, die sie geschaffen und benutzt hatten, verwirrt hätte. Aber die Freude, die Ray an seinen Ausgrabungen hatte, war so ansteckend, dass ich mich oft nicht traute zu sagen: „Ich bin mir nicht ganz sicher, ob du genau das gefunden hast, was du glaubst, gefunden zu haben" oder „Ich weiß tatsächlich, was das ist, und es ist nicht das, was du glaubst". Irgendwann entdeckte sein Team, dass eine Hongkonger Tochtergesellschaft von Alameda Research namens Cottonwood Grove riesige Mengen FTT gekauft hatte. Für den arglosen Archäologen war dies ein Beweis dafür, dass Sams Welt den Wert von FTT künstlich in die Höhe getrieben hatte. Ray wusste nicht, dass FTX verpflichtet worden war, etwa ein Drittel ihrer Umsätze für den Rückkauf und die Verbrennung ihres Token auszugeben, und dass Cottonwood Grove mit dieser Aufgabe betraut war.

Von meinem Platz am Rande der Ausgrabungsstätte rief ich dem Grabungsleiter gelegentlich meine Vermutungen über den jüngsten Fund zu, aber er sah nur mitleidig zu mir auf. Ich war eindeutig ein naiver Kerl. Bei einem unserer Treffen fragte Ray: „Hast du jemals von diesem Zane Hacket gehört?" Der Name war falsch, aber er hatte herausgefunden, dass Zane in den Wochen vor dem Zusammenbruch Kryptowährungen im Wert von vielen Tausend Dollar von der Börse abgezogen hatte. Und das hatte er tatsächlich! In den Wochen vor dem Zusammenbruch hatte Zane ein paar Sachen gekauft. Doch Zane hatte am Sonntag vor dem Zusammenbruch auch Kryptowährungen im Wert von anderthalb Millionen Dollar an der Börse eingezahlt. Mit den Quittungen konnte er es beweisen: Als FTX unterging, ging ein Großteil von Zanes Vermögen mit unter. Zanes Problem war nicht, dass er ein Gauner war, sondern dass er zu vertrauensselig war. Das Gleiche galt für fast alle FTX-Mitarbeiter, von denen viele alles verloren hatten. Ihre untergegangene Zivilisation war nicht auf Zynismus, sondern auf Vertrauen aufgebaut worden.

Das war für den Archäologen ohne Vorwissen schwer zu erkennen. Rays erster Eindruck von Sam und seinem inneren Kreis war der Ausgangspunkt für ein Narrativ, das sich auf fast jedes der verbleibenden Fragmente von Sams Welt übertragen ließ. Die Hunderte von privaten Investitionen von Alameda Research zum Beispiel. Als wir uns Anfang 2023 zum ersten Mal trafen, sprach Ray davon, wie verdächtig das alles sei. Er hatte eine Theorie, warum Sam so mit Geld um sich geworfen hatte: Sam wollte sich ein paar Freunde kaufen. „Zum ersten Mal in seinem Leben ignoriert jeder die Tatsache, dass er ein verdammter Spinner ist", mutmaßte Ray. Als Beispiel nannte er die Dollar, die Sam in Unternehmen investiert hatte, die sich mit künstlicher Intelligenz beschäftigten: „Er hat 500 Millionen Dollar in diese Sache namens Anthropic gesteckt. Das ist nur ein Haufen Leute mit einer Idee. Sonst nichts." Ein paar Wochen später investierten Google, Stark Capital und einige andere Unternehmen 450 Millionen Dollar in Anthropic. Die Vertragsbedingungen werteten den Anteil, den Sam für 500 Millionen Dollar gekauft hatte, auf 800 Millionen Dollar auf. Ich kannte mindestens einen Investor, der der Meinung war, dass dieser Anteil, wenn er in kleinere Teile zerlegt und nach und nach verkauft würde, problemlos eine Milliarde einbringen könnte.

Nachdem Rays Leute die Berechnungen abgeschlossen hatten, kamen sie zu dem Schluss, dass FTX ihren Kunden noch 8,6 Milliarden Dollar schuldete. Es gab mindestens drei Möglichkeiten, das Geld aufzutreiben, um es den Kunden zurückzuzahlen. Die erste war die Ostereiersuche, die Suche nach Firmengeldern, die noch in Banken und Kryptobörsen versteckt sein könnten. Eine zweite Möglichkeit bestand darin, alles zu verkaufen, was in der Drachenhöhle noch übrig war – nicht nur die Beteiligung an Anthropic, sondern auch die Hunderte anderen privaten Investitionen und den riesigen Haufen weniger bekannter Kryptowährungen. Die dritte Möglichkeit bestand darin, das Geld von den Leuten zurückzuholen, die Sam dafür bezahlt hatte, seine Freunde zu sein – seine Investitionen in die Fonds anderer Leute, seine politischen Spenden, sogar seine philanthropischen Spenden.

Um den Leuten das Geld abzuringen, mit dem Sam sie zugeschüttet hatte, musste John Ray zwei Dinge beweisen. Erstens, dass FTX keinen Gegenwert für das von ihr gezahlte Geld erhalten hatte. Man konnte kein Geld von einem Klempner zurückfordern, der für die Beseitigung eines verstopften Abflusses von FTX einen angemessenen Betrag erhalten hatte. Aber man konnte Geld von dem Forscher zurückfordern, dem FTX einen Zuschuss für die Erfindung von Abflüssen, die nie verstopften, gezahlt hatte. Die Tatsache, dass es keinen Gegenwert für das Geld gab, reichte für Ray jedoch noch nicht aus, um es zurückzubekommen. Er musste auch beweisen, dass es in dem Moment, in dem Sam das Geld verschenkte, nicht sein Geld war, das er verschenkte. Und die einzige Möglichkeit, dass es nicht Sams Geld war, bestand darin, dass FTX zu dem Zeitpunkt, als er das Geld verschenkte, zahlungsunfähig oder fast zahlungsunfähig war. Rays verschiedene Versuche, das Geld zurückzuholen, warfen eine interessante Frage auf, die sein Team noch nicht auf eindeutige Weise beantworten konnte: Zu welchem Zeitpunkt war in Sams Welt weniger Geld vorhanden als in FTX? Wann genau ist FTX pleitegegangen?

Anstatt die Frage zu beantworten brach Ray einen Blitzkrieg mit Klagen gegen verschiedene Personen vom Zaun, denen Sam Geld gegeben hatte. Sie waren wirklich unterhaltsam zu lesen. Es waren zwar immer noch juristische Texte, aber sie hatten alle Subtexte. Außerdem schrieb Ray, um die Aufmerksamkeit der Medien zu wecken. „Man muss eine Geschichte erzählen“, erklärte Ray. „Niemand will lesen, dass X Dollar an Y transferiert wurden, bla, bla, bla. Man braucht die Vorstellungskraft eines Kindes, um so etwas zu schreiben.“ In den ersten achteinhalb Monaten reichte er neun Rückforderungsklagen ein. Ray hatte es vor allem auf Insider abgesehen – Sam, Sams Eltern, Caroline, Nishad und so weiter – oder auf Leute, denen Sam große Summen überlassen hatte, um in seinem Namen zu investieren.[16] Sein aufschlussreichstes Opfer, zumindest für mich, war der Anwalt von FTX, Dan Friedberg.

In Sams Welt war Dan Friedberg, der Anfang 50 war, der einzige wichtige Erwachsene gewesen. Auf Geheiß von Sams Vater hatte er seinen Millionen-Dollar-Job bei der Anwaltskanzlei Fenwick & West aufgegeben, um Sam überallhin zu folgen. Er war der Chefsyndikus von FTX. Er war auch der Babysitter. Für ein Baby, das seinen Eltern Angst macht und das Sagen hat. Er war Sam nach Hongkong gefolgt und dann wieder auf die Bahamas gezogen, wo er in Bermudashorts oft seltsam wirkte. Friedberg war derjenige, an den Sam gewöhnlich dachte, wenn er sich über die sinnlosen Dinge beklagte, um die sich die Erwachsenen kümmern sollten. Selbst in guten Zeiten war es offensichtlich, dass Friedberg nur einen begrenzten Einfluss auf ihn oder eine Transaktion hatte, auch wenn sein Name natürlich auf vielen offiziellen Dokumenten auftauchte. Er hatte geholfen, die Bankkonten einzurichten, auf denen die Zahlungen der FTX-Kunden eingingen. Er hatte geholfen, die Operation Warm Blanket durchzuführen. Doch in der Woche des Zusammenbruchs von FTX war er der erste Mitarbeiter, der das sinkende Schiff verließ und sich sofort an die US-Finanzaufsichtsbehörden und das FBI wandte. Selbst damals wusste er nicht genau, was zwischen FTX und Alameda gelaufen war – nur, dass es schlimm war. Und er war völlig am Boden zerstört. Er hatte sich von der Begeisterung der effektiven Altruisten anstecken lassen. „Ich wollte, dass es einen Sam gibt“, so drückte er es aus.

Friedbergs schwerstes Vergehen, so vermutete ich, wurde nach dem Zusammenbruch begangen. Nachdem er zu FTX gestoßen war, hatte er Kryptowährungen im Wert von etwa einer Million Dollar von seinem Konto bei Coinbase zu FTX US verschoben. Er hatte versucht, sich einer von anderen Gläubigern angestrengten Klage anzuschließen, um zu verhindern, dass Sullivan & Cromwell den Konkurs und damit alle Beweise für die Geschehnisse kontrolliert, und war daran gescheitert. Niemand hatte Dan Friedberg gebeten, sich an den Konkursrichter zu wenden; er hatte ganz allein eine Erklärung beim Konkursgericht in Delaware eingereicht. Die literarische Kraft dieser Erklärung übertraf sogar die von John Ray. Sie besagte, dass Friedberg Ende 2020 einen Partner von Sullivan & Cromwell namens Ryne Miller als Chefsyndikus für FTX US angeheuert hatte. Miller habe ihm damals erklärt, dass er hoffe, zu Sullivan & Cromwell zurückzukehren, und dass er daher so viel juristische Arbeit für FTX wie möglich an seinen künftigen Arbeitgeber weiterleiten müsse. FTX hatte in der Folge Honorare zwischen 10 und 20 Millionen Dollar an Sullivan & Cromwell gezahlt. In einem Fall, so Friedberg, habe Sullivan & Cromwell FTX 6,5 Millionen Dollar für Arbeiten in Rechnung gestellt, die nur einen Bruchteil dieses Betrags hätten kosten dürfen.

In der Woche des Zusammenbruchs, als klar wurde, dass FTX bankrott war, stritten sich die Anwälte darüber, was zu tun sei. Zusammen mit allen anderen Anwälten hatte Friedberg gekündigt. Nur Miller war geblieben und hatte darauf gedrängt, dass Sam die Konkursdokumente unterzeichnet und Sullivan & Cromwell das Konkursverfahren durchführt. Miller sei es auch gewesen, schrieb Friedberg, der darauf gedrängt habe, FTX US in das Konkursverfahren einzubeziehen, obwohl FTX US ein völlig eigenständiges Unternehmen wäre und solvent schien.[17] Miller habe dies aus zwei Gründen getan, so Friedberg. Zum einen wollte er damit erreichen, dass das lukrative Konkursverfahren in den USA und nicht etwa auf den Bahamas abgewickelt wird. Der andere Grund war, dass FTX US über einen Pool von 200 Millionen Dollar verfügte, der zur Bezahlung von Sullivan & Cromwell verwendet werden konnte. Am Ende seiner Erklärung schrieb Friedberg: „Ich bin nicht der einzige ehemalige FTX-Mitarbeiter, der ernsthafte Bedenken gegenüber S & C hat. Sowohl ehemalige als auch derzeitige Mitarbeiter haben Angst, diese Probleme anzusprechen, weil S & C nachteilige Maßnahmen gegen sie ergreifen könnte."

Im amerikanischen Konkurssystem gab es einen frustrierenden und oft frustrierten Akteur, den Treuhänder. Der vom US-Justizministerium eingesetzte Treuhänder sollte die Insider, die vom Konkurs profitierten (und die Beweise für etwaige Strafverfahren kontrollierten), überwachen. Die einzige Macht, die dem Treuhänder gesetzlich zugestanden wurde, war aber die Macht, sich beim Konkursrichter, der in der Regel selbst ein ehemaliger Konkursanwalt war, zu beschweren und zu jammern. Der mit dem FTX-Fall betraute US-Treuhänder Andrew Vara hatte sich in einem Schreiben an den Richter John T. Dorsey gewandt, in dem er forderte, dass Sullivan & Cromwell das Konkursverfahren nicht leiten dürfe und ein unabhängiger Prüfer beauftragt werden solle. Dorsey hatte den Antrag abgelehnt. Dasselbe tat er mit dem Antrag von Dan Friedberg. Bei der Anhörung, in der entschieden werden sollte, ob Sullivan & Cromwell das Konkursverfahren durchführen durfte, konnten die Zeugen persönlich oder per Zoom erscheinen. Friedberg hatte sich uneingeladen hineingezoomt und angeboten, unter Eid auszusagen. Dorsey weigerte sich, dies zuzulassen.

Außerhalb des Gerichtssaals hatte Friedberg einen der besten Einblicke in die Geschehnisse in Sams Welt und vielleicht den besten Einblick in die Rolle, die Sullivan & Cromwell dabei gespielt hatte. Innerhalb des Gerichtssaals wurde Dan Friedbergs Erfahrung als irrelevant angesehen. Und damit, so schien es, war die Sache erledigt. US-Konkursrichter verfügen über sensationelle Befugnisse bei der Entscheidung, welche Beweise in einem Fall zugelassen werden.

Doch dann, Ende Juni, brachte John Ray Dan Friedberg wieder ins Spiel, indem er ihn vor dem Konkursgericht verklagte. Ray hatte seine eigene Erklärung für den Streit zwischen Ryne Miller und Dan Friedberg. Er hielt Miller für „einen naiven Kerl" – und Friedberg für einen „geborenen Kriminellen".

Dan Friedberg war keiner Straftat angeklagt worden. Er kooperierte mit dem Justizministerium bei dessen Ermittlungen. Ray war nicht befugt, Friedberg wegen einer Straftat zu verklagen. In seiner Klage, mit der er das gesamte Geld, das FTX an Dan Friedberg gezahlt hatte, zurückfordern wollte, listete Ray die Missetaten auf, die Friedberg seiner Meinung nach begangen hatte. Er listete auch die Gelder auf, die er von Friedberg zurückforderte. Das meiste Geld befand sich in einem einzigen Posten. „Im Juli 2020", schrieb Ray, „veranlasste der FTX-Konzern, dass Friedberg 102.321.128 Serum-Token erhielt, eine digitale Währung, die von der Solana Foundation im Jahr 2020 eingeführt wurde. ... Zum Zeitpunkt der Konkursanmeldung des Klägers wurde der Wert von Serum auf 0,33 Dollar pro Token geschätzt und daher waren Friedbergs Serum-Bestände 33.765.972,20 Dollar wert."

Bevor ich diesen Satz las, hatte ich Ray immer nur von Serum (und Solana und FTT) als „Sam Coins" oder „Shitcoins" sprechen hören. Seine Sicht auf Krypto ähnelte seiner Sicht auf Menschen. Es gab „die gute Scheiße" und „die schlechte Scheiße". (Also keine naive Scheiße.) Ich habe nie versucht, mit ihm zu streiten, zum Teil, weil ich dachte, dass er irgendwie recht hatte. Dennoch gab es Unterscheidungen, die zu treffen sich lohnte und um die er sich nicht gekümmert hatte. FTT erhielt einen tatsächlichen Cashflow – die soliden Umsätze von FTX – und war daher eher so etwas wie Konzerneigenkapital. Da Solana Zehntausende von Transaktionen pro Sekunde mehr verarbeiten konnte als Bitcoin, war es vielleicht besser als Bitcoin geeignet, Satoshis ursprüngliche Vision umzusetzen und ein Tauschmittel zu werden. Auf jeden Fall gab es einen echten Markt für Solana-Token, weil eine ausreichende Anzahl von Menschen an diese Geschichte glaubte, und der Haufen, den Sam angesammelt hatte, hatte immer noch einen Wert.

Serum war im Vergleich dazu eine zweifelhafte Angelegenheit. Serum war eher eine Währung in dem privaten Brettspiel, das Sam immer wieder in seinem Kopf spielte.

Serum war Sams Wette auf Blockchains, die beispielsweise die New Yorker Börse oder FTX ersetzen sollten. Blockchains waren bloß gemeinschaftlich geführte Aufzeichnungen darüber, wer was besaß und wann er es besaß. Sie könnten jede Transaktion nachverfolgen. Es war zumindest theoretisch möglich, dass sie alle Finanztransaktionen aufzeichnen konnten. Die Serum-Token, die Friedberg erhalten hatte, gewährten ihrem Besitzer Handelsrabatte, Stimmrechte und einen Anteil an der winzigen Gebühr, die für jede Finanztransaktion auf der Solana-Blockchain erhoben wurde. Das hörte sich gut an. Das Problem war, dass es relativ wenige Transaktionen auf der Solana-Blockchain gab. Sam hatte die Idee einfach mit den Gründern von Solana ausgeheckt, zehn Milliarden dieser Serum-Token gemint, die meisten davon für sich selbst behalten, aber einige an seine Mitarbeiter als Lohn ausgegeben.

Die Serum-Token, die Sam an Mitarbeiter wie Friedberg ausgezahlt hatte, schienen zum Zeitpunkt seines Konkurses einen Wert von 0,33 Dollar zu haben. Ihr wahrer Wert war nicht so eindeutig. Die Serum-Token der FTX-Mitarbeiter waren „gesperrt"; den Mitarbeitern war es verboten, sie zu verkaufen, bis sie freigeschaltet wurden. Die Person, die die Sperre aufhob, war Sam. Ursprünglich sollten die Token im Laufe von sieben Jahren freigeschaltet werden, beginnend mit dem Ende des ersten Jahres. Die Angestellten konnten ein Siebtel ihrer Serum-Bestände am Ende des ersten Jahres verkaufen und ein weiteres Siebtel am Ende jedes der folgenden Jahre, bis sie alles verkauft hatten.

Kurz nach der Schaffung von Serum war der Preis in die Höhe geschnellt. Damit hatte Sam natürlich nicht gerechnet. Nun gab es all diese Mitarbeiter, die sich lächerlich reich fühlten. (Zumindest theoretisch erreichte der Wert von Dan Friedbergs Serum-Vermögen im September 2021 einen Höchststand von über einer Milliarde Dollar.) Sam hatte den Eindruck, dass alle auf einmal viel weniger motiviert waren, 14 Stunden am Tag zu arbeiten. Und so tat er etwas sehr Sam-Typisches: Er änderte die Bedingungen für die Serum-Bestände der Mitarbeiter. Im Kleingedruckten des Mitarbeiter-Serum-Vertrags hatte er sich das Recht vorbehalten, die Serum-Haltezeit zu verlängern, und er nutzte es, um Serum für alle Mitarbeiter sieben Jahre lang zu sperren. Sams Angestellte wussten schon immer, dass er Spiele bevorzugte, bei denen sich die Regeln zwischendurch ändern konnten. Jetzt wurde ihnen klar, dass er, wenn er die Regeln einmal geändert hatte, dies auch wieder tun könnte. Ihre Begeisterung für Serum schwand.

„Es war sehr unklar, ob man Serum hatte oder nicht“, sagte Ramnik, der irritiert beobachtet hatte, wie Sam einen Haufen Token sperrte, die er mit seinem eigenen Geld auf dem freien Markt gekauft hatte, bevor er zu FTX kam. „Ich schätze, in sieben Jahren wirst du es wissen.“

Selbst für gewöhnliche Serum-Token war der Markt nicht groß. Es bestand keine Chance, dass Dan Friedberg 102 Millionen Serum-Token zum veranschlagten Marktpreis hätte verkaufen können. Serum, die man erst in sieben Jahren und vielleicht nicht einmal dann besitzen würde – wer hätte den Mut zu schätzen, was sie wert waren? Nichts vielleicht? Zu diesem Schluss war die Zeitschrift *Forbes* gekommen, als sie Sams Anteile bewertete – sogar als sich der Preis von Serum gerade auf seinem Höhepunkt befand. Sie hatten seine gesperrten Serum-Token behandelt, als ob sie nicht existierten.

Und jetzt waren die gesperrten Serum laut John Ray irgendwie gute Scheiße. Erstklassiger Krypto vom besten Jahrgang, den sich alle Gentlemen des guten Geschmacks einverleibt haben. Und wer weiß? Vielleicht wird das eines Tages auch der Fall sein. Aber wenn Serum ein ernstzunehmendes Token war, mussten Sam Bankman-Fried und die von ihm geschaffene Welt in einem anderen Licht betrachtet werden. Zum Höchstpreis von Serum betrug der festgestellte Marktwert von Sams Vorrat 67 Milliarden Dollar. Am 7. November 2022 war Sams Haufen von größtenteils gesperrten Serum immer noch Milliarden von Dollar „wert“. Wenn selbst gesperrte Serum einen solchen Wert besäßen, wäre FTX bis zum Augenblick ihres Zusammenbruchs zahlungsfähig gewesen. Und John Ray hätte keinen Grund, das Geld von den vielen glücklichen Menschen zurückzufordern, die Sam Bankman-Fried damit überschüttet hatte.

Sechs Monate nach der Ostereiersuche konnte man mit Fug und Recht behaupten, dass FTX bis zum Augenblick ihres Zusammenbruchs zahlungsfähig war, auch wenn Sams Serum wertlos waren. Die Jagd war besser verlaufen, als jemand, der Sams Motive und Methoden nicht sehr gut kannte, erwarten konnte. Ende Juni 2023 legte John Ray einen

Bericht über seine verschiedenen Erhebungen vor. „Bis heute wurden etwa sieben Milliarden Dollar an liquiden Mitteln zurückgezahlt", schrieb er, „und es ist mit weiteren Rückerstattungen zu rechnen." 7,3 Milliarden, um genau zu sein. In dieser Summe sind weder Serum noch große Rückforderungen, das von dem Kerl auf Mauritius gestohlene Geld, die Beteiligung an Anthropic oder die meisten anderen privaten Investitionen enthalten. Ein Investor, der hoffte, ein Gebot für das verbleibende Portfolio abgeben zu können, erklärte mir, dass es bei einem intelligenten Verkauf mindestens 2 Milliarden Dollar erlösen sollte. Damit würde sich der gesammelte Betrag auf 9,3 Milliarden Dollar erhöhen – noch bevor jemand CZ nach den 2,275 Milliarden Dollar fragte, die er aus FTX entnommen hatte. Ray näherte sich einer Antwort auf die Frage, die ich mir seit dem Tag des Zusammenbruchs gestellt hatte: Wo ist das ganze Geld hin? Die Antwort lautete: Nirgendwohin. Es war immer noch da.

Caroline war die Erste gewesen, die sich schuldig bekannte und den Deal annahm, den die Staatsanwaltschaft angeboten hatte. Gary und Nishad folgten bald. Alle möglichen Leute, die keine Ahnung hatten, was genau in Sams Welt passiert war, glaubten nun, alles zu wissen, was sie wissen mussten. Eine überraschende Anzahl von ihnen war der Meinung, dass das Verbrechen von Anfang an hätte offensichtlich sein müssen. Das war es aber nicht. Hedgefonds-Manager, die die Aktien von US-Banken, die mit Kryptowährungen handelten, geshortet hatten, verbreiteten routinemäßig böse Gerüchte über die Kryptokunden der Banken, wie FTX, um den Banken zu schaden. Wenn einer dieser Leute die Wahrheit über FTX gewusst hätte, hätte er sie mit Sicherheit bekannt gemacht. Das war aber nicht der Fall. Selbst diejenigen, die einen Verdacht gegen Sam oder FTX geäußert hatten, benannten nicht die simple Tatsache, die man benennen würde, wenn man das verborgene Geheimnis gekannt hätte: *Die Kundeneinlagen, die angeblich bei FTX liegen, liegen in Wirklichkeit bei Alameda Research.*

Die Behörden auf den Bahamas hatten Sam inhaftiert und ihn nach den wie üblich von Sam verursachten Komplikationen an die USA ausgeliefert. In einer Anklageschrift der US-Staatsanwaltschaft für den südlichen Bezirk von New York klagte das US-Justizministerium Sam verschiedener Straftaten an und gestattete ihm dann, eine Kaution in Höhe von 250 Millionen Dollar zu hinterlegen. Sam hinterlegte keine 250 Millionen Dollar. Sams Eltern hatten ihr Haus als Sicherheit angegeben und das Risiko übernommen, dass er die Kaution verfallen lassen würde – in diesem Fall müssten sie theoretisch 250 Millionen Dollar an die US-Regierung zahlen. Sie hatten aber keine 250 Millionen Dollar. Den Staatsanwälten war das egal; sie schienen vor allem daran interessiert zu sein, dass die Presse berichtete, dass Sam Bankman-Fried immer noch im Besitz von mindestens 250 Millionen Dollar war. Als dies geschah, meldeten sich viele Leute, die es besser hätten wissen müssen, aber gern redeten, ohne nachzudenken, auf Twitter zu Wort und erklärten, dass Sams Fähigkeit, 250 Millionen Dollar zu blechen, ihre Meinung über seine Schuld bestätige. Aber die meisten Leute hatten nicht einmal so lange gewartet. „Ihr Sohn ist ein dreckiger, verkommener, typisch krimineller, hakennasiger, selbstsüchtiger, gieriger Jude“, hatte jemand, der sich J. Revick nannte, Joe Bankman an dem Tag gemailt, als FTX Konkurs anmeldete. Alle Bankman-Frieds haben viele solcher Nachrichten erhalten. Joe hatte zurückgeschrieben: „Ist Revick nicht ein jüdischer Name?“

Der Mob versammelte sich und die Stimmung wurde immer angespannter. Aus der Ferne war es bald einfach, sich eine Meinung darüber zu bilden, was in Sams Welt geschehen war, noch bevor Sam vor Gericht erschien. Aus der Ferne war es fast ein Tabu, Zweifel an der Art von Sams Verbrechen zu äußern.[18] Aus der Nähe war es jedoch schwer, solche Zweifel nicht zu haben. Je näher man ihm und dem Geschäft stand, desto mehr Fragen hatte man dazu. Zane Tackett zum Beispiel konnte nicht verstehen, warum Sam gegen Ende des Jahres 2021 die Einlagen der Kunden bei Alameda Research nicht einfach durch Kredite der Kryptobanken gedeckt hatte. Damals hätte Alameda ohne Probleme 25 bis 30 Milliarden Dollar leihen können. Warum nicht dieses Geld nehmen und die 8,8 Milliarden Dollar an Kundengeldern zurück zu FTX transferieren, sodass bei einer Pleite von Alameda die Kryptobanken und nicht FTX mitgerissen würden? Ramnik hatte eine andere Frage. Er und Sam hatten Milliarden von Alameda-Geldern investiert – und doch hatte er nie erlebt, dass Sam den Risiken, die Alameda einging, Aufmerksamkeit schenkte. Sams Aufmerksamkeit schien immer auf etwas anderes gerichtet zu sein. Die Frage, die Ramnik Sam stellen wollte, war: „Warum zum Teufel hast du das letzte Jahr damit verbracht, ‚Storybook Brawl' zu spielen?"

Ich hatte natürlich meine eigenen Fragen. Die erste hatte mit den finanziellen Anreizen zu tun. Keiner der Akteure in diesem Finanzdrama hatte sich so verhalten, wie man es von Finanzakteuren erwartet. Gary hatte einen Anteil an Alameda Research besessen, aber seine Beteiligung an FTX war weitaus wertvoller. Nishad besaß einen großen Teil von FTX und nichts von Alameda Research. Dasselbe galt für Caroline, die Alameda Research leitete, aber nur Anteile an FTX besaß. Keiner dieser Leute hatte ein Interesse daran, Geld von FTX in einer Weise zu Alameda Research zu verschieben, die FTX in Gefahr brachte. Ganz im Gegenteil: Es hätte genauso gut ihr Geld sein können, das verschoben wurde. Und dennoch hat zumindest bis zum späten Frühjahr 2022, als die Kryptopreise zu fallen begannen, und möglicherweise noch viel später keiner von ihnen sein Missfallen über das Risiko geäußert, das mit ihrem Vermögen eingegangen wurde. Warum eigentlich nicht?

Und dann war da natürlich noch die Frage, die im Zentrum von Sams Prozess stehen würde, falls es tatsächlich einen Prozess geben sollte. 90 Prozent der Personen, die im Jahr 2022 von der US-Regierung wegen Verbrechen angeklagt wurden, hatten einen Deal akzeptiert und sich schuldig bekannt. Weniger als 0,5 Prozent wurden freigesprochen. Gegen die Regierung vor Gericht zu gehen fühlte sich ein wenig an wie ein Auswärtsspiel gegen einen Gegner, der mit enormen materiellen und psychologischen Vorteilen gestartet war. Sam war wild entschlossen, vor Gericht zu gehen – er beharrte darauf, dass er keine betrügerischen Absichten hatte. Um andere von seiner Unschuld zu überzeugen, musste er jedoch erklären, warum seine drei engsten Kollegen nun bereit waren, sich schuldig zu bekennen. Warum sollte jemand behaupten, er habe ein Verbrechen begangen, wenn er es nicht getan hat? Warum schienen sie selbst *zu glauben*, sie hätten ein Verbrechen begangen?

Sam hatte jetzt viel Zeit zum Nachdenken und er verbrachte viel Zeit damit, darüber nachzudenken. Die menschliche Natur war ihm immer ein Rätsel gewesen, aber Rätsel konnte man lösen. Er setzte sich hin und schrieb ein Memo, ähnlich denen, die er als Antworten auf Carolines Memos verfasst hatte. In wenigen Tagen würde der für seinen Fall zuständige Richter, Lewis A. Kaplan, auf Antrag der Staatsanwaltschaft eine Nachrichtensperre verhängen. Aber vorläufig durfte er seine Gedanken noch mitteilen. „Es scheint den Menschen wirklich schwerzufallen, *Gedanken* zu haben, die über den gesellschaftlichen Tellerrand hinausblicken“, schrieb er, *„selbst wenn sie sie nie aussprechen müssen.“* Er schloss an diese merkwürdige Prämisse in der üblichen, an ein geschäftliches Memo erinnernden Weise an:

1. Es ist fast immer leicht, Kritik zu üben, selbst wenn man über etwas Populäres spricht; nichts ist perfekt und man wird nie wirklich dafür bestraft, dass man auf die schlechten Seiten von ansonsten guten Dingen hinweist.
2. Und es ist leicht, etwas zu loben, das die Gesellschaft lobt.
3. Aber es scheint, dass das, was den Menschen *wirklich* Angst macht – mehr noch als die Androhung einer Gefängnisstrafe –, darin besteht, sich selbst gegenüber einzugestehen, dass *sie* ein Beispiel für die Person sind, die von der Gesellschaft verunglimpft wird.

Dazu fügte er hinzu: „Es ist manchmal einfacher für Menschen, öffentlich den Bösewicht zu spielen, als privat Gedanken zu haben, die andere hart verurteilen *würden*, wenn sie öffentlich würden … mit anderen Worten: Manchmal ist Mut zum Denken noch schwieriger als Mut zum Handeln." Wenn der soziale Druck einen bestimmten Punkt erreicht hat, ist es für die Menschen leichter, ihm nachzugeben, als ihre wahre Identität zu wahren.

Als er diese Worte schrieb, saß er allein in einem Zimmer seines Elternhauses. Der Kreis hatte sich geschlossen. Er war wieder da, wo alles angefangen hatte, nur trug er jetzt eine Fußfessel und wurde von einem Deutschen Schäferhund beschützt. Da seine Eltern sich keinen Sicherheitsdienst leisten konnten, hatten sie stattdessen diesen extrem großen Hund namens Sandor gekauft. Sandor war aus Deutschland eingeflogen worden, wo er darauf trainiert worden war, auf Kommando zu töten. Die Kommandos waren jedoch auf Deutsch und während Sams Eltern sie gelernt hatten, hatte Sam dies nicht getan.

Der Hund war dazu da, Sam zu beschützen, und doch konnte Sam nicht das geringste Interesse an dem Hund aufbringen. Joe hatte ein Buch mit dem Titel „Inside of a Dog" gekauft und gelesen. Sam dachte immer noch, dass Bücher irgendwie dumm sind und besser auf Blogposts reduziert werden sollten, und außerdem interessierte es ihn nicht, was in Sandor vorging. Wenn Sam also mit dem Hund in einem Raum war, hatte man immer das Gefühl, dass ein Unfall passieren würde. Ein schreckliches Missverständnis, ganz ähnlich wie Sams Missverständnisse im Umgang mit anderen Menschen. Die Wahrscheinlichkeit eines solchen Unfalls war natürlich schwer einzuschätzen. Geringer als ein Asteroideneinschlag, aber sicher größer als eine künstliche Intelligenz, die sich von der Leine losreißt und die Menschheit vom Angesicht der Erde tilgt. Aber es wäre sehr typisch für Sam Bankman-Fried gewesen, wenn er von seinem eigenen Wachhund gefressen worden wäre.

EPILOG

Am Ende der Woche des Zusammenbruchs und nachdem alle geflüchtet waren, ging George Lerner ins Büro. Als er umherging, kam er schließlich zu Dschungelhütte 27 und Sams Schreibtisch. Da sah er den umgestürzten König. Jemand hatte die Figur von einem Schachbrett genommen und sie auf Sams Tastatur gelegt. George nahm sie an sich, rührte aber ansonsten nichts an.

Sechs Monate später befand sich die Hütte immer noch in fast demselben Zustand. Die bahamaischen Insolvenzverwalter hatten sie übernommen und als Büro genutzt, bis ihnen das Geld ausging, aber es sah so aus, als ob ihre Mitarbeiter angewiesen worden waren, den Ort zu bewahren wie eine heilige Grabstätte. Das gerahmte Steph-Curry-Trikot hing noch immer an der Wand. Der Krimskrams, die Kaffeetassen und sogar die Brillen der ehemaligen Bewohner befanden sich noch genau dort auf den Tischen, wo sie beim Ausbruch des Vulkans gewesen waren. Die Regale waren immer noch voll mit ungesunden veganen Snacks und in den Kühlschränken stapelte sich immer noch FTX-Bier. „Gebraut von Piraten für Piraten", stand auf den Dosen.

Vielen der ehemaligen Bewohner kam alles wie ein Traum vor. Ihre Erfahrungen unterschieden sich so sehr von denen, die sie bisher in ihrem Leben gemacht hatten, dass es ihnen immer schwieriger fiel zu glauben, dass irgendetwas davon wirklich geschehen war. Gemeinsam rüttelten sie sich wach und wurden wieder zu den Personen, die sie vor dem Einschlafen gewesen waren. Man konnte es in Echtzeit verfolgen. Noch bevor sie die magische Insel verließ, hatte Constance Wang damit begonnen, ihre Zukunft mit ihrem Leben vor dem Traum zu synchronisieren. „Brauche ich eine Bestimmung?", hatte sie mich gefragt. „Sam hat mir das Gefühl gegeben, dass ich eine Bestimmung habe. Jetzt weiß ich nicht, ob ich eine brauche. Oder was meine Bestimmung sein sollte."

Als alle gegangen waren, war ich zurückgekommen, um nach etwas zu suchen. Nachdem ich die Dschungelhütten durchsucht hatte, war ich bereit, den anderen zuzustimmen, dass auch dies nur ein Hirngespinst gewesen war. Aber es gab noch einen letzten Ort, an dem ich nachsehen konnte: eine alte Lagerstätte, die niemand durchwühlt hatte. Sie lag direkt an der Straße, die Sam jeden Tag zwischen dem Albany Resort und den Dschungelhütten fuhr. Auf den ersten Blick war es kein Ort, an dem man etwas Wertvolles lagern würde, nur heruntergekommen aussehende Gebäude mit Wellblechfronten, die dem Dschungel abgerungen worden waren. Aber genau dort habe ich sie gefunden. Sie befand sich direkt in einem der zehn nicht gekennzeichneten FTX-Schuppen. Die Holzkiste war an Ryan Salame adressiert gewesen. Sie muss viel zu schwer gewesen sein, um sie weiter ins Lager zu transportieren, also hatten sie sie einfach direkt an der Vorderseite abgeladen. Es war der Wolframwürfel.

NACHWORT
WIE MAN ÜBER SAM DENKT

Als ich anfing, Sam Bankman-Fried hinterherzujagen, hatte ich keine Ahnung, wohin er mich führen würde. Ich ahnte auch nicht, dass ich bei einer Finanzkatastrophe in der ersten Reihe sitzen würde. Ich hatte keine Meinung, keinen besonderen Blickwinkel geschweige denn eine Theorie zu diesem Fall. Ich war einfach nur neugierig auf Sam und seine bizarre Situation. Innerhalb von drei Jahren hatte er sich von einem sozial und emotional isolierten 25-Jährigen mit einem Bankkonto der oberen Mittelschicht zum Anführer einer kleinen Armee von Mathe-Nerds entwickelt und war (laut dem *Forbes*-Magazin) nicht nur der reichste Mensch der Welt unter 30, sondern vielleicht auch derjenige, der in der gesamten Menschheitsgeschichte am schnellsten zu Reichtum gekommen war. Die Vorsitzenden der Republikanischen und der Demokratischen Partei baten um sein Geld und seine Ideen. Die Chefs der großen Wall-Street-Banken wollten ihn kennenlernen und die führenden Risikokapitalgeber des Silicon Valley hatten das Bedürfnis, in ihn zu investieren. Tom Brady traf sich mit ihm, Taylor Swift verhandelte darüber, seine Kryptobörse zu unterstützen, Shaquille O'Neal wollte sich mit ihm zusammentun, um das Obdachlosenproblem auf den Bahamas zu lösen, und Orlando Bloom bat darum, ihn in einem Film spielen zu dürfen. Als

Kind hatte er keine Freunde, als Erwachsener hatte er zu viele, ohne jemals die Fähigkeit zu entwickeln, Freundschaften zu schließen.

Es war nicht klar, ob es überhaupt eine Geschichte gab oder was für eine Geschichte das sein könnte. Ich nahm aber an, dass, wenn ich in das Leben von Sam Bankman-Fried eintauchen würde, etwas passieren würde und eine Geschichte zum Vorschein kommen könnte. Und, nun ja, es passierte etwas.

Eine Komödie mit tragischem Ausgang: Als ich mit dem Schreiben des Buchs begann, ging ich davon aus, dass ich es mit einer solchen zu tun hätte. Ich startete am 31. Januar 2023, also etwa einen Monat, nachdem Sam von den Bahamas an die USA ausgeliefert und im Haus seiner Eltern auf dem Stanford-Campus unter Hausarrest gestellt worden war. Ich beendete das Buch Ende Juli, eine Woche nachdem Sam eines von Caroline Ellisons Liebesmemos an die *New York Times* weitergeleitet und Lewis Kaplan, den mit seinem Fall betrauten Bundesrichter, so verärgert hatte, dass dieser seine Kaution aufhob und seine Verlegung in das Metropolitan Detention Center in Brooklyn, New York, anordnete. Das Buch wurde Anfang Oktober als Hardcover veröffentlicht, am selben Tag, an dem die Geschworenen für Sams Prozess vor einem Bundesgericht in Lower Manhattan ausgewählt wurden. Noch bevor ich mit dem Schreiben fertig war, baten Bundesstaatsanwälte meinen Verleger, das Manuskript einsehen zu dürfen. (Mein Verleger antwortete wahrheitsgemäß, dass er noch keine Kopie des Manuskripts besaß.) Nach Beginn der Verhandlung baten die Anwälte der Verteidigung (die das Buch ebenfalls nicht erhalten hatten) Richter Kaplan, bestimmte Passagen als Beweismittel zuzulassen, doch der Richter lehnte dies ab.

All dies erschien mir geradezu ideal, zumindest für meine eng gesteckten Zwecke. Indem sie meine Hauptfigur in ein Haus sperrten, das nur eine Stunde von meinem eigenen entfernt war, ermöglichten mir die Behörden einen Zugang zu ihm, der in freier Wildbahn nur schwer möglich gewesen wäre. Indem sie ihn ins Gefängnis steckten, nachdem ich meine Arbeit abgeschlossen hatte, hinderten sie ihn daran, noch mehr von der Geschichte an die Medien weiterzugeben, als er bereits getan hatte. Die Veröffentlichung einen Tag vor Prozessbeginn ermöglichte es dem Buch, mit dem Ereignis zu interagieren, ohne es zu stören. Die Sperrfrist vor der Veröffentlichung hat erstaunlicherweise funktioniert und es sind keine Vorabexemplare durchgesickert. Das hielt zwar einige Leute nicht davon ab, das Buch zu rezensieren, aber es hinderte die Anwälte und die Geschworenen daran, es zu lesen.

Ich konnte mir nicht vorstellen, dass das Buch den Ausgang des Verfahrens beeinflussen würde. Keine der beiden Seiten war besonders an einer vollständigen und umfassenden Darstellung der Ereignisse interessiert und ich hatte Bedenken, dass beide Seiten das, was sie für ihre Zwecke für nützlich hielten, verzerrt darstellen könnten. Aber mir gefiel die Idee, die Leser zur Jury zu machen. Die Regeln für die Beweisführung in erzählenden Sachbüchern sind lockerer als in Strafprozessen. Die Geschichte hatte all diese merkwürdigen Wendungen, von denen die Geschworenen nie erfahren würden und die zumindest ich für relevant hielt – vielleicht nicht für ein juristisches Urteil, aber sicherlich für ein umfassenderes moralisches Urteil. Die Motive der Hauptfiguren, zum Beispiel. Oder die Art und Weise, wie im Grunde das gesamte Universum wichtiger Erwachsener sie unterstützte und begünstigte, während es versäumt wurde, sie zu regulieren, unter die Lupe zu nehmen oder auch nur wirklich zu hinterfragen. Oder die Ansichten über Sam Bankman-Fried, die seine engsten Kollegen vor dem Prozess mir gegenüber äußerten (emotional verkrüppelt, enorm zerstreut und unorganisiert, unvorsichtig und leicht zu bestehlen, aber möglicherweise entscheidend für das Schicksal der Menschheit), statt der Ansichten, die sie im Prozess äußerten. Oder die Möglichkeit, dass FTX nicht einfach Milliarden von Dollar an fremdem Geld verbrannt hat – dass der Haufen Zeug, den Sam in seiner Drachenhöhle angehäuft hat, die Rückgabe des gesamten Geldes der Kunden und vieles mehr ermöglichen könnte.

Auf jeden Fall dachte ich, dass eine ausführlichere Beschreibung der Ereignisse es dem Leser ermöglichen könnte, ein differenzierteres Urteil als „unschuldig“ oder „schuldig“ zu fällen. Was nicht heißen soll, dass ich erwartete, dass jeder Leser das gleiche Urteil fällen würde. Das Schöne an der Geschichte war, dass sie dies nicht tun würden. Dafür war sie zu chaotisch.

Der Prozess verlief weniger chaotisch. Die beiden Seiten waren sich über viele wichtige Sachverhalte einig. Sie stimmten beispielsweise darin überein, dass Alameda Research bei seinen täglichen Handelsaktivitäten durchweg profitabel war. Sie stimmten auch darin überein, dass FTX ein echtes Unternehmen war, mit Einnahmen, die von etwa 20 Millionen Dollar im Jahr 2019 auf etwa eine Milliarde Dollar im Jahr 2021 gestiegen waren. Und dass FTX bei seiner Gründung nicht in der Lage war, eigene Bankkonten zu erhalten, und daher seine Kunden anwies, ihre Einzahlungen auf von Alameda Research kontrollierte Bankkonten zu überweisen. (Niemand erklärte, warum sich die Kunden – unter ihnen einige der erfahrensten Trading-Firmen der Welt – nicht darüber beschwerten, dass das Geld an den falschen Ort überwiesen wurde.) Niemand bestritt, dass Alameda Research von Anfang an auch die Möglichkeit hatte, praktisch unbegrenzte Summen von FTX zu leihen. Und dass irgendwo zwischen diesen beiden Mechanismen der größte Teil der 15 Milliarden Dollar, die die FTX-Kunden bei der Börse eingezahlt hatten, in Sams privater Trading-Firma landete. Beide Seiten schienen auch darin übereinzustimmen, dass diese Vermischung von Kundengeldern mit Sams Geldern den Verantwortlichen von FTX und Alameda Research erstaunlich lange Zeit nicht als äußerst wichtige Tatsache aufgefallen ist. Die meiste Zeit seines Bestehens verfügte Alameda Research über mehr als genug liquide Mittel, um einen etwaigen Ansturm auf FTX zu bewältigen. Das heißt, wenn alle Einleger auf einmal aufgetaucht wären und ihr Geld zurückverlangt hätten, hätten sie es wahrscheinlich bekommen können.

Die beiden Seiten waren sich auch darin einig, wann dies nicht mehr der Fall war: Mitte Juni 2022. Ein monatelanger freier Fall der Kryptopreise hatte auf dem Markt Panik ausgelöst. Alameda Research hatte große Verluste erlitten oder vielmehr eine Umkehrung der enormen Gewinne, die mit einer Reihe von Krypto-Token (Solana, Serum, FTT), die Sam für so gut wie nichts gekauft hatte, erzielt worden waren. Anderswo im Kryptoland zogen Anleger, die ihre Kryptowährungen bei unregulierten „Banken" (die größte war Genesis) deponiert hatten, ihr Geld ab. Die Kryptobanken hatten Alameda Research etwa zehn Milliarden Dollar davon geliehen und Sams Token als Sicherheit akzeptiert. Mitte Juni verlangten sie ihr Geld zurück. Bis dahin hatte Sam einen Großteil des geliehenen Geldes in eine seltsame Wundertüte von Vermögenswerten gesteckt: Elon Musks Firma SpaceX, das KI-Unternehmen Anthropic, eine Bitcoin-Mining-Firma, eine Spirituosenfirma, die den Kardashians gehört, und Hunderte anderer Privatunternehmen. Die einzige Gemeinsamkeit dieser Vermögenswerte bestand darin, dass sie nicht schnell zu Geld gemacht werden konnten. Mangels eigener Mittel zur Befriedigung seiner Kryptokreditgeber verwendete Alameda Research die Gelder der FTX-Kunden.

Das war offensichtlich ein Fehler. Sie hatten bereits 2019 eine rote Linie überschritten, als sie die Einlagen von FTX-Kunden bei Alameda Research gelagert hatten. Sie überschritten eine viel deutlichere rote Linie, als sie diese Einlagen in Gefahr brachten. Wären Ende Juni 2022 alle FTX-Kunden aufgetaucht und hätten ihr Geld zurückverlangt, wäre FTX nicht in der Lage gewesen, es ihnen zurückzuzahlen. Ungefähr acht Milliarden Dollar davon waren in Sams privaten Anlagen oder in anderen Geschäften von Alameda Research gebunden. Tatsächlich hatte Sam Bankman-Fried eine profitable Kryptobörse mit einer profitablen privaten Trading-Firma verbunden und sie in eine mittelgroße Bank verwandelt. Die Bank of Sam zeichnete sich durch mehrere merkwürdige Eigenschaften aus. Sie investierte in weitaus riskantere Vermögenswerte, als Banken es normalerweise tun. Sie war völlig unreguliert. Sie verfügte weder über eine Einlagensicherung noch über andere Schutzmechanismen, die den Kunden normalerweise angeboten werden. Und ihre Einleger wussten nichts von der Existenz der Bank.

Die Frage war nicht so sehr, was geschehen war, sondern wie und warum. Was hatte Sam Bankman-Fried gewusst und wann hatte er es gewusst? Was hatte Sam Bankman-Fried absichtlich mit den Einlagen seiner Kunden gemacht und warum hatte er es gemacht? Hier trennten sich die Wege der Verteidigung und der Staatsanwaltschaft, um nie wieder zusammenzufinden. Sams Anwälte versuchten, die Geschworenen davon zu überzeugen, dass ihr ständig zerstreuter Mandant nie wirklich wusste, dass Kapital anderer Leute in Höhe von rund zehn Milliarden Dollar in seiner eigenen privaten Trading-Firma steckte – und dass er, selbst wenn er es gewusst hätte, das Recht hatte, das Geld nach Belieben zu investieren. Die Bundesstaatsanwälte argumentierten, dass Sam von Anfang an wusste, wo das Geld war, und dass FTX ein komplexes kriminelles System war, das von einer zutiefst betrügerischen Person ausgeheckt wurde, um das Geld zu stehlen.

Es bestand nie ein Zweifel daran, welche Seite die besseren Argumente hatte. (Sam schätzte seine Chancen auf einen Sieg vor der Verhandlung auf 10:1.) Das bisschen Spannung, das zu Beginn der Verhandlung bestand, war verschwunden, nachdem Gary Wang, der Chief Technology Officer von FTX, ausgesagt hatte. Gary schockierte alle, die ihn kannten, damit, dass er sprach – und zwar so schnell, dass die Anwälte ihn bitten mussten, langsamer zu sprechen. Er begann damit, dass er alle Verbrechen gestand, die die Staatsanwaltschaft ihm zur Last legten. Dann machte er deutlich, dass Sam die ganze Zeit gewusst hatte, dass das Geld am falschen Ort war. Und dann war er fertig und weg und wurde von Caroline Ellison abgelöst, die die Arbeit der Staatsanwaltschaft zu Ende brachte.

Caroline war die wichtigste Zeugin des Prozesses. Sie war CEO von Alameda Research gewesen. Wenn Sam nicht für das Geschehene verantwortlich war, dann war es wohl Caroline. Und so würde sie auch am meisten profitieren, wenn Sam zur Verantwortung gezogen wurde.

Ich hatte Caroline in den letzten anderthalb Jahren mehrmals interviewt und sie auch zusammen mit Sam beobachtet. Sie schien immer gleichzeitig ängstlich zu sein, wenn es darum ging, Aufmerksamkeit zu erregen, und sich nicht zu scheuen, ihre Meinung zu sagen. Ende April 2022 hatte ich ihr dieselbe Frage gestellt, die ich auch allen anderen Führungskräften von FTX und Alameda Research gestellt hatte: *Stell dir vor, wir sind zwei Jahre in der Zukunft und FTX ist zusammengebrochen. Sag mir, warum es zusammengebrochen ist.* Sie hatte die Antwort bereits parat: *Alle beschließen auf einmal, dass Krypto Blödsinn ist, und der Preis eines Bitcoin fällt auf null.* Sie schätzte die Wahrscheinlichkeit dafür auf 20 Prozent. Etwas früher, am 16. April 2022, hatte sie eines ihrer langen geschäftsmäßigen Liebesmemos an Sam geschrieben. Darin ging es größtenteils darum, wie uninteressant ihr Job für sie geworden war und wie sich ihre Gefühle darüber auf ihre sexuelle Beziehung zu ihm auswirkten:

- im Moment bin ich nicht begeistert von Alameda
- als wir uns das letzte Mal getrennt haben, hat das meine Begeisterung für Alameda im Vergleich zu der Zeit vor der Trennung deutlich verringert.
- ich denke, vor allem, weil Alameda/Arbeit auf schmerzhafte Weise zu sehr mit dir verbunden war?

Wenig von Sams und Carolines Beziehung – und nichts von den geschäftsmäßigen Liebesmemos – fand den Weg in den Gerichtssaal. Die Geschworenen erfuhren, dass sie Dates hatten, aber nicht viel mehr. Im Zeugenstand kam Caroline ganz anders rüber als in ihren Memos an Sam oder in ihrem Umgang mit Kollegen oder auch mit mir. Sie war nicht mehr die ewig und zu Recht unzufriedene Freundin, die immer kurz davor war, ihren Job zu kündigen und ihr Leben neu zu gestalten. Sie wurde zu einer sich wegduckenden Untergebenen, die in Angst lebte, von ihrem Chef gefeuert zu werden. Die Staatsanwälte benutzten sie, mit verheerenden Folgen, um die Geschworenen zu dem Moment im Juni 2022 hinzuleiten, als sie vor der größten Entscheidung ihres Lebens stand: den Kryptokreditgebern, die ihre zehn Milliarden Dollar verlangten, die Stirn bieten oder das Geld der FTX-Kunden verwenden, um sie zu befriedigen.

F. Warum haben Sie in Anbetracht all dessen das Geld der Kunden zur Rückzahlung an die Kreditgeber von Alameda verwendet?

A. Weil – ich meine, weil Sam es mir gesagt hat und weil ich dachte, dass es wirklich schlimm wäre, wenn Alameda einfach mit seinen Krediten in Verzug geriete und sofort in Konkurs ginge, und wenn wir das Geld der Kunden verwenden würden, bestünde zumindest die Chance, dass wir die Dinge irgendwie in Ordnung bringen könnten, dass Sam vielleicht in der Lage wäre, Geld aufzutreiben, um unsere Kredite zurückzuzahlen.

F. Dachten Sie damals, es sei falsch, was Sie tun?

A. Ja, ich dachte, es sei falsch.

Caroline erklärte den Geschworenen, wie die Kryptokreditgeber sie um ein ungefähres Bild der Finanzen von Alameda Research gebeten hatten. Und wie sie am 18. Juni auf Sams Anweisung acht verschiedene Bilanzen mit unterschiedlichen Unehrlichkeits-Graden erstellte und sie Sam vorlegte, der die am wenigsten ehrliche auswählte, um sie seinen Kreditgebern zu zeigen.

F. Hat der Angeklagte im Laufe seiner Zusammenarbeit mit Ihnen über die Ethik des Lügens und Stehlens gesprochen?

A. Ja. Er sagte, er sei Utilitarist, und er glaube, dass die Art und Weise, wie die Menschen versuchen, Regeln wie „Du sollst nicht lügen" und „Du sollst nicht stehlen" innerhalb des Utilitarismus zu rechtfertigen, nicht funktioniere, und er war der Meinung, dass die einzige moralische Regel, die zähle, darin besteht, das zu tun, was den Nutzen maximiert, also im Wesentlichen zu versuchen, das größte Wohl für die größte Anzahl von Menschen oder Lebewesen zu schaffen.

Die Staatsanwälte brauchten Sams Hilfe nicht. Sam half ihnen trotzdem, indem er die Ratschläge seiner Anwälte ignorierte und für sich selbst aussagte. Wenn er mit älteren Experten auf einem komplizierten Gebiet, auf dem er keinerlei Erfahrung hatte, konfrontiert wurde, war Sams erster Schritt immer, den Wert ihrer Ratschläge anzuzweifeln und selbst über das komplizierte Gebiet nachzudenken. Wenn dieser Ansatz funktionierte, funktionierte er wirklich, aber wenn er nicht funktionierte, funktionierte er wirklich nicht. Dieses Mal funktionierte er wirklich nicht. Ungefähr 40 Sekunden, nachdem er in den Zeugenstand getreten war, war klar, dass er keine Ahnung hatte, was er tat. Es schien, als hätte er zum Beispiel beschlossen, dass es eine gute Idee sei, auf die Fragen der Staatsanwälte zu seinem Leben zu antworten, indem er sich an nichts davon erinnerte. An Ereignisse, die ein normaler Mensch niemals vergessen würde – zum Beispiel ob er 2022 in einem Privatjet zum Super Bowl geflogen ist oder allein mit Bill Clinton und dem Premierminister der Bahamas zu Abend gegessen hat –, konnte sich Sam plötzlich nicht mehr erinnern.

Im wirklichen Leben konnte Sam Bankman-Fried atemberaubend überzeugend sein. Es gab einen Grund, warum ihm so viele kluge professionelle Anleger und Trader Milliarden von Dollar anvertraut hatten. Im Zeugenstand wirkte Sam Bankman-Fried so unglaubwürdig, dass sich die Geschworenen gefragt haben müssen, wie irgendein Idiot ihm jemals einen Satoshi, ein Hundertmillionstel Bitcoin, anvertrauen konnte. „Wenn er nicht gerade gelogen hat", sagte Richter Kaplan später, „war er oft ausweichend, haarspalterisch, wich Fragen aus und versuchte, den Staatsanwalt dazu zu bringen, Fragen so umzuformulieren, dass er sie auf eine Weise beantworten konnte, die seiner Meinung nach weniger schädlich war, als eine wahrheitsgemäße Antwort auf die gestellte Frage gewesen wäre. Ich mache diesen Job nun schon seit fast 30 Jahren. Ich habe noch nie eine derartige Vorstellung gesehen."

Diese Worte sprach der Richter in seinem Gerichtssaal bei Sams Urteilsverkündung, fünf Monate nach dem Prozess. Die Urteilsverkündung war ein größerer Aufreger als der Prozess. Selbst bei der wohlwollendsten Auslegung dessen, was Sam getan hatte, blieb Geld anderer Leute in Höhe von etwa elf Milliarden Dollar, das ohne deren Zustimmung aufs Spiel gesetzt wurde, und 8,7 Milliarden Dollar an fehlenden Kundeneinlagen übrig. (Der Richter erachtete jegliche Beweise dafür, dass die FTX-Kunden ihr Geld zurückerhalten könnten, als unzulässig.) Es war schwer vorstellbar, dass ein Geschworener für etwas anderes als eine Verurteilung stimmen würde. Die ganze Spannung in Sams Fall bestand darin, wie man über den Fall dachte. Wie man über *Sam* dachte.

Im Jahr 1984 hat eine Institution namens US Sentencing Commission Richtlinien für alle Straftaten aufgestellt, die nicht mit der Todesstrafe geahndet werden. Diese Richtlinien klingen sehr präzise und fast wissenschaftlich, aber sie werden vielleicht am meisten von Richtern geschätzt, die lieber nicht zu viel über einen Fall nachdenken wollen. Richter Kaplan liebte es offensichtlich, über Sams Fall nachzudenken, und warf zuallererst die Richtlinien über Bord. Danach konnte er tun, wozu er Lust hatte – außer Sam zum Tode zu verurteilen. Er könnte ihn mit der bislang verbüßten Haftstrafe davonkommen lassen. Er könnte ihn aber auch lebenslang wegsperren. Und seine Entscheidung darüber, was er mit Sam machen würde, würde widerspiegeln, wie er über ihn dachte.

Eine Urteilsverkündung vor einem US-Bundesgericht ist unter anderem eine Chance für die Opfer, aufzustehen und angehört zu werden. Und so hätten an jenem Morgen des 28. März 2024, zumindest theoretisch, etwa zwei Millionen Menschen Schlange stehen können, um im Bundesgerichtsgebäude angehört zu werden. Aber es kam nur einer: ein in London ansässiger Krypto-Investor namens Sunil Kavuri, der seinen Zorn seltsamerweise nicht auf Sam Bankman-Fried, sondern auf John Ray, den neuen CEO von FTX, richtete, weil er die Vermögenswerte von FTX weit unter ihrem Wert verkauft hatte. Nachdem der Richter ihm das Wort entzogen hatte und alle Anwälte, die das Wort ergreifen durften, gesprochen hatten, forderte der Richter Sam auf, sich zu erheben, um ihn direkt anzusprechen.

Etwa zwei Stunden zuvor war Sam mit gesenktem Kopf und seltsam auf dem Rücken verschränkten Händen in Gefängniskleidung in den Gerichtssaal geschlurft. Kurz bevor er den Saal betreten hatte, hatten seine Wärter ihm erklärt, dass er eigentlich Handschellen tragen sollte, und ihn gefragt, ob er den Eindruck erwecken könne, dass er dies tue. Es war sehr SBF-typisch, dass die Behörden zwar erkannten, dass er gefesselt werden sollte, dass diese Erkenntnis aber zu spät kam und dass Sam sich kleinlaut und sinnloserweise fügte. Nun erhob sich Sam mit vorgehaltenen Händen, um sein Schicksal zu erfahren.

Lewis Kaplan wählte aus den Tausenden von Seiten der Prozessaussagen die Geschichte von Sam Bankman-Fried aus und erzählte sie. Das Ganze unterschied sich nicht sehr von dem, was ich getan hatte, um ein Buch über Sam Bankman-Fried zu schreiben, außer dass seine Version zehn Minuten dauerte und meine (nach Angaben des Hörbuchverlags) fast neun Stunden. Natürlich hatte ich viel mehr Material, mit dem ich arbeiten konnte. Ich hatte vieles von dem, was passiert war, mit eigenen Augen gesehen und alle Hauptfiguren sowie zahlreiche Statisten immer wieder interviewt, in guten wie in schlechten Zeiten. Der Richter musste sich hauptsächlich auf das stützen, was er im Gerichtssaal gehört hatte.

Er begann mit Sams Kindheit. Das Interesse des Richters an diesem Thema war ein anderes als das meine. Mich interessierte vor allem, wie sozial isoliert und eigenartig Sam als Kind gewesen war; der Richter interessierte sich vor allem dafür, wie viele Privilegien Sam genossen hatte. Aber dann fügte er dies hinzu:

> Und er leidet an Autismus, einer Krankheit, die sich bei den verschiedenen Betroffenen häufig sehr unterschiedlich auswirkt. Ich nehme an, er ist das, was man einen sehr leistungsstarken Autisten nennen würde, was unter anderem bedeutet, dass er enorme Fähigkeiten hat, und er zeigt häufig eine soziale Unbeholfenheit und eine Art, mit Menschen zu interagieren, die ungewöhnlich und manchmal abstoßend ist. Das alles nehme ich als gegeben hin.

Ich habe es dem Leser überlassen, herauszufinden, in welchem Spektrum Sam sich bewegte, wenn überhaupt. Ich bin mir immer noch unsicher. Er hatte einige ungewöhnliche Eigenheiten. Sein Knie wippte auf und ab und seine Augen huschten umher, wenn er sprach, und wenn er nicht gerade das Glück hatte, über ein ganz und gar fesselndes Thema zu stolpern, schien er immer an drei Dinge gleichzeitig zu denken. Aber erst im Sommer 2023 wurde bei ihm Autismus diagnostiziert, um Mitleid zu erregen. Und er hatte Eigenschaften – zum Beispiel einen ausgeprägten Sinn für Ironie –, die nicht typisch für diese Diagnose waren. Ich stelle mir vor, dass eines Tages, wenn das menschliche Gehirn besser verstanden wird, jemand Sams Fall wieder aufgreift und sagt: „Ich kann verstehen, warum sie dachten, er sei autistisch, aber *das* ist es, was es tatsächlich war."

Jedenfalls wurde im Laufe des Prozesses deutlich, dass der Richter der Meinung war, dass das, was Sam plagte, nicht von Belang war. Es ging darum, dass Sam gegen das Gesetz verstoßen, viel Schmerz verursacht, keine Reue gezeigt und einen Meineid geleistet hatte. Sams Motiv, so entschied der Richter, war nicht die übliche Gier nach Geld. „Er hat es getan, weil er eine sehr, sehr einflussreiche Person in diesem Land sein wollte", sagte er. Bevor er das Urteil gegen Sam verkündete, ging er kurz auf den tieferen Grund des Falles ein. Er sagte, ihm sei während Caroline Ellisons Aussage etwas Wichtiges klar geworden. Dann nahm er die Abschrift ihrer Aussage zur Hand und las vor:

> *F. Wie hat der Angeklagte während Ihrer Zusammenarbeit mit ihm, wenn überhaupt, seine Einstellung zur Risikobereitschaft beschrieben?*
>
> *A. Er beschrieb sich selbst als wirklich risikoneutral, was bedeutet, dass die meisten Menschen risikoscheu sind, das heißt, dass sie lieber kein Risiko eingehen, wenn sie es nicht müssen, oder sie versuchen, Risiken zu vermeiden. Er sagte jedoch, dass er durchaus bereit sei, ein Risiko einzugehen, solange es sich seiner Meinung nach um einen positiven Erwartungswert handele.*
>
> *F. Was meinen Sie mit positiver Erwartungswert?*
>
> *A. Erwartungswert, das war ein Begriff, den wir oft verwendet haben, wenn wir über Trading sprachen. Also, ein positiver Erwartungswert bedeutet ganz einfach, dass man im Durchschnitt erwartet, dass es sich auszahlt, auch wenn es vielleicht viele Fälle gibt, in denen man am Ende mit null dasteht oder viel Geld verliert, denn es gibt auch einige Fälle, in denen man viel Geld verdient.*
>
> *F. Hat der Angeklagte jemals ein Beispiel genannt, um seine Vorgehensweise bei der Übernahme von Risiken zu beschreiben?*
>
> *A. Ja. Er sprach davon, dass man bereit ist, kostspielige Münzwürfe zu riskieren, zum Beispiel einen Münzwurf, bei dem man zehn Millionen Dollar verlieren kann, wenn die Münze Zahl zeigt. Aber wenn sie Kopf zeigt, verdienen Sie etwas mehr als zehn Millionen Dollar.*
>
> *F. Hat er jemals andere Beispiele für Münzwürfe genannt?*
>
> *A. Ja. Ich glaube, er sprach auch darüber, als er überlegte, was gut für die Welt sei, und er sagte, dass er gern eine Münze werfen würde, wenn bei Zahl die Welt zerstört würde. Solange, wenn sie Kopf zeigt, die Welt mehr als doppelt so gut sein würde.*

„Mit anderen Worten“, erklärte der Richter, „ein Mann, der bereit ist, eine Münze zu werfen, um den Fortbestand des Lebens und der Zivilisation auf der Erde zu sichern, wenn die Chancen unmerklich größer sind, dass es nicht zu diesem katastrophalen Ergebnis kommt, das ist wirklich ein Leitmotiv in meinem Urteil über diesen ganzen Fall … Das war das Spiel. Es begann mindestens schon bei Jane Street und setzte sich bis zum Ende fort. Es liegt in seiner Natur.“ Weil es in seiner Natur lag, so schloss der Richter, würde Sam, wenn er die Chance bekäme, etwas Ähnliches wie das, was er gerade getan hatte, noch einmal tun. „Es besteht die Gefahr, dass dieser Mann in der Lage sein wird, in Zukunft etwas sehr Schlimmes zu tun, und das ist kein geringes Risiko, ganz und gar nicht“, sagte der Richter. „Meine Strafe wird also zum Teil dazu dienen, ihn daran zu hindern.“ Dann verurteilte er Sam zu 25 Jahren Gefängnis ohne die Möglichkeit einer Bewährung.

Ein paar Minuten später verschränkte Sam gehorsam die Hände hinter dem Rücken und verließ den Gerichtssaal.

Der Verstand hat die Gabe, die Vergangenheit von Ungewissheit zu befreien. Wie unwahrscheinlich das, was gerade passiert ist, auch sein mag – wie sehr es auch von Glück und unglücklichen Zufällen abhängt –, er kann letzten Endes das Gefühl vermitteln, dass es schon immer unvermeidbar gewesen ist. Es wird eine Geschichte erzählt, die ein Ereignis, das niemand vorhergesehen hatte, so erscheinen lässt, als sei es völlig vorhersehbar gewesen. Diese Ausblendung vieler chaotischer Fakten begann in dem Moment, als FTX zusammenbrach. Zum Zeitpunkt von Sams Gerichtsverhandlung konnte die Regierung Dinge über ihn verbreiten, die jedem seiner engsten Mitarbeiter absurd erschienen wären. Zum Beispiel die Behauptung, dass alles an Sams Äußerem sorgfältig arrangiert worden war, um die Leute zu täuschen. Die Regierung nutzte die Aussage von Caroline Ellison, um diese These zu untermauern:

F. Wie würden Sie das persönliche Erscheinungsbild des Angeklagten im Jahr 2022 beschreiben?

A. Ich würde sagen, er sah so aus, als ob er sich nicht viel Mühe mit seinem persönlichen Aussehen gegeben hätte. Er kleidete sich eher schlampig und schnitt sich nicht oft die Haare.

F. Was, wenn überhaupt, hat er Ihnen darüber erzählt?

A. Er erklärte, er sei der Meinung, dass seine Haare sehr wertvoll seien. Er sagte, dass er seit Jane Street glaube, dass er wegen seiner Haare höhere Prämien bekommen habe und dass sie ein wichtiger Teil des Mythos und des Images von FTX seien.

Wenn Sam Bankman-Frieds Auftreten ein Schauspiel war, dann war es ein Schauspiel, das er sein ganzes Leben lang aufgeführt hatte. Ehemalige Schulkameraden, die Sam begegneten, nachdem er Milliardär geworden war, warfen nur einen Blick auf ihn und sagten: „Derselbe Typ." Sein „Look" hätte nicht aufrichtiger sein können. Er wurde sozusagen mit einer Gleichgültigkeit nicht nur gegenüber seinem eigenen Aussehen, sondern auch gegenüber dem anderer Menschen geboren – und gegenüber der Kunst, der Natur und fast jeder Quelle der Schönheit, die bei den meisten Menschen eine emotionale Reaktion auslöst. Irgendwann, nachdem er eine öffentliche Person geworden war – was er nie erwartet hatte –, bemerkte er zweifellos, dass andere Menschen von seinem Aussehen fasziniert waren. Diese Erkenntnis hätte ihn von jeglichem Druck befreit, sein Äußeres zu verändern – so wie die Erkenntnis, dass er andere Menschen mit seiner fehlenden Mimik in Verlegenheit brachte, ihn schließlich dazu veranlasste, sie zu erlernen. Aber das ist etwas anderes, als eine Fassade zu schaffen, um andere zu täuschen. Es ist eher so, als würde ChatGPT-4o erkennen, dass die Art und Weise, wie es gerade eine Frage beantwortet hat, Menschen zum Lachen gebracht hat – und es sich demnach um einen Witz handeln musste.

Der Prozess hatte zur Folge, dass Sam Bankman-Fried nur noch in eine weitere Schublade im Regal neben identischen Schubladen mit der Aufschrift „Betrug" gesteckt wurde und niemand mehr ein ehrliches Interesse an ihm hatte. Aber ich fand ihn auch nach dem Prozess noch interessant. Es gab immer noch viele verworrene Aspekte in seinem Fall, die es schwer machten, ihn in eine der üblichen Schubladen zu stecken. Zum Beispiel: Wenn er wusste, dass er einen riesigen Betrug inszeniert hatte, warum hatte er dann so viel Zeit und Energie darauf verwendet, die US-Finanzaufsichtsbehörden davon zu überzeugen, ihn zu regulieren? Warum war er so sehr bereit, sein Unternehmen der Finanzaufsichtsbehörde zu unterstellen, die am ehesten in der Lage war, Unregelmäßigkeiten in seinem Geschäft aufzudecken? Wenn er wusste, dass sein Unternehmen ein Kartenhaus war, warum hat er dann alles darangesetzt, seinen mächtigsten Konkurrenten, CZ, zu verärgern? Wenn er und Caroline so besorgt darüber waren, dass ihnen die Barmittel der FTX-Kunden fehlten, warum hatten sie dann keine Ahnung, wie viele Barmittel sie hatten oder wo sie sich befanden, als die FTX-Kunden sie zurückforderten? (Das war die Frage, die Ramnik Arora stellte – siehe Seite 253 – und die auch nach der Verurteilung von Sam noch immer aktuell ist). Warum hatte Sam nicht einen Haufen Geld auf einem geheimen Konto für sich selbst gebunkert? Warum war er nicht jedem anderen zwielichtigen Kryptotypen gefolgt und nach Dubai geflohen? Die Antworten auf diese Fragen waren für sein rechtliches Schicksal irrelevant. Sie störten nur das akkurate Bild, das viele Leute von ihm zu zeichnen versuchten.

Der offensichtlichste Teil, der nicht ins Bild passte, tauchte ein paar Wochen nach Sams Verurteilung auf. Am 7. Mai 2024 teilte John Ray dem US-Konkursgericht für den Bezirk Delaware mit, dass FTX anstelle der 8,7 Milliarden Dollar an fehlenden Kundeneinlagen nun auf etwa 14,5 bis 16,3 Milliarden Dollar saß. Unabhängig von der genauen Summe reichte dies aus, um allen Einlegern und verschiedenen anderen Gläubigern mindestens 118 Cent pro Dollar zurückzuzahlen, das heißt, jeder, der glaubte, im November 2022 Geld verloren zu haben, würde sein gesamtes Geld mit Zinsen zurückbekommen.[1] Nachdem sie alle Schulden von FTX zurückgezahlt und sich selbst mindestens eine halbe Milliarde Dollar ausgezahlt haben, werden Ray und sein Team wahrscheinlich immer noch auf Milliarden von Dollar sitzen. Wie viele Milliarden Dollar es sind, ist noch offen, aber nur sehr wenige dieser Dollar können das Ergebnis von John Rays verschiedenen Klagen sein, um das Geld zurückzuholen, das FTX in guten Zeiten verteilt hat.[2] Das Geld stammte fast ausschließlich aus einem Notverkauf des Inhalts von Sam Bankman-Frieds Drachenhöhle.

Der Erfolg des Konkurses überraschte und beunruhigte vielleicht sogar die Anwälte, die ihn abwickelten. Monate, nachdem Sam Bankman-Fried ihm das Unternehmen übergeben hatte, war John Ray bemüht gewesen, zu betonen, wie wenig von Wert er erhalten hatte. Auf sehr bizarre Weise redete er den Wert der Vermögenswerte *klein*, die er veräußern sollte, um die Gläubiger zu befriedigen. Die 20-prozentige Beteiligung, die Sam an der KI-Firma Anthropic erworben hatte, bezeichnete Ray als „wertlos". Der riesige Haufen an Solana-Token, den Sam für ein paar Cent erworben hatte, waren laut Ray „Shitcoins", deren Wert durch Sams Käufe fälschlicherweise aufgebläht worden war. In Wirklichkeit hat sich der Anthropic-Anteil zu einem Milliardenwert entwickelt. Der Solana-Token ist, auch ohne die Unterstützung von Alameda Research, von etwa zehn Dollar Ende 2022 auf 150 Dollar 17 Monate später gestiegen. Bis zum heutigen Tag hat Ray nicht mit Sam Bankman-Fried gesprochen. Man fragt sich, was die Anwälte, die den FTX-Konkurs abgewickelt haben, noch über den Inhalt seiner Höhle erfahren hätten, wenn sie den Drachen einfach angerufen hätten. Und wie viel mehr Geld zur Verfügung stehen würde, wenn die Konkursanwälte in den ersten 18 Monaten ihrer Tätigkeit einfach nicht zur Arbeit erschienen wären.

Von dem Moment an, als sein Imperium zusammenbrach, waren viele Leute offensichtlich wütend auf Sam Bankman-Fried und andere stießen bei vielen auf offene Ohren, als sie die Empörung schürten.

Eine gute Faustregel besagte, dass die Leute, die sich in der Öffentlichkeit über Sam Bankman-Fried aufregten, selbst anfällig für Fragen zu ihrem eigenen Verhalten waren: Besitzer von Kryptobörsen, zwielichtige Finanzleute, dubiose Krypto-Twitter-Journalisten. Auch CZ, der nach der Anprangerung der Geschäftspraktiken von FTX selbst in einem amerikanischen Gefängnis landete, war ein hervorragendes Beispiel dafür. Hätte man diese Leute Ende November 2022 gefragt, warum sie so wütend sind, hätten sie wahrscheinlich etwas in der Art geantwortet: „Er hat das Geld der Leute gestohlen." Hätte man sie weiter gefragt, ob sie weniger wütend wären, wenn die Leute bald ihr Geld mit Zinsen zurückbekommen würden, hätten viele etwas geantwortet wie: „Erstens ist das Blödsinn – die Ansprüche an FTX werden zu drei Cent pro Dollar gehandelt. Die Leute werden ihr Geld auf keinen Fall zurückbekommen. Aber wenn in irgendeinem seltsamen alternativen Universum das ganze Geld und noch mehr gefunden wird, dann würde ich das Ganze natürlich ein wenig anders sehen. Wie sollte es auch anders sein?" Das ganze Geld und noch mehr wurde gefunden und es ist fraglich, ob die Leute, die sich anfangs am meisten empört haben, jetzt anders denken. Die Leute, die das Schüren von Empörung zu ihrem Lebensunterhalt gemacht haben, scheint dies alles nicht sonderlich zu beeindrucken.

Ich habe nie geglaubt, dass meine eigene Sichtweise einer Geschichte viel hinzufügt. Natürlich wähle ich das Material aus. Ich tue mein Bestes, um herauszufinden, was wahr ist und was nicht, was interessant ist und was nicht und was für die Geschichte relevant ist und was nicht. Aber ich habe es nie als meine Aufgabe angesehen, die Leser zu einer bestimmten Schlussfolgerung zu drängen. Ganz im Gegenteil: Ich hoffe immer, dass ich eine Lücke in der Geschichte hinterlassen habe, auf die die Leser stoßen, und dass verschiedene Leser mit verschiedenen Gefühlen zurückbleiben. Bei meinem ersten Buch, „Wall Street Poker", war die eine Hälfte der Leser empört über die Wall Street und die andere Hälfte wollte dort arbeiten. Die Reaktionen auf dieses Buch waren ähnlich vielfältig. Einige Leser hatten am Ende das Gefühl, die Hauptfigur sei ein Soziopath. Bei anderen Lesern schwankten die Gefühle für Sam Bankman-Fried zwischen Wut, Traurigkeit und sogar Mitleid. Zu dieser letzten Gruppe gehört etwa ein Dutzend seiner ehemaligen Kollegen – und all jene, die am meisten unter der Zusammenarbeit mit ihm gelitten haben –, die sich gemeldet haben, um zu erklären, dass sie die Person, der sie auf diesen Seiten begegnet sind, wiedererkennen.

Es gab noch eine andere Reaktion auf das Buch: dass es irgendwie zu sanft gegenüber SBF sei. Diese Reaktion kam hauptsächlich – wenn auch nicht ausschließlich – von Leuten, die auf ihre eigene Empörung aus waren. Die Idee war, dass all die schweißtreibende Arbeit, die ich geleistet hatte, um Sam und alle anderen in und um FTX kennenzulernen, Zeitverschwendung oder noch etwas Schlimmeres war, da Sam das Recht verloren hatte, so gezeichnet zu werden, wie er war, und nicht so, wie die Leute, die ihn jetzt verabscheuten, ihn gern hätten.

Ich war von Anfang der Meinung, dass der Leser die Hauptfigur mögen müsste, wenn die Geschichte funktionieren und lebensecht sein sollte. Schließlich hatten Millionen von Krypto-Investoren, Hunderte von Risikokapitalgebern, Dutzende von einflussreichen Politikern und zumindest ein paar A-Prominente Gefallen an ihm gefunden. Viele von genau den Journalisten und Twitter-Kommentatoren, die sich über meine Sympathie für Sam Bankman-Fried empörten, hatten mich in ihrer Begeisterung für ihn weit übertroffen, als er noch der reichste Mensch der Welt unter 30 Jahren war. Hätten sie Sam nicht gefeiert, wäre er nie der reichste Mensch der Welt unter 30 Jahren geworden – oder in der Lage gewesen, Milliarden von Dollar aus dem Besitz anderer Leute in seine private Trading-Firma zu stecken. Wenn die Journalistenpolizei von mir verlangen würde, dass ich die Leser dazu bringe, Sam Bankman-Fried von Anfang an zu hassen – was ich nur durch eine gravierende Verzerrung der Realität erreichen könnte –, dann hätte ich sie der Erfahrung beraubt, die ihn überhaupt erst möglich gemacht hat.

Irgendwo auf diesen Seiten habe ich auf die seltsame Tatsache hingewiesen, dass niemand eine Ahnung von Sams Verbrechen hatte, bevor der Markt es aufgedeckt hat. Natürlich gab es eine Menge Leute, die bereit waren zu behaupten, dass an der Beziehung zwischen FTX und Alameda Research etwas faul war. Das zählt nicht, vor allem nicht in der Kryptowelt, wo die beste Vermutung immer besagt, dass etwas faul ist. Niemand – nicht eine einzige Person – sagte: „Er hält die Einlagen der Kunden in seiner privaten Trading-Firma." Ich denke, dafür gibt es einen ganz einfachen Grund: Das Verbrechen ergab keinen Sinn. Es ergibt immer noch keinen Sinn. Das Verbrechen war für das Geschäft in einer Weise unnötig, wie es beispielsweise bei Bernie Madoff nicht der Fall war. (Deshalb hatten die Leute auch eine Ahnung von Madoffs Verbrechen, bevor es aufgedeckt wurde.) Eine logische Konsequenz dieser Tatsache ist, dass es viele Möglichkeiten gibt, wie das Verbrechen hätte vermieden werden und wie FTX hätte überleben können. Die offensichtlichste Möglichkeit bestand im Juni 2022, als die Kryptobanken, die Alameda Research rund zehn Milliarden Dollar geliehen hatten, ihr Geld zurückforderten. Hätte Caroline Ellison sie damals angerufen und etwas gesagt wie: „Tut mir leid, Sam hat Ihr Geld benutzt, um Milliarden von Dollar an illiquiden Risikokapitalinvestitionen zu tätigen – Sie können entweder warten, bis wir verkaufen, was er gekauft hat, oder uns verklagen, aber wenn Sie uns verklagen, ist es unwahrscheinlicher, dass Sie Ihr Geld zurückbekommen", wäre Alameda Research möglicherweise zusammengebrochen, aber FTX hätte überlebt und das Geld der Kunden wäre nie in Gefahr gewesen.

Das bedeutet nicht, dass ich Sam Bankman-Fried für unschuldig halte. Es sagt lediglich etwas darüber aus, wie ich über ihn denke. Ich bin überzeugt, dass für den größten Teil dieses Buches gilt: Die Wahrheit lag immer näher an „junger Mann mit einem intellektuell vertretbaren, aber sozial inakzeptablen Moralkodex begeht einen großen Fehler, indem er versucht, danach zu leben", als an „Krimineller, der sich im Finanzsystem austobt". Vieles von dem, was auf diesen Seiten passiert ist, ist fast ebenso sehr eine Anklage gegen Regulierungsbehörden und Risikokapitalgeber und die Kryptokultur und die Welt im Allgemeinen, die sich sofort um riesige Geldberge schart, ohne allzu viele Fragen zu stellen, wie gegen die Gründer von FTX.

Sam wurde immer ermutigt, sich für etwas Besonderes zu halten – zuerst von seinen Eltern und schließlich von Jane Street. Er fand Gefallen daran und agierte entsprechend. Die Situation wurde durch die Tatsache, dass er etwas Besonderes *war*, noch komplizierter. Seine Interaktionen mit der Welt waren ausnahmslos merkwürdig. Aber diese Interaktionen, so merkwürdig sie auch sein mochten, führten oft zu lehrreichen Momenten. Sie verrieten einem etwas über die Art und Weise, wie die Welt gerade funktioniert. Aber sie enthüllten auch seinen beunruhigendsten Charakterzug: die Bereitschaft, andere ohne deren Zustimmung einem Risiko auszusetzen. Am deutlichsten äußerte sich dies in seiner Bereitschaft, mit den Einlagen seiner Kunden zu spielen. Aber auch sein Liebesleben und seine Freundschaften waren davon betroffen. Sie ermöglichte es ihm, Caroline Ellison zu betrügen und Zane Tackett in die Irre zu führen (siehe Seite 263). Und sie ließ ihn glauben, dass es klug wäre, eine Münze zu werfen, die das Leben auf der Erde auslöschen könnte.

Sein Verbrechen entsprach seinem Charakter. Sein Charakter war nicht der Charakter eines Diebes. Es war der Charakter eines Menschen, der indifferent gegenüber Risiken ist. Da er selbst nicht in der Lage ist, ein Risiko zu empfinden, kann er sich auch nicht vorstellen, dass andere Menschen überhaupt etwas von dem Risiko spüren, dem er sie ausgesetzt hat. Es ist dieses fehlende Risikoempfinden, das ihn in einem bestimmten Licht verletzlich erscheinen lässt. Leicht zu entführen, leicht zu bestehlen. Es ist dieses fehlende Risikoempfinden, das ihn in einem anderen Licht betrachtet als eine Gefahr für die Gesellschaft erscheinen lässt. Ich könnte mich irren: Meine Theorie ist nur eine weitere in einem Fall, der kompliziert genug ist, um viele Theorien zu unterstützen. Und selbst wenn ich recht habe, ist das keine Entschuldigung. Letztendlich sollten manche Münzen nie geworfen werden.

DANKSAGUNG

Elizabeth Riley und Jacob Weisberg haben Teile dieses Buchs gelesen und kommentiert. Will Bennett und Christina Ferguson recherchierten zu Kryptowährungen und anderen Fragen und halfen mir, mein Thema besser zu verstehen, als ich es allein je hätte tun können. Pamela Bain und Valdez Russell sorgten dafür, dass ich mich auf eine weitere Reise auf die Bahamas freute. Nick Yee brachte mir etwas über Spiele und David Chee etwas über „Storybook Brawl" bei. Janet Byrne gilt auf irgendeine Art immer noch als meine Korrektorin, aber mit jedem Buch dringt ihr Einfluss weiter in Sphären vor, die normale Korrektoren nie erreichen. Und meinen Lektoren, Tom Penn und natürlich Starling Lawrence, verdanke ich mehr, als ich hier ausdrücken kann.

ENDNOTEN

TEIL 1

1. Aus einem Blog, den Sam als Student im zweiten Studienjahr geschrieben hat, aber er hatte dieses Argument schon als Schüler in der Highschool vorgebracht.
2. Matt wollte schon als Kind Spieleerfinder werden. Er hat „*Storybook Brawl*“ entwickelt.
3. Diese Veranstaltungen wurden überwiegend von Männern besucht, und zwar von einer bestimmten Art von Männern. Es sagt etwas über die „Magic“-Kultur aus, dass die Turnierregeln schließlich Standards für die persönliche Hygiene enthielten, nachdem die Spieler begannen, ihren Körpergeruch als Waffe einzusetzen.
4. Derselbe Blog aus dem zweiten Studienjahr. In diesem Fall reichen die Gedanken bis in die siebte Klasse zurück.
5. Jane Street Capital war wie die anderen Hochfrequenzhandelsfirmen der festen Überzeugung, dass es für sie besser sei, wenn die Öffentlichkeit nicht wüsste, was sie taten. „Als das erste Mal ein Artikel in der *New York Times* über uns erschien, kam es zu einer Kernschmelze“, erinnert sich ein ehemaliger Mitarbeiter von Jane Street, der wie die anderen zehn aktuellen und ehemaligen Mitarbeiter von Jane Street, die mir halfen zu verstehen, was dort vor sich ging, lieber anonym bleiben möchte.
6. Später änderte er seinen Namen in Will MacAskill, also werde ich das auch hier tun.

7. Sams E-Mail-Adresse war eine Fibonacci-Folge, eine Reihe von Zahlen, von denen jede, beginnend mit der dritten Zahl, die Summe der beiden vorhergehenden ist. 0 1 1 2 3 5 8 13 und so weiter.

8. Das sagt einiges über Jane Street aus. Im Jahr 2014, dem Jahr, in dem Sam zu Jane Street kam, beantragte Virtu Financial bei der US-Wertpapier- und Börsenaufsichtsbehörde die Zulassung für den öffentlichen Verkauf von Aktien. Aus dem Prospekt des Unternehmens ging hervor, dass es bei 1.238 Handelstagen genau einen einzigen Verlusttag gegeben hatte. Das Unternehmen hatte gerade ein Jahr abgeschlossen, in dem es jeden Tag am Aktienmarkt Geld verdient hatte. „Wie schafft ein Unternehmen so etwas?", mag sich der Leser verständlicherweise fragen. Die Antwort würde den Rahmen dieser Geschichte sprengen, wird aber teilweise in einem Buch behandelt, das ich 2014 geschrieben habe und das den Titel *„Flash Boys"* trägt. Es geht darum, dass die Hochfrequenzhandelsfirmen zwar aus einer gewissen Entfernung austauschbar erschienen – ihr Handel war automatisiert, sie fungierten alle als Vermittler auf den Finanzmärkten –, sich aber darin unterschieden, wie sie ihr Geld verdienten. Firmen wie Virtu und Citadel bezahlten die US-Börsen für Geschwindigkeitsvorteile, die es ihnen ermöglichten, mit sehr geringem Risiko gegen andere auf dem Markt zu handeln, was erklärte, warum sie nie Geld verloren. Sie beendeten jeden Handelstag ohne Positionen auf dem Markt. Ihr Vorteil bestand darin, sich selbst ein schnelleres Bild vom Aktienmarkt zu machen, als es anderen möglich war. Deshalb suchten sie auf der Jagd nach jungen Talenten eher nach Computerprogrammierern, die ihre Maschinen schneller machen konnten, als nach Tradern, die Risikoentscheidungen treffen konnten. Jane Street hatte sich nie ernsthaft auf die Geschwindigkeitsspiele an den US-Börsen eingelassen und bedauerte dies vielleicht. Seine relative Stärke lag immer in den fairer ausgestalteten Märkten, an denen man sich nicht einfach die Vorteile erkaufen konnte, die beispielsweise die New Yorker Börse den Hochfrequenzhändlern bot. Wenn Firmen wie Virtu und Citadel ein Geschwindigkeitsspiel spielten, spielten Firmen wie Jane Street ein Denkspiel.

TEIL 2

1. Ende 2017 hatte Berkeley Oxford als die finanzielle Hauptstadt des effektiven Altruismus abgelöst. Ein Grund dafür war, dass der Mitbegründer von Facebook, Dustin Moskovitz, und seine Frau Cari Tuna ihre Absicht bekundeten, den Großteil ihres milliardenschweren

Vermögens für effektive altruistische Zwecke zu spenden – aber es gab noch andere Gründe. Oxford war immer noch das intellektuelle Zentrum der Bewegung, aber die Bay Area war zum am besten geeigneten Ort geworden, um das nötige Geld für die Gründung eines effektiven altruistischen Hedgefonds aufzubringen.

2. Laut CoinMarketCap waren Ende 2018 2.177 verschiedene Coins im Umlauf. Ihr Wert reichte von Bitcoin mit einer Marktkapitalisierung von rund 60 Milliarden Dollar bis zu einem Token namens SHADE mit einer Marktkapitalisierung von knapp 20 Dollar. Die verschiedenen Coins gaben zumindest vor, einem bestimmten Zweck oder Projekt zu dienen: Ihre Schöpfer gaben in der Regel so etwas wie ein Mission Statement heraus. Sexcoin zum Beispiel gab vor, den Kauf von Sexspielzeug erleichtern zu wollen. PUTinCoin behauptete, er unterstütze die russische Wirtschaft und „wurde geschaffen, um dem russischen Volk und seinem Präsidenten Tribut zu zollen". Hot Potato war der beste und in gewisser Weise auch der ehrlichste: ein reiner Glücksspielmechanismus, der sich nach 30 Tagen selbst zerstörte.

3. Für den Moment war es das mit Erklärungen zu Kryptowährungen, denn das ist so ziemlich alles, was Sam Bankman-Fried über Kryptowährungen wusste oder wissen musste, um mit ihnen im Wert von Milliarden von Dollar zu handeln. Außerdem haben schon so viele Autoren versucht, einem Laienpublikum zu erklären, was ein Bitcoin ist, dass es schwer ist, den Sinn darin zu sehen, das Ganze noch einmal zu wiederholen. Siehe zum Beispiel Matt Levines ausgezeichneten, 40.000 Wörter umfassenden Artikel in *Bloomberg Businessweek*, „The Crypto Story". Seltsam *ist tatsächlich*, wie schwer es ist, Bitcoin an sich zu verstehen. Bitcoin wird oft erklärt, aber die Erklärung bleibt nicht hängen. Man nickt und denkt, dass man ihn verstanden hat, aber dann wacht man am nächsten Morgen auf und muss die Erklärung noch einmal hören.

4. Damals wahr. Heute ist das Gegenteil der Fall, denn Kryptodetektive haben Tools entwickelt, um die Tatsache auszunutzen, dass jede Bitcoin-Transaktion für alle Zeiten in der Blockchain gespeichert wird.

5. Natürlich gab es noch einen anderen Gesichtspunkt zu bedenken, nämlich wie diese Risikokapitalgeber diesen seltsamen neuen Krypto-Unternehmer sahen. „Ich habe mit ihm telefoniert", erinnerte sich Nick Shalek von Ribbit Capital. „Ich habe ihm eine Frage gestellt. Und er redete eine Stunde lang. Ich stellte ihm eine zweite Frage und er redete eine weitere Stunde lang." Shalek war, wie viele der Risikokapitalgeber, von Sams scheinbarer Arglosigkeit beeindruckt. „Er sagt, wenn er eine Entscheidung zu treffen hat und es sich um eine Millionen-Dollar-Entscheidung handelt, trifft er sie in fünf Sekunden. Wenn es sich um eine 10-Millionen-Dollar-Entscheidung handelt, braucht er ein paar Minuten, und wenn es sich um eine 100-Millionen-Dollar-Entscheidung handelt, nimmt er sich ein paar Stunden Zeit dafür. Im Ernst? Ich denke mir, mein Gott, das kann man doch nicht zu einer Aufsichtsbehörde oder einem Journalisten sagen … oder irgendjemandem." Dieser arglose Workaholic plante, die Finanzwelt zu übernehmen – und hatte eine plausible Geschichte, wie er das anstellen wollte. „Wenn er das Unternehmen, das er beschrieb, aufbauen würde, wäre es die größte globale Kryptobörse und würde darüber hinaus zum größten globalen Finanzinstitut werden", so Shalek. Er, wie auch alle anderen, erkannte schnell, dass Sam den meisten Unternehmern, mit denen er zu tun hatte, nicht ähnelte. „Er ist kein Showman. Er ist kein Geschäftsmann. Er hat eine unkonventionelle Denkweise, wenn es um den Aufbau seines Unternehmens geht. Alles besteht aus Wahrscheinlichkeiten und er zieht diese Wahrscheinlichkeiten aus dem Nichts hervor. Und dann verändert er sie. Er schläft auf einem Sitzsack. Er macht das alles ganz allein. Und er scheint sich nicht besonders für unsere Meinung zu interessieren. Das ist auch gut so. Aber wir dachten uns: ‚Er ist ein ungewöhnlicher Mensch. Wir müssen Zeit mit ihm persönlich verbringen.'" Sie konnten aber keine Zeit mit Sam persönlich verbringen. Die Regierung von Hongkong hatte auf die weltweite Pandemie reagiert und jeden, der in das Land einreiste, verpflichtet, 14 Tage lang in einem Hotel unter Quarantäne zu stehen. Sam wurde von seinen ursprünglichen Investoren hauptsächlich über Zoom kennengelernt und interpretiert, und das mitten in einem der größten Risikokapitalbooms der Geschichte.

6. Dies ist eine Fußnote. Daher wird es auf der Seite so erscheinen, wie es damals im wirklichen Leben war: wie eine Ablenkung von der Geschichte. Aber es gibt eine Vorgeschichte und eine Person, die Sie kennen müssen, um den Geist des Unternehmens zu erfassen und zu verstehen, was noch folgen wird. In den 1970er-Jahren hatten die Bahamas nur zögerlich Vorschriften für die Versicherungsbranche erlassen und damit eine enorme potenzielle wirtschaftliche Chance verpasst, als sich auf den Bermudas, deren Regulierungsbehörden schneller gehandelt hatten, eine boomende Rückversicherungsbranche etablierte. Indem sie vollständig vom Kreuzfahrttourismus abhängig blieben, hatten die Bahamas einen Preis gezahlt und waren ein Risiko eingegangen – das Realität wurde, als Covid alle Kreuzfahrtschiffe stoppte und die Wirtschaft torpedierte. Im Jahr 2015 übernahm eine Frau namens Christina Rolle den Posten als oberste Finanzaufseherin: als Exekutivdirektorin der Securities Commission of the Bahamas. Sie zeichnete sich durch einen Mangel an Selbstherrlichkeit aus, ruhte in sich, war umsichtig und neugierig auf die Welt – und sich bewusst, dass Finanzdienstleistungen eine der wenigen Möglichkeiten für die Bahamas waren, die Mittelschicht zu vergrößern. Ende 2018 hatte sie genug PowerPoint-Vorträge von Finanzaufsichtsbehörden auf internationalen Konferenzen erlebt, um zu erkennen, dass alle den Umgang mit Kryptowährungen mieden. Sie machte sich daran, das zu tun, was die US-Aufsichtsbehörden bisher nicht getan hatten: sich hinzusetzen und die Regeln zu schreiben, um einen Großteil der Kryptofinanzierung zu legalisieren. „Die Technologie wird nicht verschwinden", sagte sie. „Und was mit ihr passieren wird, wird die Finanzdienstleistungen in einer Weise verändern, die wir nicht voraussehen können." Sie war sich des Risikos bewusst: Man schreibt eine Verordnung, um eine bestimmte finanzielle Aktivität zu ermöglichen, und man weiß nie, wer auftauchen wird oder was er tun wird. „Wir hatten niemanden im Sinn, niemanden", sagte sie. „Wir wussten nicht, wer kommen würde. Und anfangs dachte ich, da die Bahamas so klein sind, wird niemand sofort auf sie aufmerksam werden, aber zumindest würden wir auf dem Markt eine Rolle spielen." Dann, im Spätsommer 2021, tauchte aus heiterem Himmel der Gründer der angesagtesten Kryptobörse der Welt auf und ließ Christina Rolle wie ein Genie aussehen. Sie blieb misstrauisch. „Meine Angst ist, dass ich eines Morgens aufwache und es eine große Schlagzeile gibt, die ich nicht kommen gesehen habe", sagte sie Anfang 2022. „Denn es gibt so viele Leute, die von außen zusehen und darauf warten zu sagen: ‚Ich habe es dir ja gesagt'. Es gibt eine Menge Kryptoskeptiker da draußen." Behalten Sie diesen Gedanken im Hinterkopf.

7. Steph Curry hatte zunächst abgelehnt, dann aber seine Meinung geändert. Viel später wurde berichtet, dass Taylor Swift das Geld von FTX abgelehnt habe. Das war nicht ganz richtig. FTX hatte eine Vereinbarung mit Swift, ihr zwischen 25 und 30 Millionen Dollar pro Jahr zu zahlen, aber Sam zögerte mit dem Deal. „Sie wollte es tun", berichtete Natalie Tien, „aber Sam hat es immer wieder aufgeschoben, ihrem Team zu antworten." Eine andere Person, die eng in die Verhandlungen zwischen Swift und FTX involviert war, erklärte: „Taylor hat nicht abgelehnt. Sie haben darauf gewartet, dass Sam unterschreibt, was er nicht tat."

8. Die Verpflichtung von Tom Brady hatte einen Preis, der über die 55 Millionen Dollar hinausging, die ihm gezahlt wurden, aber zu diesem Zeitpunkt schien er unbedeutend zu sein: der 19,8-Millionen-Dollar-Paket-Deal mit Gisele Bündchen. Mit Gisele hatte man eine Prominenten-Kampagne eingekauft, komplett mit einer Modemarketing-Beraterin, die schnell und relativ unabhängig ihre eigenen Ideen aus dem Hut zauberte. Durch diese Beraterin fand sich Sam, ohne dass er wusste, wie ihm geschah, in einem Zoom-Meeting mit Anna Wintour wieder, bei dem er herausfinden musste, in welcher Met die Gala stattfand. Schon bald war sein Gesicht auf den Titelseiten von Modemagazinen und an Bushaltestellen im ganzen Land zu sehen – woraufhin er die Modemarketing-Beraterin feuerte. „Das war alles Teil des Promi-Deals mit Gisele", erklärte Natalie Tien, die sich zu diesem Zeitpunkt um Sams mediale Präsenz kümmerte. „Sehr unangenehm. Niemandem bei FTX gefiel die Idee, Sam eingeschlossen."
9. FTX kaufte auch eine Flotte von etwa 60 Fahrzeugen. „Ich hatte Sam einen BMW gekauft", sagte Ryan. „Er zwang mich, ihn zurückzugeben. Ich wandte ein: ‚Sam, du bist 40 Milliarden Dollar schwer. Und das sind holprige Straßen.' Aber egal."

TEIL 3

1. In einem Podcast stellte sich Flynn auf die Seite einer extrem rechten Gruppe namens Timber Unity, die sich über die ihrer Meinung nach übermäßigen Beschränkungen wirtschaftlicher Aktivitäten im Lebensraum einer gefährdeten Art, des Nördlichen Fleckenkauzes, beschwerte. „Es gibt diese Stadtbewohner, die denken: ‚Oh, seht mal. Da ist eine Eule. Ist das nicht cool?'", sagte Flynn. „‚Wir werden alle Lebensgrundlagen in eurer Gemeinde zerstören, weil wir diese Eule mögen.' Es ist, als würden sie sagen: ‚Oh, ich mag dieses Exponat im Zoo mehr als alle, die du kennst.'" Viele dieser Stadtbewohner erwiesen sich als die Wahlberechtigten bei seiner Wahl.
2. Sowohl Eric Greitens als auch Eric Schmitt behaupteten sofort, sich Trumps Unterstützung gesichert zu haben, und so wurde Trumps Einfluss neutralisiert. Eric Schmitt gewann die Vorwahlen und die Kongresswahlen und sitzt jetzt im US-Senat.
3. Selbst gut informierte Außenstehende waren nicht sonderlich überrascht. Steve Ehrlich, der *Forbes*-Reporter, der mit der Ermittlung von Sams Vermögen beauftragt worden war, erklärte, er habe sich gesagt,

als er den Artikel sah: „Glückwunsch, dass wir etwas wissen, was wir schon vor zwei Jahren wussten."

4. Ich vereinfache dies, wenn auch nur ein klein wenig. FTX war eine Terminbörse und verlieh daher Geld an ihre Kunden, die Wetten abschlossen. Man konnte nicht davon ausgehen, dass FTX zu jedem Zeitpunkt das gesamte Geld ihrer Kunden sofort zur Verfügung gehabt hätte. Das Hauptverkaufsargument des Unternehmens im Jahr 2019 war jedoch, dass es einen besseren Weg gefunden hatte, die Wetten der Kunden, denen es Geld lieh, zu bewerten, und das war auch der Fall. Und so hätte das Unternehmen keine Verluste aus seinen Kundenkrediten erleiden sollen.

5. Der Leser wird sich zu Recht fragen, woher ich das alles weiß. Oder, wie Sam es ausdrücken könnte: „Wie groß ist die Wahrscheinlichkeit, dass irgendetwas davon wahr ist?" Der Wortlaut beruht auf Sams Erinnerung kurz danach. Der Rest des Berichts über die Krise wurde von anderen in Sams Schlafquartier bestätigt. Ich bin mir nicht sicher, wie sich das auf die verschiedenen Wahrscheinlichkeitsberechnungen auswirkt, aber alles, von dem ich nicht glaube, dass es passiert ist, hätte ich nicht einbezogen. Was das alles *bedeutet*, ist eine andere Frage.

6. Dieses Ereignis habe ich aus der Ferne miterlebt. Es fühlte sich wie eine Art Wunder an.

7. Sam sagte fast das Gleiche zu mir. „Niemand hat jemals nach dem Risikomotor gefragt. Ich weiß nicht, was ich getan hätte, wenn ich gefragt worden wäre. Ich hätte eines von zwei Dingen getan. Entweder hätte ich eine andere Frage beantwortet oder ich hätte einen Wortsalat produziert."

8. Die Institute, die sich als Kryptobanken betätigten, mussten einen hohen Preis zahlen. Von den vier Banken, die im Frühjahr 2023 bei dem Ansturm auf regionale US-Banken zusammenbrachen, waren drei die frühesten Hausbanken von Krypto-Unternehmen: Silicon Valley Bank, Silvergate Capital und Signature Bank. Die vierte, die First Republic Bank, war im Krypto-Finanzökosystem nicht wichtig, führte aber ein Konto mit 200.000 Dollar auf den Namen Sam Bankman-Fried.

9. In der von der SEC gegen Binance eingereichten Klage wird unter anderem behauptet, dass die weltgrößte Kryptobörse ein internes Handelsteam zur Manipulation ihres Volumens eingesetzt und Kundengelder im Wert von Milliarden Dollar abgezogen und an eine Handelsfirma namens Merit Peak Limited, die CZ gehört, transferiert hat.

10. Das war nicht der Fall. Das Dokument gelangte in die Hände von Reportern, die es an den Ausschuss weiterleiteten. Die Mitglieder des Ausschusses bekamen Sams Dokument zu sehen. Sie waren derselben Meinung wie seine Mutter.

11. Allein in den ersten sieben Monaten würden sich die Honorare auf über 200 Millionen Dollar belaufen, wobei Sullivan & Cromwell der größte Honorarempfänger war ... und sie hatten gerade erst angefangen. Eine von einem Gläubiger erstellte Studie geht davon aus, dass die verschiedenen Insolvenzberater bis zum Abschluss des Verfahrens eine Milliarde Dollar eingenommen haben werden.

12. Man spürte sie bei einer Razzia im Ferienhaus ihrer Eltern in New Hampshire auf. Sie war von Nassau nach Nashua gezogen.

13. Es gab eine, aber sie war so schwer zu finden wie das Organigramm von George. Natalie hatte sie mir ausgehändigt, aber begleitet von einem Flüstern, das die Übergabe eines geheimen Dokuments begleiten könnte.

14. Ehemalige FTX-Mitarbeiter standen Rays Spürhunden eher skeptisch gegenüber. Sams Welt kontrollierte sehr viele virtuelle Wallets und man musste schon wissen, wonach man suchte, um sie zu finden. „Sie haben keine Ahnung, was sich in diesen Wallets befindet", so ein ehemaliger Mitarbeiter. „Selbst in fünf Jahren werden sie es nicht wissen." Als Beispiel nannte er eine Sammlung von 101 nicht fungiblen Bored Ape Yacht Club Token, oder NFTs, die Sam im September 2021 für 24,4 Millionen Dollar ersteigert hatte. Sie standen nicht auf Rays Liste der wiedergefundenen Vermögenswerte. Die ehemaligen Mitarbeiter in Hongkong nahmen an, es gäbe noch viel mehr davon.

15. Einer der Anwälte, der für mindestens eine der daraus resultierenden Razzien bei FTX verantwortlich war, Kyle Roche, wurde von seiner Kanzlei gefeuert, nachdem er ein Video gedreht hatte, in dem er erklärte, wie er Krypto-Unternehmen den Garaus machte, die eigentlich nichts falsch gemacht hatten. Er behauptete später, dass er unter Drogen gesetzt und mit einer List dazu gebracht worden sei, das zu sagen, was er gesagt hatte. Aber das ist eine andere Geschichte.

16. In einer Klage gegen Michael Kives auf Rückgabe der 700 Millionen Dollar, die Sam in seine K5-Fondsgruppe investiert hatte, führte Ray eine Dinnerparty an, die Kives am 11. Februar 2022 veranstaltet und an der Sam teilgenommen hatte. „Getreu Kives' Ruf als hochkarätiger ‚Super-Networker'", schrieb er, „gehörten zu den Teilnehmern der

Dinnerparty ein ehemaliger Präsidentschaftskandidat, berühmte Schauspieler und Musiker, Reality-TV-Stars und mehrere Milliardäre." Dann zitierte er aus einem von Sam verfassten Memo, das er entdeckt hatte und in dem Kives als „One-Stop-Shop für Beziehungen, den wir nutzen sollten", und als Anbieter von „einer unendlichen Zahl an Kontakten" beschrieben wurde. Ich war tatsächlich mit Sam zu dieser Dinnerparty gegangen. Weder wir noch Sams Kollegen hatten eine Ahnung, wer Kives war. Die Einladung zu der Dinnerparty kam mehr oder weniger aus heiterem Himmel, zusammen mit einem Hinweis auf die Gästeliste. Sam war ohnehin in Los Angeles und beschloss (wie immer) in letzter Minute, sich zu vergewissern, dass die Einladung echt war. Er machte sich ein wenig Sorgen, wie er den Namen seines Gastgebers aussprechen sollte. (Er vermutete KAI-VES; es stellte sich heraus, dass es KII-VUS war.) Seine Mitarbeiter befürchteten, dass die Einladung ein Trick war, um Sam in ein Haus in Beverly Hills zu locken, damit er entführt werden konnte. Adam Jacobs folgte in einem Auto mit einem kleinen Team und war bereit, das Haus zu stürmen und Sam zu retten, wenn er um Hilfe rief. In dieser Stimmung und natürlich in Cargoshorts stolperte Sam in das Haus eines völlig Fremden, nur um in den Garten auf der Rückseite geleitet zu werden, wo sich bereits etwa 60 andere Gäste versammelt hatten. Unter ihnen: Hillary Clinton, Leonardo DiCaprio, Chris Rock, Katy Perry, Kate Hudson, Orlando Bloom, Jeff Bezos, Doug Emhoff und mindestens vier Kardashians. Einen Moment lang sah es aus wie ein Theaterstück, das sich *Fox News* ausgedacht hatte, um eines seiner Argumente im Kulturkampf zu veranschaulichen – aber dann sahen wir den Besitzer der Dallas Cowboys, Jerry Jones, einen überzeugten Republikaner, und den Besitzer der Los Angeles Rams, „Silent Stan" Kroenke, der eine Million Dollar gespendet hatte, um Trumps Amtseinführung zu bezahlen. Sam zückte sein Handy und schrieb Jacobs eine Nachricht: *Ich glaube, es ist echt.*

17. John Ray versicherte mir, dass dies nicht der Fall sei, lieferte aber keine Beweise. Ein Mitarbeiter von FTX US, der zu einem kleinen Team gehörte, das die Sache Anfang November 2022 untersuchte, erklärte mir: „Als wir die Berechnung für die US-Bilanz durchführten, war es ein solventes Unternehmen."

18. Und im Grunde hat es niemand getan, mit einer glorreichen Ausnahme: Kevin O'Leary. Man kann über seinen Einfluss denken, was man will, aber er hat wirklich Mumm.

NACHWORT

1. Am Tag des Konkurses wurden alle Kryptoforderungen in Dollar umgerechnet. Wenn Sie also beispielsweise einen Bitcoin bei FTX hatten, wurden Ihnen 16.871,63 Dollar geschuldet, da dies der Wert eines Bitcoin zu einem bestimmten Zeitpunkt am 11. November 2022 war. Einige FTX-Einleger haben argumentiert, dass sie den aktuellen Wert ihrer Kryptowährungen erhalten sollten und nicht den Dollarwert am Tag des Konkurses. Das ergibt für mich keinen Sinn. Wenn der Bitcoin auf null gefallen wäre, würden dann die FTX-Einleger, die ihn gehalten haben, nichts mehr bekommen? Abgesehen davon ist es überhaupt nicht klar, dass die Vermögensmasse nicht ausreichen würde, um den Leuten ihre Bitcoin zurückzuzahlen. Nur etwa ein Viertel der gesamten Forderungen – oder zwei Milliarden Dollar – waren Kryptowährungen. Der Rest waren Dollar oder Stablecoins, deren Wert an den Dollar gekoppelt ist.
2. Für Leute, die Sam Bankman-Fried mit anderen wegen Finanzverbrechen Verurteilten vergleichen wollen, insbesondere mit Bernie Madoff: 16 Jahre nach dem Zusammenbruch von Madoffs Firma haben seine Opfer 91 Cent pro Dollar erhalten. Dieses Geld stammt größtenteils aus der Rückabwicklung seines Schneeballsystems, das heißt aus dem Einzug des Geldes, das Madoff an seine frühen Anleger ausgezahlt hatte, und der Rückgabe an die späteren Anleger, die es zur Verfügung gestellt hatten. Weder FTX noch Alameda Research waren ein Schneeballsystem. Niemand hat mich gefragt, aber wenn ich einen verurteilten Finanzkriminellen wählen müsste, der Sam Bankman-Fried geistig am ähnlichsten ist, wäre es Michael Milken. In beiden Fällen wurden die Verbrechen in messianischer Absicht begangen, um größere – und möglicherweise gesellschaftlich sinnvolle – Ziele zu verfolgen. Und in beiden Fällen spielten Haare eine Rolle.